JN431533

무정부 사회

세계정치에서의 질서에 관한 연구

나남
nanam

한국연구재단 학술명저번역총서
서양편 329

무정부 사회

세계정치에서의 질서에 관한 연구

2012년 2월 15일 발행
2012년 2월 15일 1쇄

지은이_ 헤들리 불
옮긴이_ 진석용
발행자_ 趙相浩
발행처_ (주) 나남
주소_ 413-756 경기도 파주시 교하읍
출판도시 518-4
전화_ (031) 955-4600 (代), FAX : (031) 955-4555
등록_ 제 1-71호(1979.5.12)
홈페이지_ http://www.nanam.net
전자우편_ post@nanam.net

ISBN 978-89-300-8567-0
ISBN 978-89-300-8215-0 (세트)
책값은 뒤표지에 있습니다.

'한국연구재단 학술명저번역총서'는 우리 시대 기초학문의 부흥을 위해
한국연구재단과 (주)나남이 공동으로 펼치는 서양명저 번역간행사업입니다.

무정부 사회

세계정치에서의 질서에 관한 연구

헤들리 불 지음 | 진석용 옮김

나남
nanam

The Anarchical Society

A Study of Order in World Politics (Third Edition)

by Hedley Bull

Copyright ⓒ 1977 by Hedley Bull
All rights reserved.

Korean Translation Copyright ⓒ 2012 by National Research Foundation of Korea.
Korean edition is published by arrangement with Palgrave Macmillan, Hampshire, U.K. through Bestun Korea Agency, Seoul, Korea.
All rights reserved.

이 책의 한국어판 저작권은 베스툰 코리아 에이전시를 통하여 저작권자와 독점계약한 (재) 한국연구재단에 있습니다. 저작권법에 의해 한국 내에서 보호받는 저작물이므로 무단전재와 복제를 금합니다.

옮긴이 머리말

이 책은 헤들리 불(Hedley Bull, 1932~1985)의 《무정부 사회》를 완역한 것이다. 대본으로는 Hedley Bull, *The Anarchical Society: A Study of Order in World Politics*, 3rd edition(New York: Columbia University Press, 2002)을 사용하였다. 불은 국제관계 이론분야에서 이른바 '영국학파'(*English School*)를 대표하는 학자로서 호주국립대학과 영국 런던경제대학 및 옥스퍼드대학 국제관계학 교수를 지냈다. 《무정부 사회》는 그의 대표적인 저서로서 국제정치 및 국제관계 이론분야에서 교과서로 널리 쓰이는 책이다. 그의 주장을 간단히 요약하면, 국제사회는 기본적으로 무정부적 성격을 지니고 있지만 복수의 주권국가가 상호작용하는 일정한 질서가 있으며, 그런 의미에서 하나의 '사회'를 형성하고 있다는 것이다.

이 책의 초판은 1977년에 나왔다. 아무리 '교과서'로 유용하다 해도 한 세대 전의 책을 오늘날 읽을 필요가 있을까 하는 의문이 생길 수 있다. 이에 대한 판단은 오늘날 '주권국가'의 성격을 어떻게 볼 것인가에 따라 달라질 수 있다. 30년 이상의 세월이 흐르는 동안 '주권국가'의 성격에 본질적인 변화가 있었다고 판단한다면, 시대에 뒤떨어진 저작으로 보일 것이다. 그러나 '국가로서의 국가'(*state qua state*)

가 가진 성격에는 본질적으로 달라진 것이 없다고 본다면, '주권국가 간의 관계'를 '질서'의 관점에서 분석한 불의 논의는 여전히 유효하다고 할 수 있다.

1995년에 출판된 제2판에는 호프만(Stanley Hoffmann)의 서문이 붙어 있고, 2002년에 출판된 제3판에는 허렐(Andrew Hurrell)의 서문이 추가되어 있다. 이 2개의 서문은 이 책에 대한 자세한 해제를 제공하고 있다. 특히 허렐은 이 책의 초판 출간으로부터 25년이 지난 시점에서 불 이후 국제관계에서 생긴 여러 가지 변화와 이를 설명하는 새로운 국제관계 이론들을 소개하고, 불의 주장 중 여전히 유효한 것과 그가 미처 예측하지 못한 것, 예측이 어긋난 것에 대해 상세히 언급하고 있다. 여기에서 논의의 핵심은 베스트팔렌체제에서 주권국가가 가지고 있던 대내 절대성과 대외 독립성이 오늘날 어떤 변화를 일으키고 있는가 하는 것이다.

이처럼 두 학자의 자세한 해제가 있기 때문에 역자가 또 해제를 쓰는 것은 군더더기에 불과하겠지만, 이 번역을 지원해준 한국연구재단의 명저번역 발간원칙에 따라 마지못해 역자의 해제를 덧붙였다. 따라서 역자의 해제는 본문의 내용을 소략하게 간추려 소개하는 데 그쳤다.

이 역서가 완성되기까지 여러 분의 도움을 받았다. 한국연구재단의 명저번역 심사위원들은 심사의견을 통해 오역을 바로잡아 주고, 더 나은 용어를 선택할 수 있도록 다양한 제안을 해주셨다. 미국 애리조나주립대학 김유심 교수에게도 적지 않은 빚을 졌다. 김 교수는 역주에 필요한 자료들을 수집하고 간명하게 요약해 주었다. 안태미,

손은미 양은 역자의 어지러운 원고를 읽으면서 오·탈자를 바로잡아 주었다. 색인을 만드는 번거로운 일은 고효정 양이 맡아 주었다. 변변치 못한 역서에 가치를 더해주신 분들께 감사의 말씀을 드린다. 함께할 시간을 양보해준 가족들에게도 이 자리를 빌려 미안하고 고마운 마음을 전한다. 좋은 책으로 만들기 위해 정성을 기울여준 나남출판사에도 감사의 말씀을 드린다.

2012년 1월
진 석 용

무정부 사회

세계정치에서의 질서에 관한 연구

차 례

제 2 부 현대 국제체제에서의 질서

제 3 판
머리말

《무정부 사회》 이후 25년

앤드류 허렐 (Andrew Hurrell)[1]

《무정부 사회》가 고전으로서 자리잡은 것은 확실하다. 이 책은 국가들이 하나의 국제사회를 형성한다고 보는 견해를 매우 정교하게, 그리고 설득력 있게 보여주며, 이러한 견해를 세계정치에서 질서의 가능성을 분석하고 평가하기 위한 설득력 있는 관점으로 발전시키고 있다. 또한 이 책은 중요한 교재이기도 하다. 특수한 입장에 서 있기 때문에, 또는 이른바 '영국학파'(*English School*)[2]를 대변하기 때문에 그런 것만은 아니다. 기존의 안이한 입장들을 뒤흔드는 능력, 설명의 명쾌함, 글의 날카로움과 지적 엄격함 때문이다. 이 책이 출간된 후 25년이 지났고, 그사이 많은 변화가 있었다. 이 서문의 전반부에서는 《무정부 사회》가 그동안 국제관계 이론분야에 있었던 주요한 발

1) 〔역주〕 Hurrell, Andrew: 영국의 국제정치학자. 주요 저서로 *Inequality, Globalization and World Politics*(1999), *Hedley Bull on International Society*(2000), *Order and Justice in International Relations*(2003), *On Global Order*(2007) 등이 있다.

2) 국제관계학 분야에서 영국학파에 대한 논의와 영국학파 내에서의 논의는 급격하게 증가하고 있다. 이에 대한 자세한 내용은 www.ukc.ac.uk/politics/englishschool.buzan을 보라.

전들과 어떤 관계가 있는지를 살펴보겠다. 후반부에서는 불(H. Bull)의 접근방법과 그의 결론 중 일부를 세계정치의 구조와 관행에 일어난 주요 변화들에 비추어 설명하겠다.[3]

1. 《무정부 사회》와 국제관계학

불은 국제관계 연구에서 매우 중요한 학자로 인식되었다. 그러나 호프만이 제2판 서문에서 지적한 것처럼, 그의 저작이 어디에 어떻게 적합한지에 대해서는 논란이 있다.

1) 현실주의(*realism*)와 신현실주의(*neorealism*)

《무정부 사회》를 읽어보면, 불이 현실주의와 매우 가깝다는 것을 한눈에 알 수 있다. 특히 국제관계에서 힘(*power*)의 역할을 강조하고, 전쟁 · 강대국 · 세력균형 · 외교 등을 국제사회의 '제도'(*institutions*)로 보고 있다는 점에서 그렇다고 할 수 있다. 그 중에서도 특히 세력균형은 불의 국제사회론의 매우 중요한 기초이다. 세력균형이 없으면, 그리고 강대국들 사이에 상대방의 행위에 대한 지속적이고 안정적인 이해가 없으면, 국제질서의 '연성적'(*softer*) 요소들(국제법, 국제기구,

---

3) 더욱 완전한 설명과 평가는 다음을 보라. Kai Alderson and Andrew Hurrell(eds.), *Hedley Bull on International Society*(Basing-stoke: Macmillan, 2000), 1~3장. 여기에는 불의 미발표 논문들과 서문에서 언급한 문헌들이 자세히 소개되어 있다.

공유가치의 존재 등)은 사상누각이 되고 만다는 것이다. 불은 또한 현실주의적 분석의 비판적 기능을 강조하고 있다. 즉, 현실주의적 분석은 국제사회 또는 범지구적 사회를 내세우는 사람들의 위선을 폭로하고, 보편적 또는 연대주의적 가치가, 비록 공유된 상태라 하더라도, 특정 국가들의 이익에 봉사하는 경향이 있다는 것을 보여준다는 것이다. 마지막으로 불의 국제사회 개념은 카[4] 와 모겐소[5] 등 고전적 현실주의자들과의 밀접한, 그러나 비판적 교류를 통해 등장한 것으로서 그들의 관심사를 그대로 반영한다. 이것은 특히 힘과 법과 도덕의 관계에 관한 논의를 보면 알 수 있다.

국가를 강조하고 힘의 중요성을 믿는 사람들을 교과서에서는 현실주의자라고 부르지만, 꼭 그런 것은 아니다. 불은 이 두 가지에 다 해당하지만 현실주의자를 자처하지는 않았다. 그는 1979년 강연에서 "나는 현실주의자가 아니다"라고 분명하게 말한 바 있다.[6] 그는 카,

4) 〔역주〕 Carr, Edward Hallett(1892~1982) : 영국의 역사학자 · 국제정치학자. 제 2차 세계대전중에는 정보성 외교부장(1939~1940)을 지냈고, 〈타임스〉 논설위원(1941~1945)을 역임하기도 했다. 주요 저서로는 *The New Society*(1951), *What is History?*(1961), *Karl Marx*(1934), *Twenty Years' Crisis*(1939), *The Soviet Impact on the Western World*(1947), *The Bolshevik Revolution*(1958) 등이 있다.

5) 〔역주〕 Morgenthau, Hans Joachim(1904~1980) : 독일 출신의 미국 국제정치학자. 국제정치를 권력정치의 장으로서 파악하는 입장에서 철저한 현실주의 정책을 내세우고, 미국의 베트남 개입을 통렬히 비판하였다. 주요 저서로 *Politics among Nations*(1948), *Politics in the 20th Century*(1962), *Truth and Power*(1970) 등이 있다.

6) "Power Politics," lecture, Sunningdale, 23 April 1979. Bull Papers, Bodleian Library, Oxford.

케넌,[7] 니버[8]의 고전적 현실주의가 특정한 역사적 상황에 뿌리를 두고 있다는 점을 강조했다. 그것은 특정한 시대의 지적 분위기였다는 것이다. 즉, 그때는 갈등과 무정부가 '사실상 당시 국제관계의 주요 특성'이었다는 것이다. 불의 관점에서 보면, 고전적 현실주의와 그 변형이라고 할 수 있는 신현실주의—저 유명한 케네스 왈츠[9]의 저작에서 볼 수 있는—는 국제사회의 기반이 되는 규칙, 규범, 공유

7) 〔역주〕 Kennan, George Frost(1904~2005) : 미국의 외교관 · 역사학자. 국무부 정책기획위원장 · 국무부 고문 · 주소련대사 · 주유고대사 등을 역임하였고 1950년 이후 프린스턴대학 고등연구소에서 미 · 소 관계의 연구에 종사하였다. 주요 저서로 *American Diplomacy 1900-1950*(1951), *Russia Leaves the War*(1956), *Russia and the West under Lenin and Stalin*(1960), *Memoirs, 1925-1950*(1967) 등이 있다.

8) 〔역주〕 Niebuhr, Karl Paul Reinhold(1892~1971) : 미국의 문명비평가. 신정통주의 신학의 지도자로서, 낙관적인 인간관을 비판하고 인간의 죄성(罪性)을 강조하였다. 주요 저서로 *Moral Man and Immoral Society: A Study of Ethics and Politics*(1932), *Interpretation of Christian Ethics*(1935), *The Nature and Destiny of Man*(1941~1943), *The Children of Light and the Children of Darkness*(1944), *Faith and History*(1949), *The Irony of American History*(1952), *Christian Realism and Political Problems*(1953), *The Self and the Dramas of History*(1955), *Pious and Secular America*(1958), *The Structure of Nations and Empires*(1959) 등이 있다.

9) 〔역주〕 Waltz, Kenneth Neal(1924~) : 미국 컬럼비아대학 국제관계학 교수. 신현실주의의 창시자. 주요 저서로 *Man, the State, and War*(1959), *Foreign Policy and Democratic Politics: The American and British Experience*(1967), *Theory of International Politics*(1979), *The Use of Force: Military Power and International Politics*(1983), *The Spread of Nuclear Weapons: A Debate Renewed*(2003) 등이 있다.

된 이해의 틀 등을 소홀하게 취급하고 있다. 그렇다고 해서 규범이 외부로부터 국가에 작용하여 국가의 행동을 통제하고 있다는 뜻은 아니다. 규범은 권력정치의 게임이 어떻게 진행되는지, 행위자들의 성질과 정체성이 무엇인지, 어떤 경우에 무력을 사용할 수 있는지, 행위자들이 자신의 행동을 정당화하고 합법화할 수 있는 방법이 무엇인지를 말해준다. 그러므로 불의 설명에 따르면, 충돌과 전쟁조차도 고도로 제도화된 법적·도덕적·정치적 규범구조 내에서 일어난다는 것이다. "전쟁은 사실상 본질적으로 규범적 현상이다. 규칙을 떠나서 전쟁을 생각할 수는 없다. 전쟁의 방법과 태도를 결정하는 것이 바로 규칙이기 때문이다. 전쟁은 단순한 무력충돌이 아니다. 전쟁은 정치적 집단간의 충돌이다. 그들은 서로를 정치적 집단으로 인식하며, 그들이 이해하는 일정한 규칙에 따라 상호간에 무력을 행사한다."[10]

현실주의자들이 중요한 '제도'로 여기는 세력균형도 국가들에게 특정한 방식의 행동을 외부에서 강요하는 기계적 장치 혹은 힘들의 집합체 같은 것이 아니다. 세력균형은 오히려 의식적이고 지속적인 공유관행으로 이해해야 한다. 세력균형의 의미가 무엇인지, 기본규칙이 무엇인지, 그 역할이 무엇인지에 대해 행위자들이 끊임없이 논란을 벌이는 이유가 바로 여기에 있다. 마찬가지로 '강대국'(*great powers*)에 대해서도 그들이 약소국에 대해, 또는 자신의 세력권 내에서 무력을 배경으로 명령을 강제하는 행위 측면에서 볼 것이 아니라, 그들의 역할과 관리기능을 다른 나라들이 얼마나 정당한 것으로 받아들이고 있는지를 보아야 한다. 불의 국제관계 분석에서 중심개념인 힘도 사

10) "Recapturing the Just War for Political Theory," *World Politics* 31, 4 (1979), pp. 595~596.

회적 속성을 지니고 있다. 힘이 무엇인지 이해하기 위해서는 다른 중요한 사회적 개념들, 즉 위신, 권위, 정당성 등과 같은 개념들과 함께 논의해야 한다. 그러므로 국제사회는 주로 규범 및 제도와 관계가 있다. 그러나 불이 이러한 입장을 취했다고 해서 그가 온건한 자유주의적·그로티우스적 견해를 가진 것으로 오해해서는 안 된다. 그렇게 오해하는 사람들이 많다. 불의 저작이 17세기 국제법학자 그로티우스11)의 영향을 받은 것은 사실이지만, 법과 도덕의 증진에만 관심을 집중한 온건한 자유주의적·그로티우스적 견해와는 다르다.

또한 불의 주장은 신현실주의와는 확실한 차이가 있다. 그에 따르면, 국제체제는 기능적으로 미분화된 힘들이 분포해 있는 탈집중화된 무정부적 구조가 아니다. 그런 물질적인 것으로만 볼 수는 없다. '체제'(*system*)에는 공통의 이해, 규칙, 규범, 상호 기대 등이 포함되어 있고, 이것들은 역사적으로 형성되고, 계속해서 진화한다. 1980년대와 1990년대에 국제사회론(*international society perspectives*)이 상대적으로 경시되었던 이유는 왈츠류의 신현실주의가 그 시기를 지배했기 때문이다.

11) 〔역주〕 Grotius, Hugo(1583~1645): 네덜란드의 법학자. 근대 자연법의 원리에 입각한 국제법의 기초를 확립하였다. 《전쟁과 평화의 법》(*De Jure Belli ac Pacis*) (3권, 1625)은 전쟁의 권리·원인·방법 등 국제법 전반에 대해 최초로 체계적으로 서술한 저작이다. '국제법의 아버지', '자연법의 아버지'로 불린다.

2) 신자유주의적 제도주의(*Neo-liberal Institutionalism*)

문면(文面)으로 보면, 불은 자유주의적 또는 합리주의적 제도주의자들과 매우 비슷해 보인다. 우선 설명의 대상이 유사하다. 법과 규범의 이면에는 힘과 이익이 있고, 법과 규범 그 자체가 힘과 이익의 산물인 경우도 많지만, 최소한 부분적으로는 법과 규범이 힘과 이익과는 별도로 견인력을 행사한다는 것이다. 규칙과 제도의 기능에 대한 설명도 유사하다. 제도주의자들은 국가들로 하여금 상호간 협력이 자국의 이익에 부합한다고 판단하게 하려면 제도가 어떻게 작용해야 하는지에 대해 관심을 기울인다. 즉, 그들은 규범과 제도들이 여러 종류의 집합행동의 문제를 해결하기 위해 의도적으로 생겨난 것으로 본다. 불의 책에도 이러한 사고방식이 도처에 보인다. 즉, 국가들이 상호 주권을 존중하고, 무력사용의 한계를 인식하며, 그들 사이의 합의를 존중하는 원칙을 수용할 경우, 각자의 이익이 증진될 것이라고 주장한다. 불은 이익에 기초한 협력이 홉스적 가정 위에서도 성립할 수 있다고 생각하고 있으며, 이러한 계약주의적·합리주의적 논리가 국제사회의 제도에 관한 논의 전체에 흐르고 있다.

그러나 불과 제도주의자들 사이에는 중요한 차이가 있다. 예를 들면, 불은 추상적·비역사적 합리주의의 관점에서 협력을 이해하려는 시도에 대해 의심의 눈길을 보냈다. 불은 공통의 이익에 대한 이해가 발전하고 변화하는 역사적 과정을 중요하게 여겼다. 그는 '그로티우스적 이론가들'이 추상적인 인간 이성을 믿은 것은 아니라고 주장하면서 이렇게 썼다.

> 그로티우스와 여타 자연법이론 옹호자들은 확실히 '인간의 이성에 대한 신뢰'를 가지고 있었다. 그러나 그 후에 나온 국제사회에 대한 그로티우스적 개념은 국가들의 관행에 나타난 일반적 합의(*consensus*)라는 요소에 기초를 둔 것이다. 나 역시 (오늘날의 '그로티우스적 견해를 가진 사람들'과 마찬가지로) '인간의 이성'이 아니라, 바로 그런 기초 위에서 국제사회를 논하고 있다.[12]

한 걸음 물러서서 보면, 불이 두 가지 방법으로 국제사회를 논의하고 있다는 것을 알 수 있다. 하나는 분석적인 것이고, 또 하나는 역사적인 것이다. 그의 국제사회에 대한 이해는 우선 추상적 사고의 산물이다. 즉, 국가들로 이루어진 사회에 반드시 있어야 할 필수적 요소들을 추상한 것이다. 그러나 다른 한편 그는 추상적 추론이 아무리 그럴 듯해 보여도 문화적·역사적 힘과 균형을 맞추어야 한다고 주장했다. 당대 사회에 대한 의식을 형성하고 공통의 가치와 목적에 대한 인식을 형성하는 것은 바로 문화와 역사라는 것이다.

역사적으로 형성된 이해에 대한 이러한 강조는 다음과 같은 논의로 이어진다. 즉, 성공적인 협력은 어느 정도의 공동체 의식을 전제로 한다는 것이다. 이는 최소한 공통의 사회적·문화적 또는 언어적 관습을 전제로 한다는 것이다. 합리주의적 모델에 따르면, 당사자들이 공유하는 계획이 있거나 공동체의 일부라고 믿고 있을 경우, 즉 협력적 행동을 통해 증진시킬 수 있는 공통의 이익이 있다고 믿고 있을 경우, 협력은 가능하다. 그러나 불의 관점에서 보면, 이러한 합리주의적 접근은 계약을 맺는 일이 애초에 어떻게, 그리고 왜 가능한지,

---

12) *Letter to Shaie Selzer*, Macmillan Publishers, 14 Nov. 1975, Bull Papers.

그러한 공유계획의 등장을 가로막는 장애물이 무엇인지는 제대로 설명하지 못한다. 이것은 아마도 제도주의가 주로 선진국들의 협력을 분석대상으로 삼았기 때문일 것이다. 자유주의 선진국들은 주요 가치들을 공유하고 있으며, 질서·정의·국가·법·계약 등과 같은 기본개념들에 대해 공통의 개념화가 이루어져 있다. 이러한 점을 고려하여 불은 국제사회의 경계, 구성원의 자격기준, 경계선상에 있거나 또는 경계 밖에 있는 집단들(비기독교도·해적·야만인)의 위치와 같은 문제에 관심을 기울였다.

3) 구성주의(*Constructivism*)

거의 모든 구성주의자들이 불에 대해 최소한 언급은 하고 지나간다. 최근에는 불과 영국학파를 구성주의와 비교한 저작들이 나왔다.[13] 구성주의가 하나의 통일된 입장을 가지고 있는 것은 아니며, 그 다양성은 점점 더 커지고 있다. 그러나 국제관계에 대한 구성주의자들의 주장에는 많은 공통점이 있다. 국제규범은 규제적이기도 하지만 동시에 구성적이라는 견해, 규범·규칙·제도는 의미를 창출하고, 서로 다른 형태의 사회적 행동을 가능하게 한다는 주장, 국제정치의 가장 중요한 특징들 중 많은 것이 사회적 행위자들의 구체적 실천을 통해

13) 예를 들면 다음을 보라. Tim Dunne, "The social construction of international society," *European Journal of International Relations* 1, 3(1995), pp. 367~390; Ole Waever, "Four meanings of international society: A transatlantic dialogue," in Barbara Allen Roberson(ed.), *International Society and the Development of International Relations Theory*(London: Pinter, 1998), 특히 93~98.

생산 및 재생산된다는 관점 등이 바로 그것이다.

확실히 불은 국제정치에서 규범과 제도가 중요하다고 생각하였고, 사회는 공유된 간주관적 이해(*inter-subjective understandings*) — 행위자들 사이에 존재하는 이해 — 에 따라 이루어지는 다양한 사회적 실천을 통해 구성된다고 생각했다. 예를 들면, 그는 《외교적 탐색》(이 책 또한 영국학파가 쓴 명저 중의 하나이다)의 목표들에 대해 지지의견을 표시했다.[14)]

> 무엇보다도 그들은 국제정치에 관한 이론을 데이터를 통해 검증해야 할 '모델' 또는 '개념적 틀'로 보지 않고, 국제사회를 살아가는 사람들이 실제로 믿고 있는 이론 또는 신조로 보았다.[15)]

마찬가지로 불의 국제사회에 대한 정의에서도 가장 중요한 요소는 이익 및 공통의 가치에 대한 개념의 공유, 그리고 법적·도덕적 규칙에 구속된다는 인식의 공유이다.

그러나 불의 입장을 구성주의적 틀로 보는 데는 무리가 따른다. 그는 영향력 있는 구성주의 학자 웬트[16)]와는 크게 다르다. 불은 여러

---

14) Herbert Butterfield and Martin Wight(eds.), *Diplomatic Investigations* (London: George Allen & Unwin, 1966).

15) Review of Michael Donelan(ed.), *The Reason of States*, *Times Literary Supplement*, 28 March 1978.

16) 〔역주〕 Wendt, Alexander(1958~): 독일의 국제정치학자. 미국 오하이오 주립대학 정치학부 교수. 구성주의의 대표적 학자. 독일어로는 '벤트'로 읽는다. 주요 저서로 *Social Theory of International Politics*(1999)가 있다.

형태의 국제사회의 실질적인 역사적 진화를 강조한다.[17] 또한 그는, 구성주의 학설에서 (그리고 일반적 국제관계 이론에서) 생각하는 것과는 달리, 국제법을 구체적인 역사적 실천으로 보고 있으며, 규범구조들이 직접적으로 개입한다고 보고 있다. 불의 철학적 현실주의는 관념과 언어를 중요하게 여기기는 하지만, 내성적(內省的) 혹은 추론적 성격을 강하게 지니고 있는 구성주의자와는 다르다(탈근대주의와도 확실히 다르다). 불은 공유된 이해라는 관점 하나만으로는 결코 국제관계를 탐구할 수 없다고 생각했다. 물질적·사회적 사실들의 상호작용도 함께 고려해야 한다는 것이다. 불에 따르면, 관념의 중요성은 강대국이 어떤 관념을 가지고 그에 따라 행동할 때에 생기는 것이며, 특정한 규범과 제도의 중요성도 물질적인 힘의 분포와 관련이 있다. 마지막으로 불은, 스스로 '비판적'이라고 생각하는 구성주의자들과는 달리, 적나라한 물질적 사실들과 냉혹한 권력정치가 소박한 학자들의 열망과 분석방법에 강력한 제동을 걸 것이라고 생각했다.[18]

4) 다른 접근방법들

《무정부 사회》와 관련이 있는 중요한 학문분야가 2개 더 있다. 국제관계사상사와 국제규범론이 그것이다.

---

17) 불의 홉스적·그로티우스적·칸트적 전통과 웬트의 세 가지 '무정부 문화'를 대조해 보라. *Social Theory of International Relations*(Cambridge: Cambridge University Press, 1999).

18) 구성주의자들간의 차이에 대해서는 다음을 보라. Karin Fierke and Knud Erik Jorgensen(eds.), *Constructing International Relations. The Next Generation*(London: M. E. Sharpe, 2001).

영국학파에서는 역사를 중요하게 여긴다는 것이 일반적인 평가다. 즉, 그들은 역사적 방법을 중요하게 여기고, 국제사회 그 자체를 역사화해야 한다고 생각한다. 불은 영국학파 중에서도 특히 국제관계 사상사를 중요하게 여긴다. 불이 말한 세 가지 경합적 전통, 즉 홉스적 · 그로티우스적 · 칸트적 전통은 마틴 와이트[19] 로부터 가져와 발전시킨 것으로서, 《무정부 사회》의 논의의 축이 되고 있는데, 이것은 15세기 이래 유럽에서 발전한 국제관계사상의 역사를 어떻게 읽느냐와 관계가 있다.

이러한 접근방법은 지금도 중요하다. 역사를 무시하고 '정치학' (*Political Science*) 만 완고하게 내세우는 일이 너무 흔하기 때문이다. 20세기에 와서야 현실주의자들이 체제의 힘이 중요하다는 것을 알았다거나, 칸트는 초기의 민주평화론자에 불과하다거나, 심지어는 그가 친민주주의적 개입주의를 지지했다거나, 구성주의가 등장하고 나서야 주권이라는 것이 구성된 개념이며, 논란의 여지가 있는 개념이라는 것을 알게 되었다거나 하는 통념들이 그런 예에 속한다.

모든 인간사회는 자신들이 어디에 있는지, 어디로 가는지에 대한 관념을 정당화하는 역사적 설화(*stories*)를 가지고 있다. 불의 국제관

---

19) 〔역주〕 Wight, Martin(1913~1972) : 영국의 국제정치학자 · 역사가. 영국학파의 대표적인 이론가로 호주 철학자 존 앤더슨(John Anderson)과 함께 불의 《무정부 사회》에 큰 영향을 미쳤다. 주요 저서로 *Systems of States*(ed. by Hedley Bull, 1977), *International Theory: The Three Traditions*(ed. by Gabriele Wight & Brian Porter, 1991), *Power Politics*(ed. by Hedley Bull & Carstaan Holbraad, 1995), *Four Seminal Thinkers in International Theory: Machiavelli, Grotius, Kant and Mazzini* (ed. by Gabriele Wight & Brian Porter, 2005) 등이 있다.

계 연구에서 중심요소는 국제정치에 대해 행위자가 어떻게 이해하고 있는지, 그 이해가 어떻게 지적 틀이나 전통, 또는 이데올로기로 나타나는가 하는 것이다. 과거가 중요한 이유는 우리가 국제정치의 지형도를 그릴 때 사용하는 개념들이 변화하고, 논박되며, 다원적이고, 완전히 비선형적 성격을 지니고 있기 때문이다.

동시에 불의 독자들은 이 분야에서 지난 25년간 생산된 엄청난 저작들도 함께 읽어야 할 것이다. 국제관계 분야의 고전적 이론들에 대한 연구가 발전을 거듭하고, 주요한 사상적 전통들에 대한 의미 있는 재평가도 계속되었기 때문이다. 베스트팔렌체제의 신화가 무너진 상태에서 국제사회의 구조의 진화과정을 밝히는 연구도 있고, 주권에서 발생한 혁명들을 추적한 연구도 있다. 그리고 마지막으로 정치사상사를 연구한 학자들과, 역사적 개념들과 이데올로기의 문제를 연구한 학자들이 '국제관계' 영역으로 들어온 것도 매우 중요한 변화라고 할 수 있다. 이들의 유입으로 이 분야는 놀라울 정도로 세련되고 있다. 이들의 연구성과에 비추어볼 때, 일부 불의 특수한 주장들(예를 들면, 칸트에 대한 해석)은 재고할 필요가 있으며, 나아가 그의 주요한 이론적 범주인 '그로티우스적 전통'은 근본적 수정이 필요하다. 그러나 이러한 비판과 다시읽기가 필요하다고 해서 국제관계의 연구 및 교육에서 사상사의 중요성을 무시해서는 안 된다.

마지막으로, 불의 저작이 나온 후, 세계정치에서의 도덕적·윤리적 문제들에 관한 논의가 폭발적으로 증가했다는 점도 유의할 필요가 있다. 여기에는 불에 대한 예리한 비판들도 많다. 예를 들면, 불을 비롯한 영국학파의 학자들은 고전적 정치사상의 비옥한 영토로 가는 길을 연 것은 사실이나 '고전적 이론'에 대한 개념이 너무 좁고 빈약

했다는 것이다. 이로 인해 정치이론 및 사회이론의 풍부한 전통들과 긴밀히 연결되어야 할 국제정치의 주제가 오히려 그로부터 분리되는 일이 벌어졌고, 그 결과 국가들의 사회라는 관점만으로는 결코 만족스럽게 해결될 수 없는 문제들, 예컨대 국가, 공동체, 국민에 관한 근본적인 질문들은 경시되거나 무시되었다는 것이다. 국제질서, 또는 세계질서를 규범적 관점에서 보려고 할 경우, 이러한 비판은 충분한 일리가 있다. 현재 활용가능한 지적 자원들이 지난 25년간 엄청나게 증가했기 때문에 이 분야의 연구에 종사하는 사람은 손쉽게 《무정부 사회》를 넘어설 수 있다.[20]

그러나 어느 정도 관련이 있기는 하지만, 불의 목적은 다른 데 있었다는 것을 염두에 두어야 한다. 이 책의 제목은 '질서에 대한 연구'가 아니라 '세계정치에서의 질서에 대한 연구'이다. 불의 관심은 사실로서의 질서와 가치로서의 질서 사이의 관계가 어떠한가, 그리고 이론과 실천 사이에 구축된, 또는 구축가능한 가교들이 무엇인가 하는 것이었다. 바로 이 점이 불의 접근방법의 매력이지만, 때로는 가슴을 답답하게 만드는 것이기도 하다. 그가 주로 관심을 가진 문제는 ① 국제사회 안에서 그리고 국제사회 주변에서 발전한 질서와 정의에 대한 법적 · 도덕적 이해, ② 의미 있는 도덕적 공동체의 정치적 · 물질적 전제조건들, ③ 국제사회의 절차적 · 실질적 규칙들이 구체적인 제도, 권력정치의 구조, 세계정치에서 빈번히 발생하는 불안정한 거

20) 문헌목록과 평가는 다음을 참조하라. Andrew Hurrell, "Norms and Ethics in International Relations," in Walter Carlsnaes, Thomas Risse and Beth Simmons(eds.), *Handbook of International Relations*(London: Sage, 2002), pp. 137~154.

래 등과 맺고 있는 복잡한, 때로는 실망스러운 관계 등이다.

그러므로 불의 공헌은, 여느 정치학자들과는 달리, 도덕적 합의를 위한 투쟁과 정치적 실천의 문제는 서로 긴밀히 연관될 수밖에 없다는 주장에 있다. 예를 들면, 특정한 규범적 문제들은 불평등한 세력 패턴, 국가들의 응집과 국가구조들, 국제규범과 제도들의 정통성 등과 관련이 있다는 것이다. 불의 저작은 국제정치 분야에서 까다롭고 복잡한 윤리적 딜레마는 철학적 기초에만 있는 것이 아니라 관습과 힘과 과정의 적법성(*legitimacy*)에도 있다는 것을 보여준다. 이러한 접근법이 세계정치를 규범적 관점에서 연구하는 유일한 접근방법은 아니지만, 매우 중요한 접근방법임은 틀림없다.

2. 《무정부 사회》와 현대 세계정치

많은 독자들에게 《무정부 사회》는 시대에 뒤진 것으로 보일 것이다. 불은 과거와 현재의 연속성을 강조했는데, 그 결과 범지구적 정치에 삭동하는 역동적인 힘들을 과소평가하였고, 따라서 국제체제가 결정적으로 '베스트팔렌을 넘어서' 움직이고 있었다는 점을 인식하지 못한 것으로 보인다. 경제적 세계화와 정치적 민주화의 영향, 초국적(超國籍) 시민사회의 중요성 증대, 국제기구들의 활동대상 및 범위의 확장과 조밀함, 국가들의 붕괴와 인종집단의 자기주장으로 야기된 복잡한 문제들, 이런 요인들로 국가들의 사회에 초점을 맞춘 불의 좁은 시각은 많은 학자들의 눈에 전적으로 부적합하고 시대에 뒤진 것으로 보인다.

불의 저작은 확실히 냉전에 대해, 그리고 초강대국간의 경쟁에 대해 깊은 관심을 드러내고 있다. 그는 초강대국간의 성격에 근본적인 변화가 생길 가능성에 대해 회의적이었고, 경제적 요인들과 힘에 대해서는 거의 관심을 두지 않았으며, 유엔과 같은 공식적인 국제제도에 대해서도 최소한 이 책에서는 거의 관심을 두지 않았다. 또한 그는 자유민주주의의 확산과 영향에 대한 '칸트적' 낙관론—이 계열의 주장들이 모여 민주평화이론으로 발전하게 된다—에 대해 대체로 비판적인 태도를 취했다. 《무정부 사회》는 국가를 기반으로 한 국제사회가 힘의 관리와 차이의 중재에 가장 효과적인 수단이라고 주장할 목적으로 쓴 것이 분명하다. 이 책이 시대에 뒤진 것이라는 비판에 대해서는 네 가지 측면에서 살펴보기로 하자.

1) 체제변화와 변형

한 가지 대응방법은 《무정부 사회》가 변화 요구를 어떻게 생각할 것인가에 대해 하나의 모델을 제시한 것으로 간주하는 것이다. 불은 변화를 무시한 것이 아니라, 변화를 분석할 때 현실성이 있어야 한다는 점을 강조했다. 초국적 기업의 등장에서부터 테러집단 또는 군벌들에 의한 폭력의 사유화에 이르기까지 일견 새로운 현상으로 보이는 오늘날의 추세와 상황은 오랜 기간의 역사적 안목으로 접근했을 때 가장 잘 이해할 수 있다고 불은 일관되게 주장했으며, 또한 현재와 과거의 변화의 세기들을 비교해볼 것을 제안했다. '신중세주의', '신그로티우스적 요소'에 관해 그가 제안한 개념들도, 비록 미발달 상태에 있기는 하지만, 이러한 맥락에서 나온 것이다.

한 걸음 더 나아간 대응방법은, 불의 현실적·회의적 결론들을 하나의 이정표로 삼고, 최근의 저작들을 여기에 비추어 판단해 보자는 것이다. 교육적 측면에서 볼 때, 학생들은 불의 저작을 1990년대의 저작들, 특히 세계화의 맥락에서 체제변형을 강조한 저작들과 함께 읽을 필요가 있다. 불이 그린 지형도에서 무엇이 여전히 유효하고, 유효하지 않은지, 그 이유는 무엇인지를 알아야 한다.

마지막 대응방법은 불의 회의적 시각이 옳았다고 주장하는 것이다. 현재에 이르기까지 그의 주장을 그대로 반복할 수는 없다. 강조점과 경험적 접근에서 중요한 차이가 있을 수밖에 없다. 그러나 세계화에 관한 1990년대의 주장들을 찬찬히 살펴보면, 불의 저작에서 다룬 논쟁 패턴과 결론들이 그대로 반복되고 있음을 알 수 있다. 현재 세계화를 이끄는 힘은 역사적으로 볼 때 새로운 것이 아니라는 점, 주권에 대한 이해와 불간섭 규범이 안정적이고 논란의 여지가 없는, 탈냉전세계의 복잡성과 쉽게 대비될 수 있는 그런 산뜻한 '베스트팔렌 모델'은 역사상 존재한 일이 없다는 점, 국가능력의 저하가 과장되었다는 점 등이 그러하다. 세계화는 국가정책에 의해 추진된 것이며, 국가의 후퇴는 돌이킬 수 있고, 국가가 가진 권력자원은 아직도 막강하고 확실하다. 마이크로소프트도 힘이 있지만, 해병대도 여전히 힘이 세다.

2) 규범의 변화와 변형

두 번째 논점은 불의 주된 관심이 변화 일반에 있었던 것이 아니라 국제사회의 국제법 구조 및 규범구조의 변화에 있었다는 점을 강조하는 것으로 이는 세계화와 변동에 관한 논쟁에서 그동안 간과된 것이다. 한편으로 '탈주권국가'(*post-sovereign states*), 또는 '중층적 지역 거버넌스'(*multi-layered geo-governance*)에 관한 개념들이 매우 중요한 변화가능성을 보여주지만, 거의 대부분 구체성이 희박한 변형논의에 그치고 있다. 다른 한편, 베스트팔렌 질서의 연속성을 강조하는 사람들은 규범의 역할에 대한 일차원적 시각에 머물러 있으며, 법질서에 대한 개념도 매우 빈약하여 1945년 이래 지금까지 일어난 엄청난 변화를 제대로 파악하지 못하고 있다.

다른 방법도 있다. 예를 들면, 불이 국제사회에 대한 다원주의적 해석과 연대주의적 해석을 구별했다는 점을 강조하고, 《무정부 사회》에 나타난 회의주의에도 불구하고, 인도주의적 개입과 같은 확장된 규범적 목표에 대한 합의가 사실상 이루어졌다는 점을 지적하는 것이다.[21] 링크레이터[22]는 매우 급진적인 자세로, 그러나 불의 저작

21) 예컨대 다음을 보라. Nicholas Wheeler, *Saving Strangers*(Oxford: Oxford University Press, 2000). 불은 개입에 관한 규범의 변화가능성 문제가 널리 유행하기 전에 이미 이 주제에 관해 검토한 바가 있다. Hedley Bull (ed.), *Intervention in World Politics*(Oxford: Oxford University Press, 1984).

22) 〔역주〕 Linklater, Andrew: 영국의 국제정치학자. 주요 저서로 *Men and Citizens in the Theory of International Relations*(1982), *Beyond Realism and Marxism: Critical Theory and International Relations*(1990), *The Transformation of Political Community: Ethical Foundations of the Post-Westphalian Era*(1998), *International Relations: Critical Concepts in Political Science*(2000), *The English School of International Relations: A Contemporary Assessment*(2006), *Critical Theory and World Politics: Citizenship, sovereignty and humanity*(2007) 등이 있다.

의 강력한 영향 아래, 범지구적 정치의 변화조건들이 정치공동체의 변형을 위한 정치적·도덕적 공간들을 어떻게 열 수 있는지를 탐구하였다.[23)]

다른 가능성들도 있다. 예를 들면, 지역주의가 현대 세계정치의 주요한 특징이라는 점을 고려하여, 이러한 '지역 국제사회들'을 불의 개념 틀 내에서 검토 및 비교하는 것이다. 또는 불이 강조하긴 했지만, 그의 저작에서 제대로 발전시키지는 못한 '세계사회'의 개념을 통해, 그리고 국제사회와 세계사회가 상호 관계하는 복잡한 방식을 통해 그 문제들을 바라보는 것이다. 이러한 탐구는 국가 너머에 있는 규칙·규범·제도의 구조에 대한 연구로 이어진다. 지금보다 훨씬 더 높은 수준의 연대에 의해 결합될 국가들의 사회에 대한 법적·규범적 전망이 나올 수도 있고, 국가를 넘어선 또는 최소한 좀더 넓은 법적·규범적 질서 내에서 국가를 보는 시각이 나올 수도 있다. 이러한 전망들은 현대 국제법체계 내에서 이미 가시화되고 있다. 다원적인 규범형성 과정들, 사적 시장행위자들과 시민사회집단들이 가치를 창출하고, 이를 국가간 제도들이 받아들이는 것, 비공식적인 것이기는 하지만 규범을 따르는 거버넌스 메커니즘들이 초국적·초정부적 복합적 네트워크를 구축하는 것 등이 바로 그것이다. 이러한 변화들은 국제법의 관행에 변화를 가져올 것이며, 이 분야에 대한 연구에 영향을 미칠 것이다. 이 역시 그동안 무시된 불의 접근방법의 긍정적 유산이다.

---

23) Andrew Linklater, *The Transformation of Political Community. Ethical Foundations of the Post-Westphalian Era* (Cambridge: Polity, 1998).

3) 문화와 맥락

불의 저작에서 가장 중요한 점은 국제관계를 강대국의 관점만으로는 이해하거나 연구할 수 없다고 본 것이다. 돌이켜 보면, 그는 20세기 대부분의 시기를 지배한 주요 강대국들간의 권력정치적·이데올로기적 갈등의 그늘 아래에서 활동한 사람이다. 그럼에도 불구하고, 그가 이러한 갈등이 세계정치의 여러 차원 중 하나에 불과하다는 점을 일관되게 주장했다는 것은 참으로 놀라운 일이다. 냉전은 탈식민화, 나중에 제3세계로 불리게 된 국가들의 등장, 남북대립 등에 의해 생긴 변화들과는 상반되는 것이었다. 불은 이러한 변화들을 더 큰 역사적 진화과정의 일부로 보았고, 이를 서구의 지배에 대한 반란으로 규정했다.[24]

앞에서 말한 것처럼, 이러한 관점은 국제사회의 범위 및 구성원의 자격기준과 밀접하게 연관되어 있다. 또한 지속가능한 국제사회는 적법성(*legitimacy*)에 바탕을 두어야 하고, 국제사회의 약자들의 이익과 가치를 반영해야 한다는 반복되는 질문과 논쟁으로 이어진다. 이 책에서 이 문제가 모호하게 다루어진 것은 사실이다. 과연 어디까지 수용되어야 하나? 수정주의적 도전을 제기할 능력이 있는 나라들만? 아니면 완전히 배제된 힘없는 나라들도? 이런 문제들에 대한 불의 핵심적 주장은 이런 것이다. 권력의 충돌을 이해하는 것만으로는, 강자들이 이익계산을 어떻게 하는지를 아는 것만으로는 협력을 이해할 수 없다. 약소국들의 정책도 알아야 하고, 그들의 국제질서와 정의에 대

24) Hedley Bull and Adam Watson(eds.), *The Expansion of International Society*(Oxford: Oxford University Press, 1984).

한 관념이 시간적 · 공간적으로 어떻게 변화했는지도 알아야 한다는 것이다.

불의 저작에 나타나 있는 방법과 접근법들은 오늘날에도 여전히 가치가 있다. 제대로 된 학문적 연구를 위해, 알쏭달쏭한 보편적 사회과학자의 연구방법에 의존하거나 메타이론적 논쟁에 열중할 것이 아니라 언어적 · 문화적 · 역사적 지식과 자원이 있어야 한다는 것을 불은 보여주고 있다. 그런 지식이 있어야 시간과 장소에 따라 국제사회와 세계사회에 대한 다양한 이해가 존재한다는 것을 깨달을 수 있다. 불의 국제관계론은 미국의 사회과학인 '국제관계' 그 이상의 것이다. 그의 견해가 미국과 유럽 이외의 지역, 예를 들면 남미와 일본에서 널리 받아들여지는 것도 바로 그 때문이다.

이러한 방식의 탐구는 부분적으로는 권력에 대한 것이다. 새로 등장한 수정주의적 또는 혁명적 국가 또는 집단들이 국제사회의 제도 내에 얼마나 깊이, 그리고 얼마나 확실하게 통합되어 있는가 하는 질문과 관계가 있기 때문이다. 그것은 또한 결정적으로 문화에 대한 것이기도 하다. 국제사회는 얼마나 넓고 깊은가? 바람직한 세계질서의 본질과 달성방법에 대한 합의는 얼마나 강한가? 이런 질문들을 해온 사람들의 중심적인 문제는 바로 문화적 다양성이었다. 가치 합의에 대한 불의 관심은 **절차**에 관한 것이었지 **내용**에 관한 것은 아니었다. 즉, 국가들이 공통의 규칙 틀을 만들어낼 수 있는가, 그 틀로써 이익의 충돌과 대립적 가치를 얼마나 조정할 수 있는가 하는 것이었다. 그러나 그는 또한 국제사회가 역사적 · 유럽적 중심을 넘어서 확장되었다는 사실에 대해서도 깊은 관심을 기울였으며, 근대화와 신생 독립국가의 등장이 통일된 그리고 통일을 촉진하는 범지구적 문화를 낳는지에 대해 깊은 관심을 기울였다. 이 점과 관련하여 한 가지 지적해둘 것이 있다. 불은 국제사회가 필연적으로 공통의 가치체계에 의존하는 것은 아니라고 생각했다는 점이다. 불의 저작을 읽을 때 이 점에 유의해야 한다.[25] 문화의 역할은 조사가 필요한 경험적 문제이지 분석적 전제가 될 수는 없다.

불이 문화와 문화의 힘에 대해 주목한 것은 결코 시대에 뒤떨어진 것이 아니다. 오늘날 세계화가 동질화와 수렴을 강요하고 있으나, 동시에 이에 대한 저항과 반동을 야기하고 있다는 최근의 논쟁을 생각해보면 그 관련성을 쉽게 알 수 있다. 또한 국제 법질서가 연대주의적·초국적 방향으로 이동함에 따라, 그리고 데이비드 케네디(David Kennedy)가 말한 '주권의 수위'(*waterline of sovereignty*)가 낮아짐에 따라 사회적·문화적 차이의 정치적 의미는 더욱 커지고 있다. 인권, 민족과 소수자의 권리, 점증하는 경제적·환경적 문제 등에 대한 국제규칙은 사회의 내적 구성에 깊은 영향을 미치고 있다. 그러므로 가치의 다양성은 더욱더 두드러지게 나타난다. 예를 들면, 법적 질서는 고상한 호소보다는 미세한 문제들을 해결하는 쪽으로 방향을 바꾸어 제재의 확산과 조건부여를 통해 각 영역의 운영규칙 또는 실행수단이 되고 있다. 문화 그 자체가 중요한 것이 아니라, 차이와 다양성이 중요한 것이다. 민족의 역사와 지역의 역사, 사회적·경제적 환경과 조건, 정치적 맥락과 구도 등에 차이가 있기 때문에 세계질서에 대한 이해는 지역에 따라 매우 큰 차이가 있다는 사실을 알아야 한다.

---

25) Stephen Krasner, *Sovereignty. Organized Hypocrisy* (Princeton, NJ: Princeton University Press, 1999), p. 47.

4) 국가체제와 국제질서

《무정부 사회》의 핵심적 질문은 '국가들의 사회가 물려준 정치적 틀이 어느 정도까지 세계질서를 위한 적합한 기초가 될 수 있는가' 하는 것이다. 불의 저작은 냉전종식 이후에 두드러진 글로벌 거버넌스(*global governance*)에 관한 논쟁과도 직접적인 관계가 있다. 이러한 논쟁들은 대부분 합리주의적 방법과 과학기술적 성격을 지니고 있다. 〔국제사회의 행위주체간의〕 상호의존과 상호작용이 점점 증가함에 따라 수많은 집합행동의 문제들이 발생하는데, 이러한 문제들을 자기이익만 추구하는 이기주의자들은 어떻게 극복하는가 하는 관점에서 제도들에 대한 분석이 이루어지고 있다. 국가는 거버넌스 문제에 대해 효과적인, 그리고 효율적인 해결책을 제공하기 위해 국제단체 및 시민사회집단들과 경쟁한다. 반면, 불의 유산은 우리를 두 방향으로 안내한다. 첫째, 특정 제도나 레짐(*regimes*)의 등장 및 발전에 관한 이론적 이해보다 더 중요한 것은 세계정치에서 제도화의 전반적 성격에 대한 평가, 다양한 형태의 제도주의 각각의 규범적 전제들, 실천적·규범적 도전들에 대한 현재 제도들의 대처능력의 적합성 등이라는 것과, 둘째, 규범·규칙·제도 등도 중요하지만, 권력·가치·정통성과 같은 일차적인 정치적 문제들로 돌아갈 필요가 있다는 것이다.

다시 한 번 강조하건대, 《무정부 사회》의 관심은 세계정치 일반에 있는 것이 아니라, 국제질서의 성격과 가능성에 있다. 불이 오직 국가만이 세계정치의 합당한 연구대상이라고 주장하거나, 국가들이 '통제'가능한 대상이거나 또는 필연적으로 그렇게 될 것이라고 주장한 적은 없다. 사실상 그는 국제사회에 대해 비관적인 전망을 가지고 있었다. 그는 《무정부 사회》에 대한 한 독자의 논평에 대해 1975년에 이렇게 말했다. "나는 … 그 책에서 '국제사회가 등장하고 있다'고 말한 일이 없다. 내 주장은 국제사회가 존재하고 있지만 쇠락하고 있다는 것이다."[26] 국제사회가 이처럼 쇠락한 이유는 국제사회의 규범적 야심이 극적으로 팽창한 탓도 있고, 정치적 기초가 침식된 탓도 있다.

또한 불은 오늘날 우리가 세계화(*globalization*)라고 부르는 현상의 변혁적 성격을 완벽하게 이해하고 있었다. 그러나 그는 이러한 새로운 요소가 국제사회의 질서(또는 이 경우엔 정의)의 적합한 기초가 될 수 있는지에 대해서는 회의적이었다.

불의 국가간 질서(*inter-state order*)의 개념은 확실히 국가와 사회의 모체인 사회적·경제적 구조로부터 유리되어 있다. 또한 흔히 지적되는 바와 같이, 그는 정치경제학을 과소평가하였기에, 국가가 경제적 발전의 방향과 범위를 지도할 능력이 있다는 점을, 1970년대 중반의 시점에서 보더라도 과대평가하였다. 오늘날 질서와 거버넌스를 논하기 위해서는 국가들의 체제 외에 이와 대립하는 두 영역을 반드시 고려해야 한다. 하나는 시민사회이고(초국적 시민사회를 포함한다), 또 하나는 경제적 시장이다. 모든 사회질서는, 그리고 세계화의 맥락 속에 있는 사회질서는 확실히 이 두 영역 안에서 이해되어야 한다.

그러나 이러한 대안적 범지구적 질서구조는 허약하거나(예를 들면, 초국적 시민사회는 사회적 폭력과 갈등을 관리할 힘이 없다), 효율적이지만 불안정하다(범지구적 경제를 생각해 보라). 그렇다. 지난 25년간 경제적·사회적 세계화가 진행되었다. 그러나 세계화의 불평등과

---

26) *Letter to Shaie Selzer*, MacMillan Publishers, 14 Nov. 1975, Bull Papers.

불만은 국제적으로 또한 많은 국가 내에서 지속적으로 정치적 긴장을 야기하였다. 더욱이 연대주의적 합의방향으로 의미 있는 움직임이 있었다. 그러나 세계화가 곧장, 아무런 문제없이 공유된 가치, 탄력적인 제도, 또는 의미 있는 범지구적 도덕공동체를 가져올 것이라고 단정하기는 매우 어렵다. 그렇다. 국제사회의 규범과 규칙과 제도의 밀도는 엄청나게 증가하였고, 대체로 자유주의적 방향으로 나아갔다. 그러나 불의 회의주의는 여전히 유효하다. 누구를 위한 연대주의적, 또는 자유주의적 질서인가? 그 자유주의적 질서, 또는 자유화를 촉진하는 질서가 민주주의를 증진시킨다고는 하지만, 분배적 정의는 무시되고, 범지구적 결정과정의 민주화 요구는 묵살되고 있지 않은가? 단 하나의 초강대국의 헤게모니에 깊이 의존하는 그런 자유주의적 질서가 어떻게 안정된 질서, 합법적 질서일 수 있겠는가? 그 나라의 역사는 아주 예외적이고, 국제법과 국제제도에 대한 그 나라의 태도는 이중적이지 않은가?

국제사회의 구성에 관한 불의 관심사 중 두 가지는 여전히 우리의 관심사다. 첫째는 선(善)에 관한 상이한 가치와 개념을 중재하기 위한 규칙 및 제도와, 보편적 가치를 증진 또는 강요하기까지 하는 규칙 및 제도 사이에 존재하는 본질적인 긴장이다. 둘째는 현대 국제사회의 과도한 규범적 야심과, 여전히 불안정한 권력정치적·제도적·문화적 기초 사이에 존재하는 긴장이다. 범지구적 연대를 강조하는 주장은 때로는 희망을 품게 하고, 듣기 좋으며, 심지어는 향수를 불러일으킬 때도 있다. 그러나 불은 그런 주장들을 설익은 범지구적 연대주의(*premature global solidarism*)라 부르면서, 이를 끊임없이 경계했다. 국제사회의 연약한 판 위에 너무 많은 희망과 요구와, 그리고 너무 많은 도덕적 주장들을 올려놓고 있다는 것이다. 오늘날의 독자들은 불이 내린 결론에 찬성하지 않을 것이다. 그러나 그가 《무정부사회》에서 제기한 문제와 분석틀은 세계정치에서 질서의 문제를 연구하는 사람들에게 매우 중요한 출발점이 될 수 있다.

옥스퍼드 너필드 칼리지
앤드류 허렐

제 2 판
머리말

다시 읽는 《무정부 사회》

스탠리 호프만 (Stanley Hoffmann)[1]

《무정부 사회》는 주장이 명쾌하고 문장이 시원시원하여 오늘날 국제관계 이론의 고전으로 널리 인정되고 있다. 또한 이 책은 국제관계론 분야에서 이른바 '영국학파'의 걸작으로 평가되고 있다. 아니 '영국학파'라는 말 대신 국제관계에 대한 영국적 접근이라고 하는 것이 좋겠다(거만함을 싫어한 그의 성품에 비추어, '학파'라는 말을 달갑지 않게 여길 것이므로). 국제관계에 대한 영국적 접근의 독창성은 국가들간의 복잡한 관계를 단순히 '국가들의 체제'로만 보지 않고, 하나의 국제사회를 형성하는 것으로 본다는 데 있다.

---

1) 〔역주〕 Hoffmann, Stanley (1928~) : 비엔나 출신의 프랑스 국적 국제정치학자. 미국 하버드대학 교수. 하버드 유럽연구센터 창립자. 주요 저서로는 *The State of War* (1965), *Gulliver's Troubles* (1968), *Decline or Renewal? France since the 1930s* (1974), *Primacy or World Order* (1978), *Duties beyond Borders: On the Limits and Possibilities of Ethical International Politics* (1981), *Dead Ends: American Foreign Policy in the New Cold War* (1983), *Janus and Minerva: Essays in the Theory and Practice of International Politics* (1987), *The European Sisyphus: Essays on Europe, 1964-1994* (1995), *World Disorders: Troubled Peace in the Post-Cold War Era* (1998) 등이 있다.

이처럼 중요한 책이 1977년 처음 출간되었을 때, 특히 미국에서 왜 그에 상응하는 주목을 받지 못했는가 하는 의문이 생길 수 있다. 미국은 국제관계학이 외교사나 국제법으로부터 분리되어 별개의 학문으로 발전하는 나라가 아닌가? 그 답은 이 책의 '영국적 성격'에 있다. 즉, 이 책의 '영국적 성격'이 미국 학계의 주류와 잘 맞지 않았기 때문이다. 무정부적이라는 말이 앞에 붙어 있었음에도 불구하고, 사회라는 것을 강조한 점이 현실주의자(*realists*)에게도 신현실주의자(*neo-realists*)에게도 마뜩잖게 보였던 것이다. 모겐소를 비롯한 현실주의자들은 국제관계를 국가들의 패권추구와 경쟁의 관점에서 분석했고, 케네스 왈츠를 위시한 신현실주의자들은 국제체제에서 세력의 분포가 국가들의 불가피한 경쟁에 미치는 영향에 대해 관심을 집중했다. 이러한 끊임없는 '전쟁상태'에서 존재할 수 있는 질서란 국가들이 세력균형을 이루는 것밖에 없고, 이러한 세력균형은 언제든지 변할 수 있다는 것이 현실주의자와 신현실주의자의 관점이다. 저자 불도 이 문제에 대해 한 장을 할애하여 논의하지만, 세력균형이 국가간 질서의 처음이자 끝이라고 생각하지는 않는다.

또한 이 책은 미국 국제정치학계에 예전부터 존재한 또 하나의 접근법인 이상주의(*idealism*)를 지지하는 사람들을 만족시키지도 못했다. 이상주의는 우드로 윌슨(Woodrow Wilson)의 정신을 따라서 국가들의 체제를 개혁하고 교화하려 하며, 나아가 극복하려고 한다. 이들은 전쟁과 세력균형을 우려하며, 외교를 불신한다. 이들은 실효적이고 권위적인 국제기구에 희망을 건다. 이들이 보기에 불의 주장은 공통의 규칙 · 제도 · 이익을 강조한다는 점에서 반이상주의적 성격이 너무 강하고, 오늘날 '베스트팔렌체제'라고 통칭되는 주권국가체제와 너무 긴밀하게 연결되어 있다. 질서문제에 관한 한, 이상주의자들은 주권국가는 해결책이 아니라 오히려 해결대상이라고 생각한다. 불의 저작은 마키아벨리적 또는 홉스적 견해를 가진 사람들이 보기에는 너무 '그로티우스적'이었고, 칸트적 또는 세계시민주의적 견해를 가진 사람들이 보기에는 너무 국가중심적이었다.

초판이 출간된 후 약 18년이 지났으므로 우리는 이 책의 의의를 좀 더 차분하게 평가할 수 있다. 이 책이 저자의 유언(遺言)은 아니다. 저자가 그토록 일찍 죽지 않았더라면 한층 더 발전된 견해를 가졌을 것이다. 여기에서 이 책의 의의를 두 가지로 나누어 살펴보겠는데, 하나는 국제관계에 대한 일반적 접근방법으로서, 또 하나는 오늘날의 국제체제를 이해하는 방법으로서 이 책의 의의를 논의하고자 한다.

일반적 접근방법으로서 《무정부 사회》는 '국가간의 협력과 규제된 상호관계라는 요소'에 주목하도록 요청하고 있다. 불에 의하면, 모든 국제체제는 그와 같은 관점에서 분석될 수 있다(불은 냉전하의 양극체제도 그와 같은 관점에서 분석될 수 있다고 보았는데, 그의 냉철한 분별력이 전적으로 옳았다는 것이 입증되었다). 다른 한편, 국제체제에는 모든 국가에 영향을 미치는 '국경을 초월한 연대와 갈등이라는 요소'가 있음은 물론, '국가간의 전쟁과 권력투쟁이라는 요소'도 동시에 존재한다는 사실에도 유의할 것을 요청하고 있다. 불은 '국가간 사회'(*interstate society*)라는 측면이 얼마나 중요한가 하는 문제에 대해서는 어떠한 예단(豫斷)도 하지 않는다. 이것은 경험적으로 조사해보아야 할 문제이기 때문이다. 왈츠와 비교해 보면 불의 견해를 쉽게 알 수 있다. 두 사람 모두 '무정부 틀'을 받아들인다. 국제관계는 공통의 상위 권력이 존재하지 않는 자율적 국가들의 정치이며, 자구(自

救, *self-help*)의 영역이라는 것이다. 그러므로 두 사람 모두 세력분포를 중요시하고, 특히 강대국과 약소국이 존재한다는 사실을 중요시한다(불은 강대국이 자신의 세력권 안에서 행동하는 양식을 구별하는 데까지 나아간다). 그러나 불의 접근방법이 더 풍부하다. 왈츠는 거의 전적으로 '전쟁상태'에 관심이 있기 때문에, 국제체제를 논의하면서 이분법(양극체제와 다극체제)의 틀을 넘어서지 않는다. 불의 접근방법은 각 체제에 존재하는 '사회'의 정도에 기초하여 유형화를 시도한다. 그러므로 왈츠나 레몽 아롱[2]이 중요하게 여겼던 양극과 다극의 구별은 그다지 중요하게 생각하지 않는다. 그리고 강대국과 약소국 간의 관계의 성질은 주로 그 체제의 '사회'의 정도와 규칙의 성격, 그 국가들의 공통이익의 내용에 달려 있다고 본다.

확실히 불은 국가간의 상호작용을 분석하면서 세력관계 이외의 것, 즉 공통의 관심사·규칙·제도 등에 주목한다. 그러므로 그는 전쟁을 세력충돌의 결과로서만 보는 것이 아니라, 질서의 수단이 될 수도 있다고 생각한다. 전쟁은 문제를 일으키는 국가들의 야심과 월권

---

2) 〔역주〕 Aron, Raymond (1905~1983) : 프랑스의 철학자·사회학자·정치학자. 제2차 세계대전 후 J. P. 사르트르 등과 함께 잡지 〈현대〉(*Les Temps modernes*, 1945)를 창간하고, 〈콩바〉(*Combat*), 〈피가로〉(*Le Figaro*) 등 잡지의 논설기자로 활약하였으나, 후에 사르트르와 결별하였다. 주요 저서로 《현대독일사회학》(*La Sociologie allemande contemporaine*, 1935), 《지식인의 아편》(*L'Opium des intellectuels*, 1955), 《산업사회론》(*Dix-huit leçons sur la société industrielle*, 1963), 《민주주의와 전체주의》(*Démocratie et totalitarisme*, 1965), 《진보의 환상》(*Les Désillusions du progrès*, 1969), 《폭력의 역사와 변증법》(*Histoire et dialectique de la violence*, 1973), 《클라우제비츠의 전쟁철학》(*Penser la guerre, Clausewitz*, 1976), 《회고록》(*Mémoires*, 1983) 등이 있다.

을 제어하는 수단이 될 수도 있다는 것이다. 그런 의미에서 제한전쟁은 세력균형을 위한 도구였다는 것이다. 또한 그와 같은 접근방법으로 인해, 그는 세력균형이나 전쟁이 아닌 질서의 양식, 즉 외교와 국제법에 주목한다.

이러한 접근방법에는 두 가지 장점이 있다. 하나는 왈츠 스스로의 환원주의가 무시했던 세 가지 요인을 국제체제의 연구에 다시 도입하는 초국적 사고이다. 세 가지 요인이란 공통의 규범과 이익, 국제기구, 상호의존을 말한다(국가들이 자구행위를 어떻게 '수행'하는가, 협력적으로 하는가, 단독으로 하는가, 갈등을 유발하면서 하는가 하는 것은 상호의존의 정도에 달려 있다). 또한 그의 접근방법은 국가의 특성과 제도가 국가간의 상호작용과 어떤 관계에 있는지에 대해서도 주목하도록 요청한다. 다시 말해서, 구성단위들의 세력분포뿐만 아니라 구성단위 그 자체에 대해서도 고찰할 것을 요청한다. 국제사회의 범위(*scope*)는 (초국적 사회와 비교할 때) 각 구성단위의 정치체제 내에서의 자유기업 대 정부규제의 비율에 달려 있다. 국제사회의 강도 또는 심도(*depth*)는 구성단위들이 얼마나 많은 것을 공유하고 있는가에 달려 있다. 국제사회의 실질(*substance*) 또는 내용은 지배적 사고와 이데올로기 또는 문화에 달려 있다.

그렇다고 해서 불의 광범위하고 포괄적인 논의에 모호함이나 문제점이 없다는 뜻은 아니다. 불은 질서에 관해 논의하면서, 질서가 '사회생활의 기본적 목표에서 공통이익에 대한 인식'을 전제로 한다고 말하는데, 그렇다면 질서는 그가 말하는 '사회의 요소'에 속하고, 그로부터 생겨나는 것으로 보인다. 그러나 세력균형의 경우, 기계적이고 이기적인 움직임의 산물일 때는 '전쟁상태'의 일부로 볼 수 있고,

공통의 관심사로서 의도적으로 '고안된' 것이라면 '사회'의 일부라고 간주할 수도 있다. 그러므로 그것은 홉스적 현상일 수도 있고, 그로티우스적 현상일 수도 있다. 국가간 관계의 두 측면, 즉 전쟁상태와 국제사회는 구별하기 어렵다. 우선 '무정부상태'라는 것이 반드시 만인에 대한 만인의 끊임없는 투쟁을 의미하지는 않는다. 자구행위에 대한 예측에서 나온 협력이 수렴된 결과일 수도 있기 때문이다. 이 점은 1970년대에 이른바 신자유주의적 제도주의자들이 지적한 것이기도 하다. 반대로 국제사회라는 것도 여러 면에서 취약하고, 각국의 자구행위에 대한 예측이 달라질 경우 위기에 빠질 수 있다.

불은 국제사회에서 세력이 공통규칙 및 제도와 어떤 관계에 있는지에 대해서는 분명하게 설명하지 않고 있다. 질서 대 정의에 관한 논의에, 특히 인권에 관한 냉정한 논의에 잠정적인 해답이 들어 있기는 하지만 말이다. 또한 그는 공통이익이라는 모호한 개념에 대해서도 더 이상 깊이 들어가지 않는다. 공통이익이라는 것이 어디에서 (외부적 요청에서? 국내의 압력에서?) 생겨나는 것인지, 어떻게 구속력을 가지게 되는 것인지에 대한 분석은 없다. 그리고 무엇보다도 이 책에는 국제사회의 성립과정에 대한 설명이 불충분하다. 국제사회의 기원에 대해 좀더 알 필요가 있다. 국제사회는 상호의존의 양식일 수도 있고, 전쟁상태의 양식일 수도 있다. 이전에는 국제사회에서 빠져 있던 정치적 실체들을 강압적으로 규칙과 제도의 네트워크 속으로 포함시킨 경우도 종종 있다. 국제사회의 작동과정들에 대해서도 좀더 알 필요가 있다. 사상·테크놀로지·상품 등의 전파는 구성단위를 통해 이루어지기 때문에 특히 패권적인 힘의 효과(와 여러 형태)를 연구해야 한다. 국제사회의 물질적 토대에 대해서, 즉 공통의 가치 또는 문화의 역할과, 물질적 요인들의 역할에 대해서도 좀더 알 필요가 있다. 불은 문화적 응집력을 강조하지만, 역사적으로 보면 그런 것은 매우 취약하다는 것이 입증되었고, '전쟁상태'에 의해 쉽게 파괴되었다. 사회 대 전쟁상태의 비율도 시대와 지역, 그리고 쟁점에 따라 다양하게 나타나는데, 이러한 문제들에 대해 이 책은 일반적 논의에 그칠 뿐 구체적 설명이 없다. 불의 접근방법은 바로 이러한 문제들에 대한 의문을 낳는다. 불은 죽기 전에 이 문제들 중 몇 가지에 대해서는 해답을 시도한 바 있다.

《무정부 사회》는 현대 국제체제를 이해하는 하나의 접근방법이 될 수도 있다. 현대 국제체제에서는 경제적 상호의존이 불가피하고, 공통의 규칙과 제도가 촘촘한 네트워크를 이루고 있으며, 핵전쟁의 위험 때문에, 또한 경제적 상호의존에서 발생하는 충돌은 전쟁으로 해결할 수 없다는 점 때문에 무력의 효용은 감소하고 있다. 또한 현대 국제체제에서도 국가가 여전히 주요한 행위주체이며, 문화적 다양성으로 ('문명간의 전쟁'으로까지 치달을 것 같지는 않지만) 국제사회의 견고성에 의문이 생기고, 종종 국제사회의 규칙에 대한 다툼이 생긴다. '국제 레짐'(*international regimes*)[3] 이론가들이 탐구해온 이기적

3) 〔역주〕 '국제 레짐'(*international regimes*)은 특정한 문제와 관련하여 해당 국가들이 협력하기 위해 만든 다양한 형태의 체제를 가리키는데, 주로 정부간기구의 형태를 취한다. '국제통화기금', '생물학무기협정', '교토의정서' 등이 이러한 '국제 레짐'의 대표적 예이다. 스탠퍼드대학 국제관계학교수인 크래스너(Stephen D. Krasner)는 국제정치에서 "행위자들의 기대나 행동이 수렴 및 제도화되어 안정화된 원리·규범·규칙·절차의 총체"로 정의하고 있다. 국제 레짐은 강대국이 가지는 군사적·경제적 힘의 우위에 근거하여 강압적으로 강요되는 것이 아니라 규범의 준수가 가져오는

행위자들간의 협력은 현실로 나타나는데, 불의 작업은 이에 대한 하나의 이론적 틀을 제공하고 있다.

그러나 여기에도 많은 문제점이 있다. 첫째, 오늘날에는 불이 예견하지 못한, 혹은 고려하지 못한 요인들이 많이 보인다. 이 책에는 국제관계의 경제적 차원에 대한 분석은 거의 없다(그런 의미에서 불은 18세기, 19세기, 20세기의 자유주의자들보다는 오히려 현실주의자에 가깝다). 오늘날 우리는 국가간 경제사회는 물론 초국적 세계경제의 성립을 목도하고 있다. 여기에서는 사적 집단과 개인이 행위주체들이다. 통신수단의 혁명 덕분에 이들은 중앙집권적 정치적 통제를 전혀 받지 않으며, 자국의 정치적 통제 없이 자의적으로 결정을 내린다. 국가는 이들을 통제할 방법이 없으며, 이론상 주권을 가지고 있다 해도 그들에 대해 주권을 행사하는 데는 한계가 있다. 그러므로 오늘날에는 불이 시도한 것처럼, 세계정치와 질서에서 '초국적'(*transnational*) 요소와 '국제적'(*international*) 요소를 엄격히 구분하는 것은 불가능하다. 게다가 오늘날의 문제는 가설적인 그리고 뜻이 모호한 세계국가도 아니고, 국가체제의 계획적인 개혁도 아니다. 오늘날의 문제는 인종적·종교적 분쟁, 불충분한 제도와 자원, 정통성의 결여 등 다양한 요인들로 많은 국가들이 고통받고 있으며, 파멸의 위기에 빠져 있다는 사실이다. 어떤 의미에서 모든 국제관계학자들은 갈등을 논하든 협력을 논하든 '국가체제'라는 개념을 당연한 것으로 받아들이고 있다. 이들의 이분법은 '복수의 국가로 구성되는 체제' 대 '제국체제'이다. 그러나 붕괴 또는 해체되는 국가 수가 급속도로 늘어

장기적인 비용감소 효과와 도덕적 이익 때문에 어느 정도 자발적으로 준수되고 있다.

난 경우 국제사회의 능력으로 과연 그 혼란을 처리할 수 있을 것인가? 국제사회의 규칙과 제도는 불충분하고, 국가들은 단기적 안목에서 개입을 꺼리며, 개입의 회피를 공통이익으로 여기는 경향이 있다.

오늘날의 탈냉전체제에서 우리가 연구해야 할 과제들은 불에게서 해답을 찾을 수 없다. 무정부적 환경에서 사회가 얼마나 번영할 수 있을까? 국가체제에도 그리고 초국적 영역에도 존재하는 적대적인 갈등을 사회성(*sociability*)의 요인들로 과연 극복할 수 있을까? 극복할 수 있다면, 어떤 조건 아래서 가능할 것인가? 그 두 영역에서 경제적 상호의존의 중요성이 '흘러 넘쳐', 그 갈등을 감소시킬 수 있을 것인가? 아니면 단순히 공존할 것인가? 아니면 그 갈등이 사회를 침식하고 말 것인가? 아무리 조밀한 규칙과 제도가 있다 하더라도, 공통문화를 결여한 세계국제체제가 진정한 사회, 강력한 사회가 될 수 있을 것인가? 전통적으로 그랬듯이, 주권국가들이 다른 나라에 대한 폭력과 공격성으로 세계질서에 도전하는 경우는 물론, 자국 내의 폭력과 취약성으로 세계질서에 도전하는 경우, 그리고 초국적 사회의 규칙과 제도가 질서가 아니라 혼란을 야기할 경우, 세계질서는 어떻게 될 것인가?

이러한 문제들은 불의 접근방법을 선택했을 때 제기될 수 있는 의문들이며, 국제관계학을 전공하는 학생들이 연구과제로 삼아야 할 것들이다. 이 책이 중요한 이유는 바로 그러한 문제들을 풍부하게 다룰 수 있는 패러다임을 제공하기 때문이다. 세계정치에 관한 경험적 연구를 할 경우에도, 세계무대에서 활동하는 행위주체들의 관행에 대해 윤리적 관심을 가지고 규범적 연구를 하는 경우에도, 불의 패러다임은 유용하게 사용될 수 있다. 불은 이 책이 '전적으로 지적인' 탐구라고 밝히면서, 방대하고 어려운 주제인 규범적 문제는 논외로 하고 있다. 국제사회에 대한 불의 설명이 불충분해 보이기는 하지만, 이 주제에 대한 다른 패러다임들도 하나같이 끝이 막혀 있는, 혹은 짧고 좁은 길로 보인다.

스탠리 호프만

머리말

이 책은 필자가 지금까지 다른 곳에서 단편적으로 주장했던 국제사회와 국제질서에 대한 견해를 체계적으로 설명하고자 한 것이다.

이 책은 런던 경제대학 국제관계학과 시절의 옛 동료들에게 많은 빚을 지고 있는데, 특히 매닝(C. A. W. Manning)에게 빚진 바가 크다. 또한 필자가 수년간 참가했던 영국 국제정치이론위원회에서의 토의에서 얻은 것도 많다. 마틴 와이트(Martin Wight)에게도 더 할 수 없이 큰 빚을 지고 있다. 와이트야말로 국제관계가 하나의 연구주제가 될 수 있다는 것을 나에게 처음으로 확실하게 보여준 사람이다. 이 분야에서 와이트가 이룩한 업적은, 그 자신이 즐겨 쓰는 비유를 쓰자면, 런던 교외에 있는 로마시내의 벽처럼 우뚝 서 있다. 와이트의 저작은 제대로 출판되지도 않았고, 널리 알려지지도 않았지만, 끊임없는 영감을 주고 있다.

여기에서 논의된 일부 내용은 옥스퍼드 시절의 은사인 하트[1] 선생

---

1) 〔역주〕 Hart, Herbert Lionel Adolphus(1907~1992). 영국의 법학자. 옥스퍼드대학 법학교수(1952~1968). 이 책의 저자인 헤들리 불의 옥스퍼드대학 유학시절 지도교수였다. 주요 저서로 *Causation in the Law*(1959/1985, with Tony Honoré), *The Concept of Law*(1961/1994), *Law,*

님께 배운 것이다. 이 책의 여러 곳에서 친구인 프린스턴대학의 포크[2]의 견해를 논박하였지만, 그의 견해는 오늘날 세계정치를 연구할 때 매우 의미 있는 출발점이 될 수 있다. 그러므로 나의 논박은 그의 견해에 대한 일종의 보충설명으로 이해해야 한다. 친구이자 동료인 밀러(J. D. B. Miller) 교수에게도 특별히 감사드린다. 그는 내 글을 읽고 비판과 격려를 해주었다.

이 책은 세련된 이론적 기법을 사용한 저술도 아니요, 특별한 깊이를 가진 역사적 연구도 아니다. 나는 학부생이던 시절, 《공간 · 시간 · 신성》(*Space, Time and Deity*) (London: Macmillan, 1920)의 저자인 새뮤얼 알렉산더(Samuel Alexander)의 명언, '사색도 연구다'라

Liberty and Morality(1963), *The Morality of the Criminal Law*(1965) 등이 있다.

2) 〔역주〕 Falk, Richard A. (1930~): 미국의 국제법학자. 프린스턴대학 교수(1961~2001). 핵시대평화재단(Nuclear Age Peace Foundation) 이사장. 주요 저서로 *Legal Order In A Violent World*(1968), *The Six Legal Dimensions of the Vietnam War*(1968), *This Endangered Planet*, Random House(1971), *A Global Approach to National Policy*(1975), *A Study of Future Worlds*, Free Press(1975), *Human Rights and State Sovereignty*(1981), *Revolutionaries and Functionaries*(1988), *The Promise of World Order*(1981), *Explorations at the Edge of Time*(1993), *On Humane Governance*(1995), *Predatory Globalization*(1999), *Human Rights Horizons: The Pursuit of Justice in a Globalizing World*(2001), *Reframing the International: Law, Culture, Politics*(2002), *Religion and Humane Global Governance*(2001), *The Great Terror War*(2002), *The Declining World Order: America's Imperial Geopolitics*(2004), *The Costs of War: International Law, the UN, and World Order after Iraq*(2007), *Achieving Human Rights*(2008) 등이 있다.

는 말에 큰 감명을 받았다(지금 생각하면 지나치게 감명을 받았다). 내 책은 크고 복잡한 문제들에 대한 사색을 담고 있으므로, 그에 따른 한계도 있다.

제 4장의 초고는 〈정치연구〉(*Political Studies*) (vol. xix, no. 3, Sep. 1971) 에 "국제사회에서 질서 대 정의"란 제목으로 발표한 바 있다. 제 8장의 초고는 앨런 제임스(Alan James)가 편집한 《국제질서의 기초: 매닝 기념논문집》(*The Bases of International Order: Essays in Honour of C. A. W. Manning*) (Oxford University Press, 1973) 에 "전쟁과 국제질서"라는 제목으로 발표했다. 그 글들을 이 책에 다시 실을 수 있도록 허락한 출판사에 감사한다.

내가 지적으로 가장 많은 신세를 진 사람은 존 앤더슨(John Anderson)이다. 그는 1927년부터 1958년까지 시드니대학에서 철학 교수로 지냈는데, 여러 유명한 사람들보다도 더 위대한 사람이다. 이 책에서 논의한 문제들에 관해 그가 직접 언급한 것은 거의 없지만, 그의 정신과 교훈은 우리 제자들의 사고에 깊은 영향을 주었다.

헤들리 불

서 론

이 책은 세계정치에서 질서의 본질에 관한 연구이다. 현재 세계정치에서 질서는 주권국가들을 통해 유지되므로 주로 주권국가들 사이의 질서에 중점을 두고, 다음과 같은 질문에 대한 해답을 모색하였다.

① 세계정치에서 질서란 무엇인가?
② 현재 주권국가체제(*system of sovereign states*)[1] 내에서 질서는 어떻게 유지되고 있나?
③ 주권국가체제가 실행가능한 세계질서를 가져올 수 있을까?

이 세 가지 문제를 3부로 나누어 차례대로 살펴보겠다.

우선 연구의 주제 및 접근방법과 관련하여 몇 가지 지적해둘 것이 있다. 첫째, 내가 이 책에서 다루고자 하는 문제는 세계정치 전반에 관한 것이 아니라 하나의 요소, 즉 질서에 관한 것이다. 보통 세계질서라고 하면, (또는 세계 전체의 질서라고 하면) 국가들간 관계의 총체, 국제정치체제 전체를 머리에 떠올리게 된다. 그러나 내가 말하는 질서는 국제정치에서 어느 한 시점, 또는 어느 한 지점에서 존속할

1) 〔역주〕 제 1장의 주 3 참조.

수도 있고 존속하지 않을 수도 있는 하나의 성질로서의 질서, 또는 정도의 차이를 말할 수 있는 질서, 무질서와 대립되는 개념으로서의 질서를 말한다.

물론 무질서라는 요소는 세계정치에서 질서라는 요소보다 더 크게 느껴진다. 실제로 세계정치에는 질서 같은 것은 전혀 없다고 주장하는 사람들도 있다(나는 이러한 주장이 잘못된 것임을 밝힐 것이다). 이들에 따르면, 국제질서 또는 세계질서 같은 것은 먼 미래의 일로서 우리가 추구해야 할 바람직한 상태이기는 하지만, 현재는 존재하지 않으며, 과거에도 존재하지 않았다는 것이다. 질서라는 것이 세계정치에서 오직 하나의 요소에 불과하다는 것을 알아둘 필요가 있지만, 나는 질서개념에 초점을 맞추어 논의를 전개하고자 한다. 그러므로 제 2부에서 주권국가들로 이루어진 사회의 제도들, 즉 세력균형 · 국제법 · 외교 · 전쟁 · 강대국 등을 고찰할 때, 이들이 질서와 관련하여 수행하는 기능을 중점적으로 살펴보는 데 그칠 것이며, 국제정치체제 전체에서 차지하는 비중은 다루지 않을 것이다.

둘째, 이 연구에서 질서는 가치나 목표 또는 목적이 아니라 하나의 실제적인 또는 가능한 상태로 (제 1장에서) 정의한다. 그러므로 이 연구에서 논의되는 질서는 바람직한 목표의 개념이 아니며, 가장 중요한 목표의 개념은 더더욱 아니다. 이 연구에서 이러이러한 제도 또는 행동양식이 세계정치에서 질서를 유지하는 데 도움이 된다고 말하는 경우에도 그러한 제도를 보존해야 한다거나, 그러한 행동양식을 따라야 한다는 뜻은 아니다.

물론 나 역시 대다수의 사람들과 마찬가지로 질서를 가치 있게 여긴다. 내가 세계정치에서 질서를 바람직한 목표로 여기지 않았다면, 이런 연구를 할 가치가 있다고 생각하지도 않았을 것이다. 어떤 정치적 목적이나 가치를 논의하면서 인간관계에서 질서의 가치를 인정하지 않는 그러한 이론은 실로 존재하기 어려울 것이다.

그러나 제4장에서 논의하겠지만, 질서는 국제적 행위의 형성과 관련하여 유일한 가치는 아니며, 가장 우선적인 가치여야 할 이유도 없다. 예를 들면, 오늘날 부유한 산업국가들은 질서(또는 그들이 중요하게 여기는 가치를 구현하는 질서)에 관심을 보이고 있고, 빈국이나 비산업국가들은 변화에 관심을 보이고 있다. 이러한 충돌은 오늘날의 주요 논제 중 하나이다. 이와 비슷하게 국제정치에서 질서는 자유에 종속되어야 한다는 주장도 들린다. 예를 들면, 나폴레옹 시대의 대불(對佛) 동맹은 유럽 국가들의 자유를 위한 투쟁이었으며, 나폴레옹체제는 자유를 억압하면서 질서를 구현한 체제였다는 것이다. 또한 오늘날에도 미국과 소련의 영향 아래 유지되는 질서는 작은 나라들의 자유와 독립을 희생시키고 있다는 것이다.

그러므로 질서를 우선적 가치라고 주장하게 되면, 질서와 다른 목표들과의 관계에 대해 문제가 발생한다. 나는 이 문제에 대해 논할 생각은 없다. 세계정치에서의 정의(正義)에 관한 연구는 따로 수행되어야 할 것이며, 이 경우 여기에서 논의된 것과는 다른 관점에서 연구가 수행되어야 할 것이다. 나는 그런 관점들도 충분히 이해하지만, 지금 이 연구는 세계정치에서의 질서에 관한 연구이지 정의에 관한 연구는 아니다. 이 연구에서 세계정치에서의 질서가 정의에 대한 요구와 어떻게 관련되는지, 정의로운 변화의 요구가 어느 정도로 충족되어야 세계정치에서 질서가 달성될 수 있는지의 문제를 살펴보겠지만, 정의문제는 질서문제와 본질적인 관련이 있는 범위 내에서만 고찰할 것이다.

셋째, 세계정치에서 질서의 문제를 논의하면서 연구범위를 인간의 정치적 구조 또는 제도의 항구적인 문제에 한정하고, 오늘날 세계정치의 현안문제들은 다루지 않았다. 일각에서는 국제질서의 전망이 오늘날 현안문제들의 해결에 달려 있다고 주장한다. 예를 들면, 전략핵무기의 통제, 미국과 소련 간의 데탕트(*détente*)의 발전, 아랍·이스라엘 문제의 해결, 세계적 불황의 극복, 국제통화체제의 개혁, 인구성장의 억제, 세계 식량공급의 재분배 등과 같은 문제들과 관련 있다는 것이다. 이러한 주장에도 일리는 있다. 그러나 오늘날의 현안문제들이 무엇이든, 현존의 세계정치구조 안에서 해결책을 모색할 수밖에 없다. 나는 앞에서 제기한 질서에 관한 세 가지 문제를 이러한 정치구조와 관련하여, 또는 대안적인 정치구조와 관련하여 다룰 것이다.

넷째, 여기에서 논의하는 세계정치에서의 질서에 대한 연구는 국제법이나 국제기구를 가장 중요하게 여기는 접근법과는 다르다. 이 연구에서는 질서가 국제법이나 국제기구와는 독립적으로 존재할 수 있고, 존재했다고 생각한다. 여기에서 말하는 질서는 규칙에 의존하여 유지된다. 근대 국제체제는 (여느 국제체제들과는 달리) 주로 국제법의 지위를 갖는 규칙들에 의해 유지되었다. 그러나 국제질서의 존속에 기여하는 규칙들 중에는 법적 지위를 갖지 않는 것들도 있음을 인식해야 한다. 또한 국제법 규칙이 없다 하더라도 국제질서는 유지될 수 있으며, 과거에 그런 시대도 있었다는 사실을 인식해야 한다. 질서 또는 공존의 규칙들 중에는 국제법과 관련이 있는 것도 있고, 국제법과 관련은 없지만 국제정치의 영역에 속하는 것도 있는데, 세계정치에 대한 오늘날의 이해는 이 두 가지를 제대로 결합하지 못하고 있다는 생각이 든다.

마찬가지로 이 연구는 국제기구, 즉 유엔이나 그 산하의 전문기구나, 또는 여러 지역적 국제기구를 강조하는 접근법과는 다르다. 물론 현대의 세계정치에서 이 기구들이 질서유지에 매우 중요한 역할을 한다는 사실은 여러 측면에서 인정될 수 있다. 그러나 세계정치에서 그러한 질서가 유지되는 이유를 찾기 위해서는 국제연맹이나 유엔 등의 기구에 주목할 것이 아니라 국제사회의 제도들에 주목해야 한다. 이 제도들은 여러 국제기구들이 수립되기 전부터 있었으며, 그러한 국제기구들이 없다 하더라도 (작동방식은 달라지겠지만) 계속해서 작동할 것이다.

유엔을 비롯한 국제기구들이 하는 역할을 평가할 때도 이 기구들 자체의 공식적 목표나 이상, 또는 이 기구들에 대한 일반적 기대에 초점을 맞출 것이 아니라, 이 기구들이 보다 기본적인 제도들의 작동에 어떤 기여를 하는지를 보아야 한다. 이 책에서 유엔을 비롯한 국제기구들에 대한 언급이 세력균형·국제법·외교·강대국의 역할·전쟁 등을 다룬 곳에서 등장하는 것도 바로 그러한 이유 때문이다. 세력균형·국제법·외교·강대국·전쟁 등이 바로 국제사회의 실효적인 제도들이다. 국제연맹이나 유엔은 마틴 와이트의 말처럼 기껏해야 유사제도(*pseudo-institutions*)일 뿐이다. 일각에서는 유엔이 방대한 문서를 생산한 탓에 연구 과잉을 초래하였고, 이로 말미암아 보다 근본적인 국제질서의 원천에 대한 학자들의 관심이 희박해지는 경향이 있다고 지적하는데, 나 역시 이러한 견해에 공감한다.

마지막으로 내가 이 책을 쓰는 목적은 해결책을 제시하기 위한 것도 아니요, 특정한 형태의 세계질서나 또는 그에 다다를 수 있는 특정한 경로를 제안하기 위함도 아니다. 내 목적은, 최소한 내가 생각한 목적은 그 주제에 대한 지적 탐구를 하는 것이며, 이 탐구의 결론이 무엇이든지 그 결론을 따르기 위한 것이다.

물론 내 연구가 '가치중립'을 표방하는 얼빠진 연구라고 오해하지 말기를 바란다. 어떠한 도덕적·정치적 전제도 없는 가치중립적 연구는 불가능할 것이며, 가능하다 하더라도 무익할 것이다. 정치에 대한 학문적 탐구에서 중요한 것은 가치가 담긴 전제를 배제하는 일이 아니라, 그러한 전제들을 조사하고 비판하는 일이며, 도덕적·정치적 쟁점들을 연구의 일부로 삼는 일이다. 누구나 마찬가지이겠지만, 나 역시 이 문제를 다루면서 완전히 객관적 태도를 취할 수는 없다. 그러나 나는 객관적이고 공평한 태도를 취하려는 노력은 가치 있는 일이라고 생각한다. 세계정치에 대한 이 연구에서도 상대적으로 객관적이고 공평한 태도를 취한 부분도 있을 것이고 그렇지 않는 부분도 있을 것이다. 연구에는 연구 자체의 윤리가 있는 만큼, 어떤 연구든 모든 종류의 정치제도와 정치운동—좋은 것이든 나쁜 것이든—에 필연적으로 위협이 될 수밖에 없을 것이다.

제 1 부

세계정치에서 질서의 성질

제 1 장

세계정치에서 질서의 개념

세계정치에서의 질서에 관한 연구는 '질서란 무엇인가' 하는 질문에서 시작된다. 먼저 사회생활에서 질서가 의미하는 바가 무엇인지 논의한 후, 국가들로 이루어진 체제에서, 그리고 세계정치 일반에서 질서가 의미하는 바를 살펴보자.

1. 사회생활에서의 질서

다수의 사물이 질서를 이루고 있다는 말은, 아주 간단하게 말하면, 일반적 의미에서 사물이 일정한 양식에 따라 서로 연관되어 있다는 말이다. 즉, 그 관계가 난순히 우연적으로 그렇게 된 것이 아니라, 식별가능한 일정한 원리를 포함하고 있다는 것을 의미한다. 예를 들면, 책장에 진열된 책에는 질서가 있지만, 마루에 쌓인 책 무더기에는 질서가 있다고 할 수 없다.

그러나 우리가 사회생활에서 무질서의 반대개념으로 질서를 말할 때는 사회현상에 나타나는 특정한 양식을 가리킨다. 일정한 양식이 있다는 것만으로는, 일정한 방법에 따라 배열되어 있다는 것만으로는 질서가 있다고 말하지 않는다. 폭력적인 충돌상황에 처한 개인이나 조직의 행동에서도 하나의 분명한 양식이 드러날 수 있다. 하지만 이런 상황을 우리는 무질서라고 말한다. 전쟁이나 위기상황에 놓인 주권국가들도 규칙적이고 질서 있게 행동하기도 한다. 공포와 불안에 처한 개인들도, 자연상태에 대한 홉스의 설명에서 볼 수 있는 바와 같이, 일정한 양식에 따라 반복적으로 행동할 수 있다. 홉스 자신도 그들이 그렇게 행동한다고 말하고 있다. 그러나 이들은 사회생활에서 질서가 아니라 무질서를 보여주는 예라고 하겠다.

인간이 사회생활에서 추구하는 질서는 개인이나 집단간의 관계에 관련된 행동양식이나 규칙성이 아니라, 일정한 목표나 가치를 촉진하는 사회생활의 배열과 같은, 특정한 결과를 이끌어내는 양식을 의미한다. 이와 같은 목적적 또는 기능적 의미에서 여러 권의 책은 한 줄로 놓여 있을 때가 아니라 저자나 주제에 따라 정돈되어 선택목적에 부합하거나 선택기능을 충족시킬 때 질서를 보여준다고 할 수 있다. 아우구스티누스의 질서개념은 이러한 목적적 관념을 잘 보여주고 있다. 그는 질서를 '어긋난 부분들이 각기 최적의 상태에 놓인 좋은 배열'이라고 정의했다.[1] 이러한 정의는 많은 문제를 안고 있지만, 아래에서 볼 수 있는 것처럼, 질서를 모든 종류의 양식이 아니라 특정한 양식으로 제시하기 때문에, 그리고 목적이나 가치를 강조하기 때문에 유용한 출발점이 된다.

아우구스티누스의 정의는 당장 무엇에 '좋다'는 것인지, 또는 무엇에 '최적'이라는 것인지에 대해 의문을 제기한다. 이와 같은 목적적 의미에서의 질서는 필연적으로 상대적 개념이다. 어떤 목적(예를 들어, 책의 경우 특정 저자에 의한 책 찾기)에 따라 질서가 부여된 배열은 다른 목적(주제에 관한 책 찾기)의 측면에서는 무질서하게 보일지

---

1) Augustine, *The City of God*, bk xix, XII(Everyman's Library, 1950), p. 249.

도 모른다. 이러한 이유로 어떤 특정한 사회적 배열이 질서를 구현하는지 그렇지 않은지에 대해 의견의 불일치가 생겨나기도 한다. 또한 같은 이유에서 2개의 사회·정치체제가 상호 모순된다고 하더라도 모두 질서를 구현하고 있다고 볼 수도 있다. 구체제(*ancien régime*)나 혁명기 프랑스의 사회·정치체제, 또는 오늘날 서구세계나 사회주의 국가의 사회·정치체제는 각기 다른 종류의 가치나 목적에 '좋은', 또는 '최적인', '어긋난 부분들의 배열'을 구현하고 있다.

그러나 이러한 아우구스티누스적 의미의 질서는 주어진 목표와 관련하여서만 존재하기는 하지만, 이 목표들 중 일부는 기본적인 또는 근원적인 성격을 갖고 있다. 왜냐하면, 어느 정도 그것을 구현하는 일이 단순히 사회생활을 위한 조건에 그치는 것이 아니라 사회생활 그 자체를 위한 조건이기 때문이다. 어떤 목표를 추구하든 모든 사회는 그러한 목표를 인식하고 증진하는 장치를 가지고 있다. 특히 세 가지 목표를 언급할 수 있다. 첫째, 모든 사회는 죽음이나 상해를 가져오는 폭력에 대하여 생명을 보존하고자 한다. 둘째, 모든 사회는 체결된 계약의 준수와 약속된 합의의 실행을 확보하고자 한다. 셋째, 모든 사회는 사물의 소유가 어느 정도 안정적으로 유지되며, 지속적인 도전에 직면하지 않도록 하고자 한다.[2)] 사회생활에서 질서란 이와 같이 사회생활의 기본적인, 근원적인 혹은 보편적인 목표를 지탱하는 인간활동의 양식을 의미한다.

이 정의는 이 연구에서 중심적 역할을 하기 때문에 좀더 명확히 할 필요가 있다. 이러한 세 가지 기본적 가치는 생명 가치, 신의 가치, 재산 가치라고 불리기도 한다. 사회생활에서 이러한 세 가지 기본적

---

2) 이러한 분석을 보여주는 자료들이 많이 있다. 특히 '자연법 이론에서 양식(良識)의 핵심'을 구성하는 '간명한 이치'에 대한 하트의 설명을 보라. H. L. A. Hart, *The Concept of Law*(Oxford: Clarendon Press, 1961), p. 194.

가치가 모든 사회의 공통된 목표라는 말도 아니요, '질서'라는 개념이 오직 그것들과 관련해서만 의미를 지닐 수 있다는 뜻도 아니다. 그러나 이들은 확실히 기본적 목표를 보여주는 어떤 목록에도 포함될 것이며, 기본적 목표의 일례를 보여준다.

이 세 가지 목표는 기본적인(*elementary*) 것이라 할 수 있다. 폭력으로부터 안전의 확보, 합의의 이행 및 소유의 안정에 대한 기대가 상호간에 존재하지 않는다면, 그런 개인이나 집단의 군집은 사회라고 부를 수 없다. 또한 이 세 가지 목표를 근원적인 것으로 볼 수도 있다. 그러한 목표들의 실현을 전제로 다른 목표들을 추구할 수 있기 때문이다. 죽음이나 상해의 위협으로부터 어느 정도의 안전을 확보하지 못한다면, 다른 일에 충분한 노력이나 주의를 기울일 수 없을 것이다. 체결된 합의가 이행될 것이라는 일반적 추정이 없다면, 어느 분야에서든 협력을 촉진하기 위한 합의가 이루어질 수 없다. 개인이나 집단에 의한 물건의 소유가 어느 정도 고정적·안정적이지 않다면(소유의 안정이 사적 소유에 의하든, 공동소유제에 의하든, 또는 둘의 혼합에 의한 것이든 여기서는 중요하지 않다) 인류의 본성에 비추어 보거나, 인간이 소유하고자 하는 것들이 한정되어 있다는 점에 비추어 볼 때, 안정적 사회관계를 상상하기 어렵다. 물론 흄(Hume) 등이 주장한 바와 같이, 사회에 필요한 소유의 안정화는 조건적이다. 인간의 물질에 대한 욕구가 완전히 이기적인 것이라면, 소유규칙 또는 소유권을 통한 소유의 안정화는 불가능할 것이다. 인간의 욕구가 전적으로 이타적이라면, 소유의 안정화는 불필요할 것이다. 인간이 소유하고자 하는 것들이 극도로 희소하다면, 소유규칙은 효력을 발휘할 수 없을 것이고, 이러한 것들이 완벽히 충족되는 상태라면, 소유규칙은 불필요할 것이다. 그러나 인간의 이타성이 제한적이고, 인간이 욕구하는 사물이 제한적으로 존재하기 때문에 소유를 안정화하려는 시도는 모든 사회생활의 근원적 목표가 된다. 또한 이 세 가지 목표는 현실의 모든 사회들이 고려하고 있는 것으로 보인다는 점에서 보편적인(*universal*) 것이라 말할 수 있다.

사회생활에서의 질서를 기본적인, 혹은 근원적인 목표를 충족시켜주는 인간활동의 한 양식으로, '어긋난 부분들의 배열'로 정의한다고 해서 이러한 목표들이 다른 목표에 우선한다거나, 진실로 이러한 목표들이 가치 있다거나 바람직하다는 뜻은 아님을 유의하기 바란다. 내가 주장하고자 하는 바는, 이러한 목표가 어느 정도 확보되지 않으면 사회의 존재나 사회생활의 존재에 대해 이야기할 수 없다는 것, 다른 목표들의 성취가 어느 정도 이러한 기본목표의 성취를 전제로 한다는 것, 그리고 사실 모든 사회가 그러한 목표를 설정하고 있다는 것이다. 그러나 이것은 이러한 목표와 다른 목표 사이에 갈등이 생겼을 때 사회가 이 목표들에 항상 우선순위를 둔다거나 두어야 한다는 것을 의미하지는 않는다. 사실상 전쟁이나 혁명기에 사람들은 자주 또는 때때로 다른 가치를 추구할 목적으로 폭력에 의존하고, 약속을 어기며, 재산권을 침해하기도 한다. 서론에서 주장했듯이 질서가 인간행위를 결정짓는 유일한 가치는 아니며, 이것이 여느 가치보다 우선한다고 가정되어서도 안 된다.

나는 사회생활의 기본적인 또는 근원적인 목표가 다른 목표에 우선한다거나 또는 우선해야 한다고 주장할 생각이 없을 뿐만 아니라, 이러한 목표들을 의무적으로 추구해야 한다고 주장할 생각도 없다. 또한 내가 자연법 이론의 옹호자들과 동일한 견해를 가지고 있다고 생각하지 말길 바란다. 자연법 이론가들은 이러한 또는 여타의 사회생활의 기본적인, 근원적인 또는 보편적인 목표가 모든 인간에게 의무적이라고 보거나, 사회생활을 지탱하는 행위규칙의 구속력이 모든 인간에게 자명하다고 보고 있다. 여기서 내가 취하는 관점이 자연법

이론의 '경험적 적용'의 일부로 여겨질 수도 있다. 자연법 전통은 이 연구가 다루는 문제에 관한 이론적 통찰력을 제공한 중요한 원천 가운데 하나이다. 그러나 자연법적 사고의 중심내용을 여기에서 펼쳐 보일 생각은 없다.

또 한 가지 명확히 해둘 것은 여기서 정의된 사회생활에서의 질서와 행위규범 또는 일반적 명령원칙 사이의 관계에 대한 것이다. 사회질서는 행위규범에 대한 복종이라는 의미로 정의될 때도 있고, 좀더 구체적으로 법규에 대한 복종으로 정의될 때도 있다. 사실 사회생활에서 질서는 반드시 법규에 관한 것은 아닐지라도, 행위규범에 대한 인간행동의 순응여부와 매우 밀접히 연관되어 있다. 대부분의 사회에서 폭력으로부터의 안전, 합의의 준수, 소유의 안정 등과 같은 기본적 목표에 순응하는 행동양식을 형성하는 데 일조하는 것은 살인과 폭행을 금지하는 규칙, 계약위반을 금지하는 규칙, 그리고 재산규칙의 존재이다. 그러나 여기서는 규칙의 개념을 배제한 사회생활에서의 질서를 정의하고자 의도적으로 노력했다. 왜냐하면, 제 3장에서 그 이유를 밝힌 것처럼, 사회생활에서 질서는 원칙적으로 규칙 없이도 존재할 수 있기 때문이다. 규칙은 질서 그 자체의 일부분으로 이해하기보다 인간사회의 질서를 형성하는 데 널리 사용되는 보편적 수단으로 이해해야 한다.

여기서 정의된 사회생활에서의 질서는 사회적 법칙(*social laws*)과는 다르다. 사회적 법칙은 행위규범이나 일반적 명령원칙이 아니라 과학적 법칙과 같은 것이며, 한 종류의 사회적 사건과 다른 사건 사이의 인과관계를 주장하는 일반적 명제를 의미한다. 사회생활에서 질서는 사회적 행위의 과학적 법칙과의 일치성과 관련이 있다고 말할 수도 있다. 즉, 질서 있는 행위란 예측가능한 행위, 다시 말해 과거와 현재의 사례들뿐만 아니라 미래의 경우에도 적용할 수 있는 법칙과 같은 행위라고 할 수 있다. 사실 여기서 정의된 의미의 질서와, 미래의 행동을 예측하는 데 기초가 되는 과학적 법칙과 행위의 일치성 사이에는 밀접한 연관이 있다. 사회적 공존을 위한 기본적인, 또는 근원적인 목표들이 일관되게 유지될 경우, 행동양식은 규칙성을 띨 것이고, 일반적 법칙으로 형성되어 미래의 행동에 대한 예측의 기반을 제공하게 된다. 더욱이 왜 인간이 질서에 가치를 두는지 묻는다면 적어도 그 대답 중 하나는 공존을 위한 기본적이고 근원적인 목표에 대한 순응의 결과, 인간행동의 예측가능성이 증대한다는 점을 중요하게 여기기 때문이라고 하겠다(질서를 가치 있게 여기는 것은 거의 보편적 현상으로, 보수주의자나 혁명주의자가 다 같이 보여주는 관점의 일부라는 것이 나의 주장이다).

그러나 사회생활에서의 질서를 과학적 법칙과 예측성으로 정의하는 것은 사회질서로부터 생겨나는 결과를, 또한 질서를 중요하게 여기는 이유를 질서 그 자체와 혼동하는 것이다. 그런 의미에서 보면, 무질서한 행동도 과학적 법칙과 일치할 수 있고, 미래에 대한 예측의 기반을 제공할 수도 있다. 전쟁, 내란, 혁명 등의 반복적 특성에 대한 이론적 문헌들은 무질서한 사회적 행위에서도 과학적 법칙과 일치하는 모습을 찾을 수 있음을 보여주고 있다.

2. 국제질서

국제질서란 국가들의 사회 또는 국제사회의 기본적인 또는 근원적인 목표를 지탱하는 행동양식을 의미한다. 국제질서의 개념과 연관되는 구체적 요소들을 살펴보기 전에 국가(*states*), 국가들로 이루어진 체제(*system of states*),[3] 그리고 국가들로 이루어진 사회(*society of states*) 또는 국제사회(*international society*)가 무엇을 의미하는지 살펴볼 필요가 있다.

국제관계의 출발점은 국가 또는 독립적 정치공동체—정부가 있고, 지구상의 특정 영역과 특정 인구에 대해 주권을 행사하는—의 존재이다. 국가는 한편으로 대내주권을 행사하는데, 이것은 그 영토와 인구 내의 어떠한 권력보다 우월한 최고권력을 말한다. 또 국가는 대외주권을 행사하는데, 이것은 외부권력에 대한 패권을 의미하는 것이 아니라 외부권력으로부터의 독립을 의미한다. 국가의 대내주권과 대외주권은 규범적 수준뿐만 아니라 실질적 수준에서도 존재한다고 말할 수 있다. 국가는 그 영토와 인구 내의 어떠한 권력보다 우월한 최고권력과, 그 국가 외에 존재하는 외부권력으로부터의 독립성을 주장하는 데 그치는 것이 아니다. 정도의 차이는 있지만 현실적으로도 통치권을 행사하고 독립성을 유지한다. 통치권을 주장하지만(또는 다른 정치공동체로부터 통치권을 가진 것으로 평가되지만) 실질적으로 그 권한을 행사할 수 없는 독립적 정치공동체는 국가의 개념으로 적절하지 않다.

이런 의미의 국가에 해당하는 독립적 정치공동체에는 고대 그리스나 이탈리아 르네상스 시대에 존재한 도시국가들뿐만 아니라 현대의 민족국가들이 있다. 또한 프랑스 혁명기에 이르기까지 근대 유럽을 지배했던 왕조 원칙에 정통성을 둔 국가나, 프랑스 혁명기 이후 유럽을 지배한 민중원칙 또는 민족원칙에 정부의 정통성을 둔 국가들도 그러하다. 또한 19세기 유럽제국과 같은 다민족 국가와 단일민족 국가뿐만 아니라, 서유럽의 광대한 제국과 같이 흩어진 영토를 지닌 국

---

3) 〔역주〕 'system of (sovereign) states'는 (주권)국가들로 이루어진 체제를 의미하는데, 이 책에서 빈번히 등장하는 용어이기 때문에 번잡을 피하기 위해 '국가체제' 또는 '주권국가체제'로 번역하였다.

가들과 통치영역이 하나의 지리적 영역에 위치한 국가들도 포함된다.

이런 의미에서 역사상 존재했던 독립적 정치공동체 중에는 국가로 볼 수 없는 것들도 많이 있다. 예를 들어 '암흑시대'[4] 게르만 민족은 독립적 정치공동체였으나, 그들의 통치자는 주민에 대한 주권만 주장하였을 뿐, 특정 지역에 대한 통치권은 주장하지 않았다. 중세의 서방 기독교세계의 왕국과 공국 또한 국가가 아니었다. 그들은 영토 내의 권력과 주민에 대한 주권이 없었기 때문에 대내주권을 보유하지 않았다. 동시에 그들은 교황이나 신성로마제국으로부터 독립성이 없었기 때문에 대외주권을 보유할 수 없었다. 유럽의 침략 이전의 아프리카 · 오스트레일리아 · 오세아니아의 일부지역에서는 혈연집단이나 가족관계에 의해 유지되는 독립적인 정치공동체가 있었지만, 정부와 같은 기구가 존재하지는 않았다. 국제관계라는 말이 (일반적 용례가 그러하듯이) 민족관계가 아니라 엄밀한 의미의 국가관계를 의미한다면, 이와 같은 조직체들은 '국제관계'의 범위 밖에 존재한다. 이러한 독립적 정치공동체들의 관계는 국가를 특수한 사례로 간주하는 넓은 의미의 권력관계 이론에 포함될 수는 있겠지만, 엄밀한 의미에서의 '국제관계'에는 해당되지 않는다.[5]

국가들로 이루어진 체제(또는 국제체제)는 2개 이상의 국가 사이에 충분한 접촉이 있을 때, 그리고 전체의 한 부분으로써 어느 정도 서로의 결정에 영향을 미칠 때 형성된다. 물론 2개 이상의 국가가 이와 같은 의미에서의 국제체제를 형성하지 않고도 존재할 수 있다. 예를

4) 〔역주〕 암흑시대(*the Dark Ages*) : 일반적으로 서로마제국이 멸망한 476년부터 1000년 무렵까지의 유럽 중세 초기를 지칭한다. 지적인 측면에서 암흑기로 간주되어 이런 이름으로 불렸다.

5) 국제관계를 권력관계의 특별한 사례로 보는 견해는 Arthur Lee Burns, *Of Powers and their Politics: A Critique of Theoretical Approaches* (Englewood Cliffs, N. J. : Prentice-Hall, 1968) 참조.

들어 콜럼버스 항해 전에 아메리카에 존재했던 독립적 정치공동체들은 유럽에 존재했던 정치공동체들과 함께 하나의 국제체제를 형성하지는 않았다. 또한 중국 전국시대(B. C. 481~B. C. 211경)에 존재했던 독립적인 정치공동체들도 그 당시 그리스나 지중해에 존재했던 국가들과 함께 하나의 국제체제를 형성한 것은 아니었다.

그러나 국가들이 서로 정기적으로 접촉할 경우, 그리고 각각의 행동이 상대의 행동에 대한 계산과정에서 반드시 고려해야 할 정도로 충분한 상호작용이 있는 경우, 하나의 체제를 형성한다고 말할 수 있다. 국가들 사이의 상호작용이 직접적인 경우로는 두 국가가 이웃하거나, 같은 대상을 놓고 경쟁하거나, 공동사업에서 파트너의 역할을 하는 경우를 들 수 있다. 국가간 상호작용이 간접적인 경우로는 그들의 거래결과가 제3자에게 영향을 미치거나 또는 체제 전체에 영향을 미치는 경우를 들 수 있다. 네팔과 볼리비아는 (유엔 회원국이라는 점을 제외하면) 이웃도 경쟁자도 공동사업의 파트너도 아니다. 그러나 그들은 양국이 참여하는 국가간 관계망을 통해 서로에게 영향을 미친다. 국제체제로 정의된 국가간 상호작용은 협력의 형태를 취할 수도, 갈등의 형태를 취할 수도, 또는 서로의 목적에 대해 중립적이거나 무관심한 형태를 취할 수도 있다. 상호작용은 오늘날처럼 정치적·전략적·경제적·사회적 등 전 분야의 활동에서 나타날 수도 있고, 그 중 한두 분야의 활동에서 나타날 수도 있다. 레몽 아롱이 말한 바와 같이, 국제체제란 독립적 정치체제들이 '상호간에 정기적 관계를 유지'하거나 '일반화된 전쟁에 휘말려들 가능성이 있을 때' 성립한다고 볼 수 있다.[6)]

마틴 와이트는 국가체제를 '국제적 국가체제'(*international states*

6) Raymond Aron, *Peace and War: A Theory of International Relations* (London: Weidenfeld & Nicolson, 1966), p. 94.

system)와 '종주국적 국가체제'(*suzerain-state system*)로 구분하였다.[7] 전자는 여기서 정의된 바와 같이 주권국가들로 구성된 체제를 의미한다. 후자는 한 국가가 나머지 국가에 대해 주권이나 패권을 행사하고 유지하는 체제를 의미한다. 종주국적 국가체제의 전형은 로마제국과 이웃 이민족들과의 관계에서 찾아볼 수 있다. 이밖에도 비잔틴과 그 이웃들과의 관계, 압바스조 동칼리프(the Abbasid Caliphate)와 인근 약소국들과의 관계, 중국 황실과 조공국(朝貢國)과의 관계 등이 여기에 속한다. 와이트가 '국제적 국가체제'라고 부른 것 중에는 어느 한 시점에서 지배적 · 패권적 국가가 존재하는 경우도 있다. 예를 들면, 고대 그리스 도시국가체제와 그 후의 헬레니즘 왕국(*Hellenistic Kingdoms*)[8] 체제에서는 각국이 패권국(*hegemon*)이 되기 위해 끊임없이 경쟁했다. 중국과 제후국(*vassals*)과의 관계에서 볼 수 있는 '종주국적 국가체제'는 각 국가가 일정 시점에서 주도권을 발휘하는 '국제적 국가체제'와는 다르다. 전자의 경우 하나의 권력이 영구적으로, 하고자 하는 일에서는 어떠한 도전도 받지 않고 주도권을 행사하지만, 후자의 경우 주도권이 한 국가로부터 다른 국가로 넘어가기도 하고 서로 끊임없이 투쟁한다.

이 연구의 정의에 따르면, 와이트가 '국제적 국가체제'라고 부른 것

---

7) Martin Wight, *Systems of States* (Leicester University Press and London School of Economics, 1977), ch. 1 참조.

8) 〔역주〕 헬레니즘 왕국: 알렉산드로스 대왕 사후(B. C. 323년) 각지에 건국된 나라들을 말한다. 고대 그리스 도시국가와는 달리 군주정체(君主政體)가 전형적인 정치형태였다. 헬레니즘 왕국 중 3대 강국은 프톨레마이오스가 세운 이집트의 프톨레마이오 왕국, 셀레우코스가 세운 시리아의 셀레우코스 왕국, 안티고노스의 자손에 의해 유지된 잔존 마케도니아 왕국이었는데, 이들 3국의 건국자는 모두 알렉산드로스 3세 휘하의 대표적인 장군이었다. 후에 모두 로마제국에 병합되거나 속령이 되었다.

만이 국제체제에 해당한다. 중국과 그 속국과의 관계에서 볼 수 있는 '종주국적 국가체제'는 이를 구성하는 독립적인 정치적 실체들 사이에 오직 하나의 국가(종주국)만이 주권을 보유하기 때문에, 둘 또는 그 이상의 주권국가가 존재해야 한다는 국가체제 존립의 기본적 조건 하나가 결여되어 있다.

와이트의 두 번째 구분은 '일차적 국가체제'(*primary states systems*)와 '이차적 국가체제'(*secondary states systems*)이다.[9] 전자는 국가들로 구성되고, 후자는 국가체제들로 구성된다. '이차적 국가체제'는 종종 종주국적 국가체제들로 구성된다. 그는 '이차적 국가체제'의 예로 중세의 동방 기독교세계와 서방 기독교세계 및 압바스조 동칼리프 사이의 관계, 아마르나[10] 시대의 이집트와 히타이트 및 바빌론의 관계를 들었다. 만약 세계정치구조 전체에 대한 일반적 역사적 분석을 하고자 한다면 이러한 구분이 도움이 될 것이다. 이 분야는 아직까지 완전히 미답의 영역이다. 그러나 엄밀한 의미에서의 국가체제에 관심을 한정한다면 그러한 구분은 별로 도움이 되지 않는다. 만약 '이차적 국가체제'를 구성하는 체제들 각각이 복수의 국가로 구성되어 있고, 그들 사이에 충분한 접촉과 상호작용이 있다면, 그 국가들은 전체로서 '일차적 국가체제'를 형성하게 된다. 반면 그 체제들이 (예를 들어 서방 기독교세계와 같이) 국가들로 구성되어 있는 것이 아니라면, 이 체제들간의 상호작용은 세계정치이론의 관심사항은 되겠지만 국가체제는 아니다. 이 연구에서는 오직 '일차적 국가체제'만을 설명하고자 한다.

---

9) *Ibid.*

10) 〔역주〕 아마르나(Amarna)는 이집트 중부 나일 강 동안(東岸)에 위치한 고대 이집트 제 18왕조(B. C. 1353년경)의 도읍지 이름이다. 아마르나 시대는 대략 B. C. 16세기에서 B. C. 13세기까지의 3백 년간을 지칭한다.

'국제체제'(*international system*)라는 용어는 최근 들어 국제관계 연구자들 사이에 유행하는 용어가 되었는데, 카플란[11]의 영향 때문일 것이다.[12] 카플란이 이 용어를 사용한 방식이 이 책에서 사용된 것과 다르지 않지만, 카플란의 저작에서 체제라는 개념은 국제체제를 특정한 종류의 '행위체제'(*system of action*)로 이해함으로써 국제적 행위를 설명하고 예측하기 위해 사용되었다는 차이점이 있다.[13] 여기서는 그런 의도를 전혀 가지고 있지 않으며, 단순히 특정한 종류의 국제적 집합체를 가리키는 말로 사용한다.

그러나 '국가들의 체제'라는 말은 그 역사가 깊고, 여기서 사용된 것과 같은 단계에 이르기 전에는 다른 의미를 가지고 있었다는 점을 인식할 필요가 있다. 이 용어는 1675년에 발표된 푸펜도르프[14]의 소책자

---

11) 〔역주〕 Kaplan, Morton A. (1921～) : 미국 시카고대학 국제정치학교수. 주요 저서로 *Science, Language and the Human Condition*, *Law in a Democratic Society*(1957), *System and Process in International Politics*(1957) 등이 있다.

12) 특히 *System and Process in International Politics*(New York : Wiley, 1957) 참조.

13) 카플란의 정의에 따르면, 행위체제는 '환경과의 대립 속에서 서로 관련되어 있는 변수들의 집합으로, 변수들 상호간의 내적 관계와, 개별변수들의 집합과 외적 변수들의 조합 간의 외직 관계는 보두 기술가능한 행위의 규칙성을 보여준다.' *Ibid.*, p. 4.

14) 〔역주〕 Pufendorf, Samuel von(1632～1694) : 근대적 자연법학을 창시한 독일의 법학자. 《자연법과 만국공법》(*De jure naturae et gentium*, 1672)에서 인간의 자연적 자유를 중심으로 인간의 자유와 평등을 설파하였다. 또한 인간의 이성에 바탕을 두고 계약에 의해 국가주권이 형성된다고 하여 도덕과 구별되는 합리적 자연법을 제창하였다. 그리고 이 견해를 국제사회에도 적용하여, 국제사회는 자연상태에 있으며, 만국공법은 그와 같은 자연상태에 적용되는 자연법이라 하였다. 기타 저서로 《보편적 법학원리》(*Elementorum iurisprudentiae universalis*, 1660), 《자연법에 바탕을

《국가체제에 대하여》(*De systematibus civitatum*)에서 처음 사용된 것으로 보인다.[15] 여기에서 푸펜도르프는 유럽 국가체제 전체를 의미한 것이 아니라, 주권국이지만 동시에 하나의 조직체를 형성하기 위해 상호 연결된 ('베스트팔렌 평화조약'[16] 후의 독일국가들처럼) 유럽 국가체제 안에 존재하는 특정한 국가들을 의미했다. 루소(Rousseau)나 네텔블라트[17]와 같은 18세기 학자들은 '체제'라는 말을 유럽 국가 전체를 지칭하는 용어로 사용하였다. '체제'라는 말이 현재와 같은 의미를 지니게 된 것은 겐츠,[18] 앙시용,[19] 헤렌[20]과 같은 나폴레옹 시기의 학자들에 의해서였다. 프랑스의 국력이 성장하여 국가체제를 파괴할 정도에 이르고, 국가체제를 제국으로 전환할 정도로 위협적이던 시대에

둔 인간과 시민의 의무》(*De officio hominis et civis juxta legem naturalem libri duo*, 1673) 등이 있다.

15) 이 부분의 논의는 Martin Wight, *Systems of States*에 의존하였다.

16) 〔역주〕 스페인과 네덜란드 사이에 벌어진 80년 전쟁과 독일의 30년 전쟁을 마감한 1648년의 조약.

17) 〔역주〕 Nettelbladt, Daniel(1719~1791): 독일의 국법학자.

18) 〔역주〕 Gentz, Friedrich von(1764~1832): 독일의 저널리스트·정치가. 1793년 에드먼드 버크의 저서 《프랑스 혁명 고찰》(*Reflections on the Revolution in France*)의 독일어 번역판을 출판했으며, 〈신독일월보〉(*Neue deutsche Monatsschrift*)와 〈역사저널〉(*Historisches Journal*) 등에 프랑스혁명을 분석한 논문들을 발표했다.

19) 〔역주〕 Ancillon, Johann Peter Friedrich(1766~1837): 프로이센의 역사가·국가학자. 프로이센 황태자의 교육을 담당하였고, 1832년부터 죽을 때까지 프로이센 외무장관을 역임하였다. 주요 저서에 《15세기 이후 유럽 정치혁명 개관》(*Tableau des révolutions du système politique de l'Europe depuis le e siècle*) (4 vols, 1803~1805) 등이 있다.

20) 〔역주〕 Heeren, Arnold Hermann Ludwig(1760~1842): 독일의 역사학자. 《유럽 국가체제와 식민지의 역사 소사전》에서 국가체제(*Staatensystem*)를 "관습과 종교 및 사회진화의 측면에서 상호 유사한, 수 개의 인접국가간의 연합"으로 정의하고, 문화적 동질성을 중시하였다.

이들은 체제의 존재에 대한 관심을 유도하고, 왜 체제를 보존하는 것이 가치 있는 일인지를 역설하였다. 이들은 단순히 국가체제의 분석가에 머문 것이 아니라 국가체제의 옹호자였으며 주창자였다. 그들의 저작 가운데 가장 중요한 것은 1809년에 출간된 헤렌의 《유럽 국가체제와 식민지 역사 편람》(*Handbuch der Geschichte des Europaischen Staaten-systems und seiner Kolonien*) 이다. 이 책이 1834년 영어로 번역되면서 '국가체제'(*states system*) 라는 용어가 처음 등장했는데, 번역자는 이 말이 '엄밀한 의미에서 영어는 아니다'고 하였다.[21]

헤렌이 말한 국가체제는 이 책에서의 정의와 차이가 있다. 이 책에서는 일정한 정도의 접촉과 상호작용을 지닌 국가들의 집합체를 가리키지만, 헤렌의 정의는 그 이상이다. 또한 국가들의 체제를 '행위체제'로 정의한 카플란과도 차이가 있다. 카플란은 변수들 상호간의 인과관계를 하나의 체제로 보았지만,[22] 헤렌의 정의는 그 이상이다. 헤렌이 말하는 국가들의 체제는 '삶의 방식 · 종교 · 사회적 진보의 정도 등에서 서로 공통점을 지닌, 상호 이해관계에 의해 결합된 인접 국가들의 연합'이다.[23] 다시 말해 헤렌은 국가체제를 공통된 이해관계와 가치를 수반하는, 그리고 공통된 문화와 문명을 지닌 것으로 보았다. 나아가 헤렌은 국가체제의 취약성을 알고 있었다. 체제의 구성국들이 그 체제를 유지할 수도 있고, 파괴할 수도 있기 때문이있다. 예를 들면, 그리스의 도시국가 체제는 마케도니아에 의해 파괴되었고, 나중에는 알렉산더의 제국을 계승한 헬레니즘 국가들이 차례로

---

21) A. H. L. Heeren, *A Manual of the History of the Political System of Europe and its Colonies*, Göttingen, 1809(Oxford: Talboys, 1834), vol. I. p. v 참조.

22) 주 13 참조.

23) Heeren, *Manual*, pp. vii~viii.

로마에 의해 파괴되었던 것이다. 실제로 헤렌은 나폴레옹이 유럽 국가체제를 파괴했다고 생각하여 그의 책 초판과 재판의 '서문'에서 이를 위한 비문(碑文)을 썼다. 이러한 국가체제의 개념은 오늘날 국제체제의 개념과는 근본적으로 다르며, 이 책에서 사용하는 국제사회의 개념에 좀더 가깝다.

국가들로 이루어진 사회(또는 국제사회)는 어떤 공통의 이해관계와 공통의 가치를 인식하는 국가들이 상호관계에서 일정한 공통의 규칙에 의해 구속되고 있음을 인지하고, 공통의 제도를 공유함으로써 하나의 사회를 형성할 때 성립한다. 오늘날의 국가들이 국제사회를 형성한다면 (어느 정도 그러한가는 다음 장에서 다룬다) 이것은 공통된 이해관계와 아마도 어느 정도 공통된 가치를 인식하면서 상호관계에서 어떤 규칙에 의해 구속되고 있다고 생각하기 때문이다. 그래서 국가들은 다른 국가의 독립성과 그들과 맺은 합의를 존중해야 하고, 다른 국가에 무력을 행사하는 경우에도 제약을 받게 된다. 동시에 그들은 국제법적 절차, 외교제도와 일반적인 국제기구의 구성, 그리고 전쟁 관습과 규약 등과 같은 제도의 작동에 협조한다.

이런 의미에서 국제사회는 국제체제를 전제로 하지만 국제사회가 아닌 국제체제는 존재할 수 있다. 다시 말해 2개 이상의 국가들이 공통의 이해관계와 가치에 대한 인식 없이, 그들 스스로 공통의 규칙에 의해 제약을 받는다는 인식 없이, 또는 공통의 제도의 작동에 대한 협조 없이도 상호작용하고 접촉할 수 있다. 이 경우의 상호작용이란 두 나라가 서로 상대방의 행동을 반드시 고려하면서 행동한다는 것을 뜻한다. 예를 들어, 터키 · 중국 · 일본 · 한국 · 태국은 유럽중심적인 국제사회의 한 부분이 되기 전에 유럽중심적 국제체제의 한 부분이었다. 즉, 그들과 유럽세력이 공통의 이해관계와 가치를 인식하고 같은 종류의 규칙에 영향을 받거나 서로 공통의 제도의 작동에 협력하기 전에도 그들은 유럽세력과 접촉하고, 전쟁과 무역에서 상당한 교류가 이루어지고 있었다. 터키는 국제체제의 구성원으로서 전쟁과 동맹에 참여하면서 16세기 유럽중심적 국제체제의 등장시기부터 그 체제의 일부를 형성했다. 그러나 이러한 관계의 첫 3세기 동안 양쪽 모두는 유럽세력과 터키가 어떤 공통된 이해관계나 가치를 지니고 있음을 부인했다. 양쪽 모두 상호간에 맺어진 합의는 구속력이 없다고 주장했으며, 유럽세력을 묶어준 것과 같은, 서로 협력해야 할 공통의 제도도 없다고 보았다. 터키는 크림전쟁이 끝나는 1856년 파리조약 때까지 유럽 국가들에 의해 국제사회의 구성원으로 받아들여지지 않았고, 1923년 로잔조약이 체결될 때까지 국제사회에서 완전히 평등한 권리는 획득하지 못했다.

마찬가지로 페르시아와 카르타고는 전통적인 그리스 도시국가들과 함께 국제체제의 일부를 형성했으나 그리스를 중심으로 한 국제사회의 일부는 아니었다. 페르시아는 (그리고 그보다는 약하지만 카르타고는) 그리스 도시국가들과 상호작용했고, 그들에 대한 외부적 위협세력으로서, 또는 그들 사이의 갈등관계에 개입할 수 있는 세력으로서 전략적 균형상태의 중심적 요소였다. 그리스 도시국가들은 페르시아의 위협이 있을 때 서로 협력해야 했다. 그러나 페르시아는 그리스에서 야만세력으로 인식되었으며, 그리스어나 범그리스적 경기 또는 델포이 신탁 등에 나타난 그리스인들의 공통가치를 공유하지 않았다. 그들은 그리스 도시국가들 사이의 갈등을 제한하기 위해 요구되는 규칙들에 구애받지 않았고 그리스 국가들 사이에 맺어진 인보동맹[24]과 같은 협력제도나 명예영사[25]와 같은 외교제도에도 참여하지 않았다.

---

24) 〔역주〕 인보동맹(隣保同盟, *amphictyonae*) : 그리스 도시국가들 사이에 체결된 동맹으로서 신전의 유지와 제례의 공동거행 등을 규정한 것이지만, 도시간의 분쟁을 조정하는 역할도 함께 수행했다.

16세기부터 19세기 말까지 유럽 국가와 비유럽 국가의 조우에서 볼 수 있는 것처럼, 단일한 국제체제의 구성원이지만 단일한 국제사회의 구성원은 아닌 국가들간에도 통신이 이루어지고, 외교사절이나 전령의 교환에 대한 합의가 존재할 수 있다. 이를 통해 무역이 이루어지고, 전쟁과 평화 그리고 동맹이 성립하기도 한다. 그러나 이러한 형태의 상호작용은 그 자체로 국제사회가 존재한다는 것을 보여주지는 않는다. 통신이 있고, 외교사절이 교환되며, 합의가 이루진다 하더라도, 그러한 교환에 실체를 부여하고 영속성을 기대하게 하는 공통의 이익이나 가치에 대한 의식이 없으며, 상호작용의 방법을 규정하는 명시적 규칙에 관한 의식이 없고, 그들의 존립과 관련하여 제도적 협력을 모색하는 당사자간의 시도가 없기 때문이다. 코르테스[26] 와 피사로[27] 가 아즈텍과 잉카의 왕과 회담했을 때, 조지 3세가 매카트니 경[28] 을 북경에 보냈을 때, 빅토리아 여왕의 사절이 마오리족[29] 의 족장이나, 소코

---

25) 〔역주〕 명예영사(*proxenoi*) : 본국에서 파견되지 않고 접수국에 있는 본국인이나 그 국가의 국민 중에서 위촉에 의하여 선임된 영사를 말한다.

26) 〔역주〕 Cortés, Hernán(1485~1548) : 1519년 5백여 명의 병력으로 인구 5백만 명의 아즈텍왕국(멕시코)을 멸망시킨 스페인의 정복자.

27) 〔역주〕 Pizarro y González, Francisco(1476?~1541) : 1533년 잉카제국을 멸망시키고 현재 페루의 수도인 리마를 건설한 스페인의 정복자.

28) 〔역주〕 Macartney, George(1737~1806) : 영국의 외교관. 카리브제도 총독(1775~1779), 세인트조지 요새 총독(1780~1786)을 거쳐 1793년 영국 최초의 특명전권대사로 중국으로 건너갔다. 중국에서는 그를 조공국(朝貢國)의 사신 정도로 대우하여 세 번 무릎 꿇고 아홉 번 머리를 조아리는 삼궤구고두(三跪九叩頭)의 예(禮)를 요구하였는데, 그가 거부하자 결국 영국 국왕 알현시(謁見時)와 같은 예를 행하는 것으로 낙착되었다. 그러나 개항 및 통상의 조약체결이라는 소기의 목적은 달성하지 못하였다. 희망봉(喜望峰) 총독(1796~1798)을 지낸 후 병사하였다.

29) 〔역주〕 마오리족(*Maori*) : 뉴질랜드 원주민. 처음에는 많은 부족으로 나뉘어 추장을 중심으로 생활하면서 부족간의 전쟁을 되풀이하였다. 1840년

토[30]의 술탄이나, 부간다 왕국[31]의 카바카(Kabaka)와 합의를 이루었을 때, 이들은 국제사회의 틀 밖에 있었다. 국제사회가 성립하기 위해서는 양쪽이 권리와 의무 같은 개념을 공유해야 하지만, 그들은 그렇지 않았기 때문이다.

국제사회의 이와 같은 특징이 국제체제에도 그대로 나타난다고 말하기는 어렵다. 왜냐하면 확실히 국제사회라고 할 수 있는 국제체제와, 확실히 하나의 사회가 아닌 체제를 구분하기는 어렵기 때문이다. 예를 들면, 공통의 이해관계에 대한 견해가 임시적이고 미발달 단계에 있는 경우, 공통의 규칙이 모호하고 제대로 형성되지 않아서 그것을 규칙으로 명명할 가치가 있는지 의심스러운 경우, 또는 외교적 장치나 전쟁의 제한 등에 관련된 공통의 제도들이 불분명하거나 초기단계에 있는 경우에는 분류가 어려워진다. 우리가 근대 국제사회에 대해 '언제 시작되었는가?' 또는 '어떤 지리적 제약이 있었는가?'를 묻는다면, 그 즉시 경계설정의 어려운 문제에 직면할 것이다.

그러나 국제체제 중에는 확실히 국제사회라고 할 수 있는 것도 있었다. 대표적인 예로 고대 그리스 도시국가체제, 알렉산더제국의 해체

영국의 윌리엄 홉슨 총독대리와 마오리 부족장연합 간에 '와이탕기조약'이 체결되었는데, 내용은 원주민에게 '영국신민의 모든 권리와 특권' 및 '보호'를 부여하는 대신, 부족장들이 가지고 있던 주권자로서의 모든 권리를 빅토리아 여왕에게 양도하는 것이었다. 유럽인이 오기 전에 20~50만으로 추정되던 인구가 유럽인과의 접촉 이후 19세기 말에는 약 4만으로 격감하였으나, 현재는 20만까지 회복되어 뉴질랜드의 총인구 중 약 7.5%를 차지한다.

30) 〔역주〕 소코토(Sokoto): 19세기에 나이지리아 북부에 존립했던 이슬람 제국의 수도. 영국의 보호령이 된 후 간접통치를 받았다.

31) 〔역주〕 부간다(Buganda): 현재 우간다 지역에 존립했던 왕국. '카바카'는 왕위의 존칭이다. 1894년 영국의 보호령이 되었다가 1966년 우간다 공화국으로 독립하였다.

와 로마의 정복 사이에 존재했던 헬레니즘 왕국들의 국제체제, 중국 전국시대의 국제체제, 고대 인도의 국가체제, 그리고 유럽에서 등장하여 현재 세계 곳곳에서 찾아볼 수 있는 근대 국가체제 등이 있다.

이러한 국제사회들의 공통된 특징은 그들이 모두 공통의 문화 혹은 문명 — 예를 들면, 공통의 언어, 공통의 인식방식과 세계관, 공통의 종교, 공통의 윤리강령, 공통의 심미적·예술적 전통 — 을 가지고 있었다는 것이다. 적어도 그러한 문명 중 일부 요소는 가지고 있었다. 그와 같은 공통문명의 요소들이 국제사회의 기초를 이루는 경우, 두 가지 방법으로 국제사회의 발전이 촉진된다고 생각할 수 있다. 먼저 이러한 요소들은 상호간의 더 쉬운 의사소통 및 좀더 긴밀한 인식과 이해를 갖게 해주고, 이로써 공통의 규칙에 대한 정의와 공통의 제도의 발전이 촉진된다. 다른 한편으로 공통의 이익에 대한 의식을 강화하여 공통의 가치에 입각한 공통의 규칙과 제도를 수용하기 쉽게 만든다. 이 문제는 이 책의 뒷부분에서 다시 논의할 것이다(제 13장을 보라). 20세기의 범지구적 국제사회는, 16~17세기의 기독교 국제사회나 18~19세기의 유럽 국제사회와는 달리, 그런 종류의 공통된 문화나 문명이 없다는 주장을 살필 때 함께 논의하겠다.

국가, 국가들로 이루어진 체제, 그리고 국가들로 이루어진 사회에 대한 개념이 정립되었으므로 이 절의 첫머리에서 언급한 명제로 되돌아가자. 그 명제는 '국제질서란 국가들의 사회가 가지고 있는 기본적이고 근원적인 또는 보편적인 목표들을 지탱하는 국제적 활동의 양식 또는 배열을 의미한다'는 것이었다. 그렇다면 여기에서 말하는 목표란 어떤 것들인가?

첫째, 국가체제와 국가들의 사회 그 자체의 보존이라는 목표가 있다. 나라마다 차이가 있다고 해도 근대국가들은 자신들이 세계정치의 주된 행위자이며, 세계정치 안에 존재하는 권리와 의무의 주요 행위자라는 신념을 공유했다. 국가들의 사회는 사실적으로 그리고 권리상으로도 보편적 정치조직의 지배적 형태가 되기 위해 노력했다. 때로는 국가들의 사회의 지속적 존립에 대한 도전도 있었다. 합스부르크제국, 루이 14세의 프랑스, 나폴레옹 시기의 프랑스, 히틀러의 독일 등 특별히 지배적인 국가들의 도전이 바로 그것이다. 1945년 이후의 미국도 여기에 해당할 것이다. 이들은 국가체제와 국가들의 사회를 전복하고 하나의 보편 제국으로 전환시킬 능력이 있는 것처럼 보였다. 이러한 도전은 국가 이외의 행위자들에 의해 이루어지기도 하는데, 이들은 세계정치에서 주된 행위자로서, 그리고 권리와 의무의 주체로서 국가들이 누리던 독점적 지위를 위협하는 형태로 도전했다. 16~17세기의 교황이나 신성로마제국의 황제, 또는 20세기의 유엔(특히 1960~1961년 콩고 위기[32] 당시 폭력적 행위자로서 그들의 역할을 생각해 보라)과 같은 '국가상위'(*supra-state*) 행위자들이 그와 같은 위협의 예를 보여준다. 특정 국가 안에서 세계정치를 움직이는 '국가하위'(*sub-state*) 행위자들이나, 국가들의 경계를 가로지르는 조직과 같은 '국가초월'(*trans-state*) 행위자들도 세계정치에서 국가의 특별한 지위에 도전하거나, 또는 그러한 지위를 누릴 권리에 도전할 수 있다. 근대 국제사회의 역사에서 종교개혁과 프랑스혁명, 그리고 러시아혁명에서 사람들이 서로 연대하여 혁명적, 또는 반혁명적 태도를 보였던 것이 대표적인 예가 될 것이다.

둘째, 개별국가들의 독립성과 대외주권의 유지라는 목표가 있다. 특정 국가의 관점에서 볼 때, 그들이 국제사회에 참여함으로써 얻고자 하는 바는 외부 권력으로부터의 독립, 특히 그들의 주민과 영토에

---

32) 〔역주〕 콩고 위기(*Congo crisis*): 콩고가 벨기에로부터 독립한 직후인 1961에 발생한 내란. 콩고는 1971년 10월 국호를 '자이르공화국'으로 개칭했다가, 1997년 5월 다시 콩고민주공화국으로 개칭했다.

대한 최고사법권을 인정받는 것이다. 이를 위해 지불해야 하는 대가는 다른 국가들의 독립성과 주권을 인정하는 것이다.

사실상 국제사회는 특정 국가들의 독립성 보존을 국가들이 모여 이루는 사회 그 자체의 보존에 종속되는 목표로 취급했다. 이것은 국제사회의 관리자를 자임하는 강대국들이 국제사회를 구성하는 데 있어서 지배적 역할을 하고 있다는 사실을 보여준다(제 9장을 보라). 국제사회는 종종 개별국가들의 독립성이 소멸되는 것을 용인했다. 이러한 일은 강대국에 의해 약소국이 분할 및 합병되는 거대한 과정 속에서 '보상'과 '세력균형'의 이름 아래 진행되었다. 1648년 베스트팔렌 평화조약으로부터 1815년의 비엔나 회의[33]에 이르기까지 유럽의 국가 수가 꾸준히 줄어든 것은 이 때문이다. 같은 방식으로 국제사회는 특정 국가들의 독립성을 전체 체제의 보존에 종속된 것으로 취급한다. 물론 이것은 국제사회의 수호자를 자임하는 강대국들의 관점이다. 즉, 국제사회는 세력권(*spheres-of-influence*)에 대한 합의, 또는 완충지대나 중립국을 만들기 위한 합의 등을 통해 소국들의 주권이나 독립성의 제한을 용인하거나 장려한다.

셋째, 평화의 목표가 있다. 이것은 평화주의자나 이론가들의 꿈이었던 보편적이며 영원한 평화의 확립이라는 목표를 의미하는 것이 아니다. 그런 평화는 실제의 역사적 경험과는 거리가 멀고, 국가들의 사회가 진지한 태도로 그런 평화를 추구했다고 말할 수도 없다. 여기에서 말하는 평화는 국제사회를 구성하는 국가들 사이에 전쟁의 부재를 정상적 관계의 조건으로 삼는다는 측면에서의 평화유지를 의미한다. 이 관계는 오직 특별한 상황에서만 그리고 일반적으로 수용되는 원리에 따라서만 파기될 수 있다.

---

33) 〔역주〕 비엔나 회의: 나폴레옹 전쟁 후 1814~1815년 빈에서 열렸던 국제평화회의.

마찬가지로 국제사회는 이런 의미의 평화를 국가체제 그 자체의 보존에 종속적인 목표로 간주했다. 왜냐하면 국가체제 그 자체를 보존하기 위해서는 전쟁도 허용된다고 널리 주장했기 때문이다. 또한 개별국가의 주권이나 독립성의 보존에 비하여도 하위의 목표로 간주했다. 왜냐하면 모든 국가들이 자기방어를 위해, 또는 다른 권리의 보호를 위해 전쟁할 권리를 내세웠기 때문이다. 이처럼 다른 목표들과의 관계에서 평화가 종속적 지위에 있다는 것은 '유엔헌장'에 나타난 '평화와 안전보장'(*peace and security*)이라는 구절에 반영되어 있다. 국제정치에서 안보는 안전(*safety*)—객관적 안전, 즉 실제로 존재하는 안전이든, 주관적 안전, 즉 느끼거나 경험하는 안전이든—을 의미할 뿐이다. 국가가 안보나 안전을 추구하기 위해 모색하는 것은 단순한 평화가 아니라 그들의 독립성이며, 국가들로 이루어진 사회의 지속을 요구하는 것도 바로 그 독립성을 얻기 위해서다. 이러한 목표를 위해서라면, 앞에서 말한 것처럼, 그들은 전쟁 또는 전쟁의 위협에 호소할 준비가 되어 있다. '유엔헌장'에서 두 용어를 함께 명시한 것은 안보의 요구가 평화에 대한 요구와 충돌을 일으킬 수도 있는데, 이러한 경우에 평화가 반드시 우선순위인 것은 아니라는 판단을 반영한 것이다.

넷째, 국가들의 사회의 기본적인 또는 근원적인 목표로, 이 장의 처음에서 논의한 바와 같이, 모든 사회생활의 공통된 목표라고 한 죽음이나 상해를 초래하는 폭력의 제한, 약속의 이행, 소유규칙에 의한 소유의 안정화 같은 것들을 포함한다는 사실에 주목할 필요가 있다.

폭력의 제한이라는 목표는 국제사회에서 다양한 방식으로 나타난다. 국가들은 폭력에 대한 독점을 유지하기 위해, 또는 다른 집단이 폭력을 사용할 권리를 갖지 못하도록 국제사회에서 서로 협력한다. 또한 폭력을 사용할 때도 일정한 제한을 받아들인다. 예를 들면, 최소한 상대국의 외교사절이나 전령을 죽여서는 안 된다는 것을 수용한다. 그런 행위는 의사소통을 불가능하게 만들기 때문이다. 이외에도 오직 '정당한' 이유, 또는 공통의 규칙 안에서 주장될 수 있는 정의에 입각하여 전쟁을 일으켜야 한다는 사실도 받아들인다. 또한 전쟁이 어떤 한도 안에서 이루어져야 하는지를 명시하는 규칙, 즉 전쟁의 절도(*temperamenta belli*)를 준수하겠다고 공언한다.[34)]

약속의 이행이라는 목표는 '합의는 준수해야 한다'(*pacta sunt servanda*)는 원칙에 표현되어 있다. 개인들 사이도 그러하듯이, 국가들 사이의 협동도 오직 합의에 기초하여 이루어진다. 일단 합의가 이루어지면 반드시 지켜진다는 가정이 있을 때만 사회생활에서 합의가 제 기능을 할 수 있다. 국제사회는 조약의 파괴를 가져오는 변화의 압력에 적절하게 대응하면서, 동시에 '사정에 변경이 없다면'(*rebus sic stantibus*)〔합의는 유효하다〕는 원칙을 통해, 합의준수의 원칙 자체를 지켜낸다.

국제사회에서 소유의 안정이라는 목표는 국가들 상호간의 재산을 인정하는 형태로, 보다 근본적으로는 상호 주권을 인정하는 협약의 형태로 나타난다. 주권을 인정한다는 것은 곧 사법권을 인정한다는 것을 의미한다. 역사적으로 보면 국가의 주권이라는 관념 자체는 사실상 특정한 영토와 인민이 그 지배자의 소유물 또는 세습재산이라는

---

34) 〔역주〕 여기에서 언급하는 폭력의 제한은 오늘날 군사력의 사용에 관한 두 종류의 국제법으로 나타나고 있다. 하나는 무력행사의 명분의 정당성을 판단하는 정전법(*jus ad bellum*)이고, 또 하나는 무력분쟁중의 행위의 공명정대성을 판단하는 교전법(*jus in bello*)이다. 즉, 정전법은 전쟁의 이유(*why*)에 관한 것이고, 교전법은 전쟁의 수단과 방법(*how*)에 관한 것이다. 국제법상 인정되는 정당한 전쟁은 '유엔헌장'(제 2조 3항, 4항, 제 42조, 제 51조, 제 52조, 제 53조)에 규정되어 있고, 교전법(*law of war*)은 다수의 국제관습법과 국가간의 조약으로 구성되어 있다. 후자는 보통 전시국제법 또는 전쟁법이라고 부르기도 한다.

관념에서 유래한 것이다.

지금까지 말한 것이 근대 국제사회의, 그리고 기타 국제사회들의 기본적인 또는 근원적인 목표들에 속한다. 이것들이 전부라는 뜻은 아니다. 또한 다른 방식으로 목록을 구성할 수도 있다. 또한 이러한 목표들이 국제관계에서 행위의 타당한 기초로 받아들여져야 한다거나, 이를 위한 입법이 이루어져야 한다는 주장도 아니다. 현재의 논의에서 우리의 관심은 이른바 국제질서의 '정학'(*statics*)이지 '동학'(*dynamics*)이 아니다. 즉, 우리의 관심은 국제질서라는 개념 속에 포함된 내용들이 무엇인가 하는 것이지, 그것이 역사적으로 어떻게 제도화되고 변화했는가에 주목하는 것은 아니다.

3. 세계질서

내가 말하는 세계질서는, 인류의 사회생활 전반의 기본적인 또는 근원적인 목표들을 지탱하는 인간의 행동양식이나 행동의 배열을 의미한다. 국제질서는 국가들 사이의 질서이다. 그러나 국가는 인간을 집단화한 것일 뿐이다. 인간은 국가를 형성하지 않으면서도 집단을 형성할 수 있다. 또한 국가라는 집단을 형성한 경우에도, 다른 방식으로 또 다른 집단을 형성하기도 한다. 우리가 국가들간의 질서에 대해 제기하는 질문의 심저에는 더 중요한 질문, 즉 전 인류의 위대한 사회의 질서에 관한 질문이 들어 있다.

19세기 이전의 인류역사를 볼 때 단 하나의 정치체제가 세계 전체를 장악한 일은 없었다. 선 인류의 위대한 사회는 교회법이나 자연법의 신봉자들이 신의 관점에서 또는 자연법의 원리적 측면에서 제시한 개념적 사회였을 뿐이며, 이에 상응하는 현실적 정치체제는 존재하지 않았다. 19세기 후반기 이전의 세계질서는 단순히 세계의 일정한 부분에 질서를 가져오는 다양한 정치체제들의 합을 일컫는다.

그러나 19세기 후반 또는 20세기 초반 이래로 순수하게 범지구적이라고 할 수 있는 하나의 정치체제가 처음으로 등장했다. 범지구적 차원의 질서는 지역적 차원의 질서를 만들어낸 다양한 정치체제의 단순한 합을 넘어선다. 이것은 세계정치체제라고 불리는 것의 산물이다. 예를 들어 1900년의 세계질서는 여전히 독립적으로 존재하는 여러 질서들의 합이었다. 유럽과 아메리카 국가들과 그들의 해외 속령들 내의 질서가 있었고, 오토만제국, 중국제국, 일본제국 내의 질서가 있었으며, 사하라부터 중앙아시아까지 독립적으로 존속한 칸이나 술탄에 의해 지배된 국가들 내의 질서가 있었고, 아직 유럽의 영향에 의해 파괴되지 않은 원시 아프리카와 오세아니아 정치체제 내의 질서가 있었다. 그러나 그것은 또한 전 세계에 걸쳐 진행된 그 모든 것을 연결하는 하나의 정치체제의 결과이기도 했다.

최초의 범지구적 정치체제는 국가들로 이루어진 범지구적 체제의 형태를 취했다. 우리가 세계정치체제에 대해 논의할 수 있을 정도로 세계 모든 대륙의 정치체제들 사이에 상호작용이 생겨난 주된 원인은 유럽 국가체제가 지구 곳곳에 확장되고 세계적 차원의 국가체제로 전환되었기 때문이다. 이러한 과정의 첫 국면에서 유럽 국가들은 확장을 거듭하여 세계의 나머지 지역을 합병하거나 또는 지배했다. 이러한 일은 15세기 발견을 위한 포르투갈의 항해에서 시작되어 19세기 아프리카의 분할에서 끝났다. 시기적으로 첫 번째와 중복되는 두 번째 국면에서 합병 또는 피지배 상태에 놓인 세계 각 지역들은 유럽의 지배로부터 풀려나고 국제사회의 구성국으로서 지위를 얻게 된다. 이것은 미국혁명에서 시작하여 금세기의 아프리카와 아시아의 반식민주의 혁명으로 종결되었다. 하지만 세계의 다양한 지역의 톱니바

쥐가 단순히 국가로만 형성된 것은 아니다. 사적 개인과 집단들은 탐험가·무역가·이민자·선교사·상인으로서 자신의 역할을 감당했고, 국가체제의 확장은 더 광범위한 사회적·경제적 교환의 확장의 일부였다. 이러한 발전이 낳은 정치적 구조가 바로 하나의 범지구적 국가체제 및 국가들의 사회였던 것이다.

그러나 현재의 세계정치체제가 국가체제의 형태를 취하거나, 주로 이와 유사한 형태인 반면 (이후에 우리는 세계정치체제는 국가체제를 한 부분으로 하여 등장한다고 주장할 것이다), 세계질서는 원칙적으로 다른 형태의 보편적 정치조직에 의해서도 획득될 수 있다. 문제는 세계질서가 국가체제가 아닌 이 같은 다른 형태의 정치조직에 의해서 더 잘 유지되지 않을까 하는 것이다. 다른 형태의 보편적 정치조직은 범지구적 규모보다 작은 형태로 과거에 존재했다. 인류사의 탕탕한 격랑 속에서 사실 국가체제는 상례라기보다는 오히려 예외였다. 더욱이 미래에는 과거에 존재했던 것과는 다른 형태의 새로운 보편적 정치조직이 만들어질 수도 있다. 이 연구의 제 3부에서 우리는 오늘날의 국가체제가 다른 형태의 보편적 정치조직에 대해 어떤 가능성을 열어주는지, 또는 그와 같은 다른 형태의 정치조직이 형성되면 세계질서가 더 잘 작동할 수 있는지의 문제를 살펴볼 것이다.

한 가지 지적해 둘 것은, 이 연구에서 세계질서는 국제질서와는 다르다는 점이다. 인류 전체의 질서는 국가들의 질서보다 더 광범위하고, 더 근본적이며, 원초적이다. 그리고 내 생각으로는 도덕적으로도 국가들의 질서보다 우위에 있다.

세계질서는 국제질서보다 더 광범위하다. 왜냐하면 세계질서를 설명하기 위해 우리는 국가들의 질서뿐만 아니라 특정한 국가 내의 국내적·지역적 규모의 질서, 그리고 국가체제가 그 한 부분인 더 넓은 세계정치체제 내에서의 질서를 다루어야만 하기 때문이다.

세계질서는 국제질서보다 더 근본적이며 원초적이다. 왜냐하면 전 인류의 위대한 사회의 궁극적 단위는 국가가 아니라(또는 민족·종족·제국·계급·정당이 아니라) 개개인이기 때문이다. 인간 개인은 집단과는 달리 영구적이고 파괴할 수 없다. 이 연구는 국제관계의 논의에 초점을 두고 있으나, 세계질서에 대한 질문은 지구의 정치적·사회적 구조가 무엇이든 제기될 수 있다.

마지막으로 세계질서는 국제질서에 비해 도덕적 측면에서도 우위에 있다. 이러한 견해를 취하게 되면, 세계질서의 가치가 어떤 것인지, 인간의 가치체계에서 어떤 위치를 차지하는 것인지에 대한 질문으로 나아가게 된다. 이것은 내가 지금까지 피하고자 한 주제이지만, 제 4장에서 이를 논의하겠다. 그러나 여기에서 한 가지 지적해둘 것이 있다. 만약 세계정치에서 질서가 어떤 가치라도 가지고 있다면, 그것은 국가들의 사회질서가 아니라 전 인류의 질서이며, 이것이야말로 가장 근원적인 가치로 다루어져야 한다는 점이다. 국제질서가 가치를 가진다면, 이것은 오직 인류사회 전체의 질서라는 목표를 위한 도구이기 때문이다.

제2장

세계정치에 질서는 존재하는가

지금까지 우리는 세계정치에서의 질서가 무엇을 의미하는지 명확히 밝혔다. 이제 우리가 살펴봐야 할 문제는 과연 그것이 존재하는가 하는 것이다.

세계정치에서의 질서는 언젠가는 하나의 세계사회 또는 전 인류의 위대한 사회 안에서 사회생활의 기본적 목표의 유지라는 형태를 취할 수도 있다. 국가체제가 어디까지 그와 같은 사회에 자리를 내줄지, 그리고 그렇게 하는 것이 과연 바람직한지는 이 연구의 뒷부분에서 논의할 것이다. 그러나 모든 인류로 구성되는 사회가 현재 진행중인 관심사항이라고 주장할 수는 없다. 현재 우리는 여전히 세계정치에서의 질서를 국내질서와 국제질서, 즉 국가 내의 질서와 국가들 사이의 질서로 양분하여 생각하는 데 익숙하다.

몇몇 국가의 경우 상당히 높은 수준의 국내질서 또는 도시질서를 유지하고 있음을 부인하는 사람은 없다. 그러나 국제질서는 하나의 열망으로만 존재할 뿐이며, 국제관계의 역사는 간단히 말해 무질서와의 투쟁의 역사라고 주장하는 사람들이 많다. 많은 사람들에게 국제질서라는 것은 과거에 존재했던 어떤 것이 아니라, 상상에 불과하거나 노력하여 실현해야 할 대상, 국제관계의 가능한 형태, 또는 바람직한 미래상태를 의미한다. 이런 견해를 가진 사람들에게는 국제질서에 대한 연구가 쉴리,[1] 크루세,[2] 생피에르[3]와 같은 평화주의자나 평화이론가들의 전통에서 발견되는 미래세계를 위한 하나의 구상에 불과할 것이다.

그러나 이 연구는 오히려 질서가 국제관계의 역사적 기록의 일부이며, 특히 근대국가는 국가체제뿐만 아니라 국제사회를 형성했고, 또 지속적으로 형성할 것이라는 전제에서 출발한다. 이러한 전제를 확립하기 위해, 우선 근대 국가체제의 역사에서 국제사회라는 관념이 존재했음을 보여줄 것이다. 즉, 국제사회의 관념은 철학자와 정치평론가들에 의해 선언되었으며, 국가지도자들의 연설에 나타난 바 있다. 둘째, 이러한 생각이 적어도 부분적으로 국제현실에 반영되고 있으며, 국제사회의 관념이 현실의 국제관행에 중요한 뿌리를 두고 있다는 점을 보여줄 것이다. 셋째, 국제사회의 관념이 국가들의 실제적 관행에 대한 지도이념으로서 갖는 한계, 즉 그것이 낳는 질서의 불안정하고 불완전한 성격에 대해 논의할 것이다.

---

1) 〔역주〕 Sully, Maximilien de Bethune, duc de(1560~1641): 프랑스의 신교도 정치가, 공작. 앙리 4세 때 재상을 지냈다.

2) 〔역주〕 Crucé, Émeric(1590~1648): 프랑스의 정치학자. 자유무역과 평화에 관한 저서 《신 키네아스》(*Nouveau Cynée*, 1623)는 국제관계 영역의 개척적인 저작으로 간주되고 있다.

3) 〔역주〕 Saint-Pierre, Charles-Irénée Castel de(1658~1743): 프랑스의 성직자. 유럽 국가들의 연합의 필요성을 역설한 《영구평화론》(*Projet pour rendre la paix perpétuelle en Europe*, 1713)은 후에 루소와 칸트의 사상에 영향을 미쳤다.

1. 국제사회의 관념

근대 국가체제의 역사를 살펴보면, 3개의 사상적 전통이 각각 존재했음을 알 수 있다. ① 국제정치를 전쟁상태로 보는 홉스적 또는 현실주의적 전통, ② 국제정치에 인류공동체가 잠재해 있다고 보는 칸트적 또는 보편주의적 전통, ③ 국제정치를 국제사회 안에서 발생하는 것으로 보는 그로티우스적 또는 국제주의적 전통이 그것이다.[4)]우리는 여기에서 국제사회에 대한 그로티우스적 또는 국제주의적 견해의 핵심내용이 무엇인지 살펴볼 것이며, 이들의 견해가 홉스적 또는 현실주의적 전통과는 어떻게 다른지, 칸트적 또는 보편주의적 전통과는 어떻게 다른지를 살펴볼 것이다. 이 세 가지 사상적 전통은 각각 국제정치의 본질에 대한 설명과 국제적 행위에 대한 처방을 구체적으로 보여준다.

홉스적 전통은 국제관계를 만인에 대한 만인의 전쟁으로, 각 국가가 서로에게 덫을 놓는 투쟁의 장(場)으로 설명한다. 국제관계는 국가 사이의 완전한 갈등상황으로, 전적으로 분배게임 혹은 제로섬(*zero-sum*) 게임에 비유된다. 각 국가의 이익은 다른 국가의 이익을 배제한다. 모든 국제적 활동 중에 가장 전형적인 것은 전쟁 그 자체로서, 전쟁을 보면 국제적 활동의 성격을 가장 잘 이해할 수 있다.

---

4) 이러한 세 가지 구분은 마틴 와이트의 것이다. 이에 대해 가장 잘 알려진 설명은 "Western Values in International Relations," in *Diplomatic Investigations, ed. Herbert Butterfield and Martin Wight*(London: Allen & Unwin, 1967)를 참조하라. 그 구분에 대한 자세한 논의는 필자의 "Martin Wight and Theory of International Relations. The Second Martin Wight' Memorial Lecture," *British Journal of International Studies*, vol. ii. no. 2(1976) 참조.

따라서 평화는 마지막 전쟁이 끝난 후의 복구와 다음 전쟁을 위한 준비기간을 의미한다.

국제적 행위에 대한 홉스적 처방에 따르면, 국가는 다른 국가와 관련된 자신들의 목표를 그 어떠한 도덕적·법적 제한 없이 추구할 수 있다. 도덕과 법에 대한 관념은 오직 사회의 맥락 안에서 유효한데, 국제생활은 사회의 범위 밖에 있다. 어떤 도덕적·법적 목표가 국제정치에서 추구된다면, 이것은 국가 자신의 도덕적·법적 목표일 뿐이다. 국가는 일종의 도덕적·법적 진공상태에서 외교정책을 수행한다고 주장하기도 하고, 외교정책에서 행위의 도덕성은 국가 그 자신의 자기주장에 있다고 말하기도 한다. 전자와 같은 주장은 마키아벨리에게서, 후자와 같은 주장은 헤겔과 그 계승자들에게서 발견할 수 있다. 홉스적 전통의 지지자들에 의하면, 국가의 타국에 대한 행동을 제한할 수 있는 유일한 규칙 또는 원칙은 분별(*prudence*) 또는 편의(*expediency*)의 규칙이다. 따라서 합의를 지키는 것이 편리하다면 지켜질 것이고, 그렇지 않다면 파기될 것이다.

이와 정반대편에 있는 칸트적 또는 보편주의적 전통은, 국제정치의 본질적 성격을 국가들간의 갈등에서 찾는 홉스적 견해와는 달리, 국가의 신민 또는 시민인 개별적 인간들을 연결시켜주는 초국적 사회적 연대에서 찾는다. 칸트적 견해에 따르면, 국제관계의 주된 주제는 겉으로는 국가간의 관계처럼 보이지만, 사실상 인류공동체 안에 존재하는 모든 사람들간의 관계라는 것이다. 이 관계는 실제로는 존재하지 않을지라도 잠재적으로 존재하며, 그리고 그것이 실현될 경우 국가체제를 일소할 수 있다는 것이다.[5]

---

5) 물론 칸트 자신의 경우에도 《세계시민주의적 관점에서 본 보편적 역사관》(*The Idea of Universal History from a Cosmopolitical Point of View*, 1784)에서 주창한 보편주의와 《영구평화론》(*Perpetual Peace*, 1795)에서

보편주의적 견해에 따르면, 전 인류로 구성되는 공동체에서는 모든 개인들의 이해관계는 동일하다. 이 견해에 따르면 국제정치는 홉스적 견해가 주장하는 것처럼 분배게임 또는 제로섬 게임이 아니라, 전적으로 협동게임 또는 비제로섬(*non-zero-sum*) 게임이다. 이해관계의 충돌이 각국의 지배계급들 사이에 존재하나, 이는 현존 국가체제의 표면적 또는 일시적 차원에서 그러할 뿐이다. 잘 살펴보면 모든 사람들의 이해관계는 같다. 칸트적 견해에 따르면, 국제적 활동 전체를 전형적으로 보여주는 것은 국가의 경계를 넘어 인류사회를 두 진영으로 나누는 이데올로기의 수평적 갈등이다. 두 진영이란 인류의 내재적 공동체에 대한 수탁자와 그것을 가로막는 사람들, 즉 진정한 믿음을 가진 사람들과 이교도들, 해방자와 피억압자를 의미한다.

국제도덕에 대한 칸트적 또는 보편주의적 견해는 홉스적 개념과는 달리 국제관계 분야에서 국가의 활동을 제한하는 도덕적 명령(*moral imperative*)이 존재한다는 것이다. 이 도덕적 명령은 국가간의 공존이나 협력이 아니라 오히려 국가체제의 전복, 혹은 세계시민사회에 의한 국가체제의 대체를 요구한다. 칸트적 견해에 의하면, 인류공동체는 이를 실존하도록 하는 힘이 있다는 점에서 국제정치의 중심적 실재일 뿐만 아니라 지고지선(至高至善)의 목표 또는 목적이기도 하다. 이러한 더 높은 도덕적 명령의 요구가 있을 경우, 국가간의 공존과 사회적 교류를 지탱하는 규칙은 무시되어야 한다. 이교도들에 대한 호의는 전술적 편의의 측면을 제외하면 아무런 의미가 없다. 선택받은 자들과 저주받은 자들, 해방자와 피억압자 사이에는 주권의 상호수용 또는 독립의 문제가 생길 수 없다는 것이다.

이른바 그로티우스적 또는 국제주의적 전통은 현실주의적 전통과

취한 입장 사이에 차이를 보인다. 후자의 경우, '공화주의' 국가들의 연맹이라는 대체목표를 수용하고 있다.

보편주의적 전통 사이에 위치한다. 그로티우스적 전통은 국제정치를 국가체제나 국제사회와 관련하여 설명한다.[6] 홉스적 전통과는 달리, 그로티우스적 관점은 국가가 경기장의 검투사처럼 단순히 투쟁에 몰두하는 것이 아니라 공통의 규칙과 제도를 사용하여 국가들 사이의 갈등을 스스로 제한한다고 주장한다. 칸트적 또는 보편주의적 관점과는 달리 그로티우스적 견해는 주권을 가진 국가가 국제정치의 주요 실체라는 홉스적 전제를 수용한다. 즉, 국제사회의 구성원은 개인이 아니라 국가라는 것이다. 그로티우스적 견해에 따르면, 국제정치에서 국가들의 이해관계는 완전히 충돌하는 것도 아니요, 완전히 일치하는 것도 아니다. 그것은 부분적으로 분배적이고, 생산적인 게임과 유사하다. 그로티우스적 견해에 따르면, 국제적 활동 전체를 가장 잘 보여주는 국제적 활동은 국가들간의 전쟁이나 국가들의 경계를 가로지르는 수평적 갈등이 아니라 무역이다. 좀더 일반적으로 말하면, 국가간의 경제적 · 사회적 교류이다.

국제적 행위에 대한 그로티우스적 규칙은 모든 국가들이 상호간에 그들이 형성한 사회의 규칙과 제도에 의해 구속받는다는 것이다. 그로티우스적 관점에서 보면, 홉스적 견해와는 달리, 국가는 분별 또는 편의의 규칙에 따라 행동하기도 하지만, 도덕과 법의 구속을 받기도 한다. 그러나 도덕과 법이 요구하는 것은 국가체제의 전복이나 인류의 보편적 공동체에 의한 국가의 대체가 아니라 오히려 국가들의 사회에서 공존과 협력의 요건을 수용하는 것이다. 이 점에서 보편주의

6) 나 역시 '그로티우스적'(*Grotian*) 이라는 용어를 두 가지 의미로 사용했다. ① 여기에서처럼 국가들의 사회가 존재한다는 광범위한 이론을 지칭하기도 하고, ② 이 이론으로 연대한 학파를 지칭하기도 한다. 후자는 그로티우스와 20세기 신그로티우스학파 사람들이, 바텔과 그 후의 실증주의자들이 주장한 다원주의적 국제사회관에 반대하기 위해 연합한 것이다. "The Grotain Conception of International Society," in *Diplomatic investigations* 참조.

적 견해와 차이를 보인다.

지금까지 살펴본 다양한 국제정치 이론들 사이에는 느슨한 연관성만이 존재한다. 각각의 사상은 각기 다른 시기에 각기 다른 어법으로 각기 다른 문제와 관심사를 가지고 등장한다. 여기서 각 전통의 관련성과 차이점을 더 이상 논의할 필요는 없을 것이다. 다만 그로티우스적 국제사회관이 국가체제에 대한 사상으로서 항상 존재했다는 것을 염두에 두고, 넓은 의미에서 지난 3~4세기 동안 국제사회관이 거쳐온 변화를 일반적인 말로 설명하는 것으로 충분할 것이다.

1) 기독교 국제사회

서방 기독교세계의 보편적 정치조직이 해체되고 근대국가가 발현되는 과정에 있던 15~17세기에 새로운 국제정치를 설명하고 그 안에서의 행위를 규정할 목적으로 세 종류의 사상이 처음으로 형성되었다. 마키아벨리 · 베이컨 · 홉스 같은 사상가들은 그 당시 새로 등장하는 국가들이 **기독교 공동체**(*respublica Christiana*)가 쇠퇴하면서 남긴 사회적 · 도덕적 진공상태에서 서로 대립하는 것으로 보았다. 다른 한편, 교황과 신성로마제국을 옹호하는 학자들은 교황과 신성로마황제의 보편적 권위를 옹호하기 위해 후방에서 최후의 결전을 벌이고 있었다. 이러한 상황에서 이 두 가지 견해에 모두 반대하는 제3의 사상가들이 등장했는데, 이들은 자연법적 전통에 의존하면서, 군주가 당해 지역의 경쟁자들보다는 우월하고, 외부 권력으로부터 독립성을 지니고 있지만, 공통의 이해관계와 규칙에 의해 구속될 수 있다고 주장하였다. 기이르케[7]는 이렇게 말했다.

---

7) 〔역주〕 Gierke, Otto Friedrich von(1841~1921): 독일의 역사가 · 법학자. 주요 저서로 《독일단체법론》(*Das Deutsche Genossenschaftsrecht,*

> 세계군주제라는 중세적 관념은 자연법학파 사상가들에게는 낯선 관념이었다. 그들은 신성로마제국의 선전자들에게 낡은 '세계지배권'(*imperium mundi*)의 터무니없는 환영을 방대한 종이 위에 지속적으로 기술하는 임무를 맡겼다. 그러나 그 죽어가는 사상체제에 들어 있던 불멸의 생물체는 **국제사회**라는 새롭고 비옥한 관념을 생산하도록 만들었다…. 한편 국제사회를 세계국가로 강화하고, 공화주의적 노선에 따라 조직된 초국가(*Super-State*)에 권위를 부여하려는 경향이 그치지 않고 재등장하였다. 다른 한편, 주권이론의 완고한 옹호자들은 모든 국가들을 함께 묶어주는 자연적 공동체 따위의 관념을 **전적으로** 거부했다. 그러나 대세를 장악하고 국제법의 미래를 결정한 이론은, 모든 국민들 사이에 연관이 있고, (그렇다고 해서 '전체'가 부분에 대해 행사하는 그와 같은 권위를 갖는 것은 아니다) 이 연관은 일정한 수준에서 상호 사회적 권리와 의무의 체계를 포함한다는 견해를 고수한 이론이었다.[8]

이 시기의 자연법 사상가들(빅토리아,[9] 수아레스,[10] 겐틸리,[11] 그로티우스, 푸펜도르프)이 제안한 국제사회는 다음과 같은 특징을 가지고 있었다. 첫째, 그들이 사회의 기초로 삼고자 했던 것은 기독교적 가치였다. 물론 이들은 사람이 어디에 살고 있든지 누구에게나 권

1868), 《독일사법론》(*Deutsches Privatrecht*, 1895) 등이 있다.

8) Otto Gierke, *Natural Law and the Theory of Society 1500 to 1800*, trans. Ernest Barker(Boston: Beacon Press, 1957), p. 85.

9) 〔역주〕 Victoria, Francisco de(1492~1546): 스페인의 신학자, 스콜라 철학자. 주요 저서로 《신학특강》(*Relectiones Theologicae*, 1557)이 있다.

10) 〔역주〕 Suarez, Francisco de (1548~1617): 스페인의 신학자. 신스콜라 학파의 시조. 형이상학 및 법철학에 관한 많은 저서가 있다.

11) 〔역주〕 Gentili, Alberico(1552~1608): 이탈리아의 법학자. 주요 저서로 《사절론》(*De Legationibus*, 1584), 《전쟁법론》(*De Jure Belli*, 1598), 《스페인 변호론》(*Hispanicae Advocationis*, 1609) 등이 있다.

리와 의무가 있다고 주장함으로써 자연법적 관념을 부각시킨 것은 사실이다. 예를 들면, 빅토리아는 스페인 사람들이 아메리카에서 인디언을 만났을 때, 보편적 처우규칙이 모습을 드러냈다고 주장했는데, 이 주장에는 기독교도와 비기독교도 사이에도 사회적 유대가 존재한다는 뜻이 담겨 있었다. 또한 그로티우스는 자연법이 만국공법(*law of nations*)의 주요 법원(法源)이라고 주장하고, 이 법은 신이 존재하지 않는다 해도 타당성을 지닐 것이라고 주장했는데, 이 주장에는 국제사회가 궁극적으로 기독교적 기초로부터 벗어날 수 있다는 암시가 들어 있었다. 또한 가톨릭 국가와 프로테스탄트 국가 간의 공존의 기초를 발견하기 위한 원칙의 모색이 필연적으로 비종교적인 원칙의 도입을 가져왔음도 사실이다.

그러나 이 국제사회 이론가들 가운데 어느 누구도 기독교국가간의 관계가 이들과 비기독교국가간의 관계와 동일한 기초 위에 있다고 생각하지는 않았다. 그로티우스조차도 넓은 범위의 인류세계는 자연법적 원칙의 구속을 받지만, 그 속에 들어 있는 기독교세계는 신법(神法)의 구속을 받고, 만민법(*ius gentium*)[12]에서 유래된 관습과 규칙의 구속을 받으며, 교회법과 로마법의 구속을 받는다고 생각했다. 빅토리아와 수아레스 같은 스페인의 스콜라 철학자들은 자연법과 신법을 분리하지 않았다. 이 시기 조약들의 서명은 반드시 종교적 맹세를 수반했다. 이 시대의 기독교사회는 외부세계의 권력, 특히 현존하는

---

12) 〔역주〕 만민법: 로마시민에게만 적용된 시민법에 대응하여 로마시민과 외국인 또는 외국인 상호간의 관계로 확대 적용된 법. 로마가 세계적인 대제국으로 발전하는 과정에서 여러 도시, 여러 민족과의 교섭·거래에서 신의·성실을 중시하는 입장을 유지하기 위해 생겨난 법질서를 의미한다. 이는 로마시민이나 외래인에게 똑같이 적용되었다. 로마의 정치가이며 철학자인 키케로는 특히 다른 도시의 시민에게도 적용되는 만민법을 공통법이라 하고 이와 같은 만민법을 자연법과 결부시키는 이론을 수립하였다.

위협이었던 오스만 사람들에 대해 강한 차별의식이 있었다.

둘째, 이 시기의 이론가들은 국제사회의 구성원이 누구인가에 대해 분명한 지침을 제공하지 않았다. 근본적인 구성원리나 구성원의 기준이 분명하게 진술되지 않았다. 근대 유럽의 모든 왕국, 공작령, 공국, 공화국에 공통된 정치형태로서 국가의 개념이 아직 확립되지 않은 상태에서 주로 혹은 예외적으로라도 '국가'라는 한 종류의 정치적 실체로 구성되는 사회에 대한 관념은 형성될 수 없었다. 빅토리아와 수아레스의 저작에서 그리고 심지어 그로티우스의 저작에서도 만국공법의 구속을 받는 정치적 단위는 국가(*civitates*)만이 아니었다. 군주(*principes*), 왕국(*regni*), 민족(*gentes*), 공화국(*respublicae*) 등도 그 대상에 포함되었다. 자연법 이론을 군주와 군주가 통치하는 공동체를 구속하는 규칙으로 개념화한 국제주의자들은 국가단위의 집단이 아니라 개개인을 권리와 의무의 궁극적인 주체로 보았다.

셋째, 이 시기에 유행한 국제사회관은 기독교 군주와 그의 공동체를 구속하는 규칙의 원천을 정의하면서 오늘날 우리가 실정 국제법이라고 부르는 것보다 자연법을 더 중요하게 여겼다. 그로티우스의 경우에는 자연법이 일부 신법에 의해 보완됨과 동시에, 로마의 만민법으로부터 물려받은 규칙이나 중세에 발달한 해상법(海商法)의 본문과 같은 현존하는 조약법에 의해 보완되기도 했다. 그러나 군주와 인민들이 상호간의 관계에서 일정한 규칙의 구속을 받은 것은 그들 모두가 인간이었고, 자연법에 종속되기 때문이었다. 초기 국제주의자들이 자연법을 가장 중요하게 여긴 이유는 서방 기독교 세계의 보편적 사회로부터 물려받은 현행 실정법의 주요 부분이 새로운 정치적 현실로부터 동떨어져 있다고 생각했기 때문이다. 그들은 자연법을 빌려 현행 규범의 제약들로부터 만국공법을 해방시키고, 새로운 상황에 적합한 규칙들을 발전시키고자 했다.

이 시기에 등장한 국제사회관이 보여주는 네 번째 특징은 국제사회가 규정한 공존의 규칙이 아직 시작단계에 있었고 보편적 사회라는 전제에 둘러싸여 있었다는 점이다. 즉, 만민법이라는 로마법상 용어의 모호함으로부터 결코 벗어나지 못한 것이 자연법 이론가들의 특징이었다. 즉, 이들은 '국제법', 혹은 국가 및 국민들간의 법이라는 근대적 의미와, 〔로마제국 내의〕 모든 민족에게 공통으로 적용되는 법이라는 본래의 의미를 제대로 구별하지 못했다.

이런 모습은 국제사회 구성원들간의 폭력을 제한하는 기본규칙을 만들기 위한 그들의 시도에서 찾아볼 수 있다. 초기 국제주의자들은 모두 토머스주의[13] 전통을 따라 전쟁은 오직 정당한 이유로 정당한 수단을 통해 합당한 권위를 가진 자에 의해 수행되어야 한다고 주장했다. 그러나 그들은 오직 공권력만이 전쟁을 개시할 자격이 있고, 오직 국가만이 그러한 공권력에 해당된다는 근대적 원리를 모색하는 데 그쳤을 뿐 그 이상의 노력은 하지 않았다. 그로티우스조차도 사적인 전쟁을 금지하려는 노력은 하지 않았다. 그가 《자유해론》(自由海論, *Mare Liberum*, 1609)에서 주장한 해양자유론은 사실상 동인도회사의 호전적인 활동을 옹호하고자 하는 동기에서 비롯된 것이었다. 또한 그는 전쟁에서 정당한 행위와 수단에 관한 규칙이 이유가 정당한 쪽만을 보호하는 것이 아니라, 교전국 쌍방을 모두 보호한다는 점을 명확히 하지도 않았다. 전쟁의 수행방식을 제한하고, 지리적 확산을 방지할 필요성을 논의하면서, 그러한 제한이 정당한 원인을 가진 쪽을 억제하기 위해 사용되어서는 안 된다고 생각했는데, 이것은 그가 보편주의적 또는 연대주의적 관점에서 문제를 보았기 때문이다.

---

13) 〔역주〕 토머스주의(*Thomism*): 토마스 아퀴나스(Thomas Aquinas)의 사상에 토대를 둔 철학 및 신학의 사상체계를 말한다. 넓은 뜻으로는 가톨릭 세계관을 말한다.

겐틸리를 제외한 모든 초기 국제주의자들은, 나중에 국가간의 전쟁을 국제사회의 하나의 제도로서 수용하는 데 기초를 이룬 관념, 즉 교전국 쌍방이 모두 '주관적으로'만이 아니라 객관적으로도 정당한 원인을 가질 수 있다는 생각은 하지 못했다.

보편주의적 전제는 또한 초기 국제주의자들이 합의의 신성불가침성을 지지하는 규칙을 취급한 방식에도 나타난다. 합의준수의 원칙은 그들 모두가 지지했으나, 조약에 대해서는 사법상의 계약에 비추어 이를 이해했다. 따라서 이 시기의 조약들은 그 조약을 체결한 군주에게만 구속력이 있을 뿐, 계승자에게는 준수의 의무가 없다는 것, 사적 계약과 마찬가지로 강박에 의해 맺어진 조약은 구속력이 없다는 것, '사정변경의 원칙'14)이나 '조건이 같다면'과 같은 단서에 관계없이 구속력을 지닌다는 점 등이 널리 인정되었다. 선견지명이 있던 겐틸리는 이러한 견해에 대해 이의를 제기했고, 겐틸리를 인용한 그로티우스는 이후에 조약을 특수한 종류의 계약으로 보는 일반이론을 발전시켰다. 그러나 이들도 조약을 사적 계약에 비추어 이해하는 사고방식에서 완전히 벗어나지는 못했다.

또한 이들은 주권이 국제사회 구성국의 속성이라는 것을 알지 못했고, 주권의 상호 승인이 공존의 약속이 성립하기 위한 기본적 요소라는 사실도 알지 못했는데, 이것은 그들이 가지고 있던 보편주의적 전제 때문이었다. 보댕이 1576년의 《국가론 6편》(*Six livres de la Republique*)에서 제시한 주권개념은 꽤 오래 지나도록 국제사상에 영향을 미치지 못했다. 그 개념의 편린은 수아레스가 '완전한 공동체'라는 개념을 사용한 데서, 그로티우스가 최고지배권(*summum imperium*)이

---

14) 〔역주〕 사정변경의 원칙(*clausula rebus sic stantibus*): 조약이 상황의 변화로 시행될 수 없는 상황을 지칭하는 국제조약법상의 원칙. 이 조약은 '비엔나 조약법 협약' 제62조에 명시되어 있다.

라는 용어를 사용한 데서 찾아볼 수 있다. 또한 영토와 인민에 대해 소유권(*dominium*) 또는 사유재산이라는 로마법상의 개념을 적용하여, 통치자 마음대로 교환가능한 세습재산이라고 생각한 것에서도 그 영향을 엿볼 수 있다. 그러나 영토와 주민의 통치에서 외부 권력으로부터의 독립이 모든 국가들의 고유한 권리라는 개념에는 이르지 못했다.

초기 국제주의자들이 품고 있던 국제사회관의 다섯 번째 특징은 국가들의 협력에서 일련의 제도들이 생겨날 수 있다는 것을 알지 못했다는 것이다. 당시에 존재하던 '국제적' 또는 '초국민적' 제도들은 쇠퇴하기 시작한 신성로마제국과 교황권이었는데, 이것은 국가들의 협력이나 동의에서 생겨난 것이 아니었다. 다른 한편, 국가들 사이에 협력의 전통이 발전하고 있었지만, 이로써 기존의 제도들을 대체할 수 있다는 생각에는 이르지는 못했다.

이리하여 초기 국제사회 이론가들은 나중에 '국제법'—국가들의 사회의 주요 제도 중 하나인—이라고 불리게 될 원칙들의 발전에 기여한 것은 사실이지만, 앞에서 살펴본 바와 같이, 국가들의 실제 관행에 기초한 만국공법을 모색하는 일은 하지 않았다. 또한 자연법과 신법에 사로잡혀 있었기 때문에 국제법을 도덕철학이나 신학과는 다른 별개의 학문과 기술로 발전시키지는 못했다.

외교제도는 사실상 이 시기에 발전하고 있었다. 15세기 이탈리아에서 시작된 상주 사절은 16세기에 알프스 북쪽에서 일반화되었고 표트르 1세 시절에 러시아로 확산되었다. 이 시기의 이론가들은 이 새로운 제도와 그것의 운영을 둘러싼 규칙을 분석했다. 가장 유명한 것은 겐틸리의 《사절론》(*De Legationibus*, 1584)이다. 이 책은 외교사절에 대한 불가침 원칙을 최초로 체계적으로 연구한 것이다. 그로티우스는 외교관에 대한 '치외법권'의 개념을 소개하였다. 그러나 이들은 외교사절단의 기능을 활성화하는 국가들간의 협조나, 이 시기에 빈번하게 이루어지던 정부수반의 '정상회담'을 국가들의 사회가 존재한다는 증거의 일부로 생각하지 않았다.

이 이론가들 가운데 어느 누구도 국제사회의 개념을 설명하면서 세력균형을 논의하지는 않았다. 어느 한 국가도 우월적 지위에 서지 못하도록 하기 위한 의식적인 시도라는 의미에서 세력균형 제도는 필립 2세에 대항한 동맹을 통해 발전하기 시작했다. 또한 합스부르크의 보편적 군주제 주장에 종말을 고한 1648년의 '베스트팔렌 평화조약'의 암묵적 목표도 바로 세력균형의 유지였다. 그러나 세력균형이 국제이론에서 국제사회의 제도로서 인식된 것은 오랜 시간이 지난 후인, 루이 14세에 대한 투쟁의 시기에 이르러서의 일이다. 이 무렵에는 세력균형 이론의 발전에 기여한 초기 학자들 — 기치아르디니,[15] 코민즈,[16] 오버베리,[17] 로안[18] — 과는 다른 역사적·정치적 논의의 전통을 가진 학자들이 등장했는데, 이들의 국제사회에 대한 관찰은 자연법에 얽매여 있지 않았다.

또한 자연법적 국제사회관의 옹호자들은 강대국에 대한 개념도 없었고, 국제사회에서 강대국이 하는 역할에 대한 개념도 없었다. 지배자들의 위계라는 개념은 있었지만, 이 위계질서도 쇠퇴하고 있던 보

---

15) 〔역주〕 Guicciardini, Francesco (1483~1540) : 이탈리아의 역사가·정치가. 주요 저서로 《이탈리아사》(*Storia d'Italia*, 1540)가 있다.

16) 〔역주〕 Commynes, Philippe de (1447~1511?) : 프랑스의 역사가·정치가. 주요 저서로 《회고록》(*Mémoires*, 1524)이 있다.

17) Overbury, Thomas (1581~1613) : 영국의 시인·수필가. 정치적 음모에 연루되어 런던탑에 유폐되었다가 독살당했다.

18) 〔역주〕 Rohan, Henri, duc de (1579~1638) : 프랑스의 귀족·장군. 당대 유럽 정치에 관한 저서로 《기독교세계의 군주 및 국가의 이익에 대하여》(*De l'interest des princes et estats de la chrestiente*, 1638)가 있다.

편적 사회의 지위와 선례에 의해 결정된 것이었을 뿐, 상대적 세력(*relative power*) — 로안과 볼링브로크[19] 같은 지도적 학자들이 이 시기의 강대국에 대해 논의하면서 사용한 용어 — 을 고려한 것도 아니었고, 국가들의 사회가 어떤 세력에게 부여한 특별한 권리나 의무를 고려한 것도 아니었다.

2) 유럽 국제사회

18세기에서 19세기에 걸쳐, 국제정치의 이론과 관행에서 서방 기독교세계의 잔재가 거의 사라지고, 국가가 처음에는 왕조 또는 절대왕정의 형태로, 그 후에는 국민국가 또는 민중국가의 형태로 분명한 모습을 드러내자, 그리고 국가간의 근대적인 관행이 누적되고 이에 대한 연구가 진행되자, 국제사회관에도 변화가 생겼다. 자연법이 실정 국제법으로 대체되면서 정치 이론가와 법 이론가들의 관념은 역사가들의 관념과 융합되기 시작했다. 역사가들은 국가체제와 국가체제를 움직이는 정치가들에 대해 기록하고자 하였다. 그러므로 이 시기의 국제사회 사상사는 정치 이론가나 법 이론가뿐만 아니라 역사가들과도 관련이 있다. 따라서 빈케르슈크,[20] 울프,[21] 바텔,[22] 모저,[23]

---

19) 〔역주〕 Bolingbroke, Henry St John (1678~1751) : 18세기 영국의 보수적 계몽철학자·정치가. 토리당 당원으로 육군장관을 지냈으나 앤 여왕 사후 실각하고 프랑스로 망명하였다.

20) 〔역주〕 Bynkershoek, Cornelius van (1673~1743) : 네덜란드 국제법학자. 《해양주권론》(*De Dominio Maris*, 1702) 에서 영해의 범위에 관해 "주권은 병기의 힘이 끝나는 데서 끝난다"는 이른바 착탄거리설을 처음으로 제창했다. 즉, 영해는 육지로부터 지배가 미치는 곳까지, 영해의 한계는 대포의 탄환이 도달하는 곳까지의 거리라는 것이다. 이 이론은 그 후의 학자들에 의해 영해 3해리(海里) 설로 발전했다.

버크,[24] 마르텐스,[25] 겐츠, 앙시용, 헤렌, 랑케,[26] 캐슬러리,[27] 필

---

21) 〔역주〕 Wolff, Christian(1679~1754): 독일의 자연법학파 철학자. 주요 저서로 《자연법과 만민법》(*Jus naturae and Jus Gentium*, 1740~1749) 등이 있다.

22) 〔역주〕 Vattel, Emmerich de(1714~1767): 스위스의 국제법학자. 계몽기 자연법사상에 입각하여 국가의 자연적인 평화·평등·독립을 토대로 한 근대적인 국제법사상을 체계화시켰다. 프랑스어로 쓴 저서 《만국공법》(*Droit des Gens*, 1758)은 자연법 이론을 국제관계에 적용한 책으로 국제법 발전에 큰 영향을 미쳤다.

23) 〔역주〕 Moser, Johann Jacob(1701~1785): 독일의 법률가. 저서로 《신독일헌법》(*Neues deutsches Staatsrecht*, 1766)이 있다.

24) 〔역주〕 Burke, Edmund(1729~1797): 영국의 정치가·사상가. 《현재의 불만의 원인에 대한 고찰》(*Thoughts on the Cause of the Present Discontents*, 1770)을 통해 국왕과 궁정세력을 비판해 영국의 전통적 혼합정체와 정당정치의 의의를 주장하였고, 《브리스틀 연설》(*Speech to the Electors at Bristol at the Conclusion of the Poll*, 1774)에서는 선거구 유권자의 이익을 의원에 강요하는 데 반대하여 일반대표이론을 제창하였으며, 《프랑스혁명에 대한 고찰》(*Reflections on the Revolution in France*, 1790)에서는 프랑스 혁명이 전 유럽의 옛 체제를 파괴하고 있다고 주장하여 보수주의의 고전(古典)이 되었다.

25) 〔역주〕 Martens, Georg Friedrich von(1756~1821): 독일의 후기실증주의 국제법학자. 저서로 《유럽 근대 국제법》(*Precis du droit des gens modernes de l'Europe*) 등이 있다.

26) 〔역주〕 Ranke, Leopold von(1795~1886): 독일의 역사가. 사료의 엄밀한 고증과 정확한 해석 및 서술을 강조하는 역사방법론을 제창하였다. 주요 저서로 《종교개혁 시대의 독일사》(*Deutsche Geschichte im Zeitalter der Reformation*, 1845~1847), 《프로이센사》(*Neun Bücher preussischer Geschichte*, 1847~1848), 《16~17세기 프랑스사》(*Französische Geschichte, vornehmlich im sechzehnten und siebzehnten Jahrhundert*, 1852~1861), 《16~17세기 영국사》(*Englische Geschichte, vornehmlich im sechzehnten und siebzehnten Jahrhundert*, 1869) 등이 있다.

27) 〔역주〕 Castlereagh, Robert Stewart(1769~1822): 영국의 정치가. 1814년 비엔나 회의시 영국의 외무장관.

리모어,[28] 글래드스턴,[29] 솔즈베리[30] 등을 논해야 할 것이다.

이 시기의 이론가들이 생각한 국제사회는 그 가치나 문화에서 기독교적이라기보다는 유럽적인 것이었다. 하나로 결합된 국가들의 사회가 존재한다는 것을 나타내기 위해 기독교세계나 신법을 언급하는 일은 점차 사라지고, 조약에서 종교적 맹세도 사라졌다. 그 대신 유럽에 대한 언급이 늘어났다. 예를 들어, 책 제목에 '유럽'이라는 단어가 보이기 시작했다. 1740년대에 마블리(Abbe de Mably)는 《유럽 공법》(*Droit public de l'Europe*)을 출간했고, 1770년대에 모저는 《최신 유럽 국제법 시론》(*Versuch des neuesten Europaischen Volkerrechts*)을 출간했으며, 1790년대에 버크는 프랑스 국왕을 처형한 총재정부를 '유럽 공법'을 침해했다고 규탄했다.[31]

국가들의 사회가 가지고 있는 유럽적 특성에 대한 인식이 성장하면서, 그들의 외부에 있는 사회와의 문화적 차이에 대한 인식도 함께 성장했다. 즉, 유럽국가들은 상호간의 관계에서 다른 약소사회를 대할 때는 적용되지 않는 행위규범에 구속되고 있다는 인식을 하게 되었다. 이러한 차이에 대한 인식은 이미 기독교 국제사회 시대에도 나타났다. 이것은 그리스 도시국가들이 그들간의 관계와, 페르시아나

---

28) 〔역주〕 Phillimore, Robert Joseph(1810~1885): 영국의 법률가·정치가. 주요 저서로 《국제법 주해》(*Commentaries Upon International Law*, 1854~1861)가 있다.

29) 〔역주〕 Gladstone, William Ewart(1809~1898): 영국의 정치가·자유당 당수. 19세기 후반의 영국수상.

30) 〔역주〕 Robert Arthur Talbot Gascoyne-Cecil, 3rd Marquess of Salisbury(1830~1903): 영국의 정치가. 19세기 말부터 20세기 초까지 영국 수상.

31) "Third Letter on the proposals for Peace with the Regicide Directory of France," in *The Works of the Right Honourable Edmund Burke*, ed. John C. Nimmo(London: Bohn's British Classics, 1887) 참조.

카르타고 같은 야만인들과의 관계를 다르게 인식한 것과 같다. 그러나 기독교 국제사회관의 배타성은 만민의 공통된 권리와 의무를 주장한 자연법 이론의 영향에 의해 완화되었다. 유럽 국제사회의 시기에 나타난 자연법사상의 쇠퇴는 이러한 영향을 감소시켰다. 19세기까지 실증주의 국제법학자들의 정설은 국제사회가 곧 유럽의 결합체라는 것이었다. 비유럽 국가들은 유럽국가들이 제시한 문명의 기준을 충족시킬 때에만 국제사회에 들어갈 수 있었다. 예를 들면, 1856년의 '파리조약' 제 8조하에 '유럽 공법과 협조체제'에 가입이 허락된 터키는 그 기준을 충족시킨 최초의 국가였다.

18~19세기 이론가들의 국제사회관에서는 어떤 집단 또는 조직체가 국가들의 사회의 구성원인가에 관한 초기 사상가들의 모호성이 해소되고, 국제사회는 주권국가 또는 국민들의 사회라는 원칙이 명확하게 나타났다. 때로는 단서의 형태로 나타나기도 했다. 예를 들면, 웨스트레이크(Westlake)는 국가가 국제사회의 직접적인 구성원이기는 하지만, 궁극적인 구성원은 인간이라는 단서를 달았다. 바텔은 '만국공법은 국민들간에, 또는 국가들간에 존재하는 권리에 관한, 그리고 그러한 권리에 상응하는 의무에 관한 과학이다'라고 간명하게 선언했다.[32] 국제사회의 구성원은 '국가'라는 특별한 종류의 정치적 실체이며, 이 기준을 만족시키지 못하는 정치적 실체는 구성원이 될 수 없다는 인식으로부터 이 시기의 국제사회관의 다른 기본적 특성들이 생겨났다. 예를 들면, 모든 구성원은 동일한 기본적 권리를 지닌다는 것, 그들이 감당해야 하는 의무는 상호적이라는 것, 국제사회의 규칙과 제도는 그들의 동의에 기초하고 있다는 것, 동양의 왕국이나 이슬람교의 수장국이나 아프리카의 추장국과 같은 정치적 실체는 구

32) E. de Vattel, *The Law of Nations* (1758) Introduction, translated by Carnegie Institute (1916), p. 3.

성원에서 배제된다는 것 등이다.

미국 혁명과 프랑스혁명 이전의 유럽국가들은 대부분 세습 군주국이었고, 마틴 와이트가 '국제적 정통성의 원칙'이라고 부른 것은 왕조국가를 대상으로 한 것이었다. 다시 말해, 국가의 정당한 구성원이 누구인지, 영토와 인민에 대한 주권이 한 정부에서 다른 정부로 어떻게 이전될 수 있는지, 국가가 어떤 방식으로 계승되어야 하는지에 관한 문제는 왕조적 원칙에 따라야 한다는 것이 국제사회의 집단적 판단이었다. 미국 혁명과 프랑스혁명 이후에는 왕조적 원칙이 아니라 국민적 또는 민중적 원칙이 국제적 정통성의 원칙이 되었다. 즉, 그런 문제는 통치자의 권리에 따라 결정될 것이 아니라 국민과 인민의 권리에 의해 결정되어야 한다는 생각이 널리 받아들여졌다.[33] 영토 취득을 국제적으로 인정받을 수 있는 수단으로서 왕조간의 결혼은 국민투표(*plebiscite*)에 의해 대체되었다. 즉, 세습의 원리 대신 민족자결의 원리가 등장하였다. 그렇다고 해서 국제적 정통성이 국민적 또는 민중적 원칙에 의해 결정되었다는 말은 아니다. 그 전 시대에도 국제적 정통성이 왕조적 또는 군주적 원칙에 의해 결정되지는 않았다. 그러나 그러한 원칙들은 어떤 일이 벌어졌을 때 그 일을 정당화할 수 있는 방식을 결정하였다.

국가들을 구속하는 규칙의 연원이 무엇인가 대해 18~19세기의 국제사회 이론가들은 자연법과 결별하고 실정 국제법을 택했다. 그들은 국가들이 어떻게 해야 하는가에 대한 추상적 이론 대신 국가들이 실제로 어떻게 했는지에 대한 축적된 관례와 조약법을 일반적 지침으로 삼았다. 수아레스와 그로티우스의 저작마다 넘쳐나던 고대와 중세의 사례들 대신 근대적 사례들이 인용되었다. 국가체제와 강대국

33) Martin Wight, "International Legitimacy", *International Relations*, vol. IV, no. 1 (May 1972).

의 흥망성쇠에 대한 역사들, 그 중에서도 특히 나폴레옹 전쟁 동안 그리고 그 이후에 독일에서 쓰인 역사들이 정치적 일반화와 원칙의 새로운 원천이 되었다.

이 시기의 이론가들은 공존의 규칙을 정하면서, 더 이상 중세의 유물인 보편주의적 또는 연대주의적 전제들을 따르지 않았으며, 무정부적 사회의 고유한 특징들을 고려하게 되었다. 이전에는 '만국공법'(*law of nations, droit des gens, Völkerrecht*)이라는 말 속에 항상 '자연법'(*law of nature*)이라는 말이 같이 들어 있었으나, 이 시기에 이르러 모든 국가에 공통적으로 적용되는 법이라는 뜻은 사라지고, 오로지 국가들간의 법을 의미하게 되었다. 이러한 의미변화는 1789년 벤담(Bentham)이 《도덕 및 입법원칙 서설》(*Introduction to the Principles of Morals and Legislation*)에서 '국제법'(*international law*)이라는 용어를 선보이면서 완성되었다.

그리하여 이 시기에 만들어진 폭력제한 규칙들은 초기 자연주의자들과는 달리 국제정치에서 폭력에 호소하는 것이 국가의 독점적 권한임을 분명히 하였다. 전쟁은 쌍방이 정당한 이유를 가질 수 있다는 인식을 하게 되자, 전쟁은 정치적 충돌일 뿐이고, 이유의 정당성 여부는 국제사회가 해결할 수 없는 것이기 때문에 국제법에서 제외해야 한다는 원칙이 곧바로 등장하였다. 이러한 원칙에 따라 만들어진 전쟁행위 제한규칙들은 모든 교전당사국들에게 동등한 보호막을 제공하였다. 전쟁의 지리적 확산을 막기 위한 장치인 중립은 쌍방에 불편부당(不偏不黨)하게 적용되어야 한다는 것이 빈케르슈크와 바텔의 인식이었다. 이것은 전쟁의 이유가 정당한 쪽에 유리하도록 차별적으로 적용되어야 한다고 주장했던 그로티우스의 원칙과는 확실히 달랐다.

또한 이 시기의 이론가들은 조약준수를 요구하는 규칙의 문제에서도 사적 계약의 준용을 전적으로 배제하고, 정부가 맺은 조약은 정권이 바뀌어도 구속력이 있으며, 강제적으로 맺어진 조약도 유효하다고 생각하였다. 나아가 19세기에 겐틸리가 '만국공법'에 처음 적용하려던 원칙, 즉 조약은 사정에 변경이 없을 때에만 유효하다는 원칙이 널리 수용되었다. 여기에는 사정의 변경여부는 각 당사자가 결정한다는 단서가 붙어 있었다. 이 원칙은 국제적 무법상태를 초래한다는 논란이 있기는 하지만, 19세기 실증주의자들의 눈에는 시대의 변화를 따라가면서도 역사적으로 존재했던 국제적 합의에 의미를 부여할 수 있는 수단으로 보였음에 틀림없다.

또한 이 시기의 이론가들은 주권을 모든 국가의 속성으로 인식하였고, 주권의 상호승인을 모든 국가들이 국가체제 내에서 공존할 수 있는 기본규칙으로 인식하였다. 이러한 인식에서 나온 부수적 규칙들이 바로 불간섭의 규칙, 기본적 권리에 관한 국가 평등의 규칙, 국내사법권 등이다. 물론 일부 이론가들은 주권의 개념이 '국가의 자연적 권리' 및 자기 보존의 권리와 결부되어 있다고 생각하였고, 이것은 '국제사회'의 개념을 사실상 부정하는 것이었다. 그러나 그러한 관념들이 국제법의 규칙에 의해 부여된 복합적 권리로서의 주권개념에 본질적으로 들어 있는 관념은 아니었다.

마지막으로 18~19세기의 국제사회는 국가들간의 협력을 보여주는 제도들을 통하여 가시화되었다. 국제법은 근대국가들의 협력을 통해 이루어진 일단의 명확한 규칙으로 인식되기에 이르렀고, 철학이나 신학과는 분명하게 구별되는 분야가 되었다. 국제법은 19세기에는 '국제공법'(*public international law*)이라고 불렸는데, 이 용어가 보여주듯이 국경을 초월하여 적용되는 사법과는 확실히 다른 것이었다. 외교체제는 국제사회의 관심사가 되었고, 비엔나 회의는 오로지 이 문제를 의제로 삼고 최종결의에서 이에 대한 규칙을 국가의 주권적 평등원칙에 맞게 제정하였다(국제사회에서 외교체제가 어떤 역할을 하는지에 대해서는 카이에르[34]를 비롯한 외교 이론가들의 저작에 잘 나와 있다). 세력균형의 보존은 국제사회 전체가 의식적으로 추구하는 목표가 되었다. 이 목표는 스페인 계승전쟁을 종식시킨 1713년의 '위트레흐트조약'[35]에서도 공언되었고, 1758년의 바텔의 《만국공법》(*Droit des Gens*)에 나타난 바와 같이 국제법 사상의 주류가 되기에 이르렀다. 나폴레옹 전쟁시기에는 세력균형에 관한 역사적·정치적 저작들이 쏟아졌는데, 주로 국제사회의 존속의 조건들을 기술한 것이었다. 그것이 법적 효과가 있다고 생각하는 학자들도 있었다. 예컨대 필리모어는 《국제법 주해》(*Commentaries Upon International Law*, 1854~1861)에서 세력균형을 유지하기 위한 전쟁이나 개입은 합법적이라고 주장했다. 마찬가지로 랑케가 그의 유명한 논문에서 제시한 '강대국'(*great power*)의 개념 및 강대국의 권리와 의무에 관한 주장들은 국가들의 서열과 등급에 관한 새로운 원칙을 보여주었다. 이것은 예전의

---

34) 〔역주〕 Callières, François de(1645~1717) : 프랑스의 루이 14세 때의 외교관. 저서로 《외교담판법》(*De la manière de négocier avec les souverains*)이 있다.

35) 〔역주〕 위트레흐트조약(*Treaties of Utrecht*) : 스페인 계승전쟁이 끝날 무렵 이루어진 강화조약들의 총칭. 먼저 1713년 4월 11일 프랑스·스페인·영국·네덜란드·포르투갈·사부아 사이에 네덜란드의 위트레흐트에서 조약이 체결되었다. 뒤이어 1714년 3월 6일 프랑스와 독일황제(오스트리아) 사이의 '라슈타트조약', 그해 9월 7일의 '바덴조약', 1715년 11월 15일 네덜란드와 남네덜란드 사이의 '장벽협정'(障壁協定)과 일련의 보족협약(補足協約)이 이루어졌다. 그 결과 스페인은 펠리페 5세의 복위가 인정되기는 하였어도 네덜란드·북이탈리아·나폴리·사르데냐는 오스트리아 쪽으로, 시칠리아는 사부아로 양도되어 몰락했다. 프랑스는 전쟁 전의 영지를 유지했으나 루이 14세의 대륙제압정책은 좌절되었다. 가장 유리했던 나라는 영국으로, 지브롤터·미노르카 섬을 얻게 되어 지중해를 제압하는 발판을 만들었고 뉴펀들랜드 등을 차지하여 북아메리카 식민지를 확대시켰으며, 또한 스페인 식민지에 대한 무역특권을 얻어 영국 우위시대를 열었다.

세습적 지위와 선례에 바탕을 둔 서열이 아니라 사실상 존재하는 상대적인 힘과 국제사회의 동의를 기초로 한 것이었으며, 이러한 관념은 비엔나 회의 결과 등장한 유럽 협조체제(*Concert of Europe*)[36]에서 의회체제(*Congress System*)의 형태로 명시적으로 나타났다.

3) 세계 국제사회

20세기에도, 16~17세기와 마찬가지로 국제사회라는 개념은 수세적 위치에 놓여 있다. 한쪽에는 홉스적·현실주의적 국제정치관이 있는데, 이것은 두 차례의 세계대전을 통해, 그리고 국제사회가 유럽적 경계를 넘어 확장되면서 발전한 것이다. 다른 한쪽에는 칸트적·보편주의적 해석이 있는데, 이것은 금세기가 목격한 갈등과 무질서를 탈피하기 위해서는 국가체제를 극복해야 한다는 자각에서 생겨난 것이다. 러시아혁명과 중국혁명도 범지구적·초국적 연대 — 공산주의적이건 비공산주의적이건 — 개념의 발전에 일조하였다. 20세기 국제사회의 개념은 18~19세기에 유행했던 것보다 이전 세기에 유행했던 국가체제의 개념에 더 가깝다고 할 수 있다.

20세기 국제사회는 유럽사회에 한정되지 않고 범지구적 또는 세계적인 범위를 갖게 되었다. 1880년대에 스코틀랜드의 자연법 학자 제임스 로리머는 당대의 정설을 잘 보여준다. 그는 인류를 문명인, 미개인, 야만인의 세 종류로 나누었다. 문명인은 유럽과 아메리카 대륙의 국민들로서 이들은 국제사회의 구성원으로서 완전한 자격을 인정받았다. 미개인은 아시아의 독립국가들〔터키, 페르시아(이란), 샴(타이), 중국, 일본 등〕을 말하는데, 이들은 부분적으로만 자격을 인정

36) 〔역주〕 유럽 협조체제: 나폴레옹 시대에 유럽국가간의 분쟁에 원활한 해결 및 합의를 위해 유럽의 강대국들에 의해 구성된 의회체제.

받았다. 그 외 나머지 인류는 모두 야만인이었다. 이들도 '인간으로서의 자격'은 인정받았지만, 주권국가로 이루어진 사회의 울타리 너머에 있었다.[37] 이러한 로리머의 구분은 오늘날 사회과학자들이 분류하는 근대사회, 전통사회, 원시사회와 사실상 같은 것이다.

오늘날처럼 비유럽 국가들이 국제사회의 대다수를 대표하고, 세계의 거의 모든 나라들이 유엔 회원국인 상황에서 이 국제사회가 특정한 문화 또는 문명에 의지하고 있다는 주장은 성립하기 어렵다. 심지어 국제사법재판소 규정에 남아있는 특정 문화 또는 문명의 잔영(殘影)조차도 거북하게 느껴진다. 국제사법재판소 규정은 국제법의 원천 중 하나로 문명국가가 공통으로 가지고 있는 법을 근거로 삼는다. 그러나 현대 국제사회가 그 어떤 문화적 기초를 가지고 있다 하더라도, 그것은 이른바 '근대성'의 문화이지 결코 진정한 범지구적 문화가 아니라는 점을 명심할 필요가 있다. 문화적 근대성이 무엇이냐고 묻는다면, 어떻게 대답해야 할까? 지배적인 서구 강대국들의 문화라고 답할 수밖에 없지 않을까(이 점은 제13장에서 자세히 논의한다)?

20세기에는 또한 국제사회의 구성원은 국가와 민족이라는 확신에 찬 주장은 퇴조하고, 국가의 구성원이 누구인지 모호하고 부정확하다는 주장이 재등장했다. 앞의 주장은 바텔 시대에 만들어진 것이었고, 뒤의 주장은 그로티우스 시대의 특징이었다. 오늘날 국제사회에서 국가는 법적·도덕적 권리와 의무의 담지자로서, 국제조직에 의해, 국경을 초월해 활동하는 다양한 종류의 비국가 집단에 의해, 그리고 뉘른베르크 전범재판소[38]와 도쿄 전범재판소[39] 및 '세계인권선

37) James Lorimer, *The Institutes of the Law of Nations* (Edinburgh, 1883), vol. 1. pp. 101~103.

38) 〔역주〕 뉘른베르크 전범재판소(Nuremberg War Crime Tribunal): 제2차 세계대전 후, 미국·영국·소련·프랑스 등 4연합국이 독일 전쟁지도

언'[40] 등이 보여주는 바와 같이 개인들에 의해 결합되어 있는 것으로 널리 받아들여진다. 이처럼 다양한 법적·도덕적 행위자들의 상대적 중요성이나 그들을 서로 연결해 주는 어떤 일반적인 규칙에 관한 동의는 존재하지 않지만, 단순히 국가들로 이루어진 사회라는 바텔의 개념은 여러 각도에서 공격을 받아왔다.

또한 20세기의 국제사회이론은, 실존하는 관례를 국제적 행위규범의 기초로 삼았던 18세기 및 19세기의 법적·역사적 실증주의를 벗어나 자연법적 원리 또는 그와 유사한 원리로 회귀하는 경향을 보이고 있다. 이러한 현상은 국제관계에 대한 정치적 분석에서도 나타난

자의 책임을 소추(訴追)하고 처벌하기 위하여 열린 국제군사재판소(International Military Tribunal). 법정(法廷)이 독일의 뉘른베르크에 있었기 때문에 뉘른베르크 재판소라고 하기도 한다. 이 재판소는 미국·영국·소련·프랑스 등 4개국이 합의한 '유럽 추축국의 주요 전쟁범죄자의 소추 및 처벌에 관한 협정'(1945년 런던협정)에 따라 설치되었다. 이 협정에 부속된 '국제군사재판소 헌장'은 재판소 관할에 속하는 범죄로서 통상적인 전쟁범죄, 다시 말해서 전쟁법규 또는 관례위반 외에, 평화에 대한 죄 및 인도(人道)에 대한 죄를 들고, 이들 죄를 범하려고 하는 공통의 계획 또는 공동모의(共同謀議)의 입안(立案) 및 실행에 참가한 지도자·조직자·공범자도 그 계획수행에서 행해진 모든 행위에 대해 책임이 있는 것으로 규정했다.

39) 〔역주〕 도쿄 전범재판소(Tokyo War Crime Tribunal): 일본의 제 2차 세계대전 주모자 28명을 중대전쟁범죄인(A급 전범)으로 간주, 그들의 전쟁범죄를 심리한 극동국제군사재판소(International Military Tribunal for the Far East). '1945년 런던협정'에 부속된 '국제군사재판소 헌장'에 준거하여 1946년 1월 '극동국제군사재판소 헌장'이 공포되었다. 법정이 도쿄에 있었기 때문에 도쿄 전범재판소라고 하기도 한다.

40) 〔역주〕 세계인권선언(*Universal Declaration of Human Rights*): 1948년 12월 10일 제 3차 유엔총회에서 채택된 인권에 관한 세계선언. 이 선언은 '모든 사람'을 상대로 시민적 자유권 및 정치적·경제적·사회적·문화적 권리 등을 규정하고 있다.

다. 국제사회에 대한 개념은 국가의 실제적 행동에 나타나는 협동의 증거보다는 국가가 어떻게 행동해야 하는가를 보여주는 원칙들 — '연맹규약'이나 '켈로그 · 브리앙 조약',[41] '유엔헌장' 등에서 볼 수 있는 — 을 기초로 삼고 있다.

이러한 변화와 더불어, 공존의 규칙을 만드는 방법으로 보편주의적 또는 연대주의적 가설이 재등장했다. 국가가 전쟁에서 사용하는 수단을 제한하는 일보다 더 중요한 것은 '침략'전쟁을 금지하는 일, 정당한 전쟁과 정당하지 않은 전쟁을 객관적으로 구별하는 일이라는 논의가 재등장했다. 또한 중립국들이 교전국에 대해 불편부당하게 행동해야 한다는 규칙보다는 '국제연맹규약'이나 '유엔헌장'에 나와 있는 '집단안보'의 개념이 더 중요하게 여겨지기 시작했다.

이처럼 20세기에는 국제사회에 대한 개념이 사회에 실제로 존재하는 요소들에 의존하기보다는 개혁된 또는 향상된 개념을 강조했기 때문에, 국제연맹이나 유엔을 비롯한 일반적인 국제기구들을 국제사회의 주요한 제도로 보았으며, 국제질서의 유지가 그 중심적 역할이었던 제도들은 무시되었다. 이리하여 세력균형을 거부하는 윌슨주의가 등장했으며, 외교의 명예는 훼손되었다. 그 대신 세력균형과 외교가

---

41) 〔역주〕 켈로그 · 브리앙 조약(*Kellogg-Briand Pact*) : 프랑스 외무장관 브리앙(Aristide Briand, 1862~1932)이 미국 국무장관 켈로그(Frank Billings Kellogg, 1856~1937)에게 제안하여 체결된 부전조약(不戰條約). 1928년 8월 파리에서 11개국(남아프리카공화국 · 뉴질랜드 · 독일 · 미국 · 아일랜드 자유국 · 영국 · 오스트레일리아 · 이탈리아 · 인도 · 체코슬로바키아 · 캐나다)이 조인하였고, 1929년 7월 발효되기 직전 4개국(일본 · 벨기에 · 폴란드 · 프랑스)이 추가 조인하였다. 조약 제1조는 "조약체결국은 국제분쟁 해결을 위해 전쟁에 호소하지 말 것이며, 또한 상호관계에서 국가정책의 수단으로서의 전쟁을 포기할 것을 각자 인민의 이름으로 엄숙히 선언한다"고 되어 있다. 전쟁의 위법성을 확정한 최초의 실정국제법이다. '파리조약' 또는 '부전조약'이라고도 한다.

하던 역할을 국제행정에서 찾으려는 경향이 나타났으며, 국제법과 국제도덕 또는 국제적 향상을 같은 것으로 보려는, 그로티우스 시대에 널리 유행했던 경향이 다시 나타나기 시작했다.

2. 국제사회의 현실

그러나 이러한 국제사회의 개념이 현실과 일치하는가? 그로티우스적 전통의 철학자·국제법학자·역사가의 이론이 정치가의 생각을 반영하는가? 정치가가 국제사회나 국제사회의 규칙에 대해 입에 발린 말을 한다고 해서, 국제사회와 국제사회의 규칙이 정치가의 결정에 영향을 미친다고 말할 수 있는가? 18세기에서 19세기에 걸쳐 오랜 기간 동안 유럽에 찾아왔던 상대적 평화가 국제사회라는 관념 덕분이었다면, 종교전쟁, 프랑스혁명과 나폴레옹 전쟁, 그리고 현 세기의 세계대전은 국제사회의 실종을 보여주는 것은 아닌가? 예를 들어, 제2차 세계대전 동안 맞붙어 싸웠던 히틀러의 독일과 스탈린의 러시아가 서로 공통의 규칙에 의해 제한을 받고 있는 것으로 여겼다고 말하는 것, 또 그들이 공통의 제도의 작동에 협력했다고 말하는 것이 무슨 의미가 있는가? 설령 16세기부터 19세기까지 존재했던 기독교 국제체제와 그 후의 유럽 국제체제 역시 국제사회였다고 하더라도, 그 체제가 확장되고 세계화함에 따라 그 사회의 결속이 느슨해지고 마침내 해체되고 만 것은 아닌가? 현재의 국제정치를 국제사회가 아니라 국제체제로 보는 것이 가장 적합하지 않은가?

1) 사회적 요소

필자의 주장은 근대 국제체제에는 사회적 요소가 항상 있었고, 지금도 있다는 것이다. 비록 오직 하나의 사회적 요소만이 있고, 그 요소마저도 때로는 생존이 불확실하지만 말이다. 근대 국제사회는 사실상 홉스적·칸트적·그로티우스적 전통의 3요소를 모두 반영하고 있다. 국가들 사이에 세력을 위한 전쟁과 투쟁이 있고, 초국적 연대와 갈등이 있으며, 국가들 사이에 협력과 규제된 교류가 있다. 국가체제의 역사적 단계에 따라, 그것이 작동하는 지리적 장소에 따라, 개별국가와 정치가의 정책에 따라 이 3요소 중 어느 하나가 다른 요소에 비해 우세하게 나타날 수 있다.

17세기 말부터 18세기에 걸쳐 주로 네덜란드, 프랑스, 영국이 무역독점권을 획득하기 위해 해군력과 식민지에 대한 정치적 지배를 바탕으로 무역전쟁과 식민전쟁을 전개하던 시기에는 전쟁상태라는 요소가 지배적이었다고 말할 수 있다. 베스트팔렌 평화체제에 이르기까지 국가체제의 첫 단계의 특징인 종교전쟁의 시기에는, 프랑스혁명과 나폴레옹 전쟁으로 유럽이 격동하던 시기에는, 그리고 금세기에 공산주의와 반공산주의 세력이 이념투쟁을 벌이던 시기에는 초국적 연대와 충돌이라는 요소가 전면에 부각되었다. 프로테스탄트 정당들의 혁명주의적 초국적 연대, 프랑스혁명에 우호적인 민주·공화세력들, 공산주의 인터내셔널[42] 등 국경을 초월한 혁명주의적 연대

42) 〔역주〕 공산주의 인터내셔널(Communist International): 1919년에 설립된 각국 공산당들의 연합. 제3인터내셔널이라고도 한다. 별칭은 코민테른(*Comintern*). 공식 목적은 세계혁명의 증진이었지만 주로 공산주의운동에 대한 소련의 통제기관으로 기능했다. 제1인터내셔널은 1864년에 결성된 국제노동자연합(International Working Men's Association), 제2인터내셔널은 1889년에 결성된 사회주의 인터내셔널(Socialist International)이다.

만 있었던 것이 아니라, 예수회, 국제정통주의, 덜레스적 반공주의 등 반혁명적 연대도 있었다. 19세기 유럽의 경우에는, 즉 나폴레옹 전쟁 직후까지 남아있던 혁명주의와 정통주의 간의 투쟁이 끝나고, 19세기 말에 이르러 제 1차 세계대전을 불러온 강대국간의 갈등이 다시 등장할 때까지는 국제사회적 요소가 우세했다고 할 수 있다.

근대 국제체제에서 국제사회적 요소는 항상 있었다. 어떤 단계에서도 국가들은 공통이익을 가지고 있었고, 공통의 규칙을 수용했으며, 그들에 의해 작동되는 공통의 제도는 일정한 영향을 발휘했기 때문이다. 대부분의 시기에 대부분의 국가들은 주권의 상호존중, 합의 준수 규칙, 그리고 폭력제한 규칙처럼 국제사회에서의 공존을 위한 기본규칙을 어느 정도 존중했다. 마찬가지로 대부분의 국가들은 대부분의 시기에 공통의 제도의 작동에 참여하였다. 국제법의 형식과 절차, 외교사절 제도, 강대국의 특별한 지위에 대한 인정, 보편적 국제기구 — 19세기에 성장한 기능적 기구들, 국제연맹, 유엔 등과 같은 — 가 바로 그러한 것들이다.

'국제사회'라는 개념은 때때로 불안정한 현실에 기초했지만 어느 단계에서도 사라진 적은 없다. 국가체제 전체를 집어삼킨 세계대전들이 그러한 개념의 신뢰성에 먹칠을 했고, 이로 인해 사상가와 정치가들은 홉스적 해석과 해결책으로 되돌아갔지만, 곧 평화의 시기가 왔다. 국가와 국가 내의 당파들이 양 극단으로 갈라져 이념적 갈등을 빚던 시기에는 양쪽 모두 국제사회의 존재를 부정하고, 칸트적 해석을 중요시했지만, 곧 화해를 통해 국제사회라는 관념이 재등장하였다.

심지어 전쟁과 이념적 갈등이 최고조에 달했을 때조차도 국제사회라는 관념은 사라지지 않고 이면에 남았으며, 맞서 싸우는 국가들이 서로 상대방을 공통의 사회의 틀 밖에 있는 것으로 간주하고 그렇게 선언함으로써 표면적으로는 부정되었을지라도, 국가들의 관행에 지속적으로 영향을 미쳤다. 제2차 세계대전의 절정기에 연합국과 추축국은 서로 상대방을 공통의 국제사회의 구성원으로 보지 않았고, 공통의 제도의 작동을 위해 서로 협력하지도 않았다. 그러나 국제사회라는 관념이 이 기간에는 국제관계의 관행에 영향을 미치지 않았다고 말할 수는 없을 것이다. 연합국은 그들 사이의 관계에서 그리고 중립국과의 관계에서 국제사회의 일반적 규칙을 존중했다. 독일, 이탈리아, 일본도 그러했다. 교전세력의 양쪽 집단에서 협상에 의한 평화의 기초를 추구하는 사람들과 움직임이 있었다. 연합국과 추축국은 상대에게 국제사회의 구성원으로서 전쟁포로에 대한 '제네바 협정'을 준수할 것을 촉구했고, 서유럽 연합군과 독일의 경우 포로에 대한 대우에서 실제로 상당한 정도로 그 협약을 준수했다.

마찬가지로 냉전이 최고조에 다다랐을 때 미국과 소련은 서로 상대방을 울타리 너머에 있는 이단자 또는 부랑자로 비난하였고, 같은 국제사회의 구성국가로 여기지 않았다. 그러나 그들은 외교관계를 파기하지도 않았고, 서로의 주권에 대한 인정을 철회하지도 않았으며, 공통의 국제법에 대한 생각을 부인하지도 않았고, 유엔을 두 집단으로 분열시키지도 않았다. 한편 서방진영과 공산진영에서는 공히 타협을 주장하는 목소리가 있었는데, 이들은 공존이 양진영에 모두 이익이 된다는 점을 강조하였고, 종교전쟁의 시기에 화해의 기초가 되었던 원칙, 즉 영토를 지배하는 자의 종교가 곧 그곳 인민의 종교다(*cuijus regio, eijus religio*)라는 원칙을 세속적인 형태로 제시했다. 이처럼 국제정치가 홉스적 전쟁상태나 칸트적 초국적 연대개념으로 가장 잘 설명될 수 있는 시기에조차 국제사회라는 관념은 현실의 중요한 부분으로 살아있었다. 이처럼 힘든 시기에도 그 관념이 살아남았기 때문에 전쟁이 평화로 바뀌고, 이념적 대립이 데탕트로 바뀌었을 때 국제사회가 재건될 수 있었다.

국제사회를 구성하는 국가들 사이의 관계와, 그런 요소가 전혀 없는 독립적 정치공동체들 사이의 관계를 비교해보면, 과연 국제사회의 요소가 지속적으로 존재했는지를 이해하는 데 도움이 될 것이다. 칭기즈칸의 몽골 침략자와 그들이 정복한 아시아와 유럽의 민족들 사이에는 상호관계를 규율하는 공통의 규칙에 대한 믿음이 없었다. 칭기즈칸의 정복은 몽골인들 자신의 도덕적 관념에 기초한 것이었다. 즉, 칭기즈칸은 세계를 지배하라는 천명(天命)을 받았다고 믿었으며, 사실상 몽골인들의 지배 밖에 있는 민족들조차도 법률상 몽골제국의 백성들이었다. 그러므로 몽골 조정에 복속하지 않은 민족들은 천명을 거역하는 반역자들이었고, 이들을 상대로 전쟁하는 것은 자신들의 권리이자 의무였다.[43] 그러나 정복을 당하거나 몽골인들에게 몰살당한 사람들은 전혀 그렇게 생각하지 않았다.

스페인 '정복자들'이 아즈텍인들과 잉카인들을 만났을 때에도, 규칙이나 제도에 대한 공통의 관념이 없었기 때문에 같은 일이 발생했다. 스페인인들은 자신들이 인디언들에 대해 어떤 의무가 있는지를 놓고 자기들끼리 논쟁했다. 침략할 권한이 교황의 세계지배권에서 나온다는 주장, 기독교 군주는 신앙을 전파할 의무가 있다는 주장, 인디언들이 자신들을 환대해주지 않았기 때문이라는 주장 등이었다.[44] 그러나 그들이 인디언들에 대해 가지고 있다고 생각한 권리는 (빅토리아 같은 학자에 따르면) 스페인인들이 인식하는 규칙체계로부터 나온 것이었지, 인디언들도 인정하는 공통의 규칙체계에서 나온 것이

---

43) Igor de Rachewiltz, "Some Remarks on the Ideological Foundations of Chingis Khan's Empire," *Papers on Far Eastern History*, 7(March 1973).

44) 예를 들어, 다음을 보라. Francisco de Victoria, "De Indis et de Jure Belli Relectiones," trans. J. P. Bate, in *The Classics of International Law*, ed. E. Nys(Washington: Carnegie Institute, 1917).

아니었다. 스페인인들과 인디언들은 서로를 인간으로 인식할 수는 있었기 때문에 협상하고 합의를 맺을 수 있었다. 그러나 이러한 거래는 공통의 규칙과 제도의 틀이 전혀 없는 상황에서 이루어졌다.

이러한 예는 유럽과 이슬람 사이의 오랜 역사적 관계에서도 찾아볼 수 있다. 근대 국제사회가 자신들을 기독교 또는 유럽으로 생각하던 동안에는 이슬람적 특징을 가진 실체들은 모두 야만국가로 간주되었고, 실제로 항상 그렇지는 않았지만, 이들과 투쟁하기 위해 공동전선을 구축하는 것이 기독교 군주들의 의무였다. 이슬람은 이슬람대로 세계를 두 영역으로 나누어 보았다. 하나는 '이슬람권'(*dar-al-Islam*), 즉 신의 의지에 따르는 지역이고, 또 하나는 '전쟁권'(*dar-al-Harb*), 즉 아직 개종하지 않은 전쟁지역이었다. 이교도 국가들과의 공존도 가능했고 외교사절의 교환이나 조약과 동맹도 가능했지만, 이는 이슬람 율법에 따랐을 때뿐이었다. 이슬람국가와 이교도 국가들이 공존하는 공통의 사회라는 관념은 전혀 없었다. 이교도 국가는 잠정적으로 존재할 뿐이었고, 그들과의 공존은 그들을 흡수하기에 앞서 존재하는 불가피한 일시적 과정에 불과했다.

적대적 공동체들이 국제사회의 관념을 공유하는 경우와 그렇지 않은 경우를 구별해 볼 수는 있지만, 이 구별이 현실적으로는 아무런 의미가 없다는 주장이 나올 수도 있다. 즉, 근대 국가체제에서 국가들이 아무리 입으로는 공통의 국제사회를 말한다고 하더라도 이것은 구두선(*lip-service*)에 불과하다는 주장이 나올 수도 있다. 그러므로 그로티우스가 지적한 것처럼, 어떤 국가가 다른 나라와 전쟁하면서 정당한 원인을 주장한다 하더라도, 이러한 주장은 구실에 불과하고 진짜 이유는 다른 데 있다는 것이다. 그로티우스는 전쟁의 원인을 '정당화할 수 있는'(*justifiable*) 것과 '설득을 위한'(*persuasive*) 것으로 구분했다. 전자는 정당한 이유가 있다고 생각한 경우이고, 후자는 정

당한 이유 주장이 구실에 불과한 경우이다.[45]

여기에서 문제는 전쟁을 일으키기 위해 구실이라도 필요한 국제체제와 그런 구실조차 필요하지 않은 체제가 과연 근본적으로는 다를 바가 없는가 하는 것이다. 정당한 이유를 내세우는 국가의 경우, 비록 정당한 이유의 존재에 대한 믿음 없이 전쟁을 결정했다 하더라도, 그렇지 않은 국가에 비해 국제질서에 대한 위협의 정도는 낮다. 정당한 이유를 내세우는 국가는 진짜 이유가 그것이 아니라고 하더라도 최소한 다른 나라들이 납득할 수 있는 규칙을 들어 자신의 행동을 설명할 필요를 인식하고 있다. 물론 그 규칙을 어떻게 해석하고, 구체적 상황에 어떻게 적용할 것인가에 대해서는 의견의 차이가 있을 수 있다. 그러나 그런 규칙을 제멋대로 만들 수 있는 것은 아니기 때문에, 최소한의 구실이라도 내세워야 하는 경우 그 국가의 선택의 폭은 제한될 수밖에 없다. 구실을 내세우는 국가의 경우, 구실조차 없이 전쟁을 일으키는 국가에 비해 공통의 규칙구조에 가하는 폭력성은 적다. 아무런 설명 없이 전쟁을 일으키거나, 또는 자신의 일방적인 믿음을 설명으로 삼는 것 — 몽골의 '천명'(天命)이나, 교황의 지배권에 기초한 정복자의 신념처럼 — 은 다른 나라들을 경멸하는 것이며, 상호간의 행동에 대해 국가들 사이에 확립되어 있는 모든 기대를 위태롭게 하는 일이다.

그로티우스는 국제사회에 대한 위협은 '정당화할 수 있는' 이유로 전쟁을 일으키는 국가에 의해서가 아니라 '설득을 위한' 이유로 전쟁을 일으키는 나라들에 의해 발생한다고 보았으며, 그보다 더 위험한 것은 그런 '설득을 위한' 이유조차 없이 전쟁을 감행하는 나라들이라고 보았다. 그런 이유도 없이 일으키는 전쟁을 그로티우스는 '야만인

45) Grotius, *De Jure Belli ac Pacis*, trans. Francis W. Kelsey (Oxford: Clarendon Press, 1925), II. xxii, 2.

의 전쟁'이라고 부르고 있다.[46] 바텔은 어떠한 구실도 없이 전쟁을 일으키는 자들을 '인간이라고 할 수 없는 괴물'이라고 규정하면서, 이들을 진압하기 위해서라면 국가들이 단결할 수 있다고 보았다.[47]

2) 무정부 사회

국제사회의 존재를 부정하는 사람들의 논거는 그것이 무정부상태라는 것이다. 여기에서 무정부상태란 정부 또는 규칙이 없는 상태를 의미한다. 국가 내에 있는 개인들과는 달리, 주권국가들은 공통의 정부 아래 있지 않은 것이 사실이고, 그런 의미에서 디킨슨[48]이 말한 '국제적 무정부상태'에 있다고 할 수 있다.[49] 이처럼 무정부상태에 놓여 있기 때문에 국가들은 어떤 종류의 사회도 형성하지 않으며, 만일 사회를 형성하고자 한다면 모든 국가들이 공통의 권위에 복종해야 한다는 것이 오늘날 국제관계에 대한 논의에서 주류를 이루고 있다.

이러한 주장의 주된 이론적 근거는 이른바 '국내적 유추'(*domestic analogy*)이다. 이것은 국내 사회에서 사는 사람들의 경험을 유추하여 국가들에 적용하는 것을 말한다. 이들의 주장에 따르면, 국가들은 개인들과 마찬가지로 홉스가 말한 공통의 권력에 대한 두려움이 있을 때에만 질서 있는 사회생활을 할 수 있다는 것이다.[50] 국가 또는 주

---

46) *Ibid*.

47) Vattel, *Law of Nations*, in, iii, 34.

48) 〔역주〕 Dickinson, Goldsworthy Lowes(1862~1932) : 영국의 역사가·정치가. 평화주의자로서 국제연맹의 창설에 큰 영향을 미쳤다.

49) 〔Goldsworthy Lowes Dickinson—옮긴이〕 *The European Anarchy*(London: Alien & Unwin, 1916) 및 *The International Anarchy*(London: Alien & Unwin, 1926)를 보라.

50) 졸고 "Society and Anarchy in International Relations," in *Diplomatic*

권을 가진 군주들은 정부가 없는 상태에서 사는 사람들과 마찬가지로 자연상태에 놓여 있으며, 이것은 곧 전쟁상태를 의미한다라는 것이 홉스와 홉스 계승자들의 국내적 유추이다. 국제적 무정부상태를 끝낼 국가들의 사회계약이 체결되어야 한다거나 체결될 수 있다는 주장은 여기에 들어 있지 않다. 반면에 보편정부 또는 세계정부를 고대하는, 또는 그런 시절로 돌아가고자 하는 사람들은 자연상태에 있는 국가들 사이에 사회계약이 체결되면 국내 질서의 조건들이 보편적 차원에서 재생산될 수 있다고 유추한다.

국가들이 국제적 무정부상태에 있기 때문에 사회를 형성하지 않는다는 주장에는 세 가지 약점이 있다. 첫째, 근대 국제체제는 홉스적 관점의 자연상태와 완전히 같지는 않다는 점이다. 주권을 가진 군주들 사이의 관계에 대한 홉스의 설명은 개인들 사이에 정부가 존재해야 하는 이유를 설명하는 과정에서 도출된 것이다. 홉스는 무정부상태에 놓인 인간의 삶이 어떠할 것인가에 대한 추론의 증거로 내란의 경험, 아메리카 인디언들의 삶, 국제관계의 현실 등을 들었다.

> 사람들 개개인이 상호간에 적대하는 전쟁상태가 과거 역사상 어느 시기에도 존재한 일이 없었다고 할지라도, 오늘날 군주나 통치자들은 대외적 독립이 위협받지나 않을까 하고 끊임없이 경계하며, 무기를 들고 서로 노려보는 검투사와 같은 자세를 취하고 있다. 이것은 예나 지금이나 마찬가지였다. 국경지대에 요새를 건설하고, 무장 수비대를 배치하며, 정보원을 침투시켜 주변국의 정세를 염탐하는 것, 이것이 바로 전쟁준비태세인 것이다.[51]

Investigations 참조. 이 부분은 위 논문의 일부를 이용하였다.

51) Thomas Hobbes, *Leviathan* (Everyman's Library, 1953), ch. 13, p. 65.

홉스의 설명에 따르면, 인간이 그들 모두를 위압하는 공통의 권력 없이 살아가는 상황은 세 가지 주요한 특성을 가지고 있다. 이런 상황에서는 근로도, 농업도, 항해도, 무역도 없고, 생활에 편리한 이기(利器)도 없다. 인간의 힘과 창의력이 서로에 대항하여 안전을 확보하는 데 사용되기 때문이다. 법적 · 도덕적 규칙도 없다. "그곳에는 옳고 그름의 관념, 정의와 불의의 구별이 존재하지 않는다. … 따라서 그러한 상태에서는 '예의'(*Propriety*) 도, '지배'(*Dominion*) 도, '내 것'과 '네 것'의 구별도 존재하지 않는다. 모든 사람들은 오직 자기 것으로 유지가능한 기간 동안만 가질 수 있을 뿐이다."[52] 마지막으로, 자연상태는 전쟁상태이다. 전쟁은 "전투의 실질적 존재로 판단하는 것이 아니라, 전투의지의 존재유무로 판단해야 한다. 즉, 그 반대의 확신이 없다면, 그 기간 동안은 전쟁상태에 놓여 있는 것이며, 이 전쟁은 만인에 대한 만인의 전쟁이다."[53]

이 특징들 중 첫 번째 요소는 분명 국제적 무정부상태에서 발견되지 않는다. 세계정부가 없다고 해서 근로와 무역과 기타 생활의 편리한 이기들이 반드시 방해받지는 않는다. 국가들이 국방 때문에 힘과 창의력을 소진하여 그들 국민의 삶이 고독하고, 가난하며, 위험하고, 잔인하며, 짧아지도록 만들지는 않는다. 일반적으로 국가들은 경제적 기반이 파괴될 정도로 전쟁준비나 군대건설에 자원을 투입하지는 않는다. 오히려 국가의 군사력은 외국의 침략과 내부의 무질서에 대한 안보를 제공함으로써 자국의 경제가 발전할 수 있는 조건들을 만들어 낸다. 보편정부가 없다고 해서 국제적 경제의 상호의존성까지 존립할 수 없는 것은 아니다.

또한 홉스의 자연상태의 두 번째 특징인 옳고 그름의 개념 부재,

---

52) *Ibid.*, p. 66.

53) *Ibid.*, p. 64.

소유권의 부재 등도 근대 국제관계에는 적용되지 않는다. 유럽에서 성장하고 전 세계로 확산된 국가체제하에서 국제행동에서의 옳고 그름의 개념은 항상 중심적 위치를 차지했다.

홉스의 자연상태의 세 가지 주요한 특징 중 근대 국제관계에 적용할 수 있는 것이 있다면, 세 번째 특징 하나뿐이다. 즉, 모든 국가들이 다른 나라와 전쟁할 수 있다는 의미에서 전쟁상태에 놓여 있다고 할 수 있다. 주권국가들은 평화시에도 전쟁을 준비하고 있고, 상대에 대한 대응책의 하나로서 전쟁을 선택하기도 한다.

국제적 무정부상태 주장의 두 번째 약점은 개인과 비국가적 집단들 사이의 질서의 조건들에 대해 그릇된 전제를 가지고 있다는 점이다. 최고정부에 대한 두려움이 근대국가 내에서 질서의 유일한 원천은 아니다. 근대국가 내에서 인간들이 질서 있는 사회적 공존을 이룰 수 있는지 알아보기 위해서는 상호이익에 대한 고려, 공동체의식, 일반의지, 관습, 관성 등도 고려해야 한다.

그러므로 국제관계를 개인들 사이의 계약 이전의 가상의 자연상태와 비교하고자 한다면 그러한 조건에 대한 홉스의 설명이 아니라 로크의 설명을 택해야 한다. 로크가 말하는 자연상태는 정부가 없는 사회로서, 실제로 국가들로 이루어진 사회와 매우 비슷하다. 근대 국제사회에는, 로크의 자연상태가 그러하듯, 법을 해석하고 집행할 수 있는 중심적 권위가 없고, 따라서 사회구성원들은 각자 스스로 법을 판단하고 집행해야 한다. 그런 사회에서는 구성원 각자가 자기에 대한 재판관이기 때문에, 그리고 법을 집행하는 사람이 항상 우세한 것은 아니기 때문에, 정의는 미숙하고 불확실하다. 그럼에도 불구하고 그와 같은 사회생활의 기본적 형태가 존재하는 것과 전혀 존재하지 않는 것 사이에는 큰 차이가 있다.

국제적 무정부상태 주장의 세 번째 약점은 국내적 유추의 한계를 간과하고 있다는 점이다. 국가는 개인과 많이 다르다. 개인들 사이에 질서가 존재하기 위해서는 정부의 존재가 필요조건이라고 주장할 수는 있다. 그러나 개인들 사이의 무정부상태에서는 불가능한 일들이 국가들 사이의 무정부상태에서는 어느 정도 가능하다고 볼 수 있는 충분한 이유들이 있다.

앞에서 이미 말했지만, 홉스의 자연상태에 놓인 개인들과는 달리 국가는 안보를 확보하는 데 에너지를 소진해서 구성원들의 삶이 냉혹한 상황에 놓이도록 만들지는 않는다. 이 점은 홉스도 인정하고 있다. 국가들이 "전쟁준비태세"를 취하고 있다고 말하면서, "바로 이렇게 하여 자국 백성들의 생업을 보장하기 때문에, 백성들이 결코 비참한 상태에 놓여 있다고 말할 수는 없다. 비참한 상황은 오히려 개개인이 자유를 누릴 때 발생한다"[54]고 말하기 때문이다. 자연상태에 놓인 국가들은 자국 영토 내에서 사람들이 품위 있는 생활을 할 수 있는 조건들을 제공한다.

더구나 국가는 폭력적 공격에 대해 개인들만큼 취약하지는 않다. 스피노자는 "두 국가는 자연적 조건에 놓인 두 사람과 동일한 관계에 놓인다"는 홉스의 주장을 되풀이하면서도 다음과 같이 덧붙이고 있다. "다만 다음과 같은 점은 다르다. 국가(*commonwealth*)[55]는 정복의 위험으로부터 자신을 지킬 수 있지만, 자연상태의 개인은 그렇게

---

54) *Ibid.*, p. 65.

55) 〔역주〕 원문에는 'commonwealth'로 되어 있다. 이 용어는 라틴어 'res publica'의 영어 번역어로 15세기 무렵부터 사용되기 시작했는데, 글자 그대로의 뜻은 '공공의 부'(*the common-wealth*) 혹은 '공공의 복리'(*the common weal*)이다. 통치가 특정 지배계급을 위해서가 아니라 공공의 복리를 위해 이루어지는 국가를 지칭하기 위해 이 말을 사용하였으나, 이후 일반적으로 '국가'(*state*) 또는 '민족국가'(*nation-state*)를 가리키는 말로 널리 쓰이게 되었다.

할 수 없다. 왜냐하면 인간은 기운을 얻기 위해 매일 잠을 자야 하고, 육체나 정신이 병에 걸리기도 하며, 마침내 노화에 굴복하기 때문이다. 또한 개인은 국가라면 쉽게 이겨낼 수 있는 어려움에 처하기도 한다."[56] 자연상태의 개인은 폭력적 공격으로부터 자신의 안전을 지킬 수 없다. 이런 공격을 받으면 갑작스런 죽음을 맞이하게 된다. 그러나 국가와 같이 조직된 인간집단은 개인의 연약성과 관계없이 방어수단을 만들어낼 수 있다. 그리고 한 국가의 다른 국가에 대한 무장공격은 한 개인이 다른 개인을 살해하는 것과 비교할 때 그 성공가능성이 낮다. 한 개인의 죽음은 단 한 번의 행동에 의해 갑자기 생겨날 수 있고, 일단 그런 일이 벌어지고 나면 되돌릴 수 없다. 그러나 전쟁에서 패배한 민족의 몰살은 가끔씩 벌어지는 일일 뿐이다.

"전쟁의 결과는 결코 절대적이지 않다." 그리고 전쟁에서의 패배는 "일시적인 악으로서 회복가능하다." 이러한 클라우제비츠[57]의 견해는 근대사에 잘 어울리는 말이다.[58] 게다가 과거의 전쟁을 놓고 볼 때, 교전국의 일방 또는 쌍방의 국민이 모두 몰살당하는 것이 원칙적으로 가능한 경우에도, 단 한 번도 실행된 적은 없었다. 클라우제비츠는 전쟁은 단 한 번의 즉각적인 타격이 아니라 언제나 개별적인 행동들의 연속으로 이루어진다고 주장하면서, 독립적인 정치공동체들 사이의 폭력은 개인들 사이의 폭력과는 다르다는 점에 주목하였는데, 이것은 그때까지는 진실이었다.[59] 클라우제비츠식으로 말해서 정말

---

56) Spinoza, *Tractatus Politicus*, ill, ii, in *The Political Works of Spinoza*, ed. A. G. Wernham (Oxford: Clarendon Press, 1958), p. 293.

57) 〔역주〕 Clausewitz, Carl von (1780~1831): 프로이센의 군인·군사이론가. 그의 사후에 간행된 미완성 저서 《전쟁론》(*Vom Kriege*)은 전쟁철학에 관한 고전으로 널리 읽히고 있다.

58) Carl von Clausewitz, *On War*, trans. Jolle (Mordern Library Edition, 1943), pt. I, ch. I, p. 8.

로 전쟁이 그 '결과가 절대적'일 수 없는가, '단 한 번의 즉각적인 타격' 형태를 취할 수 없는가, 개인에게 가해지는 폭력과 국가에 가해지는 폭력의 성공가능성이 과연 다른가 하고 반문할 수 있게 된 것은 핵무기를 비롯한 최근의 군사과학기술 덕분이다.

폭력적 공격에 대해 국가가 개인보다는 덜 취약하다고 말할 수 있는 근거가 하나 더 있다. 국가의 경우, 물리적 공격에 대한 취약성이 국력에 따라 다르다는 것이다. 홉스는 "자연은 인간을 육체적·정신적 능력의 측면에서 평등하도록 창조했으며, 체력이 가장 약한 사람도 가장 강한 사람을 충분히 죽일 수 있다"는 전제 위에서 자연상태 개념을 구성했다.[60] 홉스에 따르면, 무정부상태가 견딜 수 없는 이유는 이러한 만인의 만인에 대한 동등한 취약성 때문이다. 그러나 근대 국제사회에는 강대국도 있고 약소국도 있다. 강대국과 약소국은 상호간의 폭력적 공격에 대한 취약성이 같지 않다. 국제관계에서 "가장 약한 사람도 가장 강한 사람을 충분히 죽일 수 있는" 상황은 핵무기가 약소국들에게 확산되어, 다수의 핵보유국들로 이루어진 세계가 되었을 때에나 가능하다.

그러므로 개인이 정부 없이는 사회를 형성할 수 없다는 것을 근거로 주권을 가진 군주들 또는 국가들도 정부 없이는 사회를 형성할 수 없다는 주장은 성립할 수 없다. 정부가 없는 개인들 사이에도 어느 정도의 질서는 달성될 수 있고, 국가의 경우 개인들과는 달리 무정부적 사회를 형성할 수도 있기 때문이다. 국내적 유추는 그저 유추일 뿐이다. 국가들은 정부가 없어도 사회를 구성할 수 있으며, 이것이 바로 국가의 독특한 성질이다.

---

59) *Ibid.*, pp. 7~8.

60) Hobbes, *Leviathan*, p. 63.

3. 국제사회의 한계

우리는 지금까지 근대 국제체제도 하나의 국제사회라는 것을 보여주었다. 최소한 국제사회가 근대 국제체제 내에 영속적으로 작용하는 요인 중 하나라는 점, 그리고 국제적 무정부상태가 국제사회의 존재를 부정하는 증거가 될 수는 없다는 점 등을 그 이유로 제시했다. 그러나 무정부적 국제사회의 한계에 대해서도 알아둘 필요가 있다.

국제사회는 근대 국제정치에 작동하는 기본적 요소들 중 하나에 불과하며, 항상 전쟁상태라는 요소 및 초국적 연대와 갈등이라는 요소와 경쟁한다. 그러므로 국제사회라는 요소가 유일하고 지배적 요소인 것처럼 국제적 사건들을 해석하는 것은 잘못이다. 이와 같이 어느 한 요소만을 부각시키는 그릇된 주장으로는 다음과 같은 것들이 있다. 유럽 협조체제나 국제연맹, 또는 유엔이 각각의 시대에 국제정치에서 주된 요인이었다는 주장, 국제법은 국가이익의 도구로서 또는 초국적 목적의 수단으로서의 기능이 아니라 국가들을 상호 결속시키는 기능과 관련하여 평가해야 한다는 주장, 세력균형을 유지하려는 시도는 특정 국가가 우위를 차지하기 위한 수단일 가능성이 있음에도 불구하고 국가체제를 유지하기 위한 노력으로 해석되어야 한다는 주장, 강대국들을 강대한 약탈자로서가 아니라 '책임이 큰 나라' 또는 '반드시 있어야 할 큰 나라'로 보아야 한다는 주장, 전쟁이 특정한 국가 또는 초국적 집단의 이익을 도모하기 위해 일어날 때가 있음에도 불구하고 법을 위반하거나 또는 지지하기 위한 시도로 해석되어야 한다는 주장 등이다.

국제사회라는 요소는 실제로 존재한다. 그러나 전쟁상태라는 요소 및 초국적 충성과 분할이라는 요소 또한 실제로 존재한다. 첫 번째 요소만을 전면에 부각시키거나, 또는 그것이 두 번째, 세 번째 요소를 소멸시키는 것처럼 말하는 것은 그릇된 생각이다.

나아가 국제사회가 국제정치에 질서의 요소를 제공한다고 하더라도, 여기에 만족하고 안주하는 태도가 정당화될 수는 없으며, 국제사회가 제공하는 질서에 불만을 제기하는 사람들의 주장이 근거 없는 것이라고 일축해서도 안 된다. 근대 국제사회에 존재하는 질서는 불안정하고 불완전하다. 근대 국제사회가 어느 정도 질서를 가지고 있다는 것을 증명했다고 해서, 전혀 다른 종류의 구조에 의해 세계정치 질서가 더욱 효과적으로 제공될 수도 있다는 주장이 부정되는 것은 아니다.

제3장

세계정치에서 질서는 어떻게 유지되는가

지금까지 우리는 세계정치에서 질서가 의미하는 바가 무엇인지 설명하였고, 질서가 근대 국가체제에서 어느 정도 존재한다는 것을 보여주었다. 이제 질서가 어떻게 유지되는가 하는 문제를 살펴볼 차례다.

1. 사회생활에서 질서의 유지

모든 사회에서 질서란 사회생활의 기본적인 또는 근원적인 목표를 유지시켜주는 행동양식이라고 말한 바 있다. 이런 의미에서 질서는 그러한 기본적인 또는 근원적인 목표가 공통의 이익(*common interest*)이라는 인식에 의해, 그것들을 유지하기 위해 필요한 행동양식을 규정하는 규칙들에 의해, 그리고 그러한 규칙에 효과를 부여하는 제도들에 의해 유지된다.

어떤 사회든지 질서가 유지되기 위해서는 그 사회구성원들 사이에, 또는 적어도 그 구성원들 중 정치적으로 활동적인 구성원들 사이에 사회의 기본적 목표가 공통의 이익이라는 인식이 있어야 한다. 인간은 폭력에 취약하고, 폭력에 호소하기 쉽다는 사실로부터 폭력의 제한이 공통의 이익이라는 인식이 생겨난다. 물질적 욕구의 충족을 위해서는 서로 의존할 수밖에 없다는 사실로부터 합의의 존중이 공통의 이익이라는 인식이 생겨난다. 인간은 끝없이 풍요로울 수도 없고, 끝없이 이타적일 수도 없다는 사실로부터 소유물의 안정화가 공통의 이익이라는 것을 인정하게 된다. 이러한 공통이익에 대한 인식은 두려움의 결과일 수도 있다. 사회생활의 기본적 목표를 유지하기 위해 필요한 제약들은 상호적이어야 한다는 합리적 계산의 결과일 수도 있다. 어떤 경우에는 개인 또는 집단이 상대방의 이익을 목적에 대한 수단이 아니라 그 자체 목적으로 여기는 태도의 표현일 수도 있다. 다시 말해 공통의 이익이 아니라 공통의 가치에 대한 인식을 나타내는 것일 수 있다.

사회생활의 기본적 목표들을 달성하는 것이 공통의 이익이라는 인식은 모호할 수도 있고, 그 자체로 어떤 행동이 이 목표들과 일치하는지, 어떤 행동이 그렇지 않은지를 알려주지는 않는다. 이런 것을 알려주는 지침이 바로 **규칙**이다. 규칙은 개인 또는 집단이 규정된 방식으로 행동하도록 요구하거나 허락하는 일반적 명령원칙이다. 어떤 사회든 질서가 유지되기 위해서는 질서를 만들거나 무질서를 피하는 것이 공통의 이익이라는 인식이 있어야 할 뿐 아니라, 질서 있는 것으로 간주되는 행동의 종류를 알려주는 규칙도 있어야 한다. 그러므로 폭력에 대항하는 안전의 목표는 폭력의 사용을 제한하는 규칙에 의해 달성된다. 합의의 안정성은 준수의 규칙에 의하여 달성되고, 소유권의 안정화는 공적·사적 소유권 존중의 규칙에 의하여 달성된다. 이러한 규칙들은 법일 수도 있고, 도덕일 수도, 관습이나 예절일 수도, 단순한 행동절차, 또는 '게임의 규칙'일 수도 있다.

원칙적으로는 규칙이 없어도 사회생활에 질서가 있을 수 있다. 예를 들면, 인간의 행동이 기본적인 사회적 목표들과 일치되도록 만드는 조건반사를 통해서도 질서 있는 행동양식을 만들어 낼 수 있다.

이런 경우에 규칙은 필요하지 않다. 규칙은 여러 행동대안들 가운데 하나를 선택하도록 안내하는 것이기 때문이다. 또한 가족이나 씨족과 같은 매우 작은 사회의 경우에 권위가 규칙을 대신할 수 있다. 즉, 특정인으로 하여금 특정한 일을 하도록 요구하거나 허가하는 명령이 한 사람에게서 나올 경우 일반적 명령원칙은 필요하지 않다. 그러므로 사회생활에서의 질서와, 그 질서의 창출 및 유지를 돕는 규칙을 개념적으로 구별할 필요가 있다. 앞에서 말한 것처럼, 사회생활에서의 질서는 규칙에 대한 복종과는 다른 것이다. 규칙은 기본적인 사회적 목표들과 일치하는 행동을 요구한다. 이 두 가지를 혼동하는 일은 곧 질서가 필요한 보편적 이유를 질서 그 자체와 혼동하는 일이다(제 1장을 보라).

규칙에 대한 마르크스의 견해도 살펴볼 필요가 있다. 마르크스에 따르면, 규칙은 사회구성원들의 공통이익의 도구가 아니라 지배적 성원의 특수이익의 도구라는 것이다. 이것은 모든 규칙의 사회적 기능에 대한 중요한 통찰로서, 특히 법률의 기능에 관해 타당한 주장이다. 현실에 존재하는 모든 사회적 규칙체계는 그 규칙을 만든 사람들의 특수한 이익과 가치가 반영되어 있다. 사회의 성원들이 규칙제정과정에 영향을 미칠 수 있는 힘은 불평등할 수밖에 없기 때문에 역사상 존재했던 모든 규칙체계는 지배계층 또는 지배적 성원의 이익이 더 많이 반영된 체계였을 것이다.

이러한 통찰은 사회에서 또는 국제사회에서 규칙의 역할을 연구하는 데 고려할 만한 것이기는 하지만, 그렇다고 해서 우리의 분석이 무효화되는 것은 아니다. 한 사회 내의 지배적 성원들의 특수이익은 규칙의 내용에 반영된다. 그러므로 폭력의 사용에 대한 제한의 종류, 구속력 있는 합의의 종류, 또는 보장되는 재산권의 종류 등은 지배적 성원이 누구인가에 따라 다를 것이다. 그러나 폭력의 사용에 제한이 있어야 한다는 것, 합의의 준수를 기대할 수 있어야 한다는 것, 재산권에 관한 규칙이 있어야 한다는 것 등은 사회구성원 일부의 특수이익이 아니라 그들 전부의 일반이익이다. 어느 사회에서든 기존질서의 변화를 추구하는 사람들의 목적은 지배적 성원들의 특수이익에 봉사하는 편향적인 규칙을 바꾸자는 것이지 폭력에 대한 제한이 없는 사회, 합의 준수의 규칙이 없는 사회, 재산권이 없는 사회를 만들려는 것은 아니다.

그러나 규칙 그 자체는 지적(知的) 구성물일 뿐이다. 사회생활에서 효과를 나타내지 못하면 아무런 의미가 없다. 규칙의 효과성은 그 규칙이 적용되는 모든 사람 또는 집단이 항상 그 규칙을 지키는지의 여부에 따라 판단되는 것은 아니다. 그 어떤 효과적인 행위규범도 보통 이를 위반하는 사람들이 있다. 사람들의 실제행동과 규범적 행동이 다를 가능성이 전혀 없다면, 그런 규칙은 존재할 필요가 없다. 어떤 규칙이 상당한 정도로 준수되고, 사람들이 행동할 때 그 규칙을 염두에 둔다면, 비록 위반하는 사람들이 있다 하더라도 그 규칙은 사회 내에서 효과를 발휘한다고 할 수 있다.

규칙이 단순한 지적 구성물이 아니라 앞에서 말한 의미의 사회적 효과를 발휘하기 위해서는 최소한 다음과 같은 기능을 수행하는 제도들이 필요하다. 아래에 열거한 기능들이 전부는 아니고, 또한 주어진 상황에서 규칙의 효과성을 위해 이 모든 것이 다 필요한 것도 아니지만, 대체로 다음과 같은 기능들이 있어야 한다.

① 규칙은 제정되어야 한다. 다시 말해 그것이 이 사회를 위한 규칙으로 공식화되고 공표되어야 한다.
② 규칙은 전달되어야 한다. 그 규칙의 적용을 받는 사람들이 알 수 있도록 규칙의 내용이 진술되고 알려져야 한다.

③ 규칙은 집행되어야 한다. 규칙이 준수되도록 하기 위해 규칙에 들어 있는 부수적 조치들이 실행되어야 하는 경우에 해당한다. 예를 들어, 근대국가에서 폭력을 금지하거나 제한하는 규칙이 유효하기 위해서는 경찰력, 감옥, 재판소, 법무부 등을 설치하고 유지하는 조치가 취해져야 한다.

④ 규칙은 해석되어야 한다. 규칙이 현실적인 행동지침이 되기 위해서는 규칙의 의미, 규칙이 충돌하는 경우 규칙간의 관계, 규칙위반 여부 등에 대해 발생하는 문제들을 해결해야 한다.

⑤ 규칙은 가능한 한 포괄적으로 강제될 필요가 있다. 규칙이 효과를 발휘하기 위해서는 불이행에 따르는 처벌이 필요하다. 이러한 처벌은 강제집행이나 기타 제재의 형태를 취할 수도 있고, 그 규칙의 제약을 받는 다른 사람이나 집단에 의한 보복적 불이행의 형태를 취할 수도 있다.

⑥ 규칙은 그 규칙이 적용되는 사람이나 집단의 눈에 정당한 것으로 보일 필요가 있다. 규칙은 사회의 성원들이 그것을 타당한 것으로 수용하는 정도까지, 또는 규칙 속에 들어 있거나 전제된 가치를 수용하는 정도까지 정당화된다. 규칙이 정당화되는 한, 그 규칙의 효과성은 제재나 강제집행에 의존하지 않는다.

⑦ 규칙은 변화하는 요구나 상황에 적응할 수 있어야 한다. 오래된 규칙을 폐기하고 수정하거나, 새로운 규칙으로 대체할 수 있는 방법이 있어야 한다.

⑧ 규칙은 그 규칙의 효과적 운영을 침해할 가능성이 있는 사회 내의 상황전개에 대해 보호되어야 한다. 어떤 사회든 규칙의 효과적인 유지가 규칙 그 자체에 의해서는 보장되지 않는다. 별도의 조건이 필요하다. 그런 조건이 갖추어지지 않으면 규칙체계는 붕괴되고 만다.[1)]

2. 근대국가에서의 질서

근대국가에는 기본적인 사회적 규칙들이 효과를 발휘할 수 있도록 하기 위한 제도 또는 일련의 제도들이 존재한다. 그것이 바로 정부이다. 근대국가에서 정부가 다른 제도들과 다른 점은 물리적 강제력을 동원할 수 있다는 점이다. 정부는 다른 어떤 집단보다도 압도적인 물리적 강제력을 실질적으로 행사할 수 있다. 다른 한편 정부는 강제력의 합법적 사용을 거의 독점하고 있다. 즉, 사회구성원들은, 개인에게 부여된 자기방어의 권리를 제외하면, 오직 정부만이 강제력을 행사할 수 있는 권리가 있다고 믿고 있다. 정부의 강제력이 압도적이어야 한다는 점도 중요하지만, 그러한 강제력의 사용이 합법적이어야 한다는 점도 중요하다. 정부의 강제력이 갖는 이 두 가지 측면은 서로 관련되어 있다. 정부의 합법성이 붕괴되면, 정부에 대항하는 세력들이 결집할 수 있고, 이렇게 되면 정부는 압도적인 힘을 상실하게 된다. 반군(反軍) 집단들이 정부와 무력충돌을 하면서, 정부가 강제력을 사용할 합법적 권리가 없다는 것을 대중의 눈앞에 보여주려 하는 것도 이러한 관련성을 잘 알고 있기 때문이다.

근대국가에서 정부는 앞에서 열거한 기능들을 수행함으로써 기본적인 사회적 규칙들이 효과를 발휘하도록 돕는다. 물론 이러한 기능들이 정부에 의해서만 수행되는 것은 아니다. 개인이나 국가 이외의 집단도 그러한 기능을 수행한다. 그러나 기본적인 사회적 규칙들의 효과를 증진시키는 일은 주로 정부가 담당한다.

---

1) 여기에서 규칙의 '보호'라는 말은 규칙에 반하는 행위를 정당화하거나, 규칙 '위에' 사람이 있다는 고약한 인상을 줄 수도 있다. 그러나 이보다 더 좋은 용어를 생각해내지 못했다.

① 정부는 규칙을 제정한다.

정부가 규칙을 창조한다거나 처음으로 언명한다는 뜻이 아니라, 어떤 규칙에 대한 사회의 승인이 정부에 의해 이루어진다는 뜻이다. 근대국가에서 이러한 규칙제정 과정은 우리가 '법'이라고 부르는 특별한 종류의 규칙을 낳는다. 근대국가에서 규칙제정은 공식적으로 입법부의 기능이다. 그러나 잘 알려진 바와 같이, 법을 명령으로 전환시키는 기능을 담당하는 행정부나, 법을 해석하는 공식적 기능을 담당하는 사법부도 규칙제정이나 입법기능을 수행하기도 한다.

② 정부는 그러한 규칙들을 그 규칙의 적용대상이 될 사람들에게 전달하는 일을 돕는다.

법률의 공표, 재판소 기록의 공시, 위반자에 대한 사법처리, 위반자를 체포·억지·처벌하는 경찰의 활동 등은 사회가 어떤 규칙을 법규로 삼고 있는지를 알려준다.

③ 정부는 또한 규칙을 집행하거나 규칙에 효력을 부여한다.

이것은 일반적 원리를 특정한 사람들로 하여금 특정한 일을 하게 하거나 또는 금지하는 요구사항으로 전환함으로써 이루어진다. 이 일은 공식적으로 집행부의 기능이지만, 하나의 특정부서만이 이 기능을 수행하는 것은 아니다. 보통 정부의 다른 부서들도 이러한 기능을 수행한다.

④ 정부는 규칙을 해석할 수 있다.

이것은 규칙의 타당성, 규칙의 의미, 규칙간의 관계 등에 대한 불확실성을 해소함으로써 이루어지는데, 주로 사법부가 이 일을 담당한다.

⑤ 정부는 또한 경찰과 군대의 사용 또는 사용의 위협, 재판소가 부과한 제재를 통하여 법을 강제할 수 있다.

법규 하나하나가 명시적인 제재에 의해 뒷받침되는 것은 아니지만, 법체계 전체는 정부의 강제력에 기초하고 있다.

⑥ 정부는 규칙의 정당화, 즉 규칙이 그 자체로 가치가 있다고 받아들이도록 만드는 일에 기여할 수 있다.

이것은 교육과 공보에 대해 정부가 가진 영향력에 의해, 정부 지도자들의 설득능력에 의해, 사람들에게 정부가 사회의 가치를 구체화하는 상징이라는 믿음을 줄 수 있는 정부의 능력에 의해, 규칙의 정당성을 받아들이는 데 우호적인 정치문화를 형성할 수 있는 정부의 능력에 의해 이루어진다.

⑦ 정부는 변화하는 상황과 요구에 따라 규칙들을 개정할 수 있다.

이 일은 입법부로 하여금 낡은 법을 폐지·수정하고 새 법을 제정하게 함으로써, 또한 관료들이 법을 집행하거나, 판사가 법을 해석하면서 법의 내용을 실질적으로 변경시키는 방법으로 이루어진다.

⑧ 정부는 규칙을 '보호'하는 기능을 수행한다.

이 일은 정치적 행동을 통하여 규칙이 지속적으로 작동할 수 있는 사회적 상황을 조성함으로써 이루어진다. 소요를 진압하거나 외적(外敵)을 격퇴하기 위해 군사력을 발동하는 것이 이러한 '보호'의 좋은 예다. 정치적 불만을 무마하기 위해, 사회적·경제적 불평을 해소하기 위해, 타협할 수 없는 선동자를 진압하기 위해, 사회적 분열을 치유하거나 초래할 위험이 있는 반목을 중재하기 위해 정부가 취하는 조치들도 모두 여기에 해당한다.

이와 같은 다양한 정치적 행위들의 공통점은 질서의 보존을 위해 기능한다는 점이다. 규칙을 직접 확인하거나 집행함으로써가 아니라, 규칙이 지속적으로 작동될 수 있는 사회적 환경을 구현하고, 형성하며, 관리함으로써 그러한 기능을 구현한다. 그러한 정치적 행위들은 그 규칙 자체가 규율하지는 않는, 심지어는 그 규칙의 방해를 받을 수도 있는 행동의 영역에 속하지만, 규칙운영의 전제가 되는 행동들이다.

3. 원시 무국가 사회에서의 질서

근대국가의 내부질서는 무엇보다도 정부 덕분이다. 국가간에는 그런 질서가 존재할 수 없다. 국제사회는 무정부 사회, 즉 정부 없는 사회이기 때문이다. 그러나 원시 무국가(無國家) 사회들은 '질서 있는 무정부상태'의 모습을 보여준다. 이 두 사회에서 질서를 창조하고 유지하는 방법이 어떻게 같고 어떻게 다른지 살펴볼 가치가 있다.

원시 무국가 사회는 20세기 인류학자들의 관심을 끌기 전까지 경험적 관찰이나 체계적 분석의 대상이 되지 못했다.[2] 정치철학자들의 관심은 관념적인 수준에 머물렀고, 메인[3]과 메이틀랜드[4]와 같은 역

---

2) 다음 문헌들을 보라. M. Fortes and E. E. Evans Pritchard, *African Political Systems* (Oxford University Press, 1940) ; John Middleton and David Tait (eds.), *Tribes Without Rulers, Studies in African Segmentary Systems* (London: Routledge & Kegan Paul, 1958) ; I. Southall, 'Stateless Societies' (N. Y. : Free Press, 1968), in David L. Sills (ed.), *Encyclopaedia of the Social Sciences*. Roger D. Masters, "World Politics as a Primitive Political System," *World Politics*, vol. XVI, no. 4 (July 1964).

3) 〔역주〕 Maine, Sir Henry (James Sumner) (1822~1888) : 영국의 법률가 · 법사학자. 비교법학 분야의 선구자로, 특히 원시법과 법제인류학의 개척에 주력했다. 주요 저서로 *Ancient Law: Its Connection with the Early History of Society, and Its Relation to Modern Ideas* (1861), *Early History of Institutions* (1875) 등이 있다.

사가들 역시 사변적인 설명에 그쳤다. 인류학자들이 무국가 사회로 인정한 원시사회는 수단 남부의 누어족·서딩카족·만다리족, 북나이지리아의 탈렌시족, 우간다의 브왐바족, 우간다와 콩고의 루그바라족, 토골란드의 콘콩바족 등이다. 이들 사회에는 위에서 말한 바와 같은 의미의 정부는 없다. 게다가 입법·행정·사법 등을 담당하는 어떠한 종류의 중앙정치기구도 없다. 전문적인 정치적 역할 자체가 없는 곳도 있다고 한다. 이들 사회에서는 가족이나 혈연집단 또는 마을의 우두머리가 정치적 역할을 수행하고 있으나, 그들이 하는 다른 역할과 공식적으로 구별되지 않는다. 외부의 관찰자들은 이들의 역할을 정치적인 것, 지역적인 것, 부족적인 것, 의례적인 것 등으로 구분해 보려 하지만, 그들 사회 자체의 문화에 비추어보면 이러한 구분은 의미가 없을 수도 있다.

동시에 이들 사회는 분명히 그 사회 내에서의 행위가 사회적 공존의 기본적 목표들과 일치한다는 점에서 질서의 존재를 보여주고 있다. 이러한 행위의 형성에 핵심적 역할을 하는 것이 바로 규칙이다. 규칙의 실효성은 이러한 규칙의 제정, 집행, 해석, 강제, 정당화, 적응, '보호' 등과 같은 질서유지기능의 실행에 달려 있다. 그러나 어떠한 종류의 중앙권력도 존재하지 않는 곳에서는 이러한 기능이 전적으로 이들 무국가 사회 내의 혈연집단이나 지연집단 같은 집단들에 의해 수행된다.

---

4) 〔역주〕 Maitland, Frederic William(1850~1906): 영국의 법률가·법사학자. 영국 법제사 및 사회사 연구를 세계적 수준으로 끌어올린 것으로 평가받는다. 주요 저서로 *Gloucester Pleas*(1884), *Justice and Police*(1885), *Bracton's Note-Book*(1887), *History of English Law before the Time of Edward I*(with Sir Frederick Pollock, 1895), *Domesday Book and Beyond*(1897), *Township and Borough*(1898), *Canon Law in England*(1898), *English Law and the Renaissance*(1901), *Life of Leslie Stephen*(1906) 등이 있다.

규칙은 중앙의 규칙제정 권력에서 생기는 것이 아니다. 혈연집단이나 지연집단 상호간의 관계 속에서 생겨나고, '관습'으로 구체화되며, 도덕적·종교적 신념에 의해 확인된다. 중앙집권화된 정치체제에서도 관습 또는 관행이 규칙의 원천이라는 것은 널리 알려진 사실이다. 이러한 규칙들에 대한 순응은 조건화와 관성에 의해, '도덕적' 제재 — 예를 들면, 남들이 보는 앞에서 비웃거나 비난하는 것 — 에 의해, 의식적(儀式的)·초자연적 제재 — 예를 들면, 부족의 연장자들이 저주하는 것 — 에 의해 이루어진다. 문화적으로 동질적인 사회에서는, 특히 그 사회가 아주 작다면, 그런 정도의 제재만으로도 충분할 것이다.

그와 같은 제재가 규칙의 위반을 억지하거나 처벌하기에 불충분할 경우에는 그 사회 내에서 규칙의 위반여부를 결정하고 규칙을 강제할 책임을 맡고 있는 집단이 '자구행위'(*self-help*)를 할 수 있다. 예를 들어, 혈연집단이나 지연집단에서 한 성원이 살해되는 경우, 그 집단은 살해자를 찾아내 살해하거나, 그 살해자가 소속된 집단의 누군가를 살해하여 보복한다. 집단들 사이의 유대가 강력할 경우, 양쪽 다 보복의 정당성을 인정하고, 사건은 종결된다. 그러나 그렇지 않을 경우, 보복행위의 정당성에 대한 논란이 벌어질 수 있고, 양쪽 다 자기 입장에서 정당한 자구의 길로 나아갈 경우, 살등은 지속된다.

양쪽 다 규칙과 사건에 관한 사실들을 자기들 입장에서 (또는 집단을 대변하는 사람의 입장에서) 해석할 것이기 때문에, 그들의 판단은 불완전할 가능성이 있다. 게다가 그들의 규칙집행 능력은 사용가능한 무력과 그 무력의 사용의지에 달려 있기 때문에 규칙의 집행도 불확실하다. 그러나 이들이 자구에 호소한다고 해서 규칙이 무시되는 것도 아니요, 홉스적 자연상태에 빠져드는 것도 아니다. 오히려 이 집단들이 규칙을 해석·적용·집행하는 역할을 하는 체제가 어떻게 운영되는지를 보여준다. 더욱이 그들은 자구행위 그 자체를 제한하는 규칙의 제약을 받는다.

이들 사회에서는 그 집단들이 규칙위반이라고 판단한 것에 대해 실력을 행사하는 것은 합법적인 것으로 인정된다. 그러나 이러한 자구의 권리는 누구나 어느 집단이든 자유롭게 행사할 수 있는 것은 아니다. 폭력을 사용할 권리를 가진 집단만이 그렇게 할 수 있다. 또한 이러한 집단의 실력행사도 권리침해에 대해 행사될 경우에만 합법적인 것으로 인정된다. 이 경우에도, 예를 들면 비례의 원칙, 즉 보복은 침해행위에 비례하도록 이루어져야 한다는 원칙의 제한을 받는다.

원시 무국가 사회에서 자구행위는 규칙의 이행을 위한 강제적 제재수단일 뿐만 아니라, 마스터즈[5]가 지적한 바와 같이, 두 가지 기능을 수행한다. "사회집단을 통합하는 기능과 옳고 그름에 대한 법적·도덕적 기준을 유지하는 기능"이 바로 그것이다.[6] 즉, 집단의 자구행위는 외부집단에 대한 폭력행위를 통해 집단에 활력을 불어 넣어, 집단의 결속을 공고히 다지는 데 유익할 뿐만 아니라, 특정한 침해행위에 대해 규칙의 강제를 시도함으로써 규칙 그 자체를 재확인하고, 그 규칙의 부단한 타당성과 영속적 의의를 강조하는 효과를 얻는다.

질서의 유지에 관한 한, 원시 무국가 사회는 확실히 국제사회와 아

---

5) 〔역주〕 Masters, Roger Davis (1933~): 미국 정치학자. 다트머스대학 교수(1967~). 주요 저서로 *The Political Philosophy of Rousseau* (1968), *The Nature of Politics* (1989), *Beyond Relativism: Science and Human Values* (1993), *Machiavelli, Leonardo and the Science of Power* (1996), *Fortune is a River: Leonardo Da Vinci and Niccolo Machiavelli's Magnificent Dream to Change the Course of Florentine History* (1998) 등이 있고, 기타 국제관계, 정치이론, 인간행동학, 사회생물학 등에 관한 다수의 논문이 있다.

6) Masters, "World Politics as a Primitive Political System," p. 607.

주 비슷하다. 양쪽 다 압도적인 강제력과 그 합법적 행사의 독점권을 가진 중앙권력이 존재하지 않음에도 불구하고, 어느 정도 질서가 유지되고 있다. 이 질서는 특정한 집단이 일정한 기능—근대국가에서 규칙의 실효성을 위해 정부가 (반드시 정부만은 아니지만) 수행하는 기능—을 수행하기 때문에 달성된다. 원시 무국가 사회에서는 혈연집단과 지연집단이, 국제사회에서는 주권국가가 그 기능을 수행한다. 원시 무국가 사회는 국제사회와 마찬가지로 이러한 정치적 기능을 담당할 권한을 가진 유일한 조직으로 일정한 집단을 선발하는 명시적 또는 묵시적 근본원칙 또는 구성원리를 가지고 있다. 양쪽 다 정치적 권한을 인정받은 집단이 그 권리를 방어하기 위해 합법적으로 실력을 행사할 수 있다. 다른 한편, 그 이외의 개인이나 집단은 스스로 실력을 행사하는 것이 아니라 특권과 정치적 권한을 인정받은 집단에게 기대어 보호를 얻는다.

원시 무정부 사회에서 이러한 정치적 힘을 가진 집단들간의 관계는 국제사회에서와 마찬가지로 서로가 인정하는 규범원칙에 의해 구조적으로 제한된다. 폭력적 투쟁을 할 때도 마찬가지다. 그러나 양쪽 다 이러한 투쟁을 하는 기간에는 규범의 구조가 깨어지고 사회가 분열하는 경향이 있다. 사회가 서로 싸우는 몇 개의 부족 또는 국가로 분열한 경우 이것은 하나의 사회라기보다는 오히려 서로 경쟁하는 복수의 사회로 보아야 할 것이다. 마지막으로, 원시 무정부 사회에도 근대 국제사회에도 정치적으로 인정받은 집단들로 하여금 규칙을 따르게 만드는 요인들이 규칙구조 외부에 존재한다. 이러한 요인들로는 상호억지, 무제한적 충돌에 대한 두려움, 습관 또는 관성의 힘, 협조체제를 파괴하면서 얻을 수 있는 단기적 이익보다는 협조체제를 유지할 때 얻을 수 있는 장기적 이익에 대한 고려 등이 있다. 장기적 이익에 대한 고려는 근대세계에서는 합리적 사고의 산물이지만, 원시사회에서는 직감(直感)의 산물이다.

그러나 국제사회와 원시 무국가 사회는 여러 측면에서 다르다. 첫째, 이 두 종류의 사회에서 정치적으로 인정받은 구성단위에 결정적 차이가 있다. 국제사회에서 국가는 그 주민과 영토에 대해 최고관할권을 가지고 있다는 의미에서 주권적 존재이다. 그러나 원시사회에서 정치적 권력을 인정받은 혈연집단이나 지연집단은 집단을 구성하는 사람들에 대해 그와 같은 배타적인 권리가 없고, 대부분의 경우 영토에 대한 권리도 불분명하다.

반드시 하나의 혈연집단만이 집단을 구성하는 사람들에 대하여 배타적 권리를 행사하는 것은 아니다. 일부 무국가 사회에서는 혈연집단이 분파로 나뉘어져 있고, 그 내부에서 분열과 합병이 끊임없이 반복된다. 하나의 혈연집단 내에 존재하던 여러 분파들이 더 큰 분파들로 재편되기도 한다. 각 분파들이 서로 경쟁하다가도 종속적 관계로 연합하기도 한다. 이와 같은 분파들의 이합집산은 원시 무국가 사회에서 작동하는 '보완적 대립의 원리'를 보여준다. 원시 무국가 사회에서 정치적 권한을 인정받은 구성단위들은 서로 밀접하게 연관되어 있어서 두 집단이 어떤 일로 충돌하는 경우에도 다른 일에서는 서로 연결되어 있다. 이처럼 각 단위는 일체감을 형성하고 내부적 결속을 유지하기에 충분한 갈등상황에 들어가지만, 협력적 요소가 없는 단위들 사이에는 갈등관계가 존재하지 않는다.

원시 무정부 사회에서 정치적 권한을 인정받은 구성단위는 영토에 대한 배타적 관할권의 소유여부가 불분명하다. 헨리 메인 경은 원시사회에서 정치적 연대는 혈연에서 생기는 것이지 영토의 공유에서 생기는 것은 아니라고 했다. 그러나 근대 인류학자들은 이 견해를 배척하고, 혈연(血緣)과 지연(地緣) 둘 다 원시사회의 토대를 이루고 있다고 주장한다.[7] 그러나 현재 논의대상이 되는 질서유지기능을 수행하는 혈연집단은 경계가 명확한 영토 범위에 대한 배타적 권리를 가지고 있지 않다.

원시 무정부 사회에서 정치적 권한을 인정받은 집단은 사람과 영토에 대해 주권적 존재가 아니다. 즉, 사람과 영토에 대한 배타적 지배력이 근대국가에 비해 약하다. 이런 이유 때문에 국가들로 이루어진 사회의 구성원들에 비해 자족성이 약하고, 내향성과 자기존중성도 약한 것으로 보인다.

두 번째 차이점은 근대 국제사회는 특히 현재의 국제사회는 문화적으로 이질적인 반면, 원시 무국가 사회는 높은 문화적 동질감을 가지고 있다는 점이다. 문화는 그 사회의 기본적 가치로서 사고와 행동의 전제가 되는 것이다. 모든 원시사회는 공통의 문화를 가진 것으로 보인다. 즉, 무국가 사회는 특별히 그에 의존하는 것으로 보인다. 포티즈[8]와 에반스 프리처드[9]는 아프리카 정치체제에 대한 연구를 통해, 고도의 공통문화는 무정부적 구조의 필수조건이며, 이질적 문화를

---

7) Schapera, *Government and Politics in Tribal Societies* (New York: Watts, 1956), 제 1장; Maine, *Ancient Law* (London: John Murray, 1930), p. 144 참조.

8) 〔역주〕 Fortes, Meyer (1906~1983): 영국의 사회인류학자. 서아프리카 사회에 대한 연구로 유명하다. 주요 서서로 *The Dynamics of Clanship Among the Tallensi* (1945), *The Web of Kinship Among the Tallensi* (1949), *Kinship and Social Order* (1969), *Time and Social Structure, and Other Essays* (1970) 등이 있다.

9) 〔역주〕 Evans-Pritchard, Sir Edward (1902~1973): 영국의 사회인류학자. 수단 남부의 아잔데족과 누에르족에 대한 연구서인 *Witchcraft, Oracles and Magic Among the Azande* (1937), *The Nuer* (1940)로 명성을 얻었다. 1940년 마이어 포티스와 함께 《아프리카 정치체계》(*African Political Systems*)라는 논문집을 편찬했는데, 이 책은 원시적 통치행위 연구에 일대 혁명을 가져왔다.

가진 사람들을 결합시키기 위해서는 반드시 중앙권력이 필요하다는 잠정적인 결론에 도달하였다.[10] 그러나 주권국가들의 사회는 오늘날 전 인류를 포함하는 정치조직체라는 뜻에서 포괄적 사회(*inclusive society*) 라고 불리기도 하며, 이는 문화적으로 훨씬 더 이질적인 사회를 의미한다.

세 번째 차이점은 원시 무국가 사회의 경우, 문화가 동질적이었을 뿐만 아니라, 그 문화 속에 주술적 또는 종교적 신앙의 요소가 포함되어 있다는 점이다. 포티즈와 에반스 프리처드에 따르면, "사회체제는 말하자면 신비한 수준으로 이동하여 비판이나 개정을 허락하지 않는 신성한 가치체계가 되었다.… 그 결과 누어족이나 탈렌시족 같은 사회에서는 분파간의 전쟁이나 반목이 신비적 제재에 의해 일정한 한계 안에 머무르고 있다."[11] 반면에 국제사회는 근대세계의 일부이다. 즉, 교회나 종교의 권위가 붕괴한 후에 등장한 세속적 세계의 일부이다. 과거 3세기 동안 국제사회의 규칙의 타당성을 확인 또는 확증하려는 다양한 시도 — 자연법, 국가들의 관행, 국익 또는 국가적 '필요성', '문명국가들의' 공통된 법 — 가 있었지만, 사회적 결속을 만들어 내는 능력에서는 그 어느 것도 종교적 권위를 따르지 못하고 있다. 그 대체물들은 하나같이 의문과 논쟁의 대상이 되고 있다. 국제사회의 도덕적 기초는 원시사회의 그것보다 더 튼튼할지도 모른다. 또한 기독교 문명이나 이슬람 문명이 사하라 이남의 아프리카나 오세아니아의 정치체제에 미친 것과 같은 파괴적 충격을 받을 가능성도 없고, 새로운 지적 도전을 흡수하면서도 어느 정도 연속성을 유지할 능력이 있다. 그러나 사회적 영향력이라는 측면에서 보면 국제사회의 도덕체계는 주술적 또는 종교적 가치체계를 따라가지 못한다.

---

10) Fortes and Evans Pritchard, *African Political Systems*, p. 10.

11) *Ibid.*, p. 18.

마지막으로, 국제사회와 원시 무국가 사회는 규모에서 엄청난 차이가 있다. 포티즈와 에반스 프리처드가 연구한 사회 중 가장 규모가 큰 누어족의 경우 67,340㎢에 인구 30만이었다. 국가들의 사회는 전 인류와 지구 전체를 포함한다.

지금까지 말한 차이점들을 종합하면, 사회적 결속과 연대를 이루는 힘은 원시 무정부 사회가 국제사회보다 훨씬 더 강하다는 것을 알 수 있다. 이 체제들에 정부가 없음에도 불구하고 상당한 정도의 사회적 연대를 가질 수 있었던 이유는 원시 무국가 사회를 구성하는 정치적 단위들의 비배타성, 비자기존중성, 문화적 동질성, 규칙을 뒷받침하는 주술적·종교적 신앙의 힘, 작은 규모에서 생겨나는 친밀성 때문이었다. 그러면 국제사회는 정부도 없고 그런 종류의 사회적 연대도 없는데, 어떻게 질서가 유지될 수 있을까?

4. 국제사회에서의 질서

세계정치에서 질서의 유지는 최초에 우발적인 사실들에 의해 이루어지는 경우가 있다. 즉, 국가들 사이에 공통의 이익, 공통의 규칙, 공통의 제도가 없다 하더라도, 다시 말해 국가들이 국제체제를 형성하고 있을 뿐, 국제사회를 형성하는 것은 아니라 하더라도 질서가 유지되는 경우가 있다. 예를 들면, 세력균형이 공통의 이익이라는 믿음이 없는 상태에서도, 또는 세력균형을 규율하고 제도화하려는 시도가 없는 상태에서도 국제체제 내에서 세력균형이 우발적으로 이루어질 수 있다. 일단 세력균형이 이루어지면, 어느 정도 폭력은 제한되고, 약속은 신뢰할 수 있게 되며, 지역적 패권〔자국의 절대주권〕에 대한 도전으로부터 정부를 보호할 수 있게 된다. 그러나 국제사회의 내부질서는 다른 사회와 마찬가지로 그와 같은 우발적 사실들만으로는 생겨날 수 없다. 그와 더불어 사회생활의 기본적 목표가 공통의 이익이라는 인식과, 그 목표의 성취를 위해 필요한 행동들을 명령하는 규칙과, 그 규칙의 실효성을 보장하는 제도들이 있어야 한다.

1) 공통이익

X가 어떤 사람의 이익이라는 말은 그것이 그가 추구하는 목표의 수단이 된다는 말이다. X가 어떤 특정한 목표의 수단이 될 수 있는지 없는지는 객관적으로 확인할 수 있는 사실의 문제이다. 그러나 X가 그에게 이익이 되는지를 알기 위해서는 그가 실제로 추구하는 목표가 무엇인지를 알아야 한다. 그런 다음에야 그 목표에 대한 수단으로서의 가치를 말할 수 있다. 이익이라는 말은 어떤 사람이 무엇을 하고 있는지, 무엇을 해야 하는지에 대해서는 아무것도 알려주지 않는 공허한 개념이다. 그가 무엇을 목표로 하는지, 무엇을 목표로 해야 하는지를 알지 못하면, 이익이라는 개념 그 자체만으로는 아무것도 알 수 없다.

그러므로 '국익'(*national interest*) 또는 '국가의 이익'(*interest of state*)이라는 기준만으로는 국가의 행동을 해석할 수도 없고, 국가가 어떻게 행동해야 하는지에 대해 말할 수도 없다. 국가가 어떤 구체적인 목표와 목적을 추구하는지, 또는 추구해야 하는지, 그것이 안전이든, 번영이든, 이데올로기적 목표이든, 또는 그 밖의 어떤 것이든, 바로 그 목표와 목적을 알아야 한다. 또한 그 기준은 특정한 정책결정자가 인식하는 국가의 목표 또는 목적과는 아무런 관계가 없기 때문에 객관적 기준이 될 수도 없다. 또한 그 기준만으로는 어떤 나라의 외교정책이 도덕적 또는 이데올로기적 고려를 하는지도 알 수 없다. 만일 X가 그 나라가 추구하는 도덕적 또는 이데올로기적 목표에 수단이 될 수 있다면, X는 그 나라에 이익이 된다고 말할 수 있기 때문이다.

그러나 국익 또는 국가의 이익이라는 개념이 일정한 의미를 가질 수 있는 상황이 있다. 국민적 목표 또는 국가목표가 명확하고, 국민들 사이에 합의가 이루어진 상태에서 어떤 수단으로 이 목표를 달성할 것인가 하는 것만이 문제가 되는 상황이 바로 그런 경우다. 이러한 상황이라면 국가의 외교정책으로 국익을 추구해야 한다는 말은 어떤 조치를 취하든 그것이 합리적 행동계획의 일부여야 한다는 뜻이 된다. 그런 의미에서 국익에 기초한 외교정책노선은 확정된 목표를 무비판적으로 추구하는 외교나, 사건이 생길 때마다 즉흥적으로 대응하는 외교와는 다르다고 할 수 있다. 또한 국익을 고려한 정책은 분파적 이익을 추구하는 정책, 또는 국가보다 더 넓은 집단 예컨대, 그 국가가 가입하는 동맹이나 국제기구의 이익을 추구하는 정책과는 다르다고 할 수 있다. 국익이라는 기준을 제시하는 것은 최소한 국가보다 더 좁거나 넓은 집단이 아니라 국민 또는 국가의 목표나 목적에 주목하라는 뜻이 된다.

국제사회에서 질서유지의 출발점은 사회생활의 기본적 목표들이 모든 국가의 공통의 이익이라는 인식이다. 국가마다 목표가 서로 다르다 하더라도 그러한 기본적 목표들이 자신들에게 도움이 된다는 생각은 공유할 수 있다. 이러한 공통이익에 대한 인식은 무제한적 폭력이나 합의의 불안정성, 독립 또는 주권확보의 불확실성 등에 대한 두려움에서 생길 수도 있고, 행동의 자유에 대한 제한을 받아들이면 다른 나라들도 그렇게 할 것이라는 합리적 계산에서 나온 것일 수도 있다. 또는 그것이 어떤 목표에 대한 수단이 아니라, 그 자체로 가치 있는 목표라는 생각에서 비롯된 것일 수도 있다. 이러한 인식은 공통이익에 대한 인식이자 공통의 가치관을 나타낸다고 볼 수 있다.

2) 규칙

국제사회에 사회생활의 기본적 목표들이 공통의 이익이라는 인식이 있다 하더라도 그 자체만으로는 어떤 행동이 이 기본적 목표들에 일치하는지 알 수가 없다. 이것은 다른 사회도 마찬가지다. 이때 행동의 지침을 제공하는 것이 바로 **규칙**이다. 이러한 규칙은 국제법일 수도 있고, 도덕규칙일 수도 있으며, 관습이나 확립된 관행일 수도 있다. 또는 공식적 합의가 없이, 심지어는 구두통고조차 없이 생겨난 행동규칙이나 '게임의 규칙'일 수도 있다. 처음에 행동규칙으로 등장했다가, 다음으로 도덕규칙의 지위를 얻고, 마지막으로 하나의 법적 관습이나 협정으로 발전하는 일은 흔히 있다. 예컨대 현재 다자조약 또는 다자협정으로 구체화된 전쟁법, 외교관과 영사의 지위, 해양법 등에 관한 규칙들이 바로 그런 과정을 거친 것으로 여겨진다.

이러한 규칙의 범위는 매우 넓고, 유동적이다. 여기에서는 국제질서의 유지에 기여하는 세 가지 규칙복합체(*complexes of rules*)에 대해서만 살펴보겠다.

첫째, 현대에는 세계정치의 근본적 또는 구성적 규범원칙에 해당하는 규칙복합체가 존재한다. 이 원칙은 국가들로 이루어진 사회라는 관념을 인류의 정치적 조직화의 최고 규범원칙으로 인정하는 것이다. 이 원칙과 대립되는 원칙들로는 보편제국, 개개인으로 구성되는 세계시민사회, 홉스적 자연상태 또는 전쟁상태 등이 있다. 이 책의 다른 곳에서도 말한 바 있지만, 국가들로 이루어진 사회라는 관념에는 그것이 역사적으로 필연적이라거나, 또는 도덕적으로 신성하다거나 하는 관념은 들어 있지 않다. 또한 오늘날 인간의 사고와 행동이 오로지 그 원칙에 따라 이루어지고 있다는 뜻도 아니다. 그 원칙은 오히려 다른 원칙들과 경쟁했고, 지금도 경쟁하고 있다. 그러나 세계적 규모의 질서가 성립하기 위해서는 그러한 기본적 관념들 중 어느 하나가 확실한 우위를 점해야 한다. 보편적 정치조직에 관해 여러 가지 원칙들이 서로 경쟁하면, 세계적 규모의 질서는 성립될 수 없다.

국제사회라는 관념은 국가를 그 사회의 구성원으로 인정하고, 정치적 기능을 수행할 권리가 있는 구성단위로 인정한다. 여기에서 언급한 정치적 기능에는 기본적 규칙들의 실효성을 위해 필요한 기능들도 포함된다. 따라서 국제사회라는 관념은 이 정치적 권한을 국가 이외의 집단—예컨대 국가보다, 또는 국가 내부의 부분집단보다 상위에 있는 보편적 권력—에 부여하는 관념을 배척한다. 다른 한편, 국제사회라는 관념은 국가간의 관계를 공통의 규칙이 적용되는, 또한 공통의 제도를 수용하는 사회구성원간의 관계로 간주하기 때문에 세계정치를 단순한 싸움터 또는 전쟁상태로 보는 관념을 배척한다.

이와 같은 국제질서의 근본적 또는 구성적 원칙은 통상적인 국가행위의 전제가 되고 있다. 국가의 일상적 행동—세계정치에서 중요한 행위주체로서의 권리와 권한이 오로지 자신들에게만 있다고 여기고, 이를 위해 서로 협력하며, 이러한 권리와 권한을 탈취하려는 초국적 집단 또는 국가하위집단의 요구에 저항하는—은 이 원칙을 보여주고 있으며, 이 원칙이 중심적 역할을 하고 있다는 증거를 보여주고 있다. 이 원칙은 수많은 국제법규에 나타나 있다. 그러므로 국가가 국제법상 유일한 또는 주요한 권리·의무의 주체라는 것, 국가만이 이를 위해 실력을 행사할 권리가 있다는 것, 이러한 권리들에 대해 국가들이 관습이나 조약의 형태로 합의하였다는 것 등이 가장 유력한 이론으로 간주되었다. 그러나 그 원칙 자체는 국제법, 또는 국제법의 특정한 공식화에 우선하여 존재한다. 그 원칙은 법·도덕·관습·행동규칙 등으로 이루어진 규칙복합체 전체에 명백하게 나타나 있다. 이 원칙은 정태적인 것이 아니라 계속해서 발전한다. 국제사회의 형성단계에서 이 원칙은 보편적 정치조직에 대항하여 개인의 권리와 국가 이외의 집단의 권리를 선언하는 이론들로부터 도전을 받았고, 지금도 유사한 도전을 받고 있다.

둘째, 이른바 '공존의 규칙'이 존재한다. 국제사회의 구성적 원리가 국제사회의 구성원이 누구인가에 관해 제시한 지침을 고려할 때, 이 규칙은 구성원의 공존을 위한 최소한의 조건을 설정한다. 여기에는 우선 세계정치에서 폭력의 지위를 제한하는 규칙복합체가 포함된다. 이 규칙은 합법적인 폭력을 '전쟁'이라는 특정한 종류의 폭력에 한정하고, 전쟁을 주권국가의 권위에 의해 개시되는 폭력으로 취급한다. 이로써 폭력의 합법적 사용을 주권국가에 한정하고, 다른 행위주체들에게는 인정하지 않는다. 또한 이 규칙은 주권국가가 합법적으로 전쟁을 개시할 수 있는 원인과 목적을 제한한다. 예를 들면, 국가체제 형성기에 자연법 이론이 주장한 것처럼, 전쟁은 정당한 원인이 있어야 개시할 수 있다거나, '국제연맹규약'에 규정된 것처럼, 다른 노력을 해본 다음에 전쟁을 개시해야 한다거나 하는 규칙이 바로 그것이다. 또한 이 규칙은 주권국가가 전쟁을 수행하는 방법을 제한한다. 예를 들면, 추구하는 목표에 맞는 방법으로, 비전투원에게는 위해(危害)를 가하지 않는 방법으로, 또는 필요 이상의 폭력은 사용하지 않는 방법으로 전쟁을 수행할 것을 요구한다. 또한 이 규칙은 중립국과 교전국 간의 관계와 관련하여 양자의 권리와 의무를 규정함으로써 전쟁의 지리적 확대를 방지해왔다.

공존의 규칙복합체에 들어 있는 또 하나의 규칙은 의무의 이행이라는 목표를 유지하는 데 필요한 행동들에 관한 것이다. 합의는 준수해야 한다(*pacta sunt servanda*)는 규칙이 바로 그것이다. 이 규칙은 때로는 만국공법의 전제조건으로, 때로는 제 1원칙으로 간주되었다. 이 규칙이 있어야 합의가 의미를 지닐 수 있다. 이 규칙의 하위규칙 또는 수정규칙으로는 다음과 같은 것들이 있다. 이교도나 불신자에게도 신의성실을 지켜야 하나? 사정에 변경이 있어도 합의가 계속 유효한가? 사정의 변경여부는 누가 결정하나? 강제로 이루어진 합의는 유효한가, 어떤 의미에서 유효한가? 어떤 사정이 있어야 합의의 일방당사자가 합의를 준수하지 않아도 되는가? 합의의 해석원칙은 무엇인가? 새 정부는 전 정부의 의무를 승계하는가, 승계의 범위는 어디까지인가?

또한 공존의 규칙에는 각국이 자신의 영토와 인민에 대한 관리 또는 관할권을 안정적으로 유지하는 데 필요한 행동규칙이 포함되어 있다. 이 규칙의 핵심내용은 각국은 다른 모든 나라의 주권 — 시민과 영토에 대한 최고관할권 — 을 인정할 의무가 있으며, 그 대신 자국의 주권에 대한 존중도 타국에 기대할 권리가 있다는 것이다. 이 원칙으로부터 추론 또는 파생되는 규칙 중 하나는 다른 나라의 내정(*internal affairs*)에 강제적인 또는 명령적인 방법으로 개입해서는 안 된다는 규칙이다. 또 하나는 동등한 주권적 권리를 동등하게 향수한다는 의미에서 모든 국가의 '평등'을 확립하는 규칙이다.

셋째, 국가간의 협력 — 규모가 보편적이든 세한적이든 — 을 규율하는 규칙복합체가 존재한다. 이것은 공존을 위해 필요한 것 이상의 것이다. 여기에는 정치적·전략적 성질의 협력을 촉진하는 것도 있고, 사회적·경제적 성질의 협력을 촉진하는 것도 있다. 20세기에 들어와 경제·사회·통신·환경 등의 분야에서 국가간의 협력에 관한 법규가 발달했는데, 이로써 협력규칙의 중요성을 알 수 있다. 이 문제는 나중에 다시 살펴보기로 하자(제 6장 참조).

이러한 종류의 규칙들은, 국제생활의 기본적인 또는 근원적인 목표들과 관련된 것이 아니라, 일보 전진한, 또는 2차적인 목표들과 관련된 행위규범들이다. 이러한 2차적 목표의 존재야말로 국제사회가 공존 이상의 목표에 대해서도 일반적 합의(*consensus*)[12]를 이룰 수 있다는 것을 보여준다. 그러나 이러한 규칙들이 국제질서에 기여했다고 말할 수도 있다. 그러한 광범위한 목표에 대한 국가간의 협력과 일반적 합의의 증진은 공존의 틀을 강화하는 효과가 있다고 볼 수 있기 때문이다.

이 자리에서 세 가지 규칙복합체를 상세히 설명할 수는 없고, 해석상의 문제나 규칙 상호간의 모순과 조화의 문제를 검토할 수도 없다. 또한 그 규칙들 중 어떤 것이 법적 지위에 있고, 어떤 것이 도덕적 지위에 있으며, 어떤 것이 관습적인 것인지, 어떤 것이 행동규칙에 해당하는 것인지 논의할 수도 없다. 또한 이 규칙들의 역사적 전개과정, 즉 그 규칙의 표현형태가 변화하고, 때로는 다시 과거로 돌아간 역사적 과정을 일일이 추적할 수도 없다. 여기에서 지적하고자 하는 것은 이러한 광범위하고 유동적인 규칙 및 준규칙 덕분에 국제사회가 공통이익에 대한 모호한 인식을 벗어나 공통이익이 요구하는 행위에 대한 명확한 개념으로 나아갈 수 있다는 점이다. 이 글에서 인용한 규칙은 핵심부분의 일부에 불과하다.

---

12) 〔역주〕 '합의'(*agreement*)는 2개 이상의 의사표시가 합치하는 것을 말하고, '일반적 합의'(*consensus*)는 사회구성원들 대다수 사이에 존재하는 합의를 말한다. 사회구성원 모두의 의사표시가 합치하면 만장일치가 된다. 유엔 안전보장이사회 및 총회에서는 의장의 제안에 대하여 반대의사가 없을 경우 '일반적 합의'가 있는 것으로 본다.

3) 제 도

국제사회에서 그러한 규칙을 실효적인 것으로 만드는 주된 책임은 국제사회의 구성원 자신들—즉, 주권국가—에게 있다. 주권국가 스스로 그 일을 맡을 수밖에 없는 이유는 그러한 기능을 담당할 최고 정부가 없고, 국가간의 연대도 없기 때문이다. 원시 무국가 사회에서는 정치적 권한을 인정받은 집단들이 이러한 기능을 수행하는데, 이것이 가능한 이유는 그들 사이에 연대가 있기 때문이다. 이런 의미에서 국가들로 이루어진 사회에서 주요한 제도는 국가 그 자신이다.

국가는 규칙에 대한 동의를 표시함으로써 규칙의 창출기능 또는 입법기능을 담당한다. 공존의 규칙처럼, 일반적으로 적용되는 규칙은 관습과 확립된 관행으로부터 생긴다. 경우에 따라서는 다자조약에 의해 확인되기도 한다. 특정 국가군에만 적용되는 규칙도, 현재 강대국에 의해 발전되는 위기회피나 위기관리의 행동규칙이 그러한 것처럼, 관습과 확립된 관행에서 생길 수 있다. 그러나 이들도 명시적인 합의 또는 조약의 주제가 될 수 있다.

국가는 공식성명을 통해 규칙을 전달한다. 예를 들면, 국가주권의 법칙이나, 민족자결의 도덕원칙이나, 강대국은 서로 상대방의 세력권에 개입해서는 안 된다는 행동규칙 등을 존중한다는 성명을 발표하는 경우가 여기에 해당한다. 또한 행동을 통해 규칙을 전달하기도 한다. 즉, 행동을 통해 특정한 규칙의 유효성을 인정하고 있다는, 또는 부인하고 있다는 것을 보여주기도 한다. 규칙의 전달이 국가로부터 독립적인 권위에 의해 이루어지는 것이 아니라 국가 자신의 손에 달려 있기 때문에, 일반적으로 국가마다 자국의 이익에 유리하도록 규칙의 내용을 왜곡하여 공표한다.

국가는 국제사회의 규칙을 집행한다. 왜냐하면 규칙 그 자체를 보조하는 행정적 행위는 국가 자신에 의해 수행되거나(예를 들면, 특정 국가가 조약의 기탁국, 중립화 협정의 보장국, 또는 분쟁의 중재국으로 지정된 경우), 또는 그 책임을 맡고 있는 국제기구에 의해 수행되기 때문이다(예를 들면, 국제우편이나 전기통신, 또는 기타 여러 가지 문제들에 대한 합의를 시행하기 위해 국제기구가 설립된 경우).

각 국가는 규칙(법규, 도덕규칙, 행동규칙)을 자기 스스로 해석한다. 법규에 대한 해석조차도 자국의 법전문가를 신뢰한다. 해석상 논란이 생겼을 때, 이 문제를 결정할 수 있는 독립적 권위는 존재하지 않는다. 도덕규칙이나 행동규칙의 해석문제는 더욱 불확실하다.

중앙권력이 없는 상태이기 때문에, 규칙의 집행은 국가에 의해 이루어진다. 국가는 행동규칙, 도덕규칙 및 법규에 규정된 자국의 권리를 지키기 위해, 실력행사를 포함한 자구행위를 할 수 있다. 그러나 자국의 권리를 지키기 위해 효과적인 행동을 할 수 있는 위치에 있지 않은 경우가 많기 때문에 규칙의 집행은 불확실하다. 또한 국가간의 일반적 합의와 연대의 수준이 낮기 때문에, 어떤 국가가 자구행위 또는 규칙 집행행위를 하더라도 국제사회에서는 그렇게 받아들이지 않는 경우도 종종 있다.

국가는 규칙을 합법화하는 역할을 담당한다. 국가가 그 설득능력과 선전능력을 활용하여 어떤 규칙에 대한 세계정치 전체의 지지를 얻고자 할 경우, 그 규칙 자체가 가치 있는 것으로 받아들이도록 장려하기 때문이다. 오늘날 규칙의 합법화를 위한 중요한 수단은 국제회의나 국제기구에서 그 규칙을 인정받는 것이다.

국가는 상황의 변화에 따라 행동규칙, 도덕규칙 및 법규를 변경 또는 개정하는 역할을 한다. 그러나 옛 규칙을 폐지하고 새 규칙을 고안하는 권한을 인정받은 보편적인 입법적 권위가 존재하지 않는 상황에서, 또한 과연 규칙을 변경해야 하는지, 어떻게 변경해야 하는지에 대해 종종 일반적 합의가 없는 어려운 상황에서만 그렇게 해야 한다. 국가는 성명과 행동을 통하여 옛 규칙에 대한 동의를 철회하고 새 규칙에 동의를 표시함으로써 규칙을 변경한다. 이렇게 하여 관습과 확립된 관행의 내용은 수정된다. 강대국들 사이에서 준수되는, 세계의 특정 지역에 대한 상대방의 세력권을 존중한다는 행동규칙은, 그 강대국들이 말이나 행위로 더 이상 그것을 인정하지 않는다는 것을 보여주거나, 또는 그 범위나 제약조건이 변화한 것으로 간주한다는 것을 보여줄 경우에 폐기 또는 개정된다. 민족자결의 도덕원칙, 즉 국가가 민족국가이어야 한다는 원칙은, 권위 있는 입법이나 법령에 의해서가 아닌 전쟁과 혁명에 의해 왕조적 정통성을 대체하였다. 법규의 변경에서는 다자협정이나 다자조약이 특히 일정한 역할을 담당한다. 그러나 여기에서도 옛 규칙에 대한 동의의 철회로 간주되기에 충분할 정도로 계획적으로 위반하거나 무시하는 행위를 할 경우, 그 규칙은 변경된다. 다시 말해서 상황의 변화에 따른 규칙의 개정은 질서 유지 과정의 일부이지만, 그 자체가 종종 무질서를 수반하기도 한다.

마지막으로 국가는 규칙을 '보호'하는 역할을 담당한다. 달리 더 나은 말을 알지 못해 이 용어를 사용한다. 국제사회에서 질서를 뒷받침하는 규칙은 그 규칙들이 제 기능을 할 수 있는 조건들이 국제정치체제에 구비되어 있을 때만 작동할 수 있다. 특히 그러한 규칙은 국가들 사이에 공통이익에 대한 인식이 존재할 때만 작동할 수 있다. 공통이익에 대한 인식을 구체적 행위지침으로 바꾸어주는 것이 규칙이기 때문이다. 국제체제에서 규칙이 존중되는 상태나 조건을 창조하고 유지하기 위해 국가가 하는 모든 일이 규칙의 '보호'에 해당한다.

규칙의 '보호' 중 가장 중요한 것이 외교나 전쟁과 같은 고전적 행위이다. 외교 및 전쟁을 통해 국가는 국제체제 내에서 일반적 세력균형(오늘날에는 핵보유국간의 상호 핵억지 관계)을 유지하고, 이데올로기적 충돌을 조정하거나 봉쇄하고, 국가간의 이익충돌을 해결하거나 완화하며, 안전보장에 필요한 군비나 군사력을 제한 또는 관리하고, 불만국의 요구 — 그들의 입장에서 정당하다고 생각되는 변경의 요구 — 를 누그러뜨리며, 강대국이 누리는 특권과 의무에 대한 약소국들의 묵인을 확보하고 유지한다.

이러한 규칙 '보호' 조치는 공존의 규칙에 들어 있는 것도 아니요, 공존의 규칙을 구체화한 국제법에 나타나 있는 것도 아니다. 실제로 규칙을 '보호하는' 과정에서 국가가 취하는 조치들은 국제법과 충돌할 수도 있다. 공존의 규칙을 '보호하는' 활동은 그 자체가 하나의 규칙 집합체를 이루기 때문에 세력균형이나 외교나 강대국의 특권적 지위를 규정하는 규칙복합체처럼 별도의 연구주제이다.

이러한 기능들을 수행하면서 국가들은 이른바 국제사회의 제도들을 통해, 정도의 차이는 있지만, 서로 협력한다. 여기에서 제도라는 말은 조직이나 행정기구를 의미하는 것이 아니라 공통목표의 실현을 위해 구체화된 일련의 관습 및 관행을 가리킨다. 세력균형, 국제법, 외교방식, 강대국 관리체제, 전쟁 등이 바로 그러한 국제사회의 제도들이다. 이 제도들은 국제사회에서 정치적 기능을 수행하는 국가로부터 그 중심적 역할을 박탈하지도 않으며, 국제체제에서 중앙권력의 대리인 노릇을 하는 것도 아니다. 이 제도들은 오히려 국가가 정치적 기능을 수행할 때 국가간의 협력을 가능하게 하는 요소들이며, 협력을 지탱하는 수단이다. 또한 이 제도들은 그 구성원의 합 이상인 국제사회가 존재하고 있다는 상징이며, 국제사회의 정치적 기능을 수행하는 구성원의 협력에 실체성과 영속성을 부여하고, 구성원들이 공통이익을 상실하지 않도록 막아준다. 국제질서와 관련하여 이러한 제도들의 과거와 현재의 역할에 대해서는 제 2부에서 살펴볼 것이다.

5. 기능적 설명과 인과적 설명

이 책의 중심주제는 앞에서 소개한 규칙과 제도들이 국제질서와 관련하여 긍정적 기능 또는 역할을 수행한다는 것이다. 이 주장이 의미하는 바는 그러한 규칙과 제도들이 국제질서의 유효한 인과관계의 일부로서, 국제질서의 발생에 필요하고도 충분한 조건 중의 하나라는 것이다. 그러므로 내 주장을 '구조기능주의적' 설명으로 이해해서는 안 된다. '구조기능주의적' 설명에서는 '기능'과 '역할'이 이 책에서 말하는 것과는 다른 의미를 갖는다.

국제사회에서 그러한 규칙과 제도들이 '기능'을 수행한다는 말을 '구조기능주의적' 설명으로 이해할 경우, 이런 뜻으로 풀이될 수 있다. 즉, 국제사회는 그 존속과 유지를 위해 일정한 '필수욕구'(*needs*)를 가지고 있고, 예의 규칙과 제도들이 그러한 욕구를 충족시키고 있다는 것이다. 여기에 가정을 하나 추가하여, 이러한 욕구의 충족이 국제사회의 생존에 필수적인 것이고, 다른 방법으로는 충족될 수 없다고 가정하면, 그 명제는 결국 그 규칙과 제도들을 승인하는 주장이 되고 만다.

나는 국제사회에서 공존의 규칙, 또는 그 규칙의 실효성을 뒷받침하는 제도들에 이론적 근거를 부여하거나, 정당화의 논리를 제공할 의도는 없다. 첫째, 나는 이 책에서 질서가 국제정치의 유일한 가치도 아니고, 반드시 우월한 가치도 아니라는 점을 누차 강조한 바 있다. 따라서 내 주장을 오늘날 국제사회의 규칙과 제도들이 국제사회 질서의 유지에 필수적인 것이라는 뜻으로 해석하더라도, 이를 '구조기능주의적' 설명으로 받아들여 그 규칙과 제도들을 내가 승인하는 것으로 해석해서는 안 된다.

둘째, '구조기능주의적' 논증은 다른 사회에 대해서는 탁월한 분석력을 발휘할지 모르지만, 국가들의 사회에 적용할 경우 그 타당성에 의문이 제기될 수 있다. '구조기능주의적' 설명은 ① 설명의 대상이 되는 사회의 전체성 또는 통일성을 전제하고 있으며, ② 사회 내부에서 일어나는 일을 설명할 때, 부분보다 전체가 우선한다고 생각하고, ③ 각 부분의 성질과 목적을 설명할 때, 그것이 전체의 '욕구'에 어떤 기여를 하는가의 관점에서 기술한다.

국제사회는 그러한 종류의 설명을 할 수 있는 전체성이나 통일성을 보이지 않는다. 나는 이 책에서 '사회'라는 요소는 국제정치에서 여러 가지 경합적 요소들 중 하나에 불과하다는 점을 강조한 바 있다. 국제사회에서 '사회'라는 말은 진실의 일부를 나타내고 있을 뿐이다. 국제사회의 규칙과 제도가 국제사회 전체와 관련하여 어떤 기능을 수행하는지를 분석하는 설명방식은, 국제정치를 전쟁상태로서 볼 때, 또는 개인이나 국가 이외의 집단이 주요한 행위주체인 정치적 분야로 볼 때 더 잘 설명될 수 있는 부분들을 놓칠 수도 있다.

셋째, 국가들로 이루어진 사회보다 더 큰 통일성을 보이는 사회라 하더라도, '구조기능주의적' 분석이 과연 타당하게 적용될 수 있는지도 의문이다. 예를 들면, 근대 민족국가나 원시사회처럼 고도의 사회적 합의와 연대를 보여주는 사회들의 경우에도 그 내부에는 반사회적 또는 비사회적 행동을 일으키는 힘이 존재한다. 모든 사회적 사건을 사회적 틀 전체의 작용과 관련하여 설명하는 이론으로는 이런 것들을 쉽게 설명할 수 없다.

제4장

세계정치에서의 질서 대 정의

질서는 단순히 세계정치에 나타나는, 또는 나타날 수 있는 상황이나 사태가 아니라, 일반적으로 매우 가치 있는 것으로 간주되고 있다. 그러나 질서가 국제적 행위의 기준이 되는 유일한 가치는 아니며, 반드시 다른 가치보다 우월한 것도 아니다. 예를 들어 보자. 많은 사람들이 지적한 바와 같이, 오늘날 서방국가들이 자신들의 정책을 정당화하는 논리를 살펴보면, 질서를 중시하고 있다는 사실을 알 수 있다. 그러나 제 3세계 국가들은 무질서라는 대가를 지불하더라도 세계공동체의 정의가 달성되어야 한다는 생각을 품고 있다. 이 문제에 대해 깊이 생각해온 몇 안 되는 국제관계 전문가 중의 한 사람인 마즈루이(Ali Mazrui)[1] 교수에 따르면, '유엔헌장'을 기초할 때 서양

---

1) 〔역주〕 Mazrui, Ali Al'amin(1933~): 케냐 출신의 국제정치학자. 아프리카와 이슬람 문제에 대한 학술활동을 통하여 1960년대와 1970년대에 아프리카 지식인들 사이에서 수용되던 정설을 비판하여 명성을 얻었다. 그는 유럽 형식의 정부를 설립하고자 했던 초기의 식민 시도와 마찬가지로 서구에서 수입한 정의는 아프리카의 조건에 적합하지 않다고 주장했다. 또한 현대 자본주의체제가 심각하게 아프리카를 침탈하고 있다고 주장하여 개발도상국에 대한 서구의 개입에 반대했다. 주요 저서로 *Towards a Pax Africana*(1967), *Violence and Though*(1969), *Cultural Engineering and Nation-Building in East Africa*(1971), *World Culture and the Black*

열강은 유엔의 주요 목적을 평화와 안전보장으로 설정하고 인권의 촉진은 부차적인 것으로 여긴 반면, 아시아·아프리카 국가들은 그 우선순위를 바꾸려고 했다는 것이다.[2)]

서양 열강과 아시아·아프리카 국가들 간의 정책충돌에 대한 마즈루이 교수의 설명이 얼마나 정확한지는 나중에 살펴볼 것이다. 이 장의 목적은 이와 같은 현대의 정책충돌의 근저에 깔려 있는, 과거의 정책충돌의 근저에도 깔려 있었던 심층적인 문제, 즉 질서라는 가치가 인간의 가치체계에서 어떤 위치를 차지하는가 하는 문제를 살펴보는 것이다. 특히 질서와 가장 빈번하게 대조되는 정의의 가치를 질서의 가치와 비교해 볼 것이다. 이를 위해 다음과 같은 사항들을 살펴보고자 한다.

① 세계정치에서 정의의 개념을 어떻게 규정할 것인가?
② 세계정치에서 질서는 정의와 어떤 연관을 갖는가? 질서와 정의는 어디까지 양립할 수 있는가, 또는 어디까지 정책목표를 상호 강화해 주는가? 또한 어디까지 충돌, 또는 상호 배타적인가?
③ 질서와 정의가 충돌, 또는 택일적인 정책목표일 경우, 어떤 것

Experience(1973), *Soldiers and Kinsmen in Uganda*(1975), *The Political Sociology of the English Language*(1975), *A World Federation of Cultures*(1976), *Africa's International Relations*(1977), *Political Values and the Educated Class in Africa*(1978), *The Africans: A Triple Heritage*(1986), *Cultural Forces in World Politics*(1990), *The Titan of Tanzania*(2002), *The Collected Essays of Ali A. Mazrui*(2 vols, 2002), *The African Predicament and the American Experience: a Tale of two Edens* (2004) 등이 있다.

2) Ali Mazrui, *Towards a Pax Africana*(London: Weidenfeld & Nicolson, 1967).

이 우선인가?

이러한 문제들을 논의할 때, 자칫하면 주관적 견해를 제시하거나, 또는 정책처방으로 나아갈 위험성이 있다. 또한 이러한 문제들이 일반적 용어로 진술된 만큼, 확정적인 대답이나 권위 있는 대답을 기대할 수는 없다. 그러나 주관성과 정책처방을 피하면서, 문제의 성격을 명확히 하고, 있을 수 있는 여러 가지 대답들의 이면에 놓여 있는 논리들에 대해 심층적으로 이해하는 일은 가능하리라 생각한다.

1. '정의'의 의미

질서와 달리 정의는 궁극적으로 어떤 종류의 사적 또는 주관적 정의(定義)가 가능한 용어다. 세계정치에서 정당한 행위란 어떤 것인가에 대해 개인적 의견을 개진할 생각은 없다. 또한 정당한 행위를 인정하는 기준에 대해 철학적 분석을 하려는 것도 아니다. 나의 출발점은 세계정치에서 정의란 무엇인가에 대해 다양한 관념 또는 신념이 존재하고 있다는 사실과, 그러한 관념에 따라 구체화된 요구가 사태의 진전에 영향을 미치고 있다는 생각이다.

확실히 정의에 관한 관념들은 인간의 행위를 단순히 어떤 목적을 위한 수단이 아니라 그 자체로 옳은 것으로 간주되는 도덕적 관념의 범주에 속한다. 즉, 가언명령(假言命令)이 아니라 정언명령(正言命令)이다.[3] 따라서 정의에 대한 고찰은 법에 대한 고찰이나 분별·이

3) 〔역주〕 '정언명령'(*categorical imperative*)과 '가언명령'(*hypothetical imperative*)은 칸트의 도덕철학에 등장하는 주요 개념이다. '정언명령'은 모든 행위자가 무조건 절대적으로 지켜야 하는 도덕률로서 인간의 모든 의무의 원

익 · 필요에 대한 고찰과는 성질이 다르다.

정의의 문제를 논의할 때는 이론적 분석에 자주 등장하는 몇 가지 유사한 개념들을 구별할 필요가 있다.[4] 첫째, '일반적 정의'(*general justice*)와 '개별적 정의'(*particular justice*)의 구별이다. 전자는 도덕적 행위 또는 올바른 행위를 일반적으로 가리키는 말이고, 후자는 올바른 행위들 중에서도 특별한 종류의 행위만을 가리키는 말이다. '정의'라는 말은 종종 '도덕'(*morality*) 또는 '미덕'(*virtue*)과 같은 말로 쓰이기도 한다. 즉, 어떤 행위가 정당하다(*just*)는 말은 그 행위가 도덕적으로 올바르다(*right*)는 말과 같은 뜻으로 쓰인다. 그러나 때로는 정의라는 말을 도덕적 관념의 하위범주로 사용하기도 한다. 예를 들면, 정의는 자비에 의해 엄격함이 완화되어야 한다든가, 국가들은 상호간에 정의를 실현할 수는 있어도 자비를 실현할 수는 없다고 말할 경우가 그러하다. 정의는 특히 권리와 특권의 평등한 향유와 관계가 있다는 주장도 있고, 공정성 또는 상호성과 관계가 있다는 주장도 있다. 즉, 권리와 특권의 내용이 무엇이든 모든 사람이 그것을 평등하게 누리는 것이 바로 정의라는 것이다. 이때 모든 사람은 서로 다른 점이 있다 하더라도, 이 권리들에 관한 한 모두 같은 것으로 간주된다.

천이 된다. 칸트에 따르면 단 하나의 정언명령만이 있는데, 그는 이 정언명령을 여러 가지 방식으로 정식화하였다. 가장 유명한 것은 "너의 의지의 준칙이 항상 동시에 보편적 입법의 원리로 타당할 수 있도록 행위하라"이다. 반면에 '가언명령'은 조건적 행위규범으로 "갈증을 해소하고 싶으면 물을 마셔라", "존경받고 싶으면 거짓말을 하지 말라"와 같은 명령이 있다.

4) 일반적 정의와 개별적 정의, 형식적 정의와 실질적 정의, 산술적 정의와 비례적 정의, 교환적 정의와 분배적 정의 등의 구별은 아리스토텔레스에서 유래한다. 이러한 정의들의 현대적 분석은 다음을 참조하라. Morris Ginsberg, *On Justice in Society*(London: Heinemann, 1965); John Rawls, *A Theory of Justice*(Oxford University Press, 1972).

세계정치에서 정의에 대한 요구는 종종 그와 같은 형태를 띤다. 즉, 그것은 강자와 약자, 대국과 소국, 부자와 빈자, 흑인과 백인, 핵보유국이나 비핵보유국, 승자와 패자 사이에 존재하는 특권과 차별을 철폐하고, 권리의 분배 또는 적용을 평등하게 하라는 요구이다. 이처럼 '정의'라는 말이 권리와 특권의 평등이라는 특별한 의미로 쓰이기도 하고, '도덕'과 같은 말로 쓰이기도 한다는 점에 유의해야 한다.

둘째, '실질적' 정의(*substantive justice*)와 '형식적' 정의(*formal justice*)의 구별이다. 전자는 특정한 권리와 의무—정치적 · 경제적 · 사회적—를 부여하는 규칙의 내용과 관련된 개념이고, 후자는 규칙의 내용이 무엇이든 이 규칙들을 동일한 범주의 사람들에게 동일하게 적용하는 문제와 관련된 개념이다. 그러므로 '법 앞의 평등'에 대한 요구는 '형식적 정의'에 대한 요구에 해당한다. 법규가 동일 범주의 사람들에게 공정하게 또는 평등하게 적용되어야 한다는 주장이기 때문이다. 이와 같은 요구는 비단 법규에 대해서만 제기되는 것이 아니다. 법규를 포함한 모든 종류의 규칙에 대해서 동일 범주의 사람들은 동일한 방식으로 대우받아야 한다는 요구가 제기된다. 세계정치에서 '정의'에 대한 요구는 흔히 이와 같은 '형식적 정의'에 대한 요구이다. 즉, 국가는 다른 나라의 내정에 간섭해서는 안 된다는 법규나, 모든 민족에게 자결권을 부여해야 한다는 도덕규칙, 강대국은 상대방의 세력권을 존중해야 한다는 행동규칙 또는 게임규칙 같은 것이 국가들 사이에 공정하게 또는 평등하게 적용되어야 한다는 것이다.

셋째, '산술적' 정의(*arithmetical justice*)와 '비례적' 정의(*proportionate justice*)의 구별이다. 전자는 동등한 권리와 의무를 의미하고, 후자는 동등하지는 않지만, 추구하는 목적을 고려하여 분배된 권리와 의무를 의미한다. 동일한 부류의 사람 또는 집단들에게 동일한 권리와 의무를 향유할 수 있도록 하는 것이 평등이라고 말할 수는 있다.

그러나 이러한 의미에서의 평등은 정의의 다른 기준들을 충족시키지 못하는 경우가 자주 있다. 예를 들어, 능력이 서로 다르고, 필요가 서로 다른 사람들에게 동일한 권리와 의무를 부여하는 규칙은 그들의 불평등을 더욱 심화시킬 수도 있다. 아리스토텔레스가 말한 것처럼, "불의는 평등한 사람들을 불평등하게 대우할 때, 그리고 평등하지 않은 사람들을 평등하게 대우할 때 생긴다."[5] "능력에 따른 분배로부터, 필요에 따른 분배로"[6]라는 마르크스의 원칙은 부의 정당한 분배를 위해서는 '산술적 정의'보다 '비례적 정의'가 있어야 한다는 주장을 보여준다. 세계정치에서 각국의 주권적 독립에 대한 권리와 타국에 대한 내정불간섭의 의무 같은 것들은 모든 나라에게 평등하게 적용되는 '산술적 정의'의 전형이라고 할 수 있는 반면, 전쟁이나 복구행위의 무력사용은 입은 피해에 비례해야 한다는 원리는 '비례적 정의'에 해당한다고 볼 수 있다.

---

5) *Laws*, bk VI.

6) 〔역주〕 이 구절은 칼 마르크스가 1875년 《고타강령 비판》(*Critique of the Gotha Program*)에서 사용한 이래 마르크스주의(적 공산주의)의 표어로 널리 사용되었다. 그러나 이 표현은 프랑스 사회주의자 루이 블랑(Louis Blanc)이 1840년에 처음 사용하였다. 프랑스의 공상적 사회주의자 생시몽(Henri de Saint-Simon)은 "각자 능력에 따라 보상받아야 한다"고 주장한 바 있다. 또한 《신약성경》에 다음과 같은 구절이 있다. "많은 신도가 다 한마음과 한뜻이 되어서, 누구 하나도 자기 소유를 자기 것이라고 하지 않고, 모든 것을 공동으로 사용하였다. … 그들 가운데는 가난한 사람이 하나도 없었다. 땅이나 집을 가진 사람들은 그것을 팔아서 그 판 돈을 가져다가 사도들의 발 앞에 놓았고, 사도들은 각 사람에게 필요에 따라 나누어 주었다"(《사도행전》 4: 32~35). 마르크스주의자들은 "능력에 따른 분배"를 '사회주의' 단계로, "필요에 따른 분배"를 그보다 더 높은 '공산주의' 단계로 구분하기도 한다. 사회주의 초기단계에는 생산력이 충분하지 않아서 "일한 만큼" 분배할 수밖에 없지만, 생산력이 고도로 발전하면 "필요한 만큼" 분배할 수 있는 사회가 된다는 것이다.

넷째, '교환적' 정의(*commutative justice*) 또는 상호적 정의(*reciprocal justice*)와, '분배적' 정의(*distributive justice*) 또는 사회 전체의 공동선 또는 공통이익에 비추어 평가된 정의의 구별이다. 이 구별과 바로 위의 구별은 밀접한 연관이 있다. '교환적 정의'는 거래 또는 교섭 과정에 나타나는 개념으로 자신의 권리와 의무를 인정받는 대가로 상대방의 권리와 의무를 인정하는 것을 말한다. 교섭능력이 동등한 개인이나 집단들의 경우에는 이러한 상호적 과정이 '산술적 정의' 또는 평등한 권리를 가져올 수 있다. 반면에 '분배적 정의'는 사회구성원 개개인간의 교섭과정에 있는 것이 아니라, 사회 전체의 공동선 또는 공통이익에 비추어 결정된다. 이러한 의미에서 '분배적 정의'는 확실히 '산술적 정의'가 아니라 '비례적 정의'를 가져온다. 예를 들면, 부자가 빈자보다 더 많은 세금을 내거나, 강자가 약자보다 더 많은 노동을 하는 것 등이 여기에 해당한다. 현 시대의 세계정치는 국가들이 세계 전체의 공동선이 무엇인가에 대해 아주 초보적인 인식을 가진 상태에서 서로 갈등 또는 협력하는 만큼, '분배적 정의'보다는 '교환적 정의'의 관념이 두드러지게 나타나고 있다. 국제문제에서 정의에 관한 주된 논점은 주권국가들의 주장과 반론—어떤 권리와 의무가 있다고 주장하는지, 어떻게 적용되어야 하는지에 대한—을 통해 알 수 있다. 그러나 '분배적 정의'의 관념도 세계정치에 관한 토론에서 일정한 역할을 하고 있다. 예를 들면, 경제적 자원이 부국에서 빈국으로 이전되어야 한다는 주장이 정의의 이름으로 제기되곤 한다.

이러한 유사한 개념들의 구별도 중요하지만, 이 개념들이 적용되는 대상, 즉 세계정치에서 도덕적 권리와 의무가 어떤 대리인 또는 행위주체에게 귀속되는가 하는 문제도 중요하다. 여기에서는 국제적 또는 국가간 정의, 개인적 또는 인간적 정의, 세계시민적 또는 세계적 정의로 구분해 보기로 하자.

1) 국제적 또는 국가간 정의

국제적 또는 국가간 정의는 국가나 민족에게 권리와 의무를 부여하는 것으로 여겨지는 도덕적 규칙을 의미한다. 예를 들면, 모든 국가는 크기나 인종구성 또는 이데올로기에 관계없이 동일한 주권을 갖는다거나, 모든 민족은 민족자결권을 갖는다거나 하는 주장이 여기에 해당한다. 물론 국가의 권리와 민족의 권리는 충돌할 수 있다. 이런 경우에는 국가간 정의와 국제적 정의가 같은 것이 아니다. 민족자결의 원리는 국가의 주권적 일체성을 파괴하려고 시도했고, 지금도 상당수의 국가들이 그러한 위협을 받고 있다. 그러나 국가는 민족국가이어야 한다는 데 대해 오늘날 광범위한 합의가 존재하는 만큼, 또한 대부분의 국가들이 (심지어는 다민족 국가들조차도) 자기 나라가 민족국가라고 공식적으로 표방하는 만큼, 국가간 정의와 국제적 정의는 대체로 일치한다고 볼 수 있다.

세계정치에서 주요 대리자 또는 행위주체는 국가이기 때문에, 세계문제에서 정의를 논의할 때는 항상 국가간 정의가 무엇인가 하는 문제가 등장한다. 모든 국가들이 법적 성격의 권리·의무뿐만 아니라, 도덕적 성격의 권리·의무를 가지고 있다고 주장한다. 즉, 자신들의 정책은 도덕적으로 올바르다는 의미에서 정당하다('일반적 정의')고 주장하고, 다른 나라와 평등하게 또는 공정하게 대우해 줄 것('개별적 정의')을 요구한다. 또한 주권 또는 독립에 대한 도덕적 권리('실질적 정의')를 주장하고, 이러한 권리를 다른 나라들과 똑같이 자국에 적용해줄 것('형식적 정의')을 요구한다. 또한 무역의 기회나 국제회의에서의 투표권을 평등하게 줄 것('산술적 정의')을 요구하면서도, 국가간 조직에 대한 재정부담은 국민생산의 규모에 따라 결정되어야 한다('비례적 정의')고 주장한다. 또한 자국의 권리를 인정하는 상대방에 대해서만 동일한 권리를 인정('교환적 정의')하면서도, 적어도 표면적으로는 지역공동체 또는 세계공동체의 공통이익('분배적 정의')을 내세우기도 한다.

2) 개인적 또는 인간적 정의

개인적 또는 인간적 정의는 인간 개개인에게 권리와 의무를 부여하는 도덕규칙을 말한다. 자연법이론의 형태로 첫 선을 보인 인간적 정의관념은 역사적으로 국가간 정의 또는 국제적 정의관념보다 먼저 나타났으며, 이를 주요한 지적 기반으로 하여 국가간 정의 또는 국제적 정의관념이 형성된 것으로 보인다. 다시 말해서 개개인이 권리와 의무를 가지는데, 국가의 지배자도 사람이고, 민족도 사람들의 집합체이기 때문에 국가와 민족에게도 권리와 의무가 있다고 생각하게 되었다. 그러나 국가간 정의와 국제적 정의관념은 18세기에 이르러 이륙지점에 이르렀고, 그후 처음의 뜻과는 달리 쓰이게 되었다. 즉, 그것은 국가 지배자의 권리·의무가 아니라 관념적 국가인격의 권리·의무를 의미하고, 민족구성원들의 합이 아니라 때로는 그 이상을 의미하는 집합적 민족인격의 권리·의무를 의미하게 되었다.

권리·의무가 직접 국가와 민족에게 귀속되는 이러한 체제에서 인간적 권리·의무의 관념은 살아남기는 했지만, 표면화되지는 않았다. 이러한 관념은 국제적 정의 또는 도덕의 기초가 되기는커녕 오히려 국제사회 그 자체를 잠재적으로 위협하는 관념이 되고 말았다. 주로 18세기와 19세기의 실증주의 국제법학자들이 그렇게 생각했는데, 이들은 국가만이 국제법의 유일한 주체이며, 개개인은 국가간의 양해의 대상이 될 수 있을 뿐이라는 입장을 보였다. 국가간의 공존을 위한 기본적 맹약은, 주권적 관할권의 상호인정의 형태로 나타나 있지만, 이러한 맹약에는 자국 시민의 권리·의무는 묵살하기로 한 정부간 묵계가 포함된다. 물론 이러한 묵계를 완화시키는 요인들—외국의 정치망명자에게 피난처를 제공하는 관행, '대서양 헌장', '유엔헌장', '세계인권선언'에 규정된 것처럼 개개인의 도덕적 권리의 선언적 승인, 포로의 대우 및 경제적·사회적 복지 등의 분야에서 인권을 배려하는 정부간의 실무적 협력 등—이 있는 것은 사실이다. 그러나 개인에게 **의무**가 있다는 관념은 국제정치에서 그가 속한 국가에 대한 의무의 개념과 충돌을 일으킨다. 이러한 문제는 뉘른베르크 전범재판소에서 독일 군인과 정치지도자들에 대해 제기되었고, 베트남 전쟁을 수행한 미국 군인과 지도자들에 대해서도 제기된 바 있다.[7] 개인에게 **권리**가 있다는 관념 역시 국제정치에서 어려운 문제를 야기한다. 즉, 어떤 사람의 권리가 무시당한 경우, 그가 충성을 맹세한 국가 이외의 다른 사람이나 집단이 그를 돕기 위해 나설 권리나 의무가 있는가 하는 것이다. 예를 들면, 동유럽 국가 시민들의 정치적 권리를 보호할 권리가 서양 열강에게 있는가, 남아프리카 흑인들의 권리를 보호할 권리가 아프리카 국가들에게 있는가, 동남아시아의 중국계 소수민족의 권리를 보호할 권리가 중국에게 있는가 하는 것이다. 이러한 문제들은 대답하기에 따라서 국제관계에 무질서를 초래할 수도 있고, 심지어는 국제사회 그 자체의 붕괴를 가져올 수도 있다. 오늘날 국가의 대표자들이 개인의 권리나 의무를 논의할 때 소리나지 않게 논의를 진행하는 이유가 바로 여기에 있다. 만약 인간이 권리를 가지고 있고, 그가 속한 국가 이외의 국가나 국제당국이 그 권리를 보호하기로 할 경우, 그가 속한 국가의 권위는 제한될 수밖에 없다. 또한 인간이 의무를 가지고 있고, 이 의무에 따라 그가 속한 국가를

---

7) Telford Taylor, *Nuremberg and Vietnam, an American Tragedy* (New York: Random House, 1970) 참조.

넘어선 대의나 운동에 참여할 경우, 그가 속한 국가는 그의 온전한 충성을 확보할 수 없다.

3) 세계시민적 또는 세계적 정의

국가간 또는 국제적 정의와 인간적 정의 외에 제 3의 범주가 있다. 세계시민적 또는 세계적 정의가 바로 그것이다. 이것은 세계 전체의 관점에서, 최대국가(*civitas maxima*), 또는 세계시민사회—모든 개인들이 여기에 소속되고, 그들의 이익도 여기에 종속된 것으로 가상한다—의 관점에서 무엇이 올바른 것이고 무엇이 선한 것인지를 논의한다. 세계적 공동선의 증진을 도모하는 이러한 정의의 개념은 전 지구에 걸쳐 인간 개개인의 권리·의무를 주장하는 것과는 다른 것이다. 왜냐하면, 전자의 경우 개개인 모두가 하나의 사회 또는 공동체를 구성하거나 혹은 구성할 수밖에 없고, 이 공동체의 공통이익 또는 공동선이 개개인의 권리·의무를 제한하거나 결정한다고 보기 때문이다. 이것은 마치 국가에 소속된 개인들의 권리·의무가 과거에 국가의 선, 시민의 최대다수의 최대행복, 일반의지 등의 개념에 의해 제한되거나 결정된 것과 같다. 그런 의미에서 세계시민적 정의는 '산술적'이면서도 '비례적'이며, '교환적'이면서도 '분배적'이다.

이와 같은 세계적 공동선(共同善)의 개념은, 국가들로 이루어진 사회가 아니라 모든 인류로 이루어진, 그 구성원이 인간 개개인인 보편적 사회의 공통목표나 공통가치에 관한 것이다. 오늘날 이러한 개념에 입각한 논의들을 많이 발견할 수 있다. 이 논의들은 그러한 세계시민사회 또는 세계사회가 이미 존재하는 것처럼 논의를 전개한다. 예를 들면, 전략문제나 군비통제문제에 대한 논의 가운데, 일반적 핵전쟁은 국가들의 사회에도 재앙이고, 개개인의 인권에 대한 침해이기도 하지만, 인간의 생활 또는 인간의 문명에 대한 위협이기도 하다는 주장을 흔히 만날 수 있다. 또한 자원이 부국에서 빈국으로 이전되어야 한다는 주장을 할 때도 이것이 빈국을 더 잘 살게 하거나, 가난한 사람들의 더 나은 삶에 대한 권리를 증진시키기 위해서가 아니라, 인간사회의 모든 구성원들 사이에 부의 분배가 평등하게 이루어지도록 하기 위한 것이라고, 또는 사회 내에 최소기준의 부 또는 복지를 달성하기 위한 것이라고 주장한다. 생태계문제나 환경문제 논의에서도 국가간의 협력이나 개개인의 권리·의무가 강조되는 것이 아니라, 전 인류의 연대가 강조되고, 인류가 생태학적·환경적 도전에 직면하고 있다는 점이 강조된다.

국가가 주된 행위주체인 현재의 세계정치에서 가장 많이 논의되는 것은 국가간 또는 국제적 정의관념이다. 인간적 정의관념은 찾아보기 어렵고, 세계시민적 또는 세계적 정의관념은 더욱 찾아보기 어렵다. 세계적 정의관념의 근거가 되는 세계사회 또는 세계공동체는 현재 관념상으로만 또는 신화적으로만 존재할 뿐이다. 언젠가 강력한 힘을 발휘할 날이 올지도 모르지만, 현재까지는 그렇지 않다. 대부분의 정치적 인류는 이익의 표명과 집약, 정치사회화와 정치적 충원의 수단을 갖고 있지 않다. 그런 수단들은 정치체계의 전형적인 특징이(라고들 한)다. 인류의 이익이 표명 및 집약되고, 정치사회화와 정치적 충원과정이 보편적 정치체계를 구성하려면, 주권국가들로 이루어진 사회의 메커니즘을 거쳐야 한다. 예컨대, 무기통제, 인구와 자원의 배분, 환경보존 등의 문제들에 대해 무엇이 세계 전체의 이익인지 지침을 얻기 위해서는 주권국가, 또는 주권국가가 지배하는 국제기구의 견해에 주목하지 않을 수 없다.

'우주선 지구호' 또는 '위험에 빠진 지구'의 공동선에 관한 대변인을 자처하는 사람들이 상당수 있는 것은 사실이다. 그러나 이러한 사적 개인의 의견은 아무리 훌륭하다 해도 정치적 과정 — 이익의 주장과 이익의 조화 — 의 결과는 아니다. 그들의 의견은 정치적 과정을 통해 인정된 것이 아니기 때문에 인류의 공동선에 대한 권위 있는 지침이 될 수는 없다. 주권국가의 대변인도 인민을 대표하고 있지 않은, 혹은 독재국가의 경우에도 최소한 그들보다는 더 많은 사람들을 대변하고 있다고 주장할 권리가 있다. 비정부단체(예를 들어, 무기통제, 경제발전, 또는 환경문제에 대해 전문성을 가진 조직들)의 대변인도 그러한 종류의 권위는 가지지 못했다. 이들은 특정한 주제에 대해서는 권위 있는 주장을 할 수 있겠지만, 인류의 이익이 무엇인지에 대해 권위 있는 결론을 내릴 수는 없다. 그러한 권위는 오직 정치적 과정에 의해서만 부여되기 때문이다.

그러나 세계의 공동선이 무엇인지 알기 위해 국가들의 견해만 듣는다면, 그리고 국제기구에 모인 국가들의 견해만 듣는다면, 왜곡된 결과를 얻게 될 것이다. 국가들이 내세우는 보편적 이념은 그들의 특수한 이익에 종속된 것이고, 국가간의 합의도 협상과 타협의 산물이지 결코 인류 전체의 이익을 고려한 것이 아님은 널리 알려진 사실이다.

2. 질서와 정의의 양립가능성

정의에 대해 깊이 공감하고 강력한 지지를 보내온 사람들의 입장에서 보면, 현존의 국제질서의 틀은 확실히 그들의 열망을 충족시키기에는 역부족이다. 마즈루이 교수가 지적한 것처럼, 현대의 국제무대는 주로 질서유지에 관심이 있는 국가와, 질서를 희생하는 한이 있더라도 정당한 변경이 있어야 한다고 주장하는 국가간의 충돌을 보여준다. 또한 국가체제와 국가들의 사회가 제공하는 질서와, 세계정치에서 발생하는 정의에 대한 다양한 열망 사이에는 본질적인 긴장이 있고, 이 긴장은 여러 가지 형태로 나타나고 있다.

어떤 형태의 정의이든, 정의는 질서라는 배경이 있어야 실현될 수 있다. 사회생활의 기본적인 또는 근원적인 목표들이 어느 정도 달성되는 사회적 행동양식이 존재할 때만, 한층 더 높은 또는 2차적 목표들이 확보될 수 있다. 국제사회도 마찬가지다. 비록 초보적 수준이기는 하지만 어느 정도 질서의 배경이 있기 때문에 다양한 종류의 권리들을 평등하게 향유할 수 있는 길을 모색할 수 있다. 또한 현재의 국제사회에서 유엔과 유엔 전문기관과 같은 거의 보편적인 조직들은, 최소한의 질서유지나 공존의 유지에 그 역할을 한정하지 않고, 그 이상의 일에 공식적으로 간여하고 있다. 이 조직들은 국제적 또는 국가간 정의에 대한 신념과, 개인적 또는 인간적 정의에 대한 신념을 가짐은 물론, 세계적 정의의 목표들에 대해서도 책임의 일부를 감당하겠다는 자세를 보이고 있다. 이런 모습은 자원이 부국에서 빈국으로 이전되어야 한다는 주장에서 엿볼 수 있다. 또한 이 조직들은 그러한 정의의 실현을 위해 여러 분야에서 정부간 협력을 촉진한다.

그러나 국제질서의 틀은 세계시민적 또는 세계적 정의의 실현을 위한 구상에 대해서는 지극히 냉담한 태도를 보인다. 만약 국제사회가 세계적 공동선의 관념을 진심으로 받아들인 것이라면, 예컨대 세계 모든 국가들의 이민정책은 일반이익의 관점에서 수립되어야 할 것이고, 어느 국가 또는 어느 지역에 자본이 가장 필요한지, 또는 필요하지 않은지 물어야 할 것이고, 세계 모든 나라의 무역과 재정정책은 공통의 우선순위에 따라 규율되어야 하며, 세계에서 벌어지는 내전과 국제적 무력충돌의 해결책을 인류의 일반이익에 따라 모색해야 하지 않겠는가?

그러나 이러한 문제들에 대한 관리권은 각국 정부에 있으며, 인간사회에 엄청난 변화가 생기지 않는 한, 각국 정부는 그러한 관리권을 포기하지 않을 것이다. 누구나 아는 것처럼, 정부는 인류의 일부분이 이익이라고 인식하는 것을 관리하는 위치에 있기 때문에, 세계적 공동선의 구현을 위해 다른 정부들과 함께 공동책임을 지는 기관이라는 생각을 하기는 어렵다. 물론 이에 대한 반론도 있다. 원조정책과 무역정책을 통해 세계에 최소수준의 경제적 복지를 달성하려는 공여국들의 노력은 인류사회의 이익이라는 관념의 승인과 수용을 전제로 하고 있다는 것이다. 예를 들면, 케네스 볼딩[8]은, 부국으로부터 빈국으로의 자원이전(資源移轉)은 일방적·비상호적인 것이기 때문에 부국은 스스로 빈국과 함께 하나의 사회를 구성하는 것으로 인식한다고 주장한다. "만약 A가 B에게 어떠한 보답도 기대하지 않고 무엇인가를 준다면, B는 A의 일부이거나, 또는 A와 B는 함께 더 큰 이익체계 또는 조직체계의 일부라고 추론할 수 있다."[9] 자원이전의 이론적 근거로는 인류사회라는 관념이 다른 어떤 근거보다 낫다고 주장할 수도 있다. 예를 들면, (서양국가들이 중시하는 가치들을 확보하는 데 필요한) 질서 또는 안정을 증진하기 위해, 또는 '가진 나라'에 대해 '못

---

8) 〔역주〕 Boulding, Kenneth(1910~1993): 미국의 경제학자·교육자. 일반체제 이론의 공동 창시자. 주요 저서로 *Economics as a Science*(1970), *Political Economy*(1973), *Toward a General Social Science*(1974), *International Systems: Peace, Conflict Resolution, and Politics*(1975), *Stable Peace*(1978), *Ecodynamics: A New Theory of Societal Evolution*(1978), *Evolutionary Economics*(1981), *Toward the Twenty-First Century*(1985), *The World as a Total System*(1985), *Mending the World: Quaker Insights on the Social Order*(1986), *Three Faces of Power*(1989), *Towards a New Economics*(1992) 등이 있다.

9) Kenneth Boulding, "The Concept of World Interest," in *Economics and the Idea of Mankind*, ed. Bert F. Hoselitz(Columbia University Press, 1965), p. 55.

가진 나라'가 반란을 일으킬 빌미를 주지 않기 위해 빈국에 대한 원조가 필요하다는 서양국가들의 주장보다는 낫고, 과거에 부국은 불법행위를 자행했기 때문에 이에 대한 속죄로 원조해야 한다는 빈국들의 주장보다는 낫다는 것이다. 그러나 자원이전 행위가 정말로 인류공동체라는 관념에 바탕을 두고 있는지는 확실하지 않다. 한편에서는 제3세계에 대한 부국의 개입을 최소한으로 줄여야 한다고 공격하고, 다른 한편에서는 원조는 기본적으로 지배와 착취를 영속화하기 위한 수단이므로 '못 가진 나라'에게 오히려 해로운 것이라고 비난하는 상황에서, 자원이전이 과연 국제사회의 영속적인 업무의 하나로 확실하고 안정적인 지위를 가지고 있는지도 불확실하다.

세계적 또는 세계시민적 정의관념이 제대로 실현되기 위해서는 반드시 세계사회 또는 세계시민사회라는 배경이 있어야 한다. 그러므로 세계적 정의에 대한 요구는 곧 국가체제와 국가들의 사회에 대한 변혁의 요구로써 본질적으로 혁명적 요구이다. 궁극적으로는 세계정의와 세계질서는 조화를 이룰 수 있다. 정의와 질서를 모두 갖춘 세계사회 또는 세계시민사회의 모습을 그려볼 수 있기 때문이다. 그러나 국가체제와 국가들의 사회를 배경으로 세계정의 관념을 추구하는 것은 현재의 질서유지 장치들과 충돌을 일으킨다.

국제질서의 틀은 인간적 정의를 요구하는 목소리에 대해서도 냉담한 태도를 보이는데, 현재 이 문제는 세계정치에서 매우 강력한 요소로 부각되고 있다. 국제사회는 인간의 권리와 의무에 대한 관념을 가지고 있으며, 특정인이 자신이 속한 국가를 상대로 이를 주장할 수 있다고 여긴다. 하지만 이러한 관념을 실현할 수 있는 길은 막혀 있다. 기껏해야 선택적으로 실현되거나, 왜곡된 방법으로 실현될 뿐이다. 국제사회가 진정으로 공존보다 인간적 정의를 중시한다면, 마즈루이 교수의 말처럼, 이것이 진정으로 아프리카·아시아 국가들이 원하는 바라면, '유엔헌장'이 질서와 안보의 유지보다는 인권에 우선권을 둔다면 어떻게 될까? 인권이 무엇인지에 대해, 그 권리들의 우선순위에 대해 합의가 존재하지 않는 상황이기 때문에, 국제질서만 파괴되는 결과를 빚을 것이다. 바로 이러한 이유 때문에 국가들의 사회는 국제질서를 인간적 정의보다 더 중요하게 여기는 것이다. 마즈루이 교수의 주장과는 달리, 나는 아프리카·아시아 국가들도 그렇게 보고 있다고 생각한다. 아프리카·아시아 국가들의 경우, 자기들에게 영향을 미치는 특정 사안에 대해서는 다른 나라들도 마찬가지로 질서에 앞서 인간적 정의를 내세운다. 그러나 국제적 공존의 구조가 완전히 붕괴되기를 바라지 않는다는 점에서는 그들도 서양국가들이나 소비에트 진영의 국가들과 마찬가지다.

현존 국제질서의 틀 내에서 인간적 정의의 실현을 가로막는 장애물은 또 있다. 인간적 정의의 문제는 특정 국가들이 그러한 정책을 내세울 때만 세계 정치무대에서 주요 의제로 등장한다는 사실이 그것이다. 제 1차 세계대전 이후 사람들은 카이저(Kaiser)의 전쟁범죄에 관해 들었고, 제 2차 세계대전 후에는 독일과 일본의 지도자와 군인들이 전쟁범죄와 평화에 반한 죄로 재판받고 처벌되는 것을 보았다. 그러나 미국, 영국, 소련의 지도자와 군인들 — 누가 보더라도 인간으로서의 의무를 저버린 점에서는 괴링(Göring)이나 야마모토(Yamamoto)[10] 등과 조금도 다를 바 없는 — 이 처벌되는 것은 보지 못했다. 국제적 절차에 따라 전쟁범죄자를 재판하고 처벌하는 것이 부당하다거나, 현

10) 〔역주〕 원문에 야마모토(Yamamoto)로 되어 있는데, 야마시타 토모유키〔山下奉文, 1885~1946〕를 오인한 것으로 보인다. 야마시타는 제 2차 세계대전 당시 관동군 사령관 등을 지냈으며, 1946년 2월 마닐라 소재 미군 고등군법회의에서 전범으로 처형되었다. 미드웨이 해전을 지휘했던 야마모토 이소로쿠〔山本五十六〕는 1943년에 전사했다.

명하지 못한 처사라는 말이 아니다. 문제는 그런 일이 선택적으로 이루어지고 있다는 것이다. 승자들이 주도하는 재판에서 어떤 사람은 처벌받고 또 어떤 사람은 처벌받지 않은 일은 권력정치의 성질을 보여준 사건이었다.

마찬가지로 사람들은 남아프리카의 비유럽계 사람들의 인권유린에 대해 듣고 있고, 어쩌면 이들에게 가해진 박해가 시정되는 것을 보게 될 수도 있다. 이는 아프리카 흑인국가들이 이 문제를 정책적으로 제기했기 때문이다. 사람들이 투르크 황제의 지배하에 있던 기독교도 백성의 권리에 대해 들을 수 있었던 이유도 그것이 일부 유럽국가의 정책이었기 때문이다. 그러나 아프리카 흑인국가에서 아프리카인의 권리, 소련에서 지식인의 권리, 중국에서 티베트인의 권리, 인도에서 나가족(族)의 권리, 인도네시아에서 공산주의자들의 권리 — 이러한 권리를 지지하는 국제적 행동을 찾아보기는 어렵다. 이들을 보호하겠다고 나서는 힘센 국가들이 없기 때문이다. 국제질서는 일반적 인권보호와는 거리가 멀다. 사건의 진실에 의해서가 아니라 국제정치의 변덕에 따라 결정되는 선별적인 보호를 제공할 뿐이다.

장애물은 또 있다. 국제정치의 변덕에 따라 국제사회가 인간적 정의의 실현을 위해 행동에 나섰다 하더라도, 개개인에게 직접 영향을 미치는 행동을 하는 것이 아니라, 주권국가들을 매개로 삼는다. 주권국가들은 국제사회의 행동을 자국의 목적에 맞추어 구체화한다. 예로 들어보자. 부국에서 빈국으로 자원을 이전하는 것은 세계경제정의를 위한 것이다. 이 일의 궁극적인 도덕적 목적은 가난에 허덕이는 아시아·아프리카·남미 국가 사람들의 물질적 생활수준을 향상시키는 것이다. 그러나 공여국과 관련 국제기구는 자원을 개개인에게 직접 주는 것이 아니라, 그 시민들이 속한 나라의 정부에게 준다. 스톤[11]의 지적처럼, 그 자원을 어떤 기준으로 사람들에게 분배할 것인가는 오로지 그 정부에 달려 있다. 자의적으로 분배할 수도 있고, 전혀 분배하지 않을 수도 있다. 자원을 이전하는 일은 그가 말한 '정의구'[12]의 실제 요구자와 수혜자가 개개인이 아니라 정부라는 것을 암묵적으로 전제한다.[13] 수혜국 정부들이 기부받은 자원을 과연 제대로 분배하고 있는지 의심스러울 경우, 공여국은 대외원조를 망설일 수밖에 없다. 그럼에도 불구하고 스톤의 결론에 동의하지 않을 수 없다. 즉, 자원의 이전이 현재 내가 말한 인간적 정의를 실현하기에는 역부족이지만, 현재의 국제사회의 성질을 고려할 때, 여전히 그렇게 할 수밖에 없다는 것이다. 공여국과 관련기구가 수혜국 정부의 자원분배방식에 개입할 경우 (원조할 때 분배조건을 제시하는 경우도 있기는 하지만), 가장 근본적인 규범이라고 할 수 있는 공존의 맹약을 위반하는 일이 되기 때문이다.

국제사회는 세계시민적 정의에 대해서는 극도로 냉담한 태도를 보이고, 인간적 정의에 대해서는 선택적이고 모호한 환영의 태도를 보

---

11) 〔역주〕 Stone, Julius(1907~1985): 호주의 국제법 학자. 시드니대학 교수(1942~1972). 주요 저서로 *Social Dimensions of Law and Justice*(1966), *Law and the Social Sciences in the Second Half Century*(1966), *Research for Advancement of Peace*(1968), *Toward a Feasible International Criminal Court*(1970), *Approaches to the Notion of International Justice*(1970), *Self-Determination and the Palestinian Arabs*(1970), *Of Law and Nations*(1974), *Conflict through Consensus*(1977), *Israel and Palestine*(1981), *Visions of World Order*(1984), *Precedent and Law: The Dynamics of Common Law Growth*(1985) 등이 있다.

12) 〔역주〕 '정의구'(正義區, *justice constituency*)는 '정의가 실현되어야 할 지역', 즉 '자원을 이전받아야 할 지역'을 말한다.

13) Julius Stone, "Approaches to the Notion of International Justice," in *The Future of the International Legal Order*, ed. C. Black and Richard A. Falk, vol. I(Princeton University Press, 1969).

이지만, 국가간 또는 국제적 정의에 대해서는 기본적으로 비우호적이지 않다. 앞에서도 말한 것처럼, 국제적 공존의 구조는 국가에게 권리와 의무를 부여하는 규범 또는 규칙에 의존한다. 이 규범에는 도덕적 규칙 외에 절차규칙이나 게임규칙도 포함되는데, 근대 국제사회에서 이 중 일부는 국제법에 명시되어 있다. 세계적 정의관념은 국제사회의 구조와 정면으로 충돌하고, 인간적 정의관념도 국제사회의 기초를 위협할 가능성이 있다. 그러나 국가간 또는 국제적 정의관념은 국가간 공존의 맹약을 오히려 강화시킬 수 있다. 자기이익의 명령과 이를 뒷받침하는 법의 명령 외에 도덕적 명령까지 생기기 때문이다.

그럼에도 불구하고 국제질서는 가장 기본적이고 널리 합의된 국제적 정의원칙을 체계적으로 모욕하는 수단에 의해 유지되고 있다. 현재 도덕적 권리를 부정당하거나, 도덕적 의무를 다하지 않는 국가나 민족이 있다는 말이 아니다. 이러한 권리의 향유나 의무의 이행에 현저한 불평등이나 불공정이 있다는 말도 아니다. 물론 그런 일도 있다. 그런 일은 항상 있었다. 그런 일은 어느 사회에서나 있는 정상적인 일이다. 내가 말하고자 하는 것은, 국제질서를 지탱하는 제도와 메커니즘들이 적절하게 작동할 때조차도, 아니 적절하게 작동하거나 기능을 완수하고 있을 때(이 문제는 제2부에서 고찰한다) 특히, 필연적으로 정의에 위배된다는 것이다.

예를 들어 세력균형이라는 제도가 국제질서에서 수행하는 역할을 생각해 보자. 아무런 법적·도덕적 침해행위를 하지 않았음에도 불구하고, 우월적인 세력이 될 가능성이 있다는 이유만으로 그 나라에 대해 전쟁을 일으킨다. 또는 약소국을 병합하거나 분할하는 것이 세력균형을 위해 필요하다고 판단되면, 약소국은 그렇게 희생된다. 또는 세력균형의 현대판이라고 할 수 있는 '공포의 균형'을 위해 파괴의 위험을 확대하거나 이용하기도 한다. 이러한 일들은 일상적인 정의 관념에는 위배되지만, 그럼에도 불구하고, 예나 지금이나 국제체제의 질서유지에 중요한 몫을 하고 있다.

또한 전쟁이라는 제도의 역할을 생각해 보자. 전쟁 역시 국제법을 강제하고, 세력균형을 보존하며, 합의에 의해 정당하다고 주장되는 변화를 가져온다는 점에서 국제질서유지에 중요한 역할을 한다. 그러나 동시에 전쟁은 국제법규를 무너뜨리고, 세력균형을 훼손하며, 정당한 변경을 막거나 부당한 변경을 일으킨다. 또한 전쟁은 개전의 이유가 정당하든 부당하든 일단 시작되면 스스로의 논리를 따라 발전하여, 전쟁을 시작한 자의 손을 벗어나 전혀 예기치 못한 상황을 가져오기도 한다.

또한 국제법을 생각해 보자. 국제법은 현상(*status quo*)을 정당화하고, 동의에 의해 개정할 수 있는 입법과정이 결여되어 있다. 따라서 변화의 압력이 응집되면, 정의의 이름 아래 법의 파괴를 요구하는 목소리가 나오기도 한다. 또한 법이 파괴된 경우, 새로운 상황을 지배하는 것은 정의의 승리가 아니라 힘의 승리임에도 불구하고, 국제법은 새로운 상황을 합법적인 것으로 수용하고, 그러한 상황을 가져온 수단에 동의한다. 마즈루이 교수의 말처럼, 국제법은 침략을 비난하지만 일단 침략이 성공하면 비난을 멈춘다. 법은 일련의 기정사실(*faits accomplis*)을 출발점으로 삼기 때문에, 국제법과 국세정의가 충돌하는 현상은 도처에서 볼 수 있다. 강압적으로 체결된 조약도 유효하다는 원칙에 의해, 무력에 의한 것이든 무력의 위협에 의한 것이든, 모든 기정사실은 정당화된다.

일각에서는 이런 주장을 한다. 국제법이 권력정치에 순응하는 경향이 있다는 것은 불행한 일이기는 하지만, 이러한 결함은 고결한 국제법학자의 훌륭한 연구에 의해, 또는 국제법위원회의 독창적인 보고서에 의해 치료되거나 또는 제거될 수 있다는 것이다. 이러한 주장은 피상적인 고찰일 뿐이다. 국제법은 결코 그와 같이 작동하지 않는다. 국제법은 본질적으로 기본적인 정의와 충돌하면서 작동한다. 이것이 바로 국제법의 특징이라고 단언할 만한 충분한 이유가 있다. 국제법이 이러한 충돌을 피하고자 한다면, 국제현실과 유리되고, 더 이상 어떠한 역할도 할 수 없게 된다는 사실 때문이다.

또한 강대국의 특별한 지위가 국제질서 유지에 어떤 역할을 하는지 생각해보자. 강대국은 지역적 패권체제의 유지를 통해 국제질서에 기여하지만, 그 세력권 내에서는 위로부터 명령을 강제하는 질서를 가진다. 또한 강대국들은 범지구적 세력균형 관리를 위해, 때로는 그들의 공동의사를 다른 나라에 강요하기 위해 서로 협력함으로써 세계질서에 기여하지만, 약소국가나 약소민족의 권리에 대해서는 체계적인 불의(不義)를 자행한다. 소련의 패권 아래 들어간 동유럽 국가들에게, 또는 미국의 패권 아래 들어간 카리브 해 국가들에게 가해진 불의, 강대국에 대해서는 전혀 기능할 수 없는 집단안전보장 제도를 규정하는 '유엔헌장'의 불의, 강대국들이 모여 회의하고 협력하며 합의할 때마다 약소국들을 희생양으로 삼는 불의를 생각해 보라.

이론적으로 규정한 질서와, 지금까지 살펴본 정의의 여러 의미들 사이에 일반적인 모순은 없다. 다시 말해, 사회생활의 기본적인 또는 근원적인 목표들을 지탱하는 행동양식이 존재하면서도, 정의·평등과 같은 더욱 고차적인 또는 2차적인 목표들이, 국가를 위해, 개개인을 위해, 세계적 공동선의 관점에서 추구되는 사회를 그려볼 수 있다. 그러한 사회가 달성불가능하고, 또는 세계질서와 세계정의를 동시에 추구하는 것은 모순이라고 주장할 선험적인 이유는 없다. 그러나 현재 국가들의 사회 내에서 질서를 지탱하는 규칙과 제도는 세계적 정의에 대한 요구, 인간적 정의에 대한 요구, 국가간 또는 국제적 정의에 대한 요구와 모순관계에 있다. 세계적 정의는 국가들의 사회를 파괴하고, 인간적 정의는 국가들의 사회에서 선택적으로 또는 부분적으로밖에 실현될 수 없기 때문이다. 국가들의 사회는 국가간 정의에 대해서는 기본적으로 적대적이지는 않지만 제한된 만족밖에 주지 못한다.

3. 우선순위의 문제

국제사회의 틀이 여러 가지 정의관념을 만족시키지 못하는 상황에서, 그러한 정의들을 실현하고자 하면 국제질서에 어떤 일이 생길까? 세계정치에서 여러 가지 의미의 정의를 달성하고자 하면 반드시 국제질서는 위험에 빠지는가? 만일 그렇다면, 무엇을 우선해야 하는가?

이러한 문제들에 대해서는 세 가지 이념형적 이론으로 답할 수 있다. 첫째, 보수적 또는 정통적 견해이다. 이 견해에 따르면, 세계정치에서 질서가치와 정의가치 사이에는 본질적인 갈등이 있는데, 질서가 정의보다 우선이라는 것이다. 이러한 국제사회에서 바랄 수 있는 최선의 상태는 '최소 질서' 또는 공존이다. 여기에 '적정 질서'를 요구하면, 공존이 딛고 있는 좁은 합의기반이 위협받게 된다.

둘째, 혁명적 견해이다. 이 견해도 현재의 국제질서의 틀과 정의의 실현 사이에는 본질적인 갈등이 있다고 생각하지만, 정의를 앞서는 가치로 여긴다. '지구가 멸망하는 한이 있어도' 정의를 실현하라는 것이다. 이러한 견해를 가진 사람들이 정말로 지구가 멸망한다고 생각하는 것은 아니다. 일정한 기간 동안 일시적으로, 그리고 제한된 지역에서 무질서가 발생하겠지만, 마침내 그들이 바라는 정당한 변경이 확보되는 질서가 다시 수립될 것으로 예상된다. 아프리카 흑인들이 아프리카 대륙에 대해, 아랍민족주의자들이 아랍 땅에 대해, 처음에는 볼셰비키들이, 나중에는 중국이 세계 전체에 대해 가지고 있던 이론이다.

셋째, 자유주의적 또는 진보주의적 견해가 있다. 이 견해는 서방의 외교정책에 대한 사고의 주류를 이루었는데, 세계정치에서 질서와 정의 사이에 (갈등이 있다는 것을 완전히 부정하지는 않지만) 갈등이 필연적으로 존재한다고 생각하지는 않으며, 따라서 양자의 조화를 끊임없이 모색한다. 예를 들면, 불의의 시정이 국제질서를 강화하는 진정한 수단이 될 수 있다고 본다. 인종차별(*apartheid*)이나 '식민주의의 최후의 잔재'를 제거하는 것이, 아프리카 흑인국가들을 '평화와 안전보장'의 제도로 통합할 수 있는 최선의 수단이며, 빈곤에 허덕이는 세계인민에게 경제적 정의를 실현하면, '가진 자'와 '못 가진 자' 사이의 폭력적 대결을 피할 수 있다고 본다. 다른 방법으로는 이 대결을 피할 수 없다는 것이다. 이 견해는, 동의 또는 합의의 과정을 통해서는 정의의 실현이 불가능한 경우가 있다는 것을 인정하지 않으려고 하고, 질서를 희생하여 정의를 얻으려는 시도는 오히려 역효과를 낸다고 주장한다. 또 '질서'의 옹호자와 '정의'의 옹호자에게 두 가지 다 실현할 수 있는, 양자가 합의할 수 있는 도덕체계가 있다고 설득하고, 그 범위 안에 머무를 것을 요청한다.

세계정치에서 질서유지의 요구와 정당한 변경의 요구는 상호 배타적이 아니다. 분명히 양자를 일치시킬 수 있는 여지가 있다. 세계정치에서 질서를 부여하는 어떠한 체제도 최소한 어느 정도 변화의 요구를 수용해야 존속할 수 있다. 따라서 질서목표의 현명한 추구는 정의목표를 고려하지 않을 수 없다. 마찬가지로 정당한 변경의 요구도 질서목표를 고려해야 한다. 왜냐하면 변화가 일어난 후에는 질서 있는 어떤 체제 속으로 통합되어야 그 변화를 제대로 확보할 수 있기 때문이다.

때로는 관계당사자의 동의에 의해, 즉 변경의 정당성에 합의하여 변경이 이루어질 수도 있다. 이런 경우에는 국제질서의 기초에 대한 어떠한 침해도 발생하지 않는다. 아시아·아프리카 인민들이 유럽 제국으로부터 해방을 얻을 때 폭력과 무질서가 있었고, 해방을 위해 싸웠던 사람들은 질서보다 정의를 앞세웠다. 그러나 식민지 종주국들이 질서 있는 권력이양 과정에 동의함으로써 피지배민족의 건국을 도운 것은 사실이다. 또한 관계당사자 모두의 동의가 없어도, 강대국을 포함한 국제사회 전체가 일반적 합의로써 변경의 정당성을 인정한다는 확실한 증거가 있는 경우, 약간의 지역적인 또는 일시적인 혼란이 있다 하더라도, 무질서를 초래하지 않으면서 변경이 이루어질 수 있다. 변경이 이러한 방식으로 이루어질 경우, 국제질서 전체는 타격을 입지 않을 뿐만 아니라, 오히려 강화될 수도 있다. 이것은 질서에만 해당하는 것이 아니다. 국제적 정의, 인간적 정의, 세계적 정의의 경우에도 국제사회가 일반적 합의를 이룰 경우, 그렇지 않은 국제사회에 비해 최소한의 질서 또는 공존체제를 유지하기가 한결 쉬울 것이라는 점은 확실하다.

그러나 정의가 무엇인지에 대해 일반적 합의가 존재하지 않을 경우, 또한 공존의 맹약에 의해 이미 결정된 것으로 간주되는 문제를 정의의 이름으로 다시 제기하여 강력히 요구하는 경우, 정당한 변경의 요구는 국제질서와 충돌한다.

예컨대, 유엔이 흑인 다수파 주민을 위해 민족자결권을 강제하고, 아프리카 흑인의 정치적 권리를 보장하기 위해 남아프리카에 군사적으로 개입하기로 일반적 합의—강대국이 포함된—를 이룬 경우, 이러한 간섭은 국제질서를 조금도 위협하지 않는다. 오히려 국제사회의 도덕적 연대의 새로운 수준이 확인됨으로써 국제질서가 한층 강화될 수도 있다. 그러나 그러한 일반적 합의가 존재하지 않는 상황에서 군사개입을 요구할 경우, 이는 질서보다 '국제적 정의'와 '인간적 정의'를 더 중요하게 여긴다는 것을 의미한다. 아프리카 흑인국가들은 1963년 이래 유엔 안전보장이사회에서 인종차별이 인권의 침해일 뿐만 아니라, 평화에 대한 위협이라는 취지의 주장을 제기해왔다. 이러한 주장은 '유엔헌장'에 대한 하나의 법적 해석으로 인정될 수 있고, 또 정치적 전술로는 좋을지 모르지만, 문제의 소재를 모호하게 만드는 것이다. 평화를 위협하는 것은 군사개입을 주장하는 쪽이다. 군사개입은 평화가 아니라 정의에 대한 고려를 명분으로 이루어지는 것이다.

1961년 포르투갈로부터 고아[14]를 침탈한 인도의 군사행동과, 1962년 인도네시아의 서이리안[15] 침공 등은 정당한 변경을 내세워 평화를 파괴한 예라고 할 수 있다. 이들의 경우도 남아프리카에 대한 군사개입 때 제시된 명분과 마찬가지로, 정의만 내세운 것이 아니라 질서까지 그들 행동의 정당화의 이유로 삼은 것은 흥미로운 일이다. 크리슈나 메논[16]은 인도의 고아 침공이 정당한 행동이었다고 주장했는데, 1510년의 포르투갈의 침략에 대응할 필요가 있었고, 1510년 이래 '항구적 침략'(*permanent aggression*)이 있었기 때문이라는 것이

14) 〔역주〕 인도의 서쪽 연안에 있는 주. 1510년에 포르투갈의 식민지가 되어 동양무역의 중심지로 발달하였다. 1962년 인도에 반환되었다.

15) 〔역주〕 뉴기니 섬의 서부지역. 인도네시아명은 이리안 자바(Irian Jaya). 이 지역은 1895년 이래 네덜란드의 식민지(Netherlands New Guinea, 1895~1962)였다가, 1962년 서뉴기니(West New Guinea, 1962~1963)로 독립하였다. 그러나 1962년 인도네시아의 침공을 받고 1963년부터 인도네시아에 편입(West Irian, 1963~1973)되었고, 1973년 명칭이 이리안 자바로 바뀌었다.

16) 〔역주〕 Menon, Krishna(1897~1974): 인도의 정치가·국방장관(1957~1962).

다. 또한 1971년 동파키스탄에 대한 인도의 군사개입도 '인구동태적 침략'(*demographic aggression*)에 대한 대응이라고 주장했다. 이러한 예에서 볼 수 있듯이 혁명적 견해를 가진 사람들도 국제체제가 일반적으로 인정하는 양식으로 자신들의 행동을 정당화한다.

다음으로 국제사회에서 정의가 무엇인가에 대해 일반적 합의가 존재하지 않는 상황에서 정의에 대한 요구가 있을 경우, 질서 또는 최소한의 공존에 관한 현재 존재하는 일반적 합의가 무너질 가능성이 있다. 즉, 질서가 먼저인가, 정의가 먼저인가 하는 문제에 직면하게 된다. 이 책에서 나는 '질서'라는 말에 설득적 정의(定義) ― 인간적 목표로서 가치가 있다고 전제하는 것 ― 를 부여하지 않으려고 애써왔다. 하지만 개인적 생각을 말하자면, 나는 질서가 인간사(人間事)에서 바람직한 것, 또는 가치 있는 것이라고 생각하고 있으며, 세계정치에서는 더욱더 그렇다고 생각한다.

사회생활에서 질서는 바람직한 것이다. 다른 가치들을 실현하기 위한 조건이기 때문이다. 사회생활의 기본적인, 근원적인 또는 보편적인 목표들을 지탱하는 인간의 행동양식이 존재하지 않는다면, 그 사회의 더욱 고차적인, 2차적인 또는 특수한 목표들을 달성하거나 유지할 수 없을 것이다. 국제질서 또는 국가들의 사회의 내부질서는 국가간 또는 민족간의 정의와 평등의 조건이다. 국제질서라는 배경이 없으면 국가의 평등한 독립권이나 민족의 평등한 자결권 같은 것은 있을 수 없다. 마찬가지로 세계질서 또는 전 인류로 이루어지는 위대한 사회에서의 질서는 인간적 정의 또는 세계시민적 정의를 실현하기 위한 조건이다. 만약 폭력에 대한 최소한의 안전, 약속의 존중, 재산 규칙의 안정성 등이 존재하지 않는다면, 개개인을 위한 정치적·사회적·경제적 정의의 목표는 의미를 상실할 것이며, 세계적 공동선에 따라 부담과 보상을 정당하게 배분하는 목표도 의미를 상실하고 말 것이다.

따라서 세계정치에서의 질서는 가치 있을 뿐만 아니라, 어떤 의미에서는 정의와 같은 다른 목표들보다 우선적인 것이다. 그렇다고 해서 모든 경우에 질서가 정의에 우선한다는 말은 아니다. 질서와 정의의 관념은 둘 다 세계정치의 모든 행위주체들의 가치체계 속에 들어 있으며, 거래할 때마다 정당화의 명분으로 또는 수식어로 사용된다. 혁명적 정의의 지지자는 혁명의 성과가 새로운 질서로 확립되는 때가 오기를 기대한다. 질서의 옹호자는 현행질서가 도덕적으로 만족할 만하다고 보기 때문에, 또는 불만족스럽다 하더라도 질서를 희생하면서까지 정의를 추구할 필요는 없다고 보기 때문에 질서를 옹호한다. 질서 대 정의의 문제는 사안에 따라 관련당사자의 입장이 달라지게 마련이다.

어떤 사안에서 정의보다 질서를 앞세운다 하더라도 정의에 대한 고려 없이 그렇게 할 수는 없다. 현존 질서에 불의가 있는가, 있다면 어느 정도 있는가에 대해 평가한 후에야 입장을 정할 수 있다. 그러면 기존질서를 가치 있는 것으로 여기는 이유는 무엇일까? 마즈루이에 따르면, "평화의 가치는, 알고 보면, 파생적인 것이다. 밑바닥까지 내려가 보면, 평화가 중요한 이유는 '인간으로서의 존엄과 가치'가 중요하기 때문이다."[17] 반식민주의적·인종적·경제적 정의를 위해 국제질서를 위험에 빠트리는 것에 반대하는 사람들도 질서에 대한 평가뿐만 아니라, 자기 나름대로 정의의 유무에 대한 평가가 있기 때문이다.

더욱이 국제질서의 틀이 튼튼할 경우, '정의'의 이름 아래 행해지는 폭력적 공격의 충격을 쉽게 견뎌낼 수 있다. 예를 들어, 현재 핵평화

---

17) Mazrui, *Towards a Pax Africana*, p. 137.

는 핵 하위수준에서 벌어지는 민족해방의 정전(正戰)이나, 또한 국제적 또는 국가간 평화는 국가 내부의 정당한 폭력이나 내전에도 불구하고 세계의 안전을 지켜왔다.

또한 반드시 기억해야 할 것은 정당한 변경을 지지하는 일반적 합의의 존재여부가 불확실할 수도 있다는 것과, 정당한 변경을 목적으로 현행질서에 대해 폭력적 공격을 감행할 경우 현재 존재하는 일반적 합의가 변경될 것이라는 사실이다. 때로는 정당한 변경을 위한 투쟁이 개시된 후에 사후적으로 그 정당성을 인정하는 일반적 합의가 생기는 경우도 있다. 예를 들면, 오늘날에는 식민지 종주국이 속령들에 대한 영유권을 주장하는 것은 합법적이 아니며, 또한 민족해방을 목적으로 식민지 종주국에 폭력을 행사하는 것이 정당함에 대해 국제사회의 일반적 합의가 존재한다고 주장할 수도 있다. 그러나 이러한 일반적 합의는 반식민주의 투쟁이 벌어진 후 수십 년 동안 존재하지 않았다. 오늘날 그러한 일반적 합의가 존재한다면, 이것은 투쟁의 결과라고 할 수밖에 없다. 이처럼 세계정치에서의 질서는 분명히 가치가 있고, 다른 가치를 실현하기 위한 하나의 조건이지만, 지배적인 가치라고 생각해서는 안 된다. 또한 특정 제도나 특정 행동방침이 질서에 기여한다 하더라도, 이로부터 그 제도가 바람직한 것이라거나, 그 행동방침을 그대로 따라야 한다는 논리가 성립하는 것은 아니다.

제 2 부

현대 국제체제에서의 질서

제 5 장

세력균형과 국제질서

이 장에서는 다음과 같은 문제들을 다루고자 한다.

① 세력균형(*Balance of Power*)이란 무엇인가?
② 세력균형은 국제질서에 어떤 기여를 하는가?
③ 현재 국제질서의 유지에 세력균형의 중요성은 어느 정도인가?

1. 세력균형

여기에서 '세력균형'이란, 바텔이 말한 것처럼, '어느 한 나라도 압도적인 힘을 갖지 못하여 다른 나라에 법을 강요할 수 없는 상태'를 가리킨다.[1] 이 말은 보통 군사력을 염두에 두고 사용하지만, 세계정치에 작용하는 다른 종류의 힘을 가리키는 경우도 있다. 바텔이 말한

1) 'Une disposition des choses au moyen de laquelle aucune puissance ne se trouve en etat de predominer absolument et de faire la loi aux autres': de Vattel, *Droit des Gens*, bk III, ch. ii, section 47, text in J. B. Scott, *The Classics of International Law, Le Droit des Gens* (Washington: Carnegie Institute, 1916), p. 40.

이와 같은 상황은 여러 가지 방식으로 실현될 수 있다.

첫째, 단순 세력균형과 복합 세력균형을 구별해야 한다. 즉, 2개국으로 이루어지는 균형과 3개국 이상으로 이루어지는 균형이 있다. 단순 세력균형의 전형적인 예로는, 16세기에서 17세기에 걸친 프랑스와 합스부르크 스페인/오스트리아와의 대립, 냉전기 미국과 소련과의 대립 등을 들 수 있다. 복합 세력균형의 예는 18세기 중엽의 유럽 정세에서 찾아 볼 수 있는데, 이때에는 프랑스와 (스페인과 단절한) 오스트리아의 양대 강국 외에 영국・러시아・프러시아가 새로운 강국으로 등장하였다. 현 시점의 세계정치도 그러한 예의 하나일 수 있다. 미・소 양대 강국 외에 중국이 새로운 강국으로 등장하고, 잠재적인 제 4의 강국으로서 일본이, 잠재적인 제 5의 강국으로서 서유럽 국가들의 연합이 등장하고 있기 때문이다. 그러나 역사상 존재했던 어떤 세력균형도 완전한 단순 세력균형이거나 또는 완전한 복합 세력균형이었던 적은 없다. 단순 세력균형의 경우에도 다른 나라들이 사태의 추이에 영향을 미치기 때문에 상황을 복잡하게 만든다.[2] 그 영향이 적기는 하지만 전혀 없을 수는 없다. 다른 한편 복합 세력균형도 외교적 제휴관계에 의해 단순화될 수도 있다. 제 1차 세계대전 이전의 주요 6대국간의 세력균형이 3국동맹[3]과 3국협상[4]의 단순

2) 카플란의 말을 빌면, 역사상 존재했던 '양극'체제들은 '팽팽한'(*tight*) 것이 아니라 '느슨한'(*loose*) 것이었다. *System and process in International Politics*, 제 2장 참조.

3) 〔역주〕 3국동맹(*Triple Alliance*) : 1882년부터 1915년까지의 독일・오스트리아・이탈리아 3국 간에 체결된 방어비밀동맹을 말한다. 독일과 오스트리아는 1879년 2국동맹을 체결하였는데, 1881년 프랑스가 튀니지를 점령하여 보호국으로 만들자, 일찍부터 그곳에 야심을 품고 있던 이탈리아가 프랑스의 튀니지 점령을 인정하지 않고 1882년, 5년 기한으로 독일・오스트리아와 함께 이 동맹을 체결하였다. 내용은 주로 가맹국이 다른 열강,

한 대항관계로 재편된 것이 그 좋은 예일 것이다.

단순 세력균형이 성립하기 위해서는 양대국간의 힘의 평등과 균형이 반드시 필요하다. 그러나 복합 세력균형의 경우에는 그럴 필요가 없는데, 3개국 또는 그 이상의 나라들이 서로 대립하는 상황에서 그들 나라간의 힘의 불평등이 심화된다 하더라도 그 중 최강국이 반드시 우월적 지위에 놓이는 것은 아니기 때문이다. 그 최강국에 대항하여 나머지 국가들이 연대할 가능성은 항상 존재한다.

특히 프랑스로부터 공격받을 경우 상호 군사원조를 한다는 것이었다. 그 후 6차에 걸쳐 갱신되었는데, 1890년 독일의 비스마르크가 은퇴하기 전에는 비스마르크 안전보장체제의 일환으로 중요한 역할을 하였다. 20세기 초, 3국협상과의 대립이 격화되자 지중해에서 영국과 대항할 힘이 없었던 이탈리아는 점차 소극적이 되어, 이탈리아·터키 전쟁, 발칸전쟁 이래 영국·프랑스에 접근하고 프랑스와는 비밀동맹을 체결하기도 했다. 그 때문에 1914년 제 1차 세계대전이 발발하자, 이탈리아는 동맹국 원조의무는 방어전쟁에만 국한된다는 구실로 중립을 선언하고 결국 1915년 5월 3국동맹의 폐기를 선언한 뒤, 3국협상 측에 가담하여 참전하였다.

4) 〔역주〕 3국협상(*Triple Entente*): 제 1차 세계대전 이전 영국·프랑스·러시아 3국의 동맹관계. 3국협상이라는 조약이 체결된 것이 아니라, 동맹이나 협상을 통하여 맺어진 3국의 협력체제를 가리킨다. 독일제국은 성립 이래 비스마르크의 교묘한 외교수완으로 프랑스를 고립시키고, 러시아를 자기 진영으로 끌어들였다. 그러나 1888년 빌헬름 2세가 즉위하자 적극적인 제국주의 세계정책을 추진하려 하였고, 1890년 비스마르크를 실각시켰다. 19세기 말부터 20세기 초에 걸쳐 그의 제국주의적 침략은 유럽·아프리카의 각지에서 영국·프랑스·러시아의 제국주의와 대립·충돌했다. 그 때문에 비스마르크 시대에는 교묘히 분리되었던 영국·프랑스·러시아 3국이 독일에 대하여 강한 경계심을 품고 서로 가까워졌다. 독일을 고립화시키기 위하여 1891년 러·프 동맹, 1904년 영·프 협상, 1907년 영·러 협상이 각각 체결되어 외교적·군사적 동맹체제를 정비하였다. 3국협상과 3국동맹의 대립으로 제 1차 세계대전이 일어났으나, 전쟁중인 1917년 러시아의 혁명발발로 러시아가 탈퇴하자, 3국협상체제는 붕괴하였다.

단순 세력균형의 경우, 뒤처진 나라가 할 수 있는 일은 자신의 고유한 국력을 증대시키는 것뿐이다(여기에서 국력이란, 말하자면 18세기에는 자국의 영토와 인구, 19세기에는 자국의 산업과 군사조직, 20세기에는 자국의 군사과학기술이다). 복합 세력균형의 경우에는 다른 나라들을 흡수 또는 분할하거나, 동맹을 맺는 방식으로 다른 나라들의 존재를 교묘히 이용하는 방법이 있다. 복합 세력균형이 단순 세력균형보다 오히려 더 안정적이라고 생각하는 사람들이 많은 것도 이런 이유 때문이다.[5]

둘째, 일반적 세력균형과 지역적 세력균형 또는 특정한 세력균형을 구별해야 한다. 일반적 세력균형은 국제체제 전체에서 어느 한 나라도 우월적 지위에 있지 않은 상황을 말하고, 지역적 세력균형 또는 특정한 세력균형은 일정 지역 또는 국제체제의 한 부분에서 그러한 경우를 말한다. 현재 세계의 일부 지역, 예를 들면 중동, 인도, 동남아시아와 같은 곳에 지역적 세력균형이 존재한다고 말할 수 있을 것이다. 한편 동유럽이나 카리브 해 지역에는 지역적 우월국이 존재한다. 이 두 가지 상황 어느 쪽도 국제체제 전체가 일반적 세력균형을 이루고 있다는 사실과 모순되지 않는다.

또한 일반적 균형(*general balance*)과 복수의 지역적 균형(*local balances*) 상태를 지배적 균형(*dominant balance*)과 복수의 종속적 균형(*subordinate balances*) 상태와 혼동해서도 안 된다. 현재 미·소 간의 세력균형은 세계의 지배적 균형이다〔이 균형은 때로는 '중심적 균형'(*central balance*)이라고 불리기도 한다〕. 중동, 인도, 동남아시아의 지역적 균형상태는 미·소 간의 지배적 균형에 영향을 미치고 있다기보다는 오히려 그 균형의 영향을 받고 있다는 점에서 미·소 간의 지배

---

5) 예를 들면, Quincy Wright, *A Study of War* (University of Chicago Press, 1964) abridged, p. 122를 보라.

적 균형에 종속되어 있다. 소련과 미국이 현재 중동지역의 균형의 요인인 것처럼, 지배적 균형을 이루는 강대국이 직접 종속적 균형과정에 관여하는 경우가 있다. 버크는 이 지배적 균형과 종속적 균형과의 구별을 사용하여, 18세기 말의 영국·프랑스·스페인 간의 관계를 유럽의 '거대한 중부균형'(*great middle balance*)이라고 부르고, '북방의 균형', '독일의 균형', '이탈리아의 균형' 등의 작동에 제한을 가하는 것으로 파악하였다.[6] 그러나 이와 같은 지배적 균형은 하나의 특정한 균형에 불과하기 때문에 이것을 국제체제 전체의 일반적 균형 또는 평형상태와 같은 것으로 보아서는 안 된다.

셋째, 주관적으로 존재하는 균형과 객관적으로 존재하는 균형을 구별해야 한다. 어느 한 나라도 군사력의 측면에서 우월적 지위를 차지하고 있지 않다고 생각하는 것과, 실제로 어느 한 나라도 우월적 지위를 차지하고 있지 않은 상태는 전혀 별개의 것이다. 양측의 군사력이 대체적 균형을 이루고 있다고 믿었다가 그 후에 발생한 일을 보고 나서 그 믿음이 '사실'이 아니었음을 깨닫게 되는 일이 종종 있다. 예를 들면, 1939~1940년 겨울 유럽에서는 연합국과 독일 사이에 군사적 균형이 존재한다고 생각하였지만, 1940년 봄 서부전선에서 몇 주간의 전투가 끝나고 나자 사실은 그렇지 않았다는 것을 알게 되었다. 바텔이 말한 세력균형은 균형의 존재에 대한 일반적 믿음을 필요조건으로 한다. 즉, 균형이 객관적으로 존재하고 있다고 하더라도 주관적으로는 존재하지 않는다면 '세력균형'이 존재한다고 말할 수 없다. 만약 (단순 세력균형의 경우를 예로 들면) 실제로는 양국 중 어느 한 나라가 상대국을 쉽게 이길 수 있는 상태가 아님에도 불구하고 그런 위치에 있는 것으로 여겨지는 경우, 그 나라는 상대국에 대해 (바

6) Burke, "Third Letter on the Proposals for Peace with the Regicide Directory of France," p. 441.

텔의 말을 빌면) '법을 강요'할 수 있다. 그러므로 세력균형을 유지하는 문제는 단순히 군사적 균형의 존재를 확보하는 문제가 아니다. 그와 같은 균형이 존재한다는 믿음이 국가간에 동일하게 있어야 한다. 전쟁터에서 한 번의 승리가 중요한 이유는 그 후의 전황에 어떤 영향을 미치기 때문이 아니라, 그들의 승패의 귀추에 대한 국가들의 믿음에 영향을 미치기 때문일 것이다. 이러한 의미에서 1940년 서유럽에서 독일의 승리는, 그때까지 존재한다고 믿었던 세력균형이 '실제로는' 존재하지 않았다는 것을 보여주었다기보다, 오히려 그 전까지 존재했던 세력균형을 무너뜨리고, 독일이 우월적 지위에 놓이게 된 새로운 상황을 조성했다고 볼 수 있다.

세력균형이 존재하기 위해 균형의 존재에 대한 주관적 믿음이 반드시 필요하기는 하지만 그것만으로 충분하지는 않다. 아무리 상호간에 균형이 존재한다고 생각하더라도, 어느 한쪽이 이웃나라에 대해 사실상 쉽게 승리를 얻을 수 있는 위치에 있다면, 그러한 믿음은 쉽게 깨질 수 있고, 그 결과 새로운 주관적 상황이 야기될 가능성이 크다. 다른 나라의 공격에 저항하고자 하는 국가의 현실적 의지와 능력을 고려하지 않은 채 허세와 겉보기만으로 판단한 세력균형은 쉽게 무너질 수 있으며 오래 가지 못한다.

넷째, 우발적 세력균형과 의도적 세력균형을 구별해야 한다. 우발적 세력균형은 당사국 어느 쪽도 균형을 이루고자 하는 의도적 노력을 하지 않은 상태에서 이루어진 균형을 말한다. 의도적 세력균형은 적어도 부분적으로는 어느 일방 또는 쌍방의 의도적 정책에 의해 성립된 균형을 말한다.

우발적 세력균형과 의도적 세력균형과의 구별을, 균형을 이루고자 하는 '자유선택적' 균형정책과 '결정론적' 균형정책과의 구별과 혼동해서는 안 된다. 세력균형은 의식적으로 생겨나는 것이라고 생각하는 많은 논자들은, 잠재적 패권국으로부터 위협받는 나라들이 그 패권국에 대한 저항을 포기하는 쪽으로 정책방향을 설정할 수도 있다는 생각을 해왔다. 예를 들면, 버크, 겐츠, 헤렌과 같은 논자들은, 혁명기 및 나폴레옹기 프랑스가 팽창주의 정책을 추구하자 유럽의 세력균형이 붕괴될지도 모른다는 의구심 때문에 프랑스에 대해 저항할 것을 촉구하였다. 다시 말해 그들은 고대세계가 로마에 대한 저항을 포기한 것처럼, 유럽 국가들이 프랑스에 대한 저항을 포기할 가능성도 있다는 걱정을 했던 것이다.[7] 이들의 견해는 루소나 아놀드 토인비(Arnold Toynbee)의 견해와 좋은 대조를 이룬다. 루소나 토인비와 같은 사람들은 세력균형을 '도전과 응전'이라는 어떤 역사법칙의 귀결이라 생각한다. 그 법칙에 따르면, 균형에 대한 위협이 발생할 경우 이를 견제하고자 하는 대항적 경향이 반드시 발생하게 되어 있다.[8] 즉, 전자의 사상가들은 세력균형에 대한 도전이 있어도 대항력이 발생하지 않을 수도 있다고 생각하는 반면, 후자의 사상가들은 그런 경우에는 반드시 대항력이 발생하는 것이 역사적 경향이라고 주장한다. 물론 양쪽 다 세력균형을 우발적인 것이 아니라 의도적인 것으로 보고 있다는 점에서는 다르지 않다.

완전히 우발적인 세력균형은 절대적 영향력의 확대를 추구하는 두 국가간의 사활을 건 투쟁의 와중에 어느 순간 이루어진 교착상태라고 할 수 있다. 그러나 당사국 중 어느 한 국가라도, 국력의 절대적 확대라는 목표를 추구하는 것이 아닌, 자국의 국력을 타국의 국력과의

7) *Ibid.*; Friedrich von Gentz, *Fragments on the Balance of Power in Europe*(London, 1806) 및 Heeren, *A Manual of the History of the Political System of Europe and its Colonies*.

8) J.-J. Rousseau, *A Project of Perpetual Peace*(London: Danderson, 1927) 및 Arnold Toynbee, *A Study of History*(Oxford University Press, 1935~1959) vol. III, pp. 301~302를 보라.

관계 속에서 제한하려 하면, 이때에는 세력균형이 의도적 성격을 지니게 된다. 이것이 바로 세력균형의 의도적 요소이다. 즉, 상대국의 군사력을 예측하여 자국의 군사력 수준을 결정하는 것이다. 물론 상대국보다 더 강하거나 더 약하게 혹은 대등하게 설정할 수도 있다. 권력정치의 체계 속에서 '합리적으로' 행동하는 국가라면(즉, 내적으로 일관성 있게, 그리고 소정의 국가목표에 부합하도록 행동하는 국가라면) 어떤 국가라도 통상 이와 같은 입장을 취할 것이다. 하지만 의도적 세력균형은 여러 가지 형태가 가능한 광범위한 개념이다.

의도적 세력균형의 가장 기본적 형태는 양자균형이다. 이것은 당사국 중 한 국가가 상대국이 군사적으로 우월적인 지위를 얻지 못하도록 정책을 추구할 경우 형성된다. 좀더 복잡한 형태는 3자 균형이다. 이것은 당사국 중 한 국가가 자국의 군사력을 증대하는 것 외에 나머지 2개국 중 상대적으로 약한 국가의 편을 들어 결과적으로 어느 국가도 우월적 지위를 얻지 못하도록 정책을 추구할 경우 형성된다. 이른바 '균형유지'(*holding the balance*) 정책이 바로 이것이다. 이러한 형태의 세력균형 정책은, 흄(David Hume)이 논한 바와 같이, 고대 세계에서는 흔히 볼 수 있는 정책이었다. 시라큐스(Syracuse)의 왕 히에로(Hiero)가 로마에 대항하여 카르타고 편을 들었다는 이야기가 폴리비우스[9]의 유명한 저술에 나오는데, 흄은 폴리비우스의 이야기를 바탕으로 이러한 주장을 전개한 것이다.[10]

여기에서 한 걸음 더 나아가면 국제체제 전체에 걸쳐 세력균형을

---

9) 〔역주〕 Polybius(B.C. 203~B.C. 120): 고대 그리스의 정치가 · 역사가. 아카이아 동맹의 지도자. B.C. 220년에서 146년까지 로마제국의 흥망을 다룬 《로마제국 흥망사》를 저술하였다.

10) David Hume, "Of the Balance of Power," in *Essays Moral, Political and Literary*, vol. I(London: Longmans, Green & Co., 1898) 참조.

보존하는 정책으로 가게 된다. 이러한 정책은 상호작용하는 다양한 나라들이 단일의 체제 또는 세력장(*field of forces*)을 구성한다는 인식이 있어야 가능하다. 또한 보편적 외교제도도 지속적으로 작동해야 한다. 이 제도들은 해당국가에게 체제 내에 있는 모든 국가의 움직임에 대한 정보와, 그 정보에 따른 대응수단들을 제공한다. 국제체제 전체에 걸쳐 균형을 보존하는 정책은 15세기 이탈리아에서부터 시작되어 외국주재 공관의 확대와 함께 발전한 것으로 보인다. 유럽정치가 단일한 체제를 형성하고 있다는 관념과 함께, 이런 생각이 유럽사상에 완전히 뿌리를 내린 것은 17세기에 와서의 일이다.[11)]

여기에서 또 한 걸음을 더 나아가면, 다음과 같은 개념에 도달한다. 즉, 세력균형은 국제체제 전역(全域)에 걸쳐 그 어떤 나라도 우월적 지위를 갖지 못하도록 하기 위해 특정 국가들에 의해 정책적으로 조성되는 사태이며, 국제체제 전체의 의식적 목표라는 것이다. 세력균형의 개념을 이렇게 이해하게 되면, 국가간의 협력을 통해 균형의 보존이라는 공통의 목표를 추구할 수 있게 된다. 잠재적 패권국가를 견제하기 위해 일련의 대동맹(*grand alliances*)이 성립되었던 근대사회에서 이러한 예를 찾아볼 수 있다. 각국은 다른 나라가 우월적 지위를 갖지 못하도록 행동하는 데 그칠 것이 아니라, 자기 자신이 균형을 교란시키는 일도 없도록 책임을 다해야 한다. 즉, 다른 나라를 억제함과 동시에 자기억제도 필요하다. 국제체제 전체에 세력균형을 유지하는 것이야말로 체제 내 모든 국가의 공통목표라는 생각은

11) 세력균형정책이 고대세계에 기원을 두고 있다는 흄의 유명한 주장과는 달리, 버터필드 경(Sir Herbert Butterfield)은 국제체제 전체가 세력균형을 유지할 수 있다는 학설은 '근대세계 그 자신의 경험에서 유래된 것으로 생각된다'고 했는데, 이 주장은 설득력이 있다. "The Balance of Power," in *Diplomatic Investigations*, p. 133 참조.

17세기에서 18세기 초에 걸쳐 유럽에서 등장한 관념이다. 이러한 관념은 루이 14세에 대항했던 동맹들에서 찾아볼 수 있으며, 1713년의 '위트레흐트 조약' 전문에서 결실을 보게 된다.

2. 세력균형의 기능

세력균형은 근대 국가체제에서 역사적으로 세 가지 기능을 했다고 볼 수 있다.

① 국제체제 전체에 걸쳐 존재한 일반적 세력균형은 국제체제가 정복 등에 의해 하나의 보편적 제국으로 변형되는 것을 방지하는 데 기여하였다.
② 지역적 세력균형들은 지역적으로 우월적 지위를 차지한 국가에 의한 병합이나 패권적 지배로부터 특정지역 국가들의 독립을 보호하는 데 기여하였다.
③ 일반적 세력균형과 지역적 세력균형이 모두 존재한 경우, 이 두 균형은 국제질서가 의존하는 여러 제도들(외교, 전쟁, 국제법, 강대국에 의한 관리 등)이 잘 작동할 수 있는 조건들을 제공하였다.

이처럼 세력균형은 국제질서와 관련하여 긍정적 기능을 창출했기 때문에 그와 같은 균형상태의 의도적 창출이야말로 정치가가 재능을 발휘할 만한, 가치 있는, 정당한 목적이라 생각되었다. 그러나 이러한 생각은 20세기에 들어와서 비판을 받게 되었다. 현재 제기되는 비판을 살펴보면, 균형이라는 개념은 애매하여 큰 의미가 없음을 알 수 있다, 균형개념은 과거의 역사적 선례로부터 일반화된 것인데, 그 일반화의 진위가 검증되지 않았거나 또는 검증 자체가 불가능하며, 균형이론은 모든 국제적 행동이 권력추구로부터 생긴다는 관념에 의거하고 있다는 것이다. 20세기 초, 특히 제 1차 세계대전 무렵과 그 후에 등장했던 비판은 세력균형의 추구가 국제질서에 긍정적 효과가 아니라 부정적 효과를 가져왔다는 비판이었다. 세력균형이라는 개념이 이해하기 불가능하다거나 또는 진위를 판정할 수 없다는 비판은 없었다. 특히, 세력균형을 유지하고자 하는 시도가 전쟁의 원인이 되었다는 점, 소국의 이익을 희생시키면서 강대국의 이익에 따라 이루어졌다는 점, 국제법을 무시하였다는 점 등이 강조되었다. 우선 이러한 비판들에 대해 살펴보기로 하자.

세력균형을 창출하고자 하는 시도가 반드시 평화의 보존을 가져오는 것은 아니다. 세력균형의 주된 기능은 평화를 보존하는 것이 아니라 국가체제 그 자체를 보존하는 것이다. 잠재적 패권국의 영향력을 억제할 수단이 전쟁밖에 없다면 세력균형의 보존은 전쟁을 필요로 한다. 그러나 평화의 보존이 의도적인 세력균형의 부수적 목표라고 할 수는 있을 것이다. 적어도 안정적인 (즉, 균형이 지속될 수 있는) 세력균형 상태는 예방전쟁[12]의 동기요인을 줄여줄 수 있기 때문이다.

세력균형의 보존원칙이 소국을 희생시키면서 강대국 위주로 이루어지는 경향이 있음은 의심의 여지가 없다. 강대국간의 세력균형이 소국의 분할과 병합을 통하여 보존된 경우는 허다하다. 예를 들면, 1648년부터 1914년 사이에 유럽 국가의 수가 현저히 감소한 것은 대국이 소국을 병합하고자 하였다는 것을 여실히 보여주며, 동시에 세력균형을 위해 보상의 원칙을 추구했던 사실을 보여준다. 이러한 사

12) 〔역주〕 예방전쟁(豫防戰爭, *preventive war*): 인접국 또는 가상 적국과의 사이에 긴장이 고조될 때 상대국의 전력(戰力)이 강대해지기 전에 선제공격을 하여 위협을 제거하는 것을 말한다.

실 때문에 세력균형 원칙은 열강의 집단적인 세력확대에 불과하다는 비난이 그치지 않았다. 그 전형적인 예가 1772년 오스트리아·러시아·프러시아에 의한 폴란드 분할이다. 겐츠나 버크와 같은 사람들은 폴란드 분할은 세력균형의 진정한 원칙으로부터의 탈선이며 일탈이라고 주장하였다. 이들에 따르면 나라의 크기와 관계없이 모든 국가의 독립을 존중하는 것이 진정한 세력균형의 원칙이라는 것이다. 이러한 세력균형 개념은 법률주의적·이상주의적 관점에서 출발하는데, 이것은 세력균형 원칙의 기본내용을 잘못 해석한 것이다. 폴란드 분할은 세력균형 원칙으로부터의 일탈이 아니라, 그 적용이었다(이 문제에 대해서는 제 9장에서 자세히 살피기로 한다).

희생당하는 약소국의 입장에서 보면 세력균형은 야만적인 원칙으로 보일 것이 틀림없다. 하지만 그렇다고 해서 세력균형이 국제질서의 보존에 기여하는 중요성이 줄어드는 것은 아니다. 지배적 균형의 필요성이 종속적 균형들의 필요성보다 더 크고, 일반적 균형이 지역적 또는 특정적 균형보다 더 중요하다는 것이 세력균형 원칙의 논리적 구성요소들이다. 약소국에 대한 강대국의 세력확장이 발생할 수 밖에 없는 상황이라면, 국제질서의 관점에서 볼 때 이런 일은 강대국간의 전쟁 없이 이루어지는 쪽이 전쟁을 동반하는 것보다는 낫다.

세력균형의 존재는 국제법이 제대로 기능하기 위한 기본적 조건이다. 하지만 균형을 유지하기 위해 필요한 조치들은 종종 국제법의 금지명령의 위반을 동반한다. 이것은 세력균형의 원칙에 들어 있는 일종의 역설(逆說)이다. 한 국가가 우월적 지위를 차지하고 있으면 그 국가는 법 규범을 무시하고 싶은 유혹을 받기 쉽다. 또한 우월적 지위의 국가는, 바텔도 알고 있었던 것처럼, '타국에 법을 강요하는' 위치에 있게 된다. 국제법 규범의 가장 기본적인 것, 즉 주권·불간섭·외교적 특전 등에 관한 규범들의 실효성은 '상호주의'(*reciprocity*)

원칙에 입각하고 있다. 한 국가가 압도적인 힘을 가지고 있을 경우 그 국가는 타국의 권리를 무시할 수 있는 선택지를 가질 수 있다. 그렇게 하여도 자국의 권리가 타국에 의해 무시당할 염려가 없기 때문이다. 그러므로 국제법 규범이 준수되기 위해서는 우월적 지위에 있는 나라가 성실하게 법을 지킬 것이라는 단순한 기대 이외에 어떤 안전보장이 있어야만 한다. 바로 이런 사정 때문에 오펜하임[13]을 비롯한 실증주의 국제법학자들은 다음과 같은 결론을 내렸다. "국제법의 역사로부터 얻을 수 있는 가장 중요한 교훈은 평형상태, 즉 세력균형이 국가집단의 구성원들 사이에 성립되어 있어야 국제법이 존재할 수 있다는 것이다."[14]

국제법이 규범체계로 기능하기 위해서는 세력균형이 필요하다. 하지만 세력균형을 보존하기 위해 종종 국제법 규범에 위반되는 행동이 필요한 때가 있다. 국제법 규범이 무력의 행사 또는 위협을 허락하는 때는, 그로티우스의 말을 빌면, '입은 피해를 복구하기 위한' 경우뿐이다. 즉, 타국에 대한 무력행사가 정당한 것이 되기 위해서는 우선 그 시점에서 무력으로 지키는 것이 허락된 법적 권리에 대한 침해가 있어야 한다. 그러나 세력균형을 보존하기 위해서는, 타국이 법적 규범을 침범했건 하지 않았건, 침범가능성이 있는 힘에 대응하여 무력을 행사하거나 또는 무력으로 위협하거나 할 필요가 발생하는 경우가

---

13) 〔역주〕 Oppenheim, Lassa Francis Lawrence(1858~1919): 독일의 법학자. 1885년 프라이부르크대학 교수, 1891년 바젤대학 교수가 되었다가 1895년 영국으로 건너가 케임브리지대학 교수(1908~1919)로서 국제법을 담당하였다. 실정법주의(實定法主義)의 관점에서 국제법과 국내법을 구별하는 이원론(二元論)의 입장을 취하였다. 저서에 《국제법》(*International Law*) (2권, 1905~1906)이 있다.

14) L. Oppenheim, *International Law*, 1st ed. (London: Longmans, 1905) vol. I, p. 73.

있다. 세력균형을 회복하기 위해 개시된 전쟁, 세력균형을 유지하기 위해 행해진 전쟁위협, 법적 규범의 침범여부와 상관없이 침범가능성이 있는 힘과 싸우기 위해 행해진, 그 나라의 내정에 대한 군사개입 등은 세력균형의 절대적 요청과 국제법의 절대적 요청 간의 충돌을 잘 보여준다. 이처럼 질서의 필요성은 소국의 이익이나 평화의 보존보다 우선적으로 취급될 뿐만 아니라 법의 필요성보다도 우선한다.

현재 '세력균형'이라는 용어는 국제관계에 대한 일상적 논의에서 과거 어느 때보다 널리 사용되지만, 그 문제에 대한 학문적 분석은 뒷전으로 밀려난 것으로 보인다. 세력균형이라는 말은 유행하는 말이기는 하지만, 개념이 불분명하다는 점, 세력균형의 보존이 국제질서에 불가결하다는 명제는 역사적 경험을 일반화한 것인데, 이 일반화의 진실성이 의심스럽다는 점, 균형이론은 권력의 추구야말로 모든 외교정책을 통분(通分) 할 수 있는 공통분모라는 받아들이기 어려운 관념에 근거하고 있다는 점 등의 이유로 그렇게 되었을 것이다.

'세력균형'이라는 말이 여러 가지 의미가 있어 논자에 따라 의미가 달라지는 경향이 있음도 사실이고, 세력균형 이야기만 나오면 사람들은 무턱대고 존경하는 태도를 보인다는 것도 사실이다.[15] 그러나 그렇다고 해서 18세기의 폰 유스티[16] 나 19세기의 코브던[17] 처럼 세력

15) 이 용어의 여러 가지 의미에 대해서는 Wight, "The Balance of Power," in *Diplomatic Investigations* 및 Inis L. Claude, *Power and International Relations* (New York : Random House, 1962) 참조.

16) 〔역주〕 Justi, Johann Heinrich Gottlob von (1717~1771) : 독일의 국가학자. 빈대학 교수를 거쳐 프리드리히 2세 치하에서 프로이센 광산국장을 지냈다. 공금횡령죄로 파면된 후 옥사하였다. 계몽군주제와 중상주의를 옹호하였다. 저서로는 《국가학》(*Staatswirtschaft*, 1755) 등이 있다.

17) 〔역주〕 Cobden, Richard (1804~1865) : 영국 정치가. 자유무역을 주장하였고, 존 브라이트(John Bright) 와 함께 반(反) 곡물법 운동을 전개했다.

균형을 무의미한 개념으로 치부하는 것은 잘못이다. 오늘날에도 일부 정치학자들은 이러한 태도를 취하고 있다.18) 세력균형이란 용어만 이런 종류의 비난을 받는 것은 아니다. '민주주의', '제국주의', '평화' 등과 같은 용어들도 마찬가지다. 의미가 모호하긴 하지만 이런 말들이 널리 쓰이고 있다는 것 자체가 이 말들이 전달하고자 하는 아이디어의 중요성을 나타낸다. '세력균형'이란 말도 그런 의미에서 사용이 불가피하며, 중요한 것은 개념정의를 명확하게 하고 일관되게 사용하는 것이다.

'세력균형의 보존은 국제질서를 보존하는 기능을 한다'는 말이 무슨 뜻인지, 그 개념을 명확히 했다고 해보자. 그렇다면 이 명제는 과연 진실인가? 우월적 지위에 있는 국가는 언제나 그 지위를 이용하여 '타국에게 법을 강요'한다는 주장은 진실인가? 지역적으로 우월적 지위에 있는 국가는 언제나 이웃국가의 독립에 위협이 되는 것일까? 또한 일반적으로 우월적 지위에 있는 국가는 국가체제의 존속에 위협이 되는 것일까?

강대국의 지도자들은 위의 명제를 암묵적으로 부정한다. 그들은 자신들이 타국의 권리를 존중하는 미덕과 선의를 가지고 있다고 생각한다. 예를 들면, 프랭클린 루즈벨트(Franklin Roosevelt)는 미국의 '선린(善隣) 외교정책' 덕분에 남미국가들의 권리가 보장되었다고 생각했다. 현재 미국과 소련은 각각 상대방의 힘을 제한할 필요성을 인식하고 있으며, 이것은 단순히 자기들뿐만 아니라 국제사회 전체로서도 필요한 일이라고 주장한다. 그러나 이들은 자신의 힘을 제한할 필요성에 대해서는 받아들이지 않는다.

---

18) J. H. von Justi, *Die Chimare des Gleichgewichts in Europa*(Altona, 1758) 및 Richard Cobden, "Russia," in *Political Writings*(London: Ridgeway, 1867 and London: Cassell, 1886) 참조.

칸트의 견해는 이러한 사고방식 중 하나이다. 칸트의 주장에 따르면, 입헌국가, 즉 법치국가(*Rechtsstaat*)에서는 지배자의 권력에 대한 견제장치가 내부적으로 존재하기 때문에 국제적 미덕이 가능하다는 것이다. 절대주의국가에서는 이런 일이 불가능하다. 이러한 사고를 기초로 칸트는 법치국가의 연합을 형성할 것을 권고하였다. 이러한 연합이 확대되면 궁극적으로는 그 권력을 남용하는 일 없이 국제정치를 지배할 수 있다는 것이다.[19] 북미와 서유럽 국가들의 연합으로 이루어진 대서양공동체(Atlantic Community)가 1960년대에 제시했던 외교정책 독트린들은 이러한 칸트의 사고방식에 바탕을 둔 것이었다. 이 독트린들은 그들의 연합이 타국에 위협이 되거나 또는 위협으로 보이지 않도록, 따라서 다른 나라들이 그에 대한 대항력을 증대해야겠다는 생각이 들지 않도록 추진되었다.

한편 이와 반대되는 견해는 액턴[20]에게서 찾아볼 수 있다. 액턴에 따르면, 권력 그 자체는 부패하기 쉽고, 우월적 지위에 있는 국가의 이데올로기·제도·미덕·선의가 무엇이든 간에 그 우월적 지위 자체가 다른 나라에게는 위협이 된다. 따라서 이러한 위협을 봉쇄할 수 있는 것은 협약이나 법이 아니라 대항력뿐이다.[21] 아무리 견제와 균형의 입헌제도들이 존재한다 하더라도 국가들이 우월국에 대항하기 위해 대항력을 기르는 것은 막을 수 없다. 권력의 부패는 지배자에게만 영향을 미치는 것이 아니라 정치체제 전체에 영향을 미친다. 사악

19) Kant, *Perpetual Peace*, trans. H. O'Brien(Liberal Arts Press, 1957) 참조.

20) 〔역주〕 Lord Acton(1834~1902): 본명은 John Emerich Edward Dalberg-Acton. 영국의 역사가. 하원의원을 지내고 1869년 남작 작위를 받았다. 1895년 케임브리지대학의 근대사 교수가 되어 7년간 재임하였다. 그가 편집한 《케임브리지 근대사》 총서는 그가 죽은 뒤에 간행되었다.

21) Lord Acton, *Lectures on Modern History*, ed. J. N. Figgis and R. V. Laurence(London: Macmillan, 1910) 참조.

하게 행동할 수 있는 상황에서는 끝까지 미덕을 유지하는 지배자보다는 그렇지 않은 지배자가 권력을 차지하는 경향이 있다. 그러므로 페넬롱[22]은 이렇게 말하고 있다.

> 최고 권력자가 힘이 강할 때도, 힘이 약할 때와 똑같이 행동하리라고 기대해서는 안 된다. 즉, 권력자가 권력행사를 절제할 것이라 믿어서는 안 된다. 설혹 성군(聖君)이 등장해 훌륭한 치세를 이루었다 하더라도 그 번영의 시대는 그 군주 세대에 끝날 것이다. 주권자의 생래적인 야심, 측근들의 부추김, 〔다른 나라에 대한〕 국민들의 선입관이 있는 이상, 다른 나라를 굴복시킬 수 있는 힘을 가진 나라가 그렇게 하지 않고 자제하는 일은 어떤 시대에도 없었다. 그런 일을 믿어서는 안 된다.[23]

세력균형이 국제질서를 유지하는 역할을 하고 있다는 학설을 비판하는 사람들은 이 학설이 '권력정치' 이론의 일부를 구성한다고 주장한다. 권력정치이론은 권력의 추구가 모든 국가의 외교정책의 공통되는 가장 중요한 관심사라는 것이다. 이처럼 권력정치이론에 비판적인 관점에서 보면, 지금까지 우리가 논의한 세력균형에 관한 모든 학설은 권력정치이론과 같은 오류를 범하고 있다. 세력균형론의 모체가 바로 권력정치이론이기 때문이다.

어떤 국제체제에서도 세력균형이 자동적으로 생겨나는 경향이 있

---

22) 〔역주〕 Fénelon, François(1651~1715): 본명은 François de Salignac de la Mothe. 프랑스 신학자 · 시인 · 작가. 1695년 캄브레(Cambrai) 지역의 대주교가 되었으나, 1699년 《텔레마쿠스의 모험》(*Aventures de Télémaque*)에서 루이 14세의 절대왕정을 비판한 죄로 추방되었다.

23) *Oeuvres choisies de Fénelon*, tome Ⅳ; quoted in Chareles Dupuis, *Le principe d'equilibre et le concert europeen*(Paris: Perrin & Cie, 1909), p. 27.

다고 주장하는 학설은 확실히 이러한 종류의 '권력정치' 이론에 바탕을 두고 있다. 만약 어느 한 나라가 세력균형에 도전하게 되면 다른 나라들은 반드시 이를 저지하고자 노력할 것이라는 생각에는 모든 국가가 자국의 상대적 권력지위를 최대화하려고 노력할 것이라는 전제가 들어 있다. 그러나 이 전제는 진실이 아니다. 국가의 자원과 에너지를 국제적 권력지위의 유지와 확대를 위해 사용할 것인가, 아니면 그 이외의 목적을 위해 사용할 것인가 하는 것은 언제나 선택의 문제에 속한다. 국방비 규모를 어떻게 할 것인가, 대외원조를 할 것인가 말 것인가, 외교조직을 어떻게 할 것인가, 특정한 국제문제에 개입할 것인가 말 것인가, 개입하기로 할 경우 참전, 동맹체결, 국제기구에의 가입, 국제분쟁에 대한 성명발표 등 여러 가지 대안 중에서 어떤 방법으로 개입할 것인가 하는 문제들은 어느 나라에서든 논란의 대상이 되는 외교정책들이며, 그 나라의 권력지위를 증대시키는 효과를 지닌 정책제안이 거부될 수도 있고, 실제로도 거부되는 경우가 흔하다. 그럴 의사만 있다면 주요한 역할을 감당할 수 있는 국가가 소극적 자세를 취하는 경우도 있다. 제1차 세계대전과 제2차 세계대전 사이의 미국과 제2차 세계대전 후 경제적으로 부흥한 일본이 좋은 예가 될 것이다. 그러나 내가 설명한 세력균형론이 세력균형은 국제체제에 필연적으로 생겨나는 경향을 보인다고 주장하는 것이 아니다. 다만 국제질서를 보존하고자 한다면 세력균형을 의도적으로 유지할 필요가 있다는 것이다. 이는 국가들이 세력균형의 필요조건을 무시하고 행동할 가능성이 있고, 실제로도 종종 그와 같이 행동하기 때문이다.

3. 세력균형의 오늘날의 적실성

확실히 오늘날의 국제정치에는 세력균형이 존재하며, 이 균형은 국제질서와 관련하여 이전의 시대에 했던 것과 동일한 기능을 수행한다. 여기에 어떤 중요한 단서를 달아야 할 필요가 있다면 1950년대 말 이래 상호 핵억지(*mutual nuclear deterrence*)라는 또 하나의 현상이 존재했다는 사실이다. 상호 핵억지는 세력균형의 특별한 사례로 볼 수도 있고, 세력균형과는 약간 다른 것으로 생각할 수도 있다. 상호 핵억지의 의미와 세력균형과의 관계에 대해서는 이 장의 끝 부분에서 살펴볼 것이다.

현재 국제체제 전체를 통하여 어느 한 나라도 권력적으로 우월적 지위에 있지 않다는 의미에서 일반적 세력균형 상태가 존재한다는 것은 분명하다. 이 일반적 균형의 주된 특징은 1950년대에는 단순한 균형의 형태였고(완전히 단순한 형태는 아니었지만), 1960년대에는 과도적 상태에 있었으며, 1970년대에는 복합적 균형의 형태를 취했다는 점이다. 적어도 아시아 태평양 지역에서는 중국이 미국 및 소련과 더불어 강대국의 반열에 올랐다고 보지 않을 수 없다. 한편 일본 역시 제 4의 잠재적 강대국으로 부상하고 있고, 서유럽 연합이 조만간 제 5의 잠재적 강대국이 될 것이다. 이런 상황에서 현재 복합 세력균형 또는 다변적 균형이 존재한다고 말한다면 오해가 생길 수도 있기 때문에 약간의 설명이 필요하다.

이들 3개국 또는 4개국 사이에 복합균형 또는 복수균형이 존재한다고 말한다고 해서 이 국가들이 같은 힘을 가지고 있다는 뜻은 아니다. 두 나라에 의해 지배되는 체제는 당해 국가의 힘이 대체로 비슷할 때만 균형상태, 또는 우월적 권력의 부재상태를 달성한다. 그러나

3개국 이상의 나라들로 이루어진 체제에서는 약소국들이 강대국에 대항하여 연대할 가능성이 있기 때문에 당해 국가간에 평등관계가 성립하지 않아도 균형이 달성될 수 있다.

또한 그와 같은 복합 세력균형이 존재한다고 해서 4개국 모두가 같은 종류의 힘이나 영향력을 가진다는 뜻은 아니다. 확실히 국제정치에서는 여러 개의 체스판 위에서 말들이 움직이고 있다. 전략 핵억지의 체스판에서는 미국과 소련이 고수(高手)이며, 중국은 초보자, 일본은 모습이 보이지도 않는다. 재래식 군사력의 체스판에서도 미국과 소련이 선두주자들이다. 세계 곳곳에 비핵 군사력을 전개할 능력이 크기 때문이다. 중국은 그보다는 약간 처지는데, 군대를 자국 주변에 전개할 정도의 능력만 있을 뿐이기 때문이다. 이때 일본은 미미한 존재다. 국제통화문제와 국제무역 및 투자의 체스판에서는 미국과 일본이 선두주자들이다. 소련은 이보다 덜 중요하고 중국은 상대적으로 별로 중요하지 않다. 이데올로기적 호소력과 영향력의 체스판에서는 중국이 선두에 있다고 봐야 할 것이다.

그러나 이들 체스경기 하나하나는 나머지 경기들과 서로 연관되어 있다. 무역 및 투자분야의 국제정치에서 유리한 지위에 있는 나라는 이 지위를 이용하여 군사적 안전보장 분야에서 이익을 얻을 수 있다. 한편 전략핵 억지의 측면에서 정치적 지위가 취약한 나라는 다른 분야에서 이용가능한 선택지들이 한정될 수도 있다. 이와 같은 여러 개의 체스판들의 상관성 때문에 국제정치에서 전반적인 힘과 영향력이라는 공통분모의 개념이 성립할 수 있고, 이 개념에 입각하여 오늘날의 국제정치에서 우월적 지위보다는 오히려 균형이 존재한다고 말할 수 있다. 이러한 의미에서의 전반적인 힘(*over-all power*)은 정확한 수치로 계량화할 수 없다. 즉, 국력의 전략적, 경제적, 정치·심리적 구성요소들의 상대적 중요성(및 이들 구성요소 각각의 중요성)은 불확정적이며, 또한 항상 변화한다. 그러나 그럼에도 불구하고 전반적인 힘에서 한 국가의 상대적 지위는 다른 나라와 교섭할 때 나타난다. 따라서 우리는 전반적인 힘이라는 개념을 사용하지 않을 수 없다.

또한 강대국들의 관계가 복합 세력균형 상태라고 말한다고 해서 그 국가들이 정치적으로 등거리에 있다는 뜻은 아니며, 그 국가들 사이에 완전한 외교적 유연성이 있다는 뜻도 아니다. 이 글을 쓰는 현재의 시점〔1977년〕에서 미국과 소련 사이에, 또한 미국과 중국 사이에는 데탕트가 이루어졌지만, 소련과 중국 사이는 긴장상태이다. 일본은 어느 정도 미국으로부터의 독립을 주장했고, 소련 및 중국과의 관계를 개선했지만, 그래도 여전히 다른 국가들에 비하면 미국과 밀접한 관계에 놓여 있다. 그러므로 4대국의 외교적 유연성은 단순한 균형의 시기에 비한다면 크다고 말할 수 있겠지만, 여전히 제한된 것이 사실이다. 특히 두 공산주의 대국, 즉 소련과 중국 간의 끈질긴 긴장상태는 양국간의 효과적인 협력을 가로막고 있다.

또한 현재 존재하는 복합 세력균형은 당해 4대국간의 일반적인 협력 또는 협조체제에 의존하는 것은 아니라는 점도 주의할 필요가 있다. 유럽 열강들은 '위트레흐트 조약'을 통해 일반적 세력균형의 유지를 공통의 목표로 선언한 바 있으나, 미국 · 소련 · 중국 · 일본 사이에는 그런 명제에 대한 어떠한 일반적 합의도 존재하지 않는다. 또한 위기를 회피하거나 통제하거나 또는 전쟁을 제한하는 규범체계에 대해서도 일반적 합의는 존재하지 않는다(이 문제에 대해서는 제 9장에서 자세히 살펴볼 것이다).

현재의 세력균형이 전적으로 '우발적인' 것은 아니다. 우리는 앞에서 '우발적 세력균형'을 당사국 어느 쪽도 균형을 이루고자 하는 의도적 노력이 없는 상태에서 이루어진 균형이라고 정의한 바 있는데, 이 정의에서 볼 때 그렇다는 것이다. 왜냐하면 미국 · 소련 · 중국 · 일본 모두 다른 나라가 우월적 지위를 차지하지 못하도록 정책을 '합리적으로' 수행하고 있다는 점에서 의도적 요소가 들어 있기 때문이다. 미국과 소련 간에는 적어도 전략핵무기 분야에서 상호 균형상태를 유지하고자 하는 합의가 존재한다. 이 합의는 균형의 의도적 요소를 분명하게 보여준다. 그러나 그렇다고 해서 이 균형을 의도적 균형이라 말할 수는 없다. 왜냐하면 3개국 또는 4개국 모두가 세력균형을 공통의 목표로 받아들인 상태는 아니기 때문이다. 세력균형을 목표로 천명한 나라는 미국뿐이다. 또한 현재의 세력균형에서는 균형 참가국들이 타국을 견제하거나 강제하려고 할 뿐, 스스로 자기억제를 하고 있다고 말할 만한 어떠한 증거도 찾아볼 수 없다.

미국과 소련 사이에는 위기의 회피와 관리 및 전쟁의 제한에 관하여 약간의 합의된 규범이 있다. 그러나 강대국들 전체의 일반적 규범체계는 존재하지 않는다. 중·소 관계에도 미·중 관계에도 미·소 두 초강대국 사이에 존재하는 초보적 규범체계 같은 것은 존재하지 않는다. 이처럼 일반적 규범체계가 존재하지 않는 경우에는 강대국들 사이에 균형이 존재한다고 말할 수 있을 뿐, 이 균형을 관리하기 위한 강대국들간의 협조가 존재한다고는 말할 수는 없다.

마지막으로, 현재의 복합 세력균형은 균형과정에 참가하는 국가들이 공통의 문화를 가지고 있는 것은 아니라는 점에서 18세기와 19세기에 유럽 열강들간에 성립되었던 복합 세력균형과는 성격이 다르다(이 점에 대해서는 제13장에서 자세히 살필 것이다). 당시의 유럽 국제체제에서는 의사소통을 원활하게 해주는 공통의 지적 전통과 사상이 축적되었고, 이해의 충돌을 완화시켜주는 공통의 가치관이 존재했다는 점에서, 체제 내 국가들은 공통의 문화를 공유하고 있었다고 말할 수 있다. 물론 미국·소련·중국·일본 사이에도 약간의 공통된 사상적 축적이 있기는 하지만(나중에 살펴보겠지만) 전(前) 시대의 유럽 국가들이 공유했던 공통의 문화적 유대 같은 것은 존재하지 않는다.

지금까지 말한 다섯 가지는 오늘날의 세력균형을 유럽의, 특히 19세기 유럽의 세력균형체제와 동일한 것으로 생각할 경우 생기기 쉬운 오해들이다. 19세기 유럽의 세력균형체제는 다음과 같은 특징을 지니고 있었다는 것이 통설(通說)이다. 5대국(영국 · 프랑스 · 오스트리아-헝가리 · 러시아 · 프러시아-독일)간의 대체적 평등, 동원가능한 병력수로 측정한 군사력의 대등, 각국간의 정치적 등거리와 외교적 유연성, 게임의 규칙에 관한 일반적 합의, 근저에 존재하는 공통문화의 존재 등이다.

지난 세기의 유럽체제가 정말로 이런 특징들을 다 가지고 있었는지는 논란의 여지가 있다. 시기에 따라서 5대국간에는 사실상의 불평등이 있었다. 영국의 해군력 및 재정능력과 유럽대륙의 지상전력을 하나의 공통분모로 통분하여 비교하는 것도 가능한 일이 아니었다. 신성동맹,[24] 3제 동맹,[25] 영국과 프랑스의 '자유동맹'[26]과 같은

---

24) 〔역주〕 신성동맹(神聖同盟, *Holy Alliance*) : 1815년 9월 러시아 황제 알렉산드르 1세의 제창으로 결성된 동맹. 그 취지는 그리스도교에 기초를 둔 군주간의 우애와 군주의 신민(臣民)에 대한 자애로 유럽의 평화를 유지하려고 한 것이었다. 먼저 프로이센 · 오스트리아의 군주가 참가했고, 다음에 로마교황과 영국 · 투르크를 제외한 유럽의 군주들이 참가하였다.

25) 〔역주〕 3제 동맹(三帝同盟, *Dreikaiserbund*) : 비스마르크 외교의 일환으로서 독일 · 오스트리아 · 러시아의 3국 황제 사이에 맺은 정치협정. 1873년 3국 황제가 베를린에서 만났을 때, 비스마르크는 공화국 프랑스를 중심으로 한 유럽의 혁명적 조류에 대하여 3국이 군주주의 원칙에서 유럽의 현상유지를 위해 협력할 것을 제안, 합의가 이루어졌다. 그 뒤 발칸에서 러시아와 오스트리아의 대립이 격화되어 이 협정도 한때 위기를 맞았으나 비스마르크의 노력으로 1881년 3국 사이에 중립조약이 성립되었고, 1883년에 갱신되었다. 1886년 오스트리아와 러시아의 대립이 다시 격화되어 3

연대에서 발생하는, 외교적 유연성에 대한 이데올로기적 억제도 있었다. 그러나 이런 사실에도 불구하고 이것만은 분명하게 인식해야 한다. 즉, 19세기 유럽의 균형은 여러 시대, 여러 대륙에서 발생했던 역사적 현상의 단 하나의 예에 불과하다는 것이다. 우리는 현재 복합 세력균형이 존재하고 있다고 주장하고 있을 뿐, 이와 같은 세력균형이 19세기 유럽의 세력균형과 동일한 성격의 균형이라고 주장하는 것은 아니다.

현존하는 이와 같은 세력균형은, 국제질서와 관련하여 이전 시대에 했던 것과 동일한 세 가지 기능을 수행하고 있다. 세 가지 기능은 앞 절에서 말했듯이, 첫째, 일반적 세력균형은 국가체제가 정복 등에 의해 하나의 보편적 제국으로 변형되는 것을 방지하는 데 기여한다. 균형이 계속 유지되는 동안은 어떤 강대국도 힘으로 세계정부를 수립할 수 없다(제 11장 참조).

둘째, 지역적 세력균형들은 (그와 같은 균형이 존재하는 곳에서는) 지역적으로 우월적 지위를 차지한 국가에 의한 병합이나 패권적 지배로부터 특정지역 국가들의 독립을 보호하는 데 기여한다. 현재 중동·인도·한반도·동남아시아 연안국들의 독립은 이들 지역에 존재하는 지역적 세력균형 상태의 도움을 받고 있다. 반면에 소련이 우월적 지위에 있는 동유럽 국가들이나, 미국이 우월적 지위에 있는 중앙

제 동맹은 붕괴되었다.

26) 〔역주〕 자유동맹(*Liberal Alliance*): 1830년대 초 영국과 프랑스가 자유주의를 내걸고 맺은 친선관계(*Entente Cordiale*)를 말한다. 1830년 프랑스 7월혁명을 계기로 하여 유럽에 자유주의 기운이 고조되었고, 여기에 대항하여 1832년 10월 러시아·오스트리아·프로이센 등이 옛 질서유지를 재확인하는 조약을 체결했다. 이에 영국의 파머스턴 외무장관은 프랑스 신왕(新王) 루이 필리프의 정부에 접근하여 동유럽 보수연합에 대항하는 친선관계를 맺었다. 진지협상(眞摯協商) 또는 친목협상이라 하기도 한다.

아메리카 및 카리브 해 지역의 국가들은 정상적인 독립국이라 할 수 없다. 그렇다고 해서 지역적 세력균형의 존재가 그 지역 국가들의 독립의 필요조건이라고 주장한다면, 그것은 지나친 주장이 될 것이다. 왜냐하면 그런 주장은 두 나라 사이의 관계에서도 정치적 공동체 의식이 하나의 요인으로 존재한다는 사실을 무시하기 때문이다. 지역적 우월국이 약한 이웃 나라의 독립을 어느 정도까지는 존중하게 되는 것은 바로 그런 요인 때문일 것이다. 미국이 캐나다의 독립을 존중하고, 영국이 아일랜드의 독립을 존중한 것이 그 좋은 예다. 또한 다음과 같은 사실도 인식해야 한다. 특정지역 국가들의 독립이 유지되기 위해서는 그 지역에 있는 국가들간에 균형이 성립되어 있는가 하는 것보다는 오히려 그 지역 밖에 있는 국가들이 그 지역의 균형을 위해 어떤 역할을 하는가가 더 중요할 수 있다는 것이다. 예를 들면, 현재 이스라엘과 주변 아랍국가들 간에 균형상태가 존재한다면, 이와 같은 균형은 그 지역 외의 강대국들이 그 지역에서 수행하는 역할 덕분이다.

셋째, 일반적 세력균형과, 현존하는 지역적 세력균형들은 국제질서가 의존하는 여러 제도들이 잘 작동할 수 있는 조건들을 제공한다. 국제법, 외교제도, 전쟁, 강대국에 의한 국제체제의 관리 등과 같은 제도들은 어느 나라도 우월적 지위를 차지하지 못한 상황을 전제로 한다. 즉, 이 제도들은 어떤 나라가 규칙을 어길 경우 다른 나라들이 보복행동을 할 가능성이 있다는 점에 크게 의존하는 제도들이다. 국제체제 전체에 또는 특정지역에 우월적 지위를 가진 국가가 있다면, 이 국가는 보복에 대한 두려움 없이 국제법을 무시할 수도 있고, 외교관계의 규칙과 절차를 무시할 수도 있다. 또한 상대국이 자국의 권리와 이익을 지키기 위해 전쟁에 호소하는 길을 차단할 수도, 강대국간의 국제예의와 관례를 무시할 수도 있다.

4. 상호 핵억지

1950년대 이래 또 하나의 제도 비슷한 것이 존재했다. 상호 핵(核) 억지가 바로 그것이다. 이것은 어떤 의미에서는 세력균형의 특별한 경우로 볼 수 있지만, 세력균형과는 다른 점도 있다. 이 장의 나머지 부분에서 다음과 같은 문제들을 살펴보기로 하자.

① 공포의 균형 또는 상호 핵억지 관계란 무엇인가?
② 상호 핵억지와 세력균형은 어떤 관계에 있나?
③ 국제질서와 관련하여 상호 핵억지는 어떤 기능을 하는가?

첫 번째 질문에 답하기 위해 우선 '억지'[27]의 개념부터 살펴보고, 다음으로 '상호억지'의 의미를 살펴보고, 마지막으로 이 장의 고찰대상인 '상호 핵억지'라는 특별한 사례를 살펴보기로 하자.

---

27) 〔역주〕 억지(抑止, *deterrence*)란 한 국가가 침략하려고 할 경우, 침략함으로써 얻어질 이익 이상으로 감당하기 어려운 피해를 입게 되리라는 것을 그 국가에 인식시킴으로써 침략을 미연에 방지하는 것을 말한다. '억제'(抑制)로 번역하는 학자들도 있다. 이 글에서는 'deterrence'는 '억지'로, 'restraint'는 '억제'로 번역하였다. 동사의 경우에도 각각 '억지하다'와 '억제하다'로 번역하였다. 둘 다 '억눌러 그치게 하다'는 뜻이 있다. 일반적으로 '억제'는 "분노를 억제하다"와 같이 감정이나 욕망, 충동적 행동 따위를 억눌러서 그치게 하거나, "소비를 억제하다"와 같이 정도나 한도를 넘어서 나아가려는 것을 억눌러 그치게 한다는 뜻으로 쓰인다. 그러나 전쟁을 감정과 같은 대상으로 보기도 어렵고, 또한 적당한 정도나 한도가 있는 대상으로 보기도 어렵다. 이 글에서 '억지'라고 표현한 이유는 '처음부터 적대적 행동(전쟁)을 하지 못하도록 막는다'는 뜻을 담기 위해서이다.

'A국이 B국의 행동을 억지한다'는 말은 다음과 같은 뜻이다.

① A국이 B국에 대해, 만약 (B국이) 특정한 행위를 할 경우, (A국은) 제재하거나 국익에 침해를 가하겠다는 위협을 전달한다.

② 그와 같은 위협이 없다면, B국은 그 특정 행위를 하게 될 가능성이 있다.

③ 그와 같은 위협의 내용을 실행에 옮길 의사와 능력이 A국에게 있다고 B국이 확신하고, 바로 그 확신 때문에 B국은 당초 예정했던 행동을 할 만한 가치가 없는 것으로 판단한다.

이상 3개의 전제가 모두 충족되어야 비로소 '억지'가 성립한다. 첫 번째 전제조건은 '억지국이 피억지국에 위협을 전달해야 한다'는 것이다. 예를 들어, 소련이 미국을 공격하지 않은 이유가 공격할 경우 미국으로부터 감당하기 어려운 보복제재를 당할 것이라고 생각했기 때문이라도, 미국이 소련에게 그런 보복조치를 취하겠다는 위협을 전달한 일이 없다면, 이런 경우에는 '미국이 소련의 공격을 억지했다'고 말할 수 없다. 억지국이 억지의 결과를 확신하기 위해서는 반드시 '위협의 전달'이 있어야 한다.

두 번째 전제조건은 '위협의 대상이 된 국가가 억지국이 막고자 하는 행위를 할 가능성이 있어야 한다'는 것이다. 이떤 상황에서도 소련이 미국을 공격할 가능성이 전혀 없다면, 미국이 다양한 제재의 위협을 전달하고, 소련이 미국에 대한 공격을 단념했다 해도 '소련의 공격행위가 억지되었다'고 말할 수는 없다. 그러나 억지정책은 그 대상이 되는 국가가 공격을 개시할 의사를 현재 가지고 있는지의 여부와 관계없이 존재이유를 가진다는 점에 주의할 필요가 있다. 예를 들면, 소련의 공격을 억지할 목적으로 수립된 미국의 정책들은 미국 내의 안전을 확보할 목적으로 수립되었거나, 소련이 현재 그런 의도를 가지고 있다는 증거가 전혀 없는 경우에도 미국을 공격할 의도 자체를 갖지 못하도록 할 목적으로 수립되었을 경우, 정당한 이유를 가지고 있다고 말할 수 있을 것이다.

세 번째 전제조건은 '제재의 위협을 받은 국가가 그 위협의 내용을 실행에 옮길 의사와 능력이 위협을 가한 국가에게 있다고 믿고, 바로 그 때문에 당초 예정했던 행동을 단념한 것이라야 그 국가의 행동이 억지되었다고 말할 수 있다'는 것이다. 즉, 억지국이 전달한 위협은 피억지국이 '믿을 만한'(*credible*) 것이어야 하고, 그 때문에 예정했던 행동을 단념하거나 포기해야 한다는 것이다. 위협의 내용이 된 제재가 (그 정도에서나 개연성에서나) 당초 예정했던 행동을 단념하게 하는지 어떤지는, 물론 상황에 따라 다르다. 즉, 그 나라가 (또는 그 나라의 특정 지도자들이) 그 행동의 실행여부에 따른 이해득실을 어떻게 판단하느냐에 따라 달라질 수 있다. 이런 이유 때문에 어떤 나라가 어떤 행위를 하지 못하도록 억지하기에 필요충분한 절대적인 '피해수준'(*level of damage*)이라는 것은 없다.

다른 나라의 공격을 사전에 억지한다는 것은 언제나 군사력의 사용목적 중 하나였다. 핵무기 시대의 억지가 기존의 억지와 크게 다른 점은 모든 국가들이 핵무기의 실전 사용을 꺼리기 때문에 억지 그 자체가 최고의 정책목표가 되었다는 점이다. 지금까지 발전되어온 억지정책 또는 억지전략은 3개의 차원이 있으며, 차원별 고려에 따라 내용이 달라진다. 즉, 억지전략은 억지하고자 하는 적국의 행동범위, 억지에 부여된 정책적 우선순위, 억지효과를 얻기 위한 전력의 크기에 따라 달라진다.

미국의 경우, 정책목표로 소련의 미국에 대한 핵공격을 억지하는 것, 미국에 대한 어떤 공격이라도 억지하는 것, 미국 및 동맹국에 대한 핵공격을 억지하는 것, 미국 및 동맹국에 대한 어떤 공격이라도 억지하는 것 등을 상정했다. 이 중 어떤 것을 선택할 것인가에 대한 논의를 하면서 사용한 용어가 '한정 억지'(*finite deterrence*)와 '확장 억지'(*extended deterrence*)이다.

억지는 핵무기 정책의 단일목표인 경우도 있었고, '억지+방위'인 경우나 억지와 여타 목표를 혼합한 형태로 나타난 경우도 있었다. 1957년의 《영국 국방백서》(*White Paper*)에 나타난 '오로지 억지'(*deterrence only*)는 단일목표의 경우에 해당하고, 맥나마라(McNamara) 미 국방장관의 임기 후반에 주창되었던 '피해 제한'(*damage limitation*)은 혼합형태에 속한다.

억지를 달성하기 위해 필요한 전력이 핵무기만은 아니다. 핵무기와 재래식 무기의 혼합전력일 수도 있다. 즉, 단일의 대량위협일 수도 있고, 일련의 단계적 위협일 수도 있다. 이것은 슬레서[28]의 '대억지력'(*great deterrent*) 대 버저드[29]의 '단계적 억지력'(*graduated deterrents*), 또는 덜레스(Dulles)의 '대량보복(*massive retaliation*) 전략'[30] 대 맥나마라(McNamara)의 '유연대응(*flexible response*) 전략'[31] 등을 비교해 보

28) 〔역주〕 Slessor, Sir John Cotesworth (Jack) (1897~1979): 전(前) 영국 참모총장. 1952년의 《세계전략백서》(GSP)에서 영국의 안전보장정책의 기초를 핵억지에 두어야 한다고 주장하였다.

29) 〔역주〕 Buzzard, Sir Anthony Wass (1902~1972): 영국 제독·해군정보국장(1951~1954). 영국 전략문제연구소(Institute of Strategic Studies)를 창립하였다.

30) 〔역주〕 적으로부터 본격적 공격을 받을 경우 핵무기를 적재한 전략폭격기를 출격시켜 스스로 선택한 방법과 장소에서 즉각 거대한 보복을 한다는 전략이다. 아이젠하워(Dwight David Eisenhower) 대통령 시대에는 "뉴룩(*New Look*) 전략"이라 부르다가 1954년 덜레스(John Foster Dulles) 국무장관의 연설 이후 대량보복전략으로 이름이 바뀌었다.

31) 〔역주〕 이 전략은 가능한 한 전면핵전쟁을 피하기 위한 전략으로 대량보복전략에 비해 상대적으로 재래식 군비를 중요시한다. 테일러(Maxwell

면 알 수 있다.[32)]

상호억지란 2개국 또는 그 이상의 국가가 상호간에 어떤 행위를 하지 못하도록 억지하는 상황을 말한다. 넓은 의미에서는 국가들이 여러 종류의 위협을 통해 여러 가지 행동들을 상호간에 광범위하게 억제하는 상황이라 할 수 있다. 억제하고자 하는 행동과 억지의 수단이 되는 위협이 꼭 핵무기에 의한 것일 필요는 없고, 또한 군사적인 것이어야 할 필요도 없다. 화학무기에 의한 공격을 단념하도록 하기 위해 재래식 무기 혹은 핵무기에 의한 보복위협을 가할 수도 있다. 또한 경제적 보복위협을 통해 군사적 공격을 단념시킬 수도 있다. 그러나 내가 여기에서 다루고자 하는 것은 상호 핵억지라는 특별한 경우, 즉 2개국 또는 그 이상의 국가가 상호간에 핵보복 위협에 의해 의도적인 핵공격을 억지하는 상황이다.

Davenport Taylor) 장군이 제창하고, 1962년 당시의 맥나마라(Robert Strange McNamara) 국방장관에 의해 체계화되었다. 게릴라전에서 핵전쟁에 이르기까지의 모든 형태의 전쟁에서 효과적인 공격과 방어체제를 갖춤으로써 ① 적의 침략의도를 억지하고, ② 전쟁이 발발했을 때는 적의 태도에 따라 유연한 방법(수단 · 무기)으로 대처하며, ③ 전쟁의 확대를 피하면서 이의 해결을 위한 조처를 강구하는 정치적 · 군사적 방책이다. 미국은 1950년대 중반까지 군비확장을 제한하고 억지력을 주로 핵무기에 의존하는 대량보복전략을 채택했다. 그러나 소련이 수소폭탄과 대륙간 탄도미사일(ICBM)을 갖게 되자 전면전쟁의 위협만으로는 국지적 제한전쟁의 발생을 억지하기 어렵게 되고, 국지전쟁에서 함부로 전술핵무기를 사용하기도 곤란하게 되었다. 게다가 제 2차 세계대전 이후에 일어난 전쟁은 거의가 국지적 전쟁이 아니면 게릴라전이었기 때문에 핵에 의한 대량보복 위협이 유효한 억지력이 될 수 없다는 주장도 나왔다. 케네디 대통령 대에 이르러 핵무기의 향상과 배치에 어느 정도 전망이 서고 군사비를 재래식 군비에 돌릴 수 있는 여유가 생기자 미국은 이 전략을 채택하게 되었다.

32) 이 개념들에 대한 자세한 내용은 Morton H. Halperin, *Limited War in the Nuclear Age*(New York: Wiley, 1963)를 보라.

우리가 '세력균형'이라고 부른 상황과 마찬가지로, 상호 핵억지 상황도 2개국간의 단순 관계상황과 3개국 또는 그 이상의 국가들간의 복합 관계상황으로 나누어볼 수 있다. 현재 미국과 소련 사이에는 상호 핵억지 관계가 존재한다. 중국과 소련 간 및 미국과 중국 간에도 이 관계가 성립되었다. 영국과 소련 간에도, 그리고 프랑스와 소련 간에도 이런 관계가 성립되었다고 주장하는 사람도 있다. 다만 3개국(또는 그 이상의 국가들)의 상호 핵억지 관계는 각각의 양국관계가 모인 것일 뿐, (세력균형의 경우처럼) 그 국가들 관계 전체의 산물은 아니다. 또한 상호 핵억지는, 세력균형의 경우와 마찬가지로, 원리상 일반적으로 달성될 수도 있고, 지역적으로 달성될 수도 있다. 만약 핵무기의 확산이 진행되어 모든 나라가 다른 나라의 핵공격을 억지할 수 있게 되면, 또는 (좀더 실현가능성이 높은 가정으로) 모든 나라가 이쪽이든 저쪽이든 현존하는 '핵우산' 아래 연대한다면, 상호 핵억지의 일반적 상황, 즉 카플란이 말한 '전단위 거부권 체제'(*unit veto system*)가 등장하게 될 것이다(이 문제는 제 10장에서 상세히 살필 것이다).[33] 현재는 특정한, 또는 지역적 상호 핵억지 관계만 논의한다.

또한 상호 핵억지 상황은, 세력균형의 경우와 마찬가지로, 원리상 우발적으로 생길 수도 있고, 의도적인 행동의 결과로 생길 수도 있다. 미국과 소련 간의 상호 핵억지 관계는, 전략핵에서 상대방에 대한 우위를 달성하지는 못한다 하더라도 적어도 억지는 해보려는 노력의 결과로 1950년대 말에 발생했다. 군비통제의 필요성을 주장하는 사람들은 이처럼 우발적으로 생겨난 상황은 의식적·협조적 노력이 있어야만 보존될 수 있다고 생각한다. 즉, 초강대국간의 전략핵 경쟁을 그 자신의 논리나 타성에 맡겨두면 상호 핵억지의 기초를 위협할

33) Kaplan, *System and Process in International Politics*, pp. 50~52 참조.

가능성이 있기 때문에, 상호 핵억지 관계의 안정성을 보존하는 방향으로 군비통제 분야에서 협력이 이루어져야 한다는 것이다.[34]

5. 상호 핵억지와 세력균형

상호 핵억지라는 의도적 관계의 개념은 어떤 의미에서는 '의도적 세력균형'의 개념과 유사하지만 다른 점도 있다. 첫째, 2국간의 상호 핵억지 관계는 그 두 나라간의 세력균형 관계의 일부에 불과하다. 세력균형 관계는 모든 국력 구성요소로 이루어지는 반면 핵전력의 개발은 그와 같은 국력 구성요소 중 하나일 뿐이다. 2국간 상황에서 어느 한쪽이 상대방을 핵무기로 공격할 가능성이 있는 경우에는 상호 핵억지 관계를 창출하는 것이 그 2국간의 세력균형을 유지하기 위한 필요조건이다. 그러나 그것이 충분조건은 아니다. 현재, 앞에서 말한 것처럼, 소련과 중국 간에, 그리고 미국과 중국 간에 상호 핵억지 관계가 발달하고 있는 것으로 생각된다. 또한 프랑스와 소련 간에, 그리고 영국과 소련 간에도 상호 핵억지가 성립되어 있다고 주장하는 사람도 있다. 그러나 이들 중 그 어떤 관계에 대해서도 당해 2국의 국력이 대등하다고 주장할 사람은 아무도 없을 것이다.

둘째, 단순한 2국간 상황에서 군사력의 평등 또는 대등은 균형의 필요조건이긴 하지만 상호 핵억지 관계의 필요조건은 아니다. 상호 핵억지의 필요조건은 두 나라 모두 핵공격을 억지하기에 충분한 핵공

---

34) 이 점에 대해서는 졸저 *The Control of the Arms Race*(London: Weidenfeld & Nicolson, 1961) 제2장 및 "Arms Control: A Stocktaking and Prospectus," in *Problems of Modern Strategy*, ed. Alastair Buchan (London: Chatto & Windus, 1970)에서 상세히 밝혔다.

격 능력을 갖추는 것이다. 다른 나라를 위협할 때 그 위협이 통하기 위한 최소한의 피해수준이란 것이 있다. 핵전력의 위협이 이 수준을 넘지 못할 경우에는 억지의 효과를 얻지 못한다. 동시에 이 수준 이상의 피해를 위협할 수 있는 핵전력은 적어도 억지를 위해서는 필요하지 않은 잉여전력이다. 물론 다른 전략적 기준에서 보면 그 잉여전력도 보유할 만한 합리적 이유가 있을 수 있다. 예를 들면, 그 잉여전력이 있으면 자국의 피해를 줄일 수도 있고, 동맹국이 핵우산 안에 들어올 수 있도록 핵억지를 '확장'할 수도 있으며, 위기관리를 위해 취할 수 있는 외교적 입장이 강화될 수도 있다.

2국간 상황의 경우, 상호 핵억지 문제에 관한 한 평등 또는 대등이 그다지 중요하지 않음은 미국과 소련의 경우를 보면 쉽게 알 수 있다. 두 초강대국 사이에 상호 핵억지 관계가 처음 성립된 1950년대 중반부터 1960년대 말에 이르기까지 미국은 전략핵 전력을 평가할 수 있는 모든 지표 — 전략핵 운반수단(ICBM, SLBM, 장거리 폭격기)의 총수, 핵보유고의 총 메가톤 수, 공격가능한 핵탄두의 총수 — 에서 소련을 능가하였다. 1960년대 말에 이르러 소련은 이들 지표 중 몇 가지 분야에서 '대등 수준'에 이르렀다. 미국은 전략적 '우위'를 상실했기 때문에 중요한 외교적 지위도 상실했고, 이것이 하나의 원인이 되어 세력균형의 저울이 미국에서 소련으로 기울게 되었다고 말할 수도 있을 것이다. 그러나 그것만으로는 상호억지 관계의 기초가 무너졌다고 할 수는 없다. 상호억지는 전략핵 전력의 균형의 흔들림과는 관계없이 지속된다.

3개국 또는 그 이상의 국가를 포함하는 복합 세력균형의 경우에는, 앞에서 논의한 것처럼, 균형의 유지를 위해 평등이나 대등이 꼭 필요한 것은 아니다. 왜냐하면 불평등은 동맹조약에 의해 교정될 수 있기 때문이다. 현재 미·중·소 3개국 간에 나타나는 3자 관계와 같은,

복합적 상호 핵억지 상황에서도 동맹관계나 사실상의 공조가 중요한 역할을 할 수 있다. 예를 들면, 미국과 소련이 공동으로 중국을 위협할 경우, 중국의 핵보복 위협의 확실성은 떨어질 수 있다. 이것은 미국이든 소련이든 단독으로는 달성할 수 없는 일일 수도 있다. 마찬가지로 중국 단독으로는 소련의 공격을 억지할 능력이 없다 하더라도 미국과 중국이 공동으로 소련을 위협할 경우, 중국은 소련에 대해 억지력을 가질 수 있게 된다. 프랑스의 전략이론가 앙드레 보프르[35]는 서방의 대소(對蘇) 억지능력이 워싱턴·런던·파리의 3개 핵의 의사결정 중추가 각각 존재하기 때문에 더욱 강화되었다고 주장하였다.[36] 그러나 다변적 상호 핵억지 관계에서 동맹국간의 공조는 복합세력균형을 유지하기 위한 동맹국간의 공조와는 내용이 다르다. 후자의 경우에는 어느 국가도 우월적 지위를 차지하지 못하도록 동맹국간의 군사력을 합하여 합동전력을 구성하는 방식으로 공조하지만, 전자의 경우에는 당면한 목적과 관련하여 충분한 억지력을 제공하는 방식으로 공조한다.

셋째, 세력균형은 기본적으로 객관적인 현상인 반면 상호 핵억지 관계는 기본적으로 주관적인 것이다. 앞에서 말한 것처럼, '세력균형'이란 어느 한 국가도 우월적 지위를 차지하지 못한 상태를 말한다. 우월적 지위에 있는 국가가 존재하지 않는다는 믿음만 있어서는 안 된다. 그러나 상호 핵억지는 기본적으로 믿음의 상태이다. 즉, 상대방이 보복의 의사와 능력을 충분히 가지고 있다고 쌍방이 믿는 상태

35) 〔역주〕 Beaufre, André(1902~1975): 1940~1941년 알제리 국방장관. 재임중 프랑스 비쉬 정권(*Vichy regime*)에 체포되었다가 1942년 석방되어 1945년까지 자유프랑스군(Free French Army)에서 복무하였다. 1960년 NATO 프랑스 대표를 역임하였다.

36) André Beaufre, *Dissuasion et strategie*(Paris: Armand Colin, 1964).

를 말한다. 그러므로 상호 핵공격을 억지하는 문제에 관한 한, 엄포를 놓거나 허세를 부리는 것이 통할 수도 있다.

맥나마라는 미국의 억지정책이 실효를 거두기 위해서는 두 가지가 반드시 갖추어져야 한다고 주장했다. 하나는 핵보복을 하겠다고 한 위협을 실행할 의사가 있어야 하고, 또 하나는 '확증파괴'를 가져올 수 있는 실질적 능력이 있어야 한다는 것이다.[37] 아마도 이것이 현재 미국의 핵정책일 것이다. 보복의사가 엄포에 그치거나 보복능력이 허세에 불과한 경우 도전받을 위험이 있는 것은 사실이다. 그러나 실질적 보복의사와 보복능력이 상호 핵억지의 필수적 구성요소는 아니다. 그러므로 이 문제에 관한 맥나마라의 주장은 실질적 보복의사와 보복능력이 있어야 적국(敵國)이 이를 믿게 된다는 주장으로 이해할 수 있다.

넷째, 세력균형의 가장 중요한 기능은 국제체제의 보존과 주권국가의 독립이다. 평화의 보존은 부수적으로 얻는 부대효과다. 그러나 상호 핵억지는 (아래에서 보는 바와 같이) 핵평화(核平和)의 보존이 가장 중요한 기능이다.

6. 상호 핵억지의 기능

상호 핵억지 관계는, 지금까지는 미국과 소련 간에서만 명백히 존재했지만, 다음과 같은 기능을 했다고도 말할 수 있다.

① 상호 핵억지 관계는 적어도 미국과 소련 간에는 핵평화가 보존

---

37) Robert S. McNamara, *The Essence of Security* (New York: Harper & Row, 1968)를 보라.

될 수 있도록 기능했다. 상호 핵억지로 인해 어느 일방이든 의도적으로 핵전쟁에 호소하는 것은 정책의 수단으로서는 '비합리적인' 것이 되고 말았기 때문이다.

② 상호 핵억지 관계는 지도적 역할을 하는 두 강대국간에 평화가 보존될 수 있도록 기능했다. 왜냐하면 재래식 전력에 의한 교전도 핵전쟁으로 확대될 위험이 있음을 양쪽 다 잘 알고 있어서 비핵전쟁조차도 서로가 피하려고 했기 때문이다. 또한 이 두 나라와 동맹관계에 있는 나라들간에도 평화가 보존될 수 있도록 기능했다. 왜냐하면 이들 나라에도 핵 강대국의 억지효과가 나타났기 때문이다.

③ 상호 핵억지 관계는 지배적 균형, 즉 2개 초강대국간의 균형을 안정화시켜 국제체제에서 '일반적 세력균형'이 유지될 수 있도록 기능했다. 다시 말해, 상호 핵억지 관계는 지금까지 일반적 세력균형이 담당한 여러 가지 기능들을 간접적으로 수행했다고 말할 수 있다. 그 기능들이란 국가체제의 유지, 주권국가들의 독립 유지, 국제질서와 관련된 제도들이 효과적으로 기능할 수 있는 조건 유지 등을 말한다.

상호 핵억지의 보존이 핵평화의 보존에 기여했다고 말할 수 있기는 하지만, 다음과 같은 단서들이 붙는 것을 이해해 둘 필요가 있다. 첫째, 핵억지가 안정적인 경우에 한하여, 즉 상호 핵억지의 지속을 보장하는 내재적 경향이 있는 경우 의도적으로 핵전쟁을 일으키는 것은 '비합리적인' 정책이 된다는 점이다. '공포의 균형'은 서로 대립하는 두 나라가 각각 핵무기를 보유하고 있다는 사실만으로 유지되는 것이 아니다. 또한 그 핵무기를 실제로 사용할 수 있다고 해서 자동적으로 균형의 지속이 보장되는 것도 아니다. 기술이 발달하여 다음과 같은 일이 이루어진다면, 즉 전략핵 공격으로부터 도시와 인명을 지킬 수 있는 효과적인 방어수단을 확보한다든가, 상대국의 전략핵 보복전력을 선제공격하여 무력화시킬 수 있는 효과적 수단을 개발한다든가 하는 것 중 어느 하나라도 일방 또는 쌍방에 의해 이루어지면 상호 핵억지 관계는 언제든지 전복될 수 있다. 또한 공포의 균형은 원칙적으로 상호 핵억지의 정치적·심리적 차원에서 변화가 발생하면 직접적 영향을 받는다. 즉, 위협을 실천에 옮기고자 하는 억지국의 의사 또는 결의가 얼마나 강한가에 따라, 그렇게 할 수 있는 능력과 결의가 있음을 피억지국으로 하여금 얼마나 믿도록 할 수 있는가에 따라, 또한 피억지국이 억지국의 위협에도 불구하고 도발할 경우 어느 정도의 위험을 감수해야 하는지에 대해 어떤 평가를 내리는가에 따라 그 균형은 쉽게 무너질 수 있다.

둘째, 상호 핵억지 관계가 지속되어 핵전쟁을 일으키는 것이 '비합리적' 정책이라고 생각되는 경우에도, 우연히 또는 오산(誤算)으로 핵전쟁이 일어날 위험이 있다. 상호 핵억지 관계 자체에는 이러한 위험을 줄일 수 있는 방법이 전혀 없다. 그런 일이 벌어질 가능성을 줄이기 위해 어떤 조치를 취했는지, 어떤 조치들이 가능한지는 여기에서 다룰 문제는 아니다. 여기에서 지적하고자 하는 것은 '우발적으로' 또는 오산으로 핵전쟁이 일어나는 사태를 막기 위해, 또한 만에 하나 핵전쟁이 발발한 경우 이를 통제하기 위해 핵보유국이 일방적으로 또는 공동으로 취할 수 있는 수단은 상호 핵억지를 보존하기 위해 취하는 조치와는 다른 차원에 놓여 있다는 점이다.

셋째, 상호 핵억지는 핵전쟁이 일어나지 않도록 막아주는 것은 사실이지만, 이미 발생한 핵전쟁을 제한하거나 통제하는 문제에 대해서는 아무것도 할 수가 없다. '오로지 억지'라는 일방적 전략은, '억지에 실패할 경우에는 어떻게 할 것인가' 하는 질문에 대해서는 속수

무책이라는 비판을 오랫동안 받아왔다. 상호 핵억지가 전략핵 분야에서 자기완결적 목표라는 생각에 기초를 둔 군비통제 협정도 동일한 문제점이 있다. '오로지 억지'는 전략의 측면에서도, 군비통제의 측면에서도 불충분한 목표다. 오로지 억지의 관점에서 작성된 제안은 핵전쟁이 일어날 가능성에 대한 대비는 전혀 없을 뿐만 아니라, 핵전쟁이 실제로 발발한 경우 이를 통제하는 임무를 저해하는 결과를 낳을 수도 있다.

넷째, 상호 핵억지를 핵평화의 원천으로 보는 견해는 인간이 '합리적으로' 행동한다는 가정에 지나치게 의존한다. 어떤 행동이 합리적이라는 말은 그 행동이 내적 일관성을 가지고 있고, 소정의 목표에 부합한다는 뜻을 지니고 있을 뿐이다. '합리적 행동'이라는 것이 '감정'(*passions*)이 완전히 배제된 '이성'의 명령에 따라 이루어진 행동을 의미한다면, 그런 '합리적 행동'은 존재할 수 없다. 인간이라면 누구나 다 감정을 가지고 있고, 그 감정도 이성과 똑같이 인간에게 명령을 내리기 때문이다. 정치가가 자기 나라를 파멸로 이끌거나 황폐화시키는 길을 의도적으로 선택하는 것을 '비합리적'이라고 말할 경우, 이 말이 의미하는 바는 그와 같은 행동이 그 정치가가 추구할 것으로 생각되는 목표에 부합하지 않는다는 뜻일 뿐이다. 그들이 그렇게 행동하지는 않을 것이라거나, 또는 과거에 그렇게 행동한 적이 없다는 것을 의미하지는 않는다.

다섯째, 상호 핵억지가 평화의 보존과 관련하여 그와 같은 기능을 수행하고 있다고 말한다고 해서, 쌍방의 핵무기가 국제사회의 충돌을 방지하여 국제사회의 안전보장이 강화되었다는 명제를 인정하는 것은 아니다. 핵기술이 발달하기 이전의 사회로 돌아갈 수 있다면(물론 불가능한 일이지만) 비록 전쟁이 일어날 가능성이 훨씬 높다 해도 덜 파괴적일 것이므로, 국제사회의 안전보장은 당연히 그쪽이 더 확실하다고 해야 할 것이다. 이에 대해서는 이미 다른 곳에서도 언급한 적이 있다.[38] 또한 국제안전보장이 핵무기에 의해 강화되었다는 주장에 대해서도 반론을 제기한 바 있다.[39] 그러나 현실적으로 핵기술을 완전히 근절할 수 있는 것도 아니고, 초기의 핵보유국 외에 핵무기를 보유하는 국가가 늘어가는 국제적 상황을 놓고 본다면, 핵보유국간에 상호 핵억지 관계가 수행하는 긍정적 역할을 인정하지 않을 수 없다.

여섯째, 상호 핵억지의 보존은 장기적으로 보면 오히려 더 나은 국제질서의 수립가능성을 방해한다. 다른 나라에 대해 시민사회를 괴멸시키거나 또는 마비시키겠다고 위협하는 체제를 통해 주요국간의 평화를 보존하는 것은 인질을 잡고 자기의 안전을 보장받는 인질극의 현대판으로서, 국제사회의 공통이익에 대한 인식이 얼마나 박약한가를 보여줄 뿐이다. 바로 이런 이유 때문에 일부 군비통제론자는 전략핵무기 정책과 타국과의 합의는 억지보다는 오히려 방위에 기초를 두어야 한다는 주장에 이끌리고 있으며, 초강대국들도 (1972년 5월 '모스크바 협정'처럼) 상호 핵억지 관계를 확인하는 합의에 도달하면서도 이것이 바로 그들의 합의의 기초라는 사실을 명시적으로 선언하는 데는 소극적인 태도를 보이고 있다.

---

38) 졸저 *The Control of the Arms Race*, ch. 5 참조.

39) *Ibid.*, ch. 9.

제6장

국제법과 국제질서

이 장에서는 다음과 같은 문제들을 다루고자 한다.

① 국제법은 무엇인가, 그리고 국제법은 국제적 행동과 어떤 관계가 있는가?
② 국제질서와 관련하여 국제법의 역할은 무엇인가?
③ 오늘날의 특수한 상황에서 국제질서와 관련하여 국제법의 역할은 무엇인가?

1. 국제법의 성질

국제법은 세계정치에서 국가 및 기타 행위주체들 상호간의 관계를 구속하는 **규칙의 총체**(*body of rules*)라고 할 수 있으며, 법으로서의 지위를 가지는 것으로 생각된다. 이러한 정의에 대해 의문을 제기하는 학자들도 있으므로 좀더 자세히 설명할 필요가 있겠다.

여기에서 내가 제시한 정의는 국제법을 특정 종류의 **규칙의 총체**(*body of rules*)로 본 것이다. 일부 국제법 학자들은 국제법을 규칙의 총체로 보길 거부하고, 국제법을 특별한 종류의 사회적 과정으로 정의한다. 이와 같은 견해는 '법현실주의'적 태도를 취하는 미국학파에서 시작되었으며, 현재는 예일 국제법학파의 업적, 특히 맥두걸[1]의 업적과 관련이 있다.[2] 맥두걸학파의 주장에 따르면, 법이라는 것은 하나의 사회적 과정, 좀더 상세히 말하면 권위적이고 실효적인 의사결정 과정으로 보아야 한다는 것이다. 그들이 법을 '규칙의 총체'로서 보는 관념을 거부하는 이유는 다음과 같다. 즉, 권위적이고 실효적인 의사결정 과정은 단순히 기존의 규칙의 총체를 적용하는 것만으로 이루어지는 것이 아니라, 사회적·도덕적·정치적 고려에 의해서도 형성되기 때문이라는 것이다. 그들은 또한 이러한 사회적·도덕적·정치적 목표가 법적 의사결정에서 주요한 역할을 한다고 주장한다. 그들에 따르면, 법을 '규칙의 총체'로 보는 관념은 법적 의사결정, 특히 사법적 의사결정에서 사회적·도덕적·정치적 고려의 범위를 오히려 제약한다는 것이다.

규칙이란 일반적 당위명제를 말한다. 규칙의 총체는 일반적 당위명제의 집합으로서 이들은 논리적으로 서로 결합되어 하나의 공통구조를 갖는다. 어떤 국제법규가 (혹은 국내법규가, 또는 도덕규칙이, 또는 어떤 게임의 규칙이) 타당하다는 말은 그것이 다른 어떤 규칙이

---

1) 〔역주〕 McDougal, Myres S. (1906~1998): 미국의 국제법학자. 예일대학 교수. 법은 인간의 존엄성이 존중되는 공공질서의 확립에 기여해야 한다는 신념 아래 법의 해석 및 적용을 목표 가치를 선택하는 법적 의사결정 과정으로 파악하는 이른바 '정책지향적 법학'(*policy-oriented jurisprudence*)을 제창하였다. 저서로는 라스웰(Harold D. Lasswell)과 함께 쓴 《법률교육과 공공정책》 등이 있으며, 제자들과 함께 우주공간법, 해양법, 전쟁법, 인권법 등에 관한 다수의 논문을 발표하였다.

2) Myres S. McDougal and Associates, *Studies in World Public Order* (Yale University Press, 1960) 특히 제 1장 참조. 또한 Rosalyn Higgins, "Policy Considerations and the International Judicial Process," *International and Comparative Law Quarterly*, vol. 17 (1968) 참조.

제시한 어떤 기준에 부합한다는 말과 같다. 그러므로 국제법에 관한 논리적 추론은, 다른 어떤 규칙의 총체에 대한 논리적 추론과 마찬가지로, 규범적 영역에서 이루어지는 것이지 경험적 영역 또는 사실의 영역에서 이루어지는 것은 아니다.

그러나 국제법규가 세계정치에서 현실적으로 행동에 영향을 미치는 한, 그 규칙은 사회적 현실의 일부이기도 하다. 어떤 규칙의 총체가 사회적 실재(實在)로서가 아니라 오로지 규범으로만 존재한다면, 그런 규칙에 대해서는 우리가 관심을 가질 필요가 없을 것이다. 그런 의미에서 예일 국제법학자들을 비롯한 일부 학자들이 법을 '일종의 사회적 과정'으로 본 것은 일리가 있다. 나아가 현실에서 법적 의사결정의 사회적 과정은 국내에서나 국제사회에서나 현존하는 법규의 단순한 적용과정이 아니라, 법규 '밖에 있는' 다양한 요인들, 예를 들면 재판관이나 법률고문이나 법학자가 가진 사회적·도덕적·정치적 견해들이 영향을 미친다는 점도 인정할 수 있다. 또한 법적 의사결정 과정에서 법 그 자체로부터는 이끌어낼 수 없는 사회적·도덕적·정치적 원칙들을 고려하는 것이 적절한 때도 있다.

그러나 규칙의 총체로서가 아니라면 법의 개념을 이해할 수 없을 것이다. 규범적 영역에서 법의 타당성에 대한 논리적 추론에는 당해 법규의 내용 이외의 것도 고려의 대상이 된다고 주장할 수는 있다. 그러나 법규를 완전히 무시한다면 모든 법적 논리는 무의미한 것이 되고 말 것이다. 사실의 영역에서도 법적 의사결정이 하나의 특수한 사회적 과정으로서 다른 의사결정 과정과 구별된다고 주장하려면, 법적 의사결정의 가장 주요한 특징이 이미 받아들여진 법규에 비추어 결정을 내린다는 사실에 있음을 인정해야 한다.

이 책에서 내가 제시한 국제법의 정의는 국제법을 국가간의 상호작용은 물론, 국제정치에서 국가 이외의 행위주체들간의 상호작용까지도 규율하는 규칙의 총체로 간주한다. 19세기에는 국가만을 국제법의 주체로 보는 것이 일반적이었다. 국가 이외의 행위주체들, 예를 들면 개인이나 국가 이외의 인간집단, 국제기구 또는 정부간기구 등이 국제정치에서 실제로 어떠한 역할을 한다고 하더라도 그 행위주체들은 단지 국제법이 적용되는 대상이었을 뿐 국제법의 주체로 간주되지는 않았다. 그러나 현재 많은 국제법학자들은 개인, 국가 이외의 인간집단, 국제기구 등도, 국가가 국제법의 주체인 것과 똑같은 이유로 국제법의 주체가 될 수 있다고 생각한다. 즉, 그 행위주체들은 국제법규의 영향을 받을 뿐만 아니라, 국제법규가 부여하는 권리와 의무를 가지고 있다는 것이다.

우리가 내린 정의에 따르면, 국제법은 **법으로서의 지위**를 가지는 것으로 간주되는 규칙의 총체이다. 국제정치에서 국가 및 기타 행위주체들이 서로를 구속하는 것으로 여기는 규칙들이 있다는 사실에는 의심의 여지가 없다. 국제사회가 존재한다고 말할 수 있는 것도 바로 이 때문이다. 그러나 이러한 규칙들이 또는 그 규칙들의 일부가 법으로서의 지위를 가지는지에 대해서는 논란이 있다.

근대 역사에서 국제법은 '법'으로 보기 어렵다고 생각하는 전통이 존재했다. 이는 법의 본질적 특징은 제재·힘·강제를 수반한다는 뜻과 같다. 이러한 전통의 기원은 '공통권력이 없는 곳에는 법도 없다'는 홉스의 견해에서 찾아볼 수 있다.[3] 존 오스틴[4]의 저 유명한

3) Hobbes, *Leviathan* (London: Blackwell, 1946), ch. 13, p. 83.

4) 〔역주〕 Austin, John (1790~1859). 영국의 법철학자. 분석법학(*analytical jurisprudence*)의 창시자로 알려져 있다. 1826년 런던대학 교수로 취임하여 독일에서 연구한 뒤 1828년부터 법철학 강의를 맡았다. 법학의 대상을 실정법에 한정한 이른바 '법실증주의'(*legal positivism*)를 제창하였으며 '법은 주권자의 명령이다'라는 유명한 명제를 남겼다. 주요 저서에 《법학의 영역결정》(1832) 등이 있다.

학설도 같은 맥락에 놓여 있다. 오스틴에 따르면, 법은 '주권자의 명령'인데, 국제사회에는 어떠한 주권자도 없기 때문에 (즉, '사회의 대다수가 오직 그 사람에게만 관습적으로 복종하는 그러한 특정한 인물'이 존재하지 않기 때문에) 국제법은 '법'으로 볼 수 없으며, 단지 '실정 국제도덕'(*positive international morality*)에 불과하다는 것이다.[5] 오스틴 유(類)의 법 개념이 여전히 강력한 힘을 발휘하는 것은 한스 켈젠[6]과 같은 현대 법학자의 이론을 보더라도 알 수 있다. 켈젠의 법 개념은 중요한 부분에서 오스틴과 다르다. 그러나 오스틴처럼 법이 다른 종류의 사회적 명령(예를 들면, 초자연적 제재에 기초한 종교적 명령이나 자발적 복종에 기초한 도덕적 명령)과 다른 점은 '강제적 명령'이라는 성격에 있다고 주장한다.[7] 켈젠에 따르면, 법규의 기본적 특징은 불법행위(또는 규범의 침범)에는 제재(또는 해악의 위협)가 뒤따른다는 것이다.

오스틴 유의 법 개념은 그 문제점이 어디에 있건, 국제법을 '법'으로 볼 수 있느냐 없느냐와 관계없이 국제법과 국내법의 중요한 차이 하나를 보여준다. 즉, 근대국가의 국내법은 정부의 권위에 의해 지탱

5) John Austin, *The Province of Jurisprudence Determined* (초판 1832, London: Weidenfeld & Nicolson, 1954), lecture VI.

6) 〔역주〕 Kelsen, Hans (1881~1973): 오스트리아의 법사상가. 순수법학의 창시자. 1919년 비엔나대학의 교수가 된 이후 10년 동안 국제적으로 명성을 떨쳤으나, 1933년 나치스의 정권장악과 동시에 파면되었다. 1940년 미국으로 망명하여 1945년 캘리포니아대학 교수가 되었다. 법학을 정치적 이데올로기로부터 독립된 순화된 과학으로, 법사회학 등의 인과과학(因果科學)으로부터 구별된 규범과학으로 확립하고자 하였다. 1920년에 오스트리아 헌법을 기초하였으며, 저서로 《일반국가학》(1925), 《순수법학》(1934), 《법을 통한 평화》(1944) 등이 있다.

7) Hans Kelsen, *The General Theory of the Law State*, trans. A. Wedberg (Harvard University Press, 1946).

되는 데 반해, 국제법은 이러한 종류의 뒷받침이 없다는 점이다. 정부의 권위란 힘을 행사하거나 또는 힘의 행사를 위협하거나 하는 권능을 말한다.

그러나 이러한 이유로 국제법은 '법'이라고 할 수 없다는 결론을 내릴 수는 없다. 그러한 결론에 대해 반론을 펼치는 학자들은 두 부류가 있다. 한 부류는, 국제법은 세계정부가 없는 곳에서 작동하는 것은 사실이지만, 그럼에도 불구하고 제재·힘·강제가 존재한다고 주장하는 학자들이고, 또 한 부류는, 국제법은 강제력이 없다는 것은 인정하지만 법을 오로지 강제력의 존재여부에 의해 정의하려고 하는 전제 자체에 대해 의문을 제기하는 학자들이다.

전자의 이론을 주장하는 학자들 가운데 중요한 대표자가 바로 한스 켈젠이다. 켈젠은 법은 '강제적 명령'이라는 오스틴 유의 법 개념을 받아들인다. 나아가 켈젠은 '공동체에 의한 힘의 독점'을 확립하는 것이 법의 특징이라고 주장한다. 그러므로 법질서가 있는 곳에서 힘의 행사는 법을 위반한 위법행위이거나, 아니면 공동체의 이름으로 행사되는 강제행위이거나 둘 중의 하나가 된다는 것이다. 그러나 그는 국제법은 중앙집권화된 제재라기보다 오히려 분권화된 제재에 의거한 '강제적 명령'이라고 주장한다.

켈젠에 의하면, 국가 내부의 경우 법은 그와 같은 임무를 위탁받은 중앙권력에 의해 강제된다. 이와는 달리 국제사회에서는 자구의 원칙에 따라 국제사회의 개개 구성원에 의해 제재가 이루어진다. 이러한 제재에는 복구[8]와 전쟁이 포함된다. 또한 국제법 위반행위의 직

8) 〔역주〕 복구(復仇, *reprisal*) : 국제법상의 위법행위에 의해 권리가 침해된 국가가 가해국에 대해 위법행위의 중지 및 구제를 요구하여 실시하는 자구행위를 말한다. 국제법상 위법은 아니지만 부당하다고 생각되는 행위에 대해 그 중지를 요구하여 실시하는 행위는 보복이라 하여 복구와는 구별된

접적 희생국은 물론, 그 희생국을 원조하는 다른 나라들도 제재행위를 할 수 있다. 국제법을 강제하기 위해 취해진 복구행위나 전쟁은 공동체를 위해 취해진 행동으로 간주된다.

켈젠의 논점은 이렇게 요약될 수 있다. 즉, '혈족에 의한 복수'(*blood revenge*)[9]의 원칙을 일반적으로 받아들임으로써 제재를 정당화하는 원시사회의 법체계에서 보는 바와 같이, 국제법에서도 국제사회의 개개의 구성원이 자구의 방식으로 자기의 권리를 강제적으로 확보하려는 의사와 능력을 가지고 있기 때문에 본질적으로 강제의 요소가 존재한다는 것이다. 켈젠의 주장에 따르면, 국내에서의 법의 강제는 주로 국가의 '중앙집권화된' 강제기구에 의존하지만, 시민 개개인도 초보적인 정당방위의 권리를 보유한 것이 분명한 이상, 자구의 원칙은 국내에도 존재한다는 것이다. 또한 국제사회에도, 국제연맹이나 유엔과 같은 집단안전보장기구에서 보는 바와 같이, 중앙집권화된

다. 복구의 수단으로는 조약의 이행정지, 상대국의 국민·선박·화물의 억류, 평시봉쇄, 상대국 영토의 점령 등이 사용되었으나, 현재는 무력행사가 따르는 복구는 금지되어 있다. 전시에 적국의 교전법규 위반에 대한 자구행위는 전시복구라 한다.

9) 〔역주〕 고대 게르만법에 있던 복수(復讐) 제도. 한 씨족구성원이 다른 씨족구성원에게 살해되었을 경우, 피해자가 소속한 씨족구성원은 가해자가 소속한 씨족구성원 누구에게나 피의 복수를 할 수 있는 권리와 의무를 가진다는 것이다. 현행범에 대한 복수는 범인 자신에게 하지만, 그날만 지나면 법률이 적극적으로 인정한 복수권을 살려 자기 씨족의 명예를 위하여 복수를 할 수 있었다. 그러나 이것은 씨족간의 전쟁상태를 초래하고 인적 소모와 외적에 대한 방어력 감퇴를 가져왔으므로, 후에 절차에 따른 화해와 가해자 인도방법 등이 고안되고, 다시 동해보복(同害報復)으로 개선되었다. 그 뒤 씨족제도가 국가권력으로 바뀌어 법이 정비되자 가축·금전 등 재산으로 죄를 보상하는 제도가 생겨났고, 중재재판에서 결정된 인명금(人命金), 속죄금(贖罪金)으로 면책되면서 가해자에 대한 혈족에 의한 복수제도는 없어졌다.

강제기구가 있을 수 있다. 그러므로 국내법과 국제법의 차이는 결국 '상대적으로 중앙집권화된' 법질서와 '상대적으로 분권화된' 법질서와의 차이에 지나지 않는다. 그러나 이러한 차이에도 불구하고 두 종류의 법질서에 공히 '공동체에 의한 힘의 독점상태'가 존재한다.[10)]

국제사회에서 국제법의 실효성은 실제로 자구조치에 전적으로 의존한다. 우월적인 힘을 지닌 중앙권력이 존재하지 않는 상태에서는 국제법규는 현실적으로 개개의 국가가 취하는 무력의 위협과 무력의 사용을 포함하는 자구조치에 의해 지탱된다. 어떤 나라가 무력공격 또는 무력공격의 위협을 받아 그 나라의 독립권이 위기에 빠졌을 때, 그 나라가 자위를 위해 힘에 호소했다 하더라도 그것은 자신의 권리를 확보하기 위한 합법적 행위로 인정될 것이다. 왜냐하면 그와 같은 권리는 그 이외의 다른 방법으로는 확보할 길이 없기 때문이다. 모든 국제법규의 실효성이 강제적인 자구행위에 의존한다고 할 수는 없지만, 국제법체계 전체는 그와 같은 자구행위에 의존한다고 말할 수 있을 것이다. 국제사회에서 국제법의 실효성은 세력균형과 밀접한 관련이 있다고 한 것은 바로 이와 같은 이유 때문이다(제5장 참조). 국가들이 권리를 침해당했을 때 자신의 권리를 복구하기 위한 힘이, 그리고 그 힘을 사용하고자 하는 의지가 국제사회 내에 분산되어 있을 때만 국제법규에 대한 존중이 유지될 수 있다.

국가들이 복구와 전쟁에 호소하는 것이 국제법을 지탱하는 효과가 있는 것은 사실이지만, 그렇다고 해서 복구행위나 전쟁을 하는 주된 동기가 국제법을 집행하기 위한 것이라고 할 수는 없다. 국가가 무력을 행사하는 이유는 다양하다. 물질적 이익을 추구하여, 또는 다른 나라에 대한 공포 때문에, 또는 상대국으로 하여금 자국의 신념이나

---

10) *Ibid.*, ch. VI.

정책을 따르게 하려고 전쟁을 일으킨다. 이러한 동기들은 본질적으로 정치적 성격을 지닌다. 자국의 권리가 침해되었기 때문에 구제조치나 징벌행위를 통해 침해된 권리를 복구해야 한다는 생각이 전쟁의 동기에 포함된 경우도 있겠지만, 그러한 생각은 대체로 여러 가지 동기 중의 하나에 불과하며, 또한 가장 강력한 동기도 아니다.

게다가 개별국가의 무력행사가 국제법이 인정하는 권리의 정당성을 입증하는 행위라 하더라도, 또한 그러한 행위를 통해 국제법의 권위를 세우는 효과가 있다고 하더라도 국제사회 전체가 그렇게 받아들이고 있다는 증거를 제시하기는 어려울 것이다.

켈젠의 주장의 주요한 문제점은 개개의 사례에서 교전 당사국 중 어느 쪽이 범법자이며, 어느 쪽이 국제사회 쪽인가에 대해 국제사회를 구성하는 국가들이 합의를 볼 수 없다는 점에 있다. 켈젠의 견해에 따르면, 전쟁이 일어나면 그것은 위법행위이든가 아니면 제재행위이어야 한다. 이러한 경우에만 국제사회에 '공동체에 의한 힘의 독점'상태가 있다고 말할 수 있다. 전쟁이 국제법의 위반인가, 아니면 국제법의 집행인가에 대해 법적 분석을 할 수 있는지의 여부를 떠나, 국제사회가 그러한 해석에 기초하여 행동할 것을 기대하기란 거의 불가능하다. 분쟁상태에 있는 두 당사국 중 어느 쪽이 정당한 명분을 가지고 있는지에 대해 합의가 이루어지지 않는 경우가 그러하다. 어느 쪽이 국제사회를 대표하고 어느 쪽이 범법자인가에 대해 국가간에 심각한 대립이 존재할 수도 있고, 또는 순전히 정치적 이유에서 전쟁이 일어났다는 데 의견일치를 볼 수도 있다. 19세기 실증주의 국제법학자들이 '국제법은 전쟁 명분의 정당성과 부당성을 따지지 않는다'는 견해를 가지고 있었던 이유는 이처럼 국제사회에서 연대의 현실적 결여를 솔직하게 인정했기 때문이다.

이러한 사실에 비추어보면 국제법이 분권화된 제재체계에 기초한 강제명령이라고 하는 법 개념은 허구가 되고 만다.[11] 국제법도 '법'이라는 견해를 옹호하는 또 하나의 방법은 법이 반드시 제재 · 힘 · 강제를 동반한다고 주장하는 홉스 유의 학설에 의문을 제기하는 것이다. 법규가 제재에 의해 지탱되는 규칙이라는 개념은 국내법으로부터 도출된 것이다. 그러나 제재가 모든 법규에 필수불가결한 특성인가에 대해 논란이 있을 수 있다. 실제로 법은 강제적인 사회적 명령이라는 개념은 국내법체계에 대해서조차 적용할 수 없다는 주장이 나올 수도 있다.

예를 들면, 하트(H. L. A. Hart)는 '위협이 뒷받침된 명령'이라는 법 개념은 여러 가지 측면에서 국내법에 적용될 수 없다고 논하고 있다. 법 중에서 형사법규는 위협에 의해 뒷받침된 명령에 가장 가깝기는 하지만, 그와 같은 법규는 다른 사람들에게는 물론 그 법을 제정한 사람들에게도 적용된다는 점에서 명령과는 다르다. 또한 재판권이나 입법권을 부여하는 법률, 법률관계를 창설하거나 변경하는 법률 등 위협이 뒷받침된 명령이라고 볼 수 없는 국내법도 다양하게 존재한다. 또한 법의 취지 자체가 명령(*prescription*)과는 거리가 먼 법규들도 있다. 결론적으로 하트의 주장은 '사람들의 습관적인 복종을 받으면서 자신은 모든 법적 제약을 면하고 있는 주권자'의 개념을 사용한 법적 분석은 근대법체계의 특징을 설명할 수 없다는 것이다.[12]

하트는 법체계의 특징은 힘으로 규칙을 뒷받침하는 주권자의 존재에 있는 것이 아니라 '1차 규범과 2차 규범의 결합'이라고 주장한다. 1차 규범이란 인간에게 소정의 행위를 하도록 또는 하지 말도록 요구하는 규칙을 말한다. 예를 들면, 폭력의 사용을 제한하는 규칙, 약속

11) 더 자세한 논의는 졸고 "The Grotian Conception of International Society," in *Diplomatic Investigations*를 참고하라.

12) Hart, *The Concept of Law*, p.77을 보라.

의 준수를 요구하는 규칙, 재산을 보호하는 규칙 등이 바로 그것이다. 2차 규범은 규칙에 대한 규칙이다. 이 규칙은 의무를 부과하는 것이 아니라 오히려 일정한 권한을 부여하는 규칙이다. 여기에서 권한이란 '새로운 1차 규범을 도입하거나 과거의 규범을 수정 또는 폐지하거나, 다양한 방법으로 규범의 적용범위를 결정하거나, 규범의 효과를 제어하거나 하는' 권한을 말한다.[13] 입법권, 사법권, 행정권을 확립하는 규칙이 바로 이와 같은 규칙이다.

물론 1차 규범만으로 성립된 사회도 있을 수 있음을 하트도 인정한다. 또한 그런 원시사회가 실제로 존재한다는 것을 보여주는 연구도 있음을 하트도 알고 있다. 그러나 1차 규칙 또는 '비공인'(*unofficial*) 규칙만으로 이루어진 법 구조는 일정한 결함을 지니게 마련이기 때문에 그 결함을 교정하기 위해 2차 규범이 필요하다는 것이다. 즉, 규칙에 대한 규칙을 통해 1차 규범만으로 이루어진 단순한 구조를 보충해야 한다는 것이다.

1차 규범만 존재하는 곳에서는 '사회생활의 기초가 되는 규칙이 체계를 이루지 못하고, 개별적인 행위규범의 단순한 집합이 되고 말 것이다. 이러한 규칙들은 특정의 인간집단이 받아들이는 규칙이라는 것 이외에는 그것들을 규칙으로서 식별할 수 있는 공통의 특징이 전혀 없다.'[14] 그러므로 그 규칙의 내용에 대해 의문이 발생하더라도 이 의문을 해소하는 절차가 없다. 이러한 결함, 즉 불확실성의 결함은 하트가 '승인규칙'(*rules of recognition*)이라고 부른 규칙으로 교정된다. 승인규칙은 '제안된 규칙에 대해 어떤 특성을 부여한다. 이 특성을 가지고 있으면, 그 규칙의 준수를 요구하는 사회적 압력이 존재함을 분명하게 알 수 있다.'[15] 이 특성은 권위를 가진 사람 또는 집

13) *Ibid.*, p. 79.

14) *Ibid.*, p. 90.

단이 문서로 써놓은, 또는 비석에 새겨놓은 규칙의 나열일 수도 있고, 복합적 사회의 경우 그 규칙들이 특정 기관에 의해 제정되었다는 것일 수도 있으며, 오랫동안 관행으로 받아들여졌다는 것일 수도 있고, 또는 사법적 결정과의 관계일 수도 있다. 이와 같은 승인의 규칙 또는 기준이 존재할 때만, 일련의 규칙이 하나의 법체계를 형성하고 있다고 말할 수 있다〔하트의 이론에서 승인규칙은 켈젠의 법학에서 '근본규범'(*basic norm*)에 해당한다〕.

나아가 1차 규범만 존재할 경우 그 규칙은 정태적 성격을 지니게 될 것이다. 왜냐하면 사정이 변화하면 과거의 규칙을 폐지하거나 또는 새로운 규칙을 도입하거나 하여 규칙을 사정에 맞추어가야 하는데 그런 노력을 할 방법이 없기 때문이다.

> 그러한 사회에서 규칙의 변경이 가능한 유일한 형태는, 처음에 임의적인 것으로 생각되었던 행위가 차차 습관적 또는 일상적인 것으로 변하고, 그 다음에는 의무적인 것으로 바뀌어가는 완만한 생성의 과정이거나, 또는 그 반대의 과정, 즉 엄중한 처벌을 받던 일탈행위가 차차 용인되고, 그 다음에는 아무도 유의하지 않는 행위로 여겨지는 소멸의 과정뿐일 것이다.[16]

이러한 결함을 교정하는 것이 또 하나의 2차 규범, 즉 '사정변경의 원칙'이다. 이 규칙은 개인 또는 기관에게 새로운 1차 규범을 도입하거나 또는 과거의 규범을 폐지할 수 있는 권한을 부여한다.

1차 규범만 존재하는 단순한 형태의 사회생활에서 볼 수 있는 세번째 결함은 '규칙유지의 수단이 되는 사회적 압력이 분산되어 있다'

15) *Ibid.*, p. 92.
16) *Ibid.*, p. 90.

는 것이다. 이른바 비효율성(*inefficiency*)의 결함이다. 규칙의 위반여부에 대한 분쟁은 어느 사회에서나 있다. 이러한 분쟁이 발생했을 때, 이를 유권적으로 해결할 수 있는 수단이 없다면, 분쟁은 끊임없이 계속될 것이다. 이 결함을 교정하는 것이 또 하나의 2차 규범, 즉 '재판의 규칙'이다. 이 규칙은 1차 규범에 대한 위반사례가 있을 때, 이 사건에 대한 유권적 결정을 내리거나, 또는 따라야 할 절차를 정하는 권리를 누구에겐가 부여하는 것이다.

법을 1차 규범과 2차 규범의 결합으로 보는 하트의 법 개념은, 법은 반드시 제재 또는 강제를 포함하고 있다는 법 개념으로부터 벗어날 수 있는 길을 열어준다. 그러나 하트의 법 개념을 취한다고 하더라도 국제법을 '법'으로 볼 수 있느냐에 대해서는 여전히 의문의 여지가 있다. 우리가 국제법이라고 부르는 법은 명백히 하트가 1차 규범이라고 부른 규칙들이기 때문이다. 국제사회에는 법으로서의 지위를 가진 것으로 간주되는 규칙들이 존재한다. 이 규칙들은 국가 및 국가 이외의 행위주체들에게 특정한 행위를 하거나 또는 하지 말도록 요구한다. 그러나 '승인의 규칙'은 결코 찾아볼 수 없다. 즉, 존재하는 규칙들 중 어떤 규칙이 국제법체계의 일부이며, 어떤 것은 아닌지, 또한 이 규칙들이 국제법체계 내에서 서로 어떤 관계에 있는지를 분명하게 말해주는 규칙이 없다는 것이다. 사정의 변화에 따라 규칙을 변경할 수 있는 권리를 규정하는 변경의 규칙도 찾아볼 수 없다. 또한 구체적 사건에 대해 규칙의 위반여부를 유권적으로 결정할 권리를 규정하는 재판의 규칙도 찾아볼 수 없다.

하트는 이러한 이유 때문에 국제법은 결코 법으로서의 지위를 가질 수 없다는 결론을 내린 것은 아니다. 그는 자신의 법 개념, 즉 1차 규범과 2차 규범의 결합이라는 법 개념이 법이라는 용어의 사용법에 대한 결정적 정의라고 주장하지는 않았다. 그는 '국제법'(*international law*)이라는 용어를 처음 사용한 벤담(Bentham)의 견해를 수용하는 것으로 만족하고 있다. 국제법규는 법과 '충분한 유사성'을 지니기 때문에 법이라고 부를 수 있다는 것이 벤담의 생각이었다.[17)]

국제법의 법으로서의 지위를 부정하는 사람들의 견해는 국제법이 지닌 특수한 성질들을 이해하는 데 도움을 준다. 특히 국제법이 국내법과 어떻게 다른지, 원시사회의 법과 얼마나 비슷한지를 잘 보여준다. 한편, 국제법도 '법'이라는 견해는 현실적인 중요성을 지닌다. 이 문제를 둘러싸고 벌어진 격렬한 논쟁을 한가하거나, 무익한 것이라고 할 수는 없다. 현실에서 국제법의 작동상태를 보면 국내법과 매우 많은 공통점을 지니고 있음을 발견할 수 있다. 국제법의 용어와 절차는 국내법의 그것들과 매우 비슷하다. 현대의 법조인들은 특정 국가들의 국내법만 다루는 것이 아니라 국제법도 다룬다. 또한 국제공법이나 국제사법과 관련이 있는 사람이나 기관들(정치가, 정치가의 법률고문, 국내재판소, 국제재판소, 국제의회 등)은 자신들이 다루는 규칙이 법규라는 전제 아래 그러한 활동을 하고 있다. 만약 이들이 국제법규에 의해 주장된 권리나 의무가 단순히 도덕이나 국제예의에 불과하다고 생각한다면, 그들은 결코 그런 활동을 하지 않을 것이다. 이 규칙들이 법으로서의 지위를 가진다는 주장에 내포된 이론적 문제점이 무엇이든, 이 규칙들이 사실상 법으로서 인식되기 때문에 국제법과 관련된 국제적 활동이 존재하며, 이 활동들이 국제사회가 기능하는 데 중요한 역할을 하는 것이다.

---

17) *Ibid.*, p. 231.

2. 국제법의 실효성

국제법에 대한 정의를 내렸으므로, 다음으로 국제법이 현실적으로 국가의 행동에 어떤 영향을 미치는지에 대해 살펴보기로 하자. 규칙 그 자체는 지적(知的) 구성물에 불과하다. 국제법규가 국제사회의 생활에 중요한 영향을 미치는 요인이라고 주장하려면, 그 규칙이 상당한 정도의 실효성을 가지고 있음을 입증해야 한다. 즉, 그 규칙이 정하는 바의 행동과, 국제정치에서 국가 및 기타 행위주체들의 실제적 행동 사이에 상당한 정도의 유사성이 있다는 것을 입증해야 한다.

국제법규의 실효성을 입증하기 위해, 실제 행동과 규정된 행동의 동일성(*identity*), 즉 국제법규가 무시된 사례가 없다는 것을 입증할 필요는 없다. 단 한 번도 무시된 적이 없는 그런 법규체계는 없다. 규칙에 의해 정해진 행동과 실제 행동이 일치한다면, 구태여 규칙이라고 말할 의미가 없다. 그러므로 사회는 그 구성원들로 하여금 숨을 쉬도록, 밥을 먹도록, 잠을 자도록 요구하는 규칙을 만들지는 않는다. 살인, 절도, 사기 등과 같이, 그것을 금지하는 규칙이 있든 없든, 구성원의 일부가 위반할 가능성이 있는 행위들을 금지하는 규칙을 만들 뿐이다.

따라서 문제는 국제법이 국제정치에서 작용하는 실질적 요인이라고, 그리고 특히 국제질서를 유지하는 수단이라고 말할 만큼 충분히 준수되는가 하는 것이다. 국제법을 '법'으로 볼 수 있느냐는 문제에 대한 논란과 상관없이, 그와 같은 규칙은 존재하지 않는다고 생각하는, 또는 존재하더라도 현실의 국제관계에서 무시하기로 작정하면 간단히 무시될 수 있는 요인이라고 생각하는 사조는 항상 있었다.

국제법규에 의해 정해진 행동과 실제의 국제적 행동이 어느 정도 일치함은 의심의 여지가 없다. 국제법규의 준수 정도에 대한 정량적 연구가 가능하고 유의미한 것이라면, 그런 연구는 대부분의 국가가 대부분의 경우 합의된 국제법규의 대부분을 준수하고 있다는 결론을 얻을 것이다. 적어도 다른 나라와 평화적으로 공존하고, 외교관계를 유지하며, 화폐와 물품과 방문자를 서로 교환하고, 협정을 체결하는 나라들은 모두 항상 국제법을 준수하고 있다고 볼 수 있기 때문이다.

법규를 위반하거나 또는 무시하는 사례들이 있음도 분명하다. 그러나 이러한 사례들을 증거로 내세워 국제법 자체가 실효성이 없다고 말할 수는 없다. 첫째, 특정한 규칙에 대한 위반사건이 일어난다 하더라도, 이는 보통 여타의 국제법규는 잘 준수되는 상황에서, 심지어는 위반된 규칙조차도, 그 사건만 제외하면 잘 준수되는 상황에서 발생한다. 예를 들면, 1914년 독일이 벨기에를 침략했을 때, 이것은 (벨기에의 중립을 규정한) 1839년의 조약과, 조약준수의 의무를 규정한 국제법[18]을 위반한 것이었지만, 독일은 다른 국제법 원칙들은 존중하였으며, 국제법을 다른 나라들과의 관계의 기초로 삼았다. 또한 벨기에의 중립을 규정한 조약 이외의 조약들에 대해서는 그 존엄성을 분명하게 인정했으며 또한 이에 따라 행동하였다.

둘째, 그와 같은 위반은 그 자체로 오히려 그 규칙이 준수되고 있다는 것을 보여줄 때도 있다. 어떤 규칙에 대한 위반여부가 항상 명

18) 〔역주〕 조약준수의 의무는 국제관습법상 주권·평등권·자위권·불간섭의무 등과 더불어 국가의 기본적 권리와 의무로 여겨졌다. 이는 원래 국제관습법이었으나 1969년 유엔에서 '비엔나 조약법 협약'이 체결되어 법전화(法典化)되었다. 이 협약은 전문(前文)과 85개 조 및 부속서로 되어 있는데, 조약의 체결절차 및 효력발생, 다수국간 조약에 대한 유보, 조약의 준수·적용 및 해석, 제3국에 대한 효력, 조약의 개정 및 변경, 조약의 무효·종료 및 운용정지, 피기탁자의 임무·통고·정정·조약의 등록 등 조약에 관한 규칙 전반을 다루고 있다.

확히 구별되는 것은 아니다. 재판기관이 위반여부에 대한 판결을 내릴 때는 합법과 위법 둘 중의 하나로 나타나지만, 이와 같은 판결에 이르기 전까지의 논의과정에는, 당해 규칙의 해석과 사실의 구성에서 불확실하거나 자의적인 요소가 내포될 수도 있다. 특정한 국제법규와 관련된 국가의 실제 행동은, 명백한 합치와 위반의 양 극단을 잇는 스펙트럼상의 어느 지점에 위치한다고 보아야 할 것이다. 합의의 위반행위가 상대국의 행동에 대해 계산된 대응행동일 수도 있다. 즉, 그 합의의 일부를 유지하기 위해, 또는 그 합의를 되살릴 수 있는 여지를 남겨두기 위해 그런 행동을 취했을 수도 있다.

셋째, 위반사건이 발생한 경우에도 보통 위반국은 자국에게 (그리고 다른 나라들에게도) 당해규칙의 준수의무가 있다고 믿는 것을 보여주려고 노력한다. 자신들이 무시한 합의는 다른 나라들의 위반행위로 이미 소멸되었기 때문에, 또는 처음부터 무효였기 때문에 자신들은 결코 어떠한 위반도 하지 않았다고 주장하는 것이다. 1936년 나치스 독일이 라인란트(Rheinland)[19]에 진주하여 재무장의 길로 나아갔을 때가 그러했다. 경우에 따라서는 위반국 스스로 규칙을 위반한 사실은 인정하지만 그 규칙보다 더 중요한 원칙을 지키기 위한 불가피한 행동이었다고 주장하기도 한다. 1914년 독일이 벨기에의 중립을 침해했을 때, 또한 1960년 미국의 U2기가 소련 영공을 침범했을 때의 일이다. '불가피성' 또는 '중대이익'과 같은 원칙을 내세운다는 것 자체가 최소한 그들이 자신의 위반행동에 대해 설명할 필요를 느끼고

19) 〔역주〕 독일의 라인 강 서쪽 지대. 옛 프로이센령(領)의 라인 주(州). 이곳은 일찍부터 상공업이 매우 발달하여, 19세기 산업혁명과 함께 루르 지방을 중심으로 독일 경제의 심장부가 되었다. 제1차 세계대전 후 이 지역의 일부는 연합군에 점령되어 비무장지역으로 지정되었다. 1936년 히틀러는 소련과의 대립을 의식한 서유럽 열강의 유화정책을 이용, 여기에 군대를 주둔시키고 재무장을 강행함으로써 '베르사유조약'을 파기하였다.

있다는 사실을 말해준다.

일련의 규칙이 실효성이 없다고 말할 수 있는 것은 다음과 같은 징후가 나타났을 때이다. 즉, 실제의 행동과 규정된 행동이 일치하지 않을 뿐만 아니라, 규정에 따라야 할 의무 그 자체의 타당성이나 구속력을 부정할 때. 예를 들면, 이유를 들어가며 그 규정과는 대립되는 원칙을 내세우거나, 또는 합리성 여부를 불문하고 그 규칙을 완전히 무시하는 경우가 그러하다. 이유 없이 규칙을 무시하는 행위, 즉 규칙이 무엇인지를 알지 못해, 또는 규칙의 내용을 이해하지 못해, 또는 그 규칙의 전제를 받아들일 수 없어서 규칙을 지키지 않는 행위는 공통의 국제사회의 존재 자체를 인정하지 않는 집단의 전형적인 행동이다. 역사적으로 보면, 국제사회의 구성국과 국제사회 밖에 있는 정치적 실체가 서로 만났을 때 이런 일이 발생한다(제 2장에서 몇 가지 구체적 사례를 논의한 바 있다). 현대 국제사회의 역사에서 찾아볼 수 있는 위반의 사례들은 대체로 혁명적 변화과정에 있는 나라들이 국제법규의 전부 또는 일부에 대해 합리적 이유를 들어 거부한 사례들이다. 예를 들면, 볼셰비키 러시아는 승계법을 거부하였고, 일부 아프리카·아시아 국가들은 식민지 주권과 외국인의 재산권을 인정하지 않았다. 그러나 이처럼 합리적 이유를 동반한 위반의 사례들은 국제법규의 일시적·지역적 파탄을 가져오긴 했지만, 국제법체계 전체의 파탄을 가져온 것은 아니다.

살펴본 바와 같이, 국제법은 실효성이 없다는, 따라서 국제법 같은 것은 존재하지 않는다는 비판은 올바르지 않다. 그러나 이들의 주장 중, 사람들이 법을 준수하는 가장 중요한 동기를 준법정신에서 찾아서는 안 된다는 주장은 올바르다. 국제법은 그 규칙이 상당한 정도로 준수되고 있다는 점에서 하나의 사회적 현실임은 분명하다. 하지만 그렇다고 해서 국제법이 세계정치에서 강력한 요인 또는 동인(動

因)이라는 결론을 내릴 수는 없다.

국가들이 국제법을 따르는 것은 부분적으로는 관습이나 관성의 힘에 의한 것이다. 국가는 말하자면 이미 존재하는 틀 내에서 움직이도록 설계되어 있다. 만일 국제법을 준수하는 것이 숙고 끝에 나온 행동이거나, 또는 이해타산의 결과일 경우에는, 다음과 같은 세 가지 동기에서 비롯된 것이다. 첫째, 국제법이 요구하는 행동이 가치 있는 일이라고, 혹은 의무적인 일이라고 생각한다면 국제법은 준수될 것이다. 이것은 법이 그러한 행동 자체를 하나의 목적으로, 또는 보다 넓은 가치체계의 일부 또는 수단으로 요구하기 때문에 준수하는 것과는 다른 것이다. 주로 이러한 이유에서 준수되는 국제법은 흔히 '공동체 국제법'(*international law of community*)이라고 불린다. 둘째, 합의를 이행하려는 강대국의 강제 또는 강제의 위협이 있다면 국제법은 준수될 것이다. 주로 이러한 이유에서 준수되는 국제법은 흔히 '권력 국제법'(*international law of power*)이라고 불린다. 패전국이 받아들인 평화조약 같은 것이 좋은 예다. 패전국은 전쟁에 패배했기 때문에 평화조약을 받아들이지 않을 수 없으며, 또한 그 조약에 도전할 힘이 없는 동안에는 평화조약을 지킬 수밖에 없다. 셋째, 다른 나라들도 다 함께 그 조약을 지키면 자국에 이익이 된다고 생각할 경우 국제법은 준수될 것이다. 이러한 상호이익에 기초를 둔 합의와 원칙들은 흔히 '호혜 국제법'(*the international law of reciprocity*)이라고 불린다. 국제법의 가장 중요한 원칙들, 즉 주권의 상호존중, 약속의 준수, 전쟁법규 등이 여기에 속한다.[20]

국가는 자기 나름의 속셈이 있을 때만, 또는 법을 지키는 쪽이 자

---

20) 이러한 3분법〔공동체 국제법, 권력 국제법, 호혜 국제법〕에 대한 논의는 Georg Schwarzenberger, *The Frontiers of International Law*(London: Stevens & Son, 1962) 제I장을 보라.

국에 이익이 된다고 생각할 때만 법을 지킨다는 주장도 있다. 이 주장은 때로 국제법의 가치를 완전히 무시하는 주장으로까지 나아가기도 한다. 물론 올바른 주장은 아니다. 국제법의 중요성은 자국의 이익을 무시하면서까지 국제법을 지키고자 하는 국가들의 의지에 있는 것이 아니라, 대부분의 경우 국제법을 준수하는 것이 자국에 이익이 된다고 국가들이 판단한다는 사실에 있다.

3. 국제질서에 대한 국제법의 공헌

국제질서에서 국제법의 역할은 무엇인가? 국제법의 첫째 기능은 주권국가로 이루어진 사회라는 관념을 인류의 정치조직 중 최고의 규범원칙으로 확인했다는 점이다. 우리는 제 2장에서 주권국가로 이루어진 사회라는 관념이 현 단계 세계정치의 근본원칙 또는 구성원칙이라고 말한 바 있다. 근대 국가체제의 현 단계에서 전 인류로 이루어진 위대한 사회의 질서가 달성되었는데, 이것은 각각의 영토와 인민을 가진 국가들이 존재하고, 그 국가들이 고유의 주권을 가지고는 있으나 일련의 공통규범에 의해 서로 연결되어 있다는 원칙을 널리 받아들였기 때문이다. 국제법은 바로 이와 같은 원칙을 천명하고, 이와는 다른 원칙들 — 국제정치는 국가간의 관계를 규율하는 규칙이 전혀 존재하지 않는 싸움판에 불과하다는 홉스적 관념이나, 또는 인류는 세계시민권에 기초한 보편국가로 조직되는 것이 적절하다거나, 또는 특정 민족이나 인종의 우수성에 기초한 보편제국으로 조직되는 것이 적절하다는 관념 — 은 배제함으로써, 그와 같은 특정한 원칙을 현 단계에서 인간의 사고와 행동을 이끄는 결정적 원칙으로 확립하고, 이로써 끝없는 논쟁의 분출과 무제한적 충돌의 발생을 방지한다.

이 책의 다른 곳에서도 강조한 바와 같이, 전 인류의 위대한 사회의 질서가 반드시 주권국가로 이루어진 사회를 통해서만 달성될 수 있는 것은 아니다. 원칙적으로 다른 방식으로도 얼마든지 달성될 수 있다. 주권국가로 이루어진 사회는 역사적으로 불가피한 것도 아니고, 도덕적으로 신성한 것도 아니다. 만약 실제로 인류가 세계시민국가나 보편제국으로, 또는 다른 어떤 원칙에 따라 조직되어 있다면, 법은 바로 이 원칙을 최고의 생산적 원칙으로 선언하는 역할을 할 것이다. 그러나 종교전쟁이 반복되던 시기의 유럽에서처럼, 보편적 정치조직에 관한 원칙들이 서로 경쟁하는 혼란한 상황에서는 결코 세계규모의 질서가 존재할 수 없다. 이와 같이 세계정치에서 질서와 관련된 법의 첫째 기능은 이러한 보편적 정치조직 원칙들 중 하나를 확인하고 그것이 다른 어떤 원칙보다 우월하다는 것을 선언하는 일이다.

국제질서에 대한 국제법의 둘째 기능은 국제사회에서 국가 및 기타 행동주체들 간의 기본적 공존규칙을 선언하는 일이다. 이 규칙은 위에서 말한 것처럼 3개의 핵심적 영역과 관련되어 있다. ① 국가 및 기타 행동주체 간의 폭력의 제한에 관한 규칙, ② 그들 주체간의 합의에 관한 규칙, ③ 주권 및 독립에 관한 규칙이 바로 그것이다(제 1장 및 제 3장 참조).

국제법의 셋째 기능은 국제사회의 규칙들, 즉 위에서 말한 기본적 공존규칙과, 제 2장에서 논의한 협력규칙 및 기타 등이 준수될 수 있도록 돕는 일이다. 이미 말한 바와 같이, 국가들의 실제 행동이 어느 정도 국제법 규정과 합치한다 할지라도, 국제법을 존중하는 마음 때문에 이러한 합치현상이 일어난다고 볼 수는 없다. 따라서 국제법의 국제질서에 대한 주된 기여가 국가들의 국제적 행동에 대한 제약에 있다고 말하는 것은 틀린 것이다. 물론 모든 정부는 국제적 의무에 대해 어느 정도 존중하는 마음을 가지고 있고, 그런 의무를 저버린

정부라는 악평을 받기 싫어하며, 자신이 체결한 합의에 대해서는 대체로 그것을 이행하는 것이 자국에 이익이 된다고 생각한다. 그러나 그들의 법적 의무가, 그리고 그 의무의 이행으로부터 발생하는 이익(의무를 잘 이행하는 정부라는 명성으로부터 얻을 수 있는 이익)이 자국의 중대이익이나 목표와 충돌할 경우에는 그러한 의무를 이행하기보다는 오히려 저버리는 일이 종종 있다.

국제사회의 기본규칙이 준수되는 것은 국제법이 국가의 국제적 행동에 제약을 가하기 때문만은 아니다. 국제법이 준수되는 주된 요인은 법적 의무와는 관계없는 것들, 즉 당해합의의 전제가 되는 목적이나 가치를 모든 당사국이 받아들이고 있다는 것, 강대국이 강제할 가능성이 있다는 것, 상호이익이 존재한다는 것—이런 것들이다. 이들 요인의 작용 없이는 법적 의무는 효과를 얻을 수 없다. 국제법이라는 틀은 합의가 준수되는 방향으로 이러한 요인을 활성화하거나 매개하는 역할을 한다. 특히 국제법은 현안문제에 대한 각국의 의도를 알릴 수 있는 수단을 제공하고, 그 문제에 대한 각국의 장래의 정책이 어떠할 것인지에 대해 재확인할 수 있는 기회를 제공한다. 또한 합의의 성격, 범위, 한정조건을 구체화할 수 있도록 하며, 그 합의에 엄숙함을 부여하여 합의의 영속성을 기대하게 한다.

4. 국제법의 한계

국제법은 국제질서에 대하여 지금까지 논의한 기능들을 수행하지만, 그와 같은 기능들은 일정한 범위 안에서 작동하기 때문에 그 한계를 알아둘 필요가 있다. 첫째, 국제법은 국제질서의 필수적인, 또는 본질적인 조건이라고 할 수 없다. 국제법이 국제질서에서 매우 중요한 기능을 하는 것은 사실이다. 하지만 이러한 기능들은 원칙적으로 다른 방법으로도 얻을 수 있다. 국가로 이루어진 사회라는 관념을 확인하고, 그 중요성을 천명하며, 기본적 공존규칙을 선언하고, 합의의 준수를 촉진하는 수단들을 마련하는 일은 도덕규범 또는 초자연적 규범의 지위를 가진 규칙체계를 통해서도 이루어질 수 있다. 과거에 존재했던 몇몇 국제사회들 — 그리스 도시국가체제, 알렉산더 대왕 사후에 형성된 헬레니즘 왕국들, 고대 인도의 토후국(土侯國)[21] 체제 — 에는 국제법 제도가 전혀 없었다. 근대 국제사회가 국제법을 그 제도의 하나로 포함하게 된 것은 역사적 우연의 결과이다. 근대 국제사회는 하나의 단일체제, 즉 서방 기독교세계로부터 발전했는데, 이 체제에는 로마법, 신법(神法), 교회법, 자연법 등의 형태로 구현된 탁월한 법 관념이 있었다.

오늘날의 국제사회에서 국제법의 위치는 확고하다. 이 사회의 주요한 규칙들은 도덕규칙에 불과한 것이 아니라 법으로서의 지위를 가지고 있기 때문에, 강한 구속력이 있다고 느껴지고, 그 규칙들의 의미에 대해 (유권적인 '재판규칙'이 결여되어 있어서 의미를 확정하는 데 어려움이 있긴 하지만) 원칙적으로 하나의 단일한 유권적 정의(定義)가 존재한다는 관념이 깊이 뿌리내리고 있다.

둘째, 국제법만으로는 국제질서가 달성되지는 않는다. 국제법 외부에 있는 다른 조건들이 갖추어지지 않으면, 국제법은 지금까지 국제법의 기능으로 여겨져 온 그 어떠한 기능도 할 수 없다. 국제법이 국제사회라는 관념을 최고의 규범원칙으로 확인하는 일도 국제사회가 어느 정도 이미 존재할 때, 그리고 그 국제사회가 이 원칙을 최고의 규범으로 삼는 것을 받아들일 때만 가능하다. 또한 국제법이 국가

---

21) 〔역주〕 중앙집권적 국가행정에서 독립하여 부족장이 통치하던 나라를 말한다. 번왕국(藩王國) 또는 수장국(首長國)이라고 하기도 한다.

간의 기본적 공존규칙을 선언함으로써 국제질서에 기여하는 일도 이 규칙들이 어느 정도 국가들 상호간의 현실적 거래에 기초를 두고 있을 때만 가능하다. 국제법이 국제사회에서 규칙과 합의의 준수를 촉진하는 요인을 활성화하는 것도 이러한 요인들이 이미 존재할 때만 가능한 일이다. '법에 의한 세계평화' 또는 '세계법에 의한 세계평화' 구상에는 국제법이 질서나 평화를 강고히 하는 독자적 수단이 될 수 있다는 생각이 전제되어 있는데, 이러한 전제 역시 잘못된 것이다. 국제법적 규제와 금지의 확대 또는 '강화'를 통해 국제질서가 강화되는 경우도 있을 수 있다. 그러나 이것은 당해 상황에 이미 그런 요인들이 작용하고 있어서 그 요인들을 활성화하거나 부각시키는 것이 가능할 때만 있을 수 있는 일이다. 그와 같은 요인들이 존재하지 않는 상황에서 질서와 평화를 법제화하려고 하면 평화에 대한 전망은 보지도 못한 채 국제법에 대한 신뢰의 상실만 초래할 뿐이다.

셋째, 국제법, 또는 국제법에 대한 특정한 해석이 국제질서를 유지하기 위한 조치들을 사실상 방해하는 경우도 있다. 그 전형적인 예가 세력균형의 유지를 위해 필요한 조치들과 국제법이 충돌하는 경우이다. 세력균형의 원칙이 요청하는 바와 국제법이 요청하는 바가 서로 충돌하는 경우는 여러 가지가 있다. 하나는 예방전쟁의 경우이다. 국제법의 일반적 해석에 따르면, 예방전쟁은 위법이다. 상대국이 자국에 대해 법적으로 아무런 침해행위를 하지 않았음에도 불구하고 전쟁을 일으키는 것은 합법이 아니다. 그러나 세력균형이 요청하는 바는, 제5장에서 논의한 바와 같이, 한 국가가 설령 아무런 법적 침해행위를 하지 않았다 하더라도, 그 나라의 상대적 국력이 세력균형을 위협할 정도로 커지는 경우에는 개전(開戰)이 필요할 수도 있다는 것이다.

두 종류의 요청 사이에 충돌이 발생하는 또 하나의 경우는 침략행위에 대한 제재전쟁의 경우이다. 이탈리아가 에티오피아를 침공했을 때,[22] 국제법 학자들은 대부분 다음과 같은 판단을 내렸다. 즉, 이탈리아의 전쟁행위는 '국제연맹규약'을 무시하고 개시된 것이며, 연맹이 이탈리아에 대한 제재를 요청한 이상, 영국과 프랑스를 비롯한 기타 가맹국들은 제재전쟁을 개시할 수 있다는 것이다. 다른 한편, 이 문제를 세력균형의 관점에서 보면, 이탈리아를 상대로 제재전쟁을 개시할 경우, 이탈리아는 독일과 한편이 될 것이고, 이렇게 되면 독일과의 관계에서 세력균형을 유지하고자 하는 영국과 프랑스의 노력은 수포로 돌아갈 위험이 있었다. 똑같은 형태의 충돌이 1939년 러시아가 핀란드를 침공했을 때[23]도 반복되었다. 영국과 프랑스는 러시아

---

22) 〔역주〕 1935년 가을 이탈리아는 에티오피아에 침공하여 1936년 5월 에티오피아 합병을 선언하였다. 국제연맹은 1935년 10월 이탈리아의 침략이 '연맹규약' 제 12조를 위반한 것으로 규정, 경제제재 조치를 취하였다. 그러나 1936년 7월 회원국들에게 경제제재 조치의 해제를 권고하였고, 이러한 권고에 따라 합병을 승인하는 국가들이 늘어났다. 1938년 5월 영국의 제청으로 연맹이사회는 합병승인의 문제를 각국의 독자적 판단에 맡기기로 결정하였다. 국제연맹이 이와 같은 미온적인 태도를 취한 이유는 본문에 설명이 나와 있다.

23) 〔역주〕 1939년 제 2차 세계대전이 시작되자 소련은 레닌그라드 방위 목적으로 핀란드에게 카렐리야 지협의 토지를 요구하였는데, 핀란드가 이를 거절하자 11월 50만 대군을 동원하여 핀란드를 침공하였다(제 1차 소·핀 전쟁). 국제연맹은 소련의 침략행위를 규탄하고 12월 14일 소련의 제명을 결정하였다. 소련의 침공은 1940년 3월의 소·핀 평화조약으로 일단락되었는데, 핀란드는 카렐리야지방과 북극해 연안지방을 잃고 말았다. 1941년 독·소전(獨蘇戰)이 발발하자, 핀란드는 실지회복(失地回復)을 위해 독일에 협력, 소련과 싸웠다(제 2차 소·핀 전쟁). 1944년 영국의 중재로 핀란드는 소련과 휴전협정을 맺고 전선에서 물러났으나, 1947년의 강화조약에서 카렐리야지방과 북극해연안지방의 할양은 물론, 거액의 배상금을 지불해야 했다.

를 '침략자'로 규정하고 행동을 취하거나, 아니면 독일에 대항하여 러시아와 협력하는 길을 열어두거나, 둘 중 하나를 선택해야 했다.

마지막으로 간섭의 경우에도 국제법의 요청과 세력균형의 요청이 충돌한다. 국제법의 일반적 해석에 따르면, 모든 국가는 다른 나라의 국내문제에 관하여는 무력개입이나 명령형 간섭을 삼가야 한다(제3국의 간섭에 대항하기 위해 당해 정부가 개입을 요청한 경우에는 개입할 수 있다는 견해도 있다). 그러나 세력균형의 관점에서 보면 문제가 달라진다. 국제사회 전체의 힘의 배분이라는 보다 넓은 관점에서 보면, 강대국이 어떤 나라에 대한 자국의 영향력을 확립하기 위해, 또는 그 나라에 대한 다른 강대국의 영향력을 배제하기 위해 그 나라의 국내문제에 간섭할 필요가 있다는 주장이 종종 제기된다.

국제법적 요청과 세력균형의 요청 사이에 발생하는 이러한 충돌을 해결해보려는 다양한 시도가 있었다. 그 중 하나는 국제법 자체에 세력균형 원칙을 도입해 보자는 것이었고, 또 하나는 국제법의 적용범위를 제한적으로 보자는 견해였다. 후자의 견해에 따르면, 세력균형의 문제는, 질서유지를 위한 여러 장치들이 요구하는 다른 요청들과 마찬가지로, 법이 규율할 수 없는 '권력정치'의 영역에 속하는 것으로 보아야 한다는 것이다. 국제법과 세력균형원칙 간의 충돌이 해결될 수 있는지 없는지, 어떻게 해결될 수 있는지에 대해서는 더 이상 논의하지 않겠다. 다만 여기서 지적하고 싶은 것은 국제질서에 대해 국제법이 기여하는 바는 근본적으로 한계가 있다는 점이다.

넷째, 국제법은 국제질서 이외의 여러 목적들을 달성하기 위한 수단 또는 도구라는 점이다. 이런 의미에서 국제법은 실제로 국제질서와 모순될 경우도 있다. 법적 수단들은, 예를 들면 세계정치에서 정의(국제적 정의, 인도적 정의, 세계시민적 정의)를 구현하기 위해 사용되는데, 이러한 목표는 국제질서를 파괴하는 작용을 할 수도 있다

(제 4장 참조). 법은 모든 종류의 정치적 목적의 수단이다. 질서의 향상은 그 중 하나일 뿐이다.

5. 현대 국제법

오늘날의 특수한 상황에서 국제질서에 대해 국제법은 어떤 기여를 하는가? 제 2차 세계대전 이후 국제법은 큰 변화를 겪었다. 국제법 전문가들도 그렇게 말하고 있다. 변화된 내용은 국제법 주체, 즉 누가 국제법의 규율대상인가, 국제법의 적용범위, 즉 무엇이 국제법의 규율대상인가, 국제법의 입법과정, 국제법학자의 역할 등에 관한 것이다.

국제법의 주체에 관한 사고방식은 19세기 실증주의자들의 학설과는 완전히 반대방향으로 나아간 것으로 보인다. 19세기 실증주의자들의 견해에 따르면, 국제법은 (오펜하임의 말을 빌면) '국가간의 관계에 관한 법으로서, 국가만을 대상으로 하며 그 이외의 대상은 모두 배제한다'는 것이었다.[24] 그러나 오늘날에는 개인도 국제법의 주체로 널리 인정되고 있다. 그 증거를 찾아볼 수 있는 문서로는 '뉘른베르크 전범재판소 헌장' 및 '도쿄 전범재판소 헌장', 1948년 '세계인권선언', 1966년 '국제인권규약'('시민적 및 정치적 권리에 관한 국제규약', '경제적·사회적 및 문화적 권리에 관한 국제규약'),[25] 1950년 '유

24) Oppenheim, *International Law*, vol. I, 제 1장.

25) 〔역주〕 국제인권규약(*International Human Rights*) : 1966년 12월 16일 제 21차 유엔총회에서 채택된 인권의 국제적 보호를 정한 국제조약. ① 경제적·사회적 및 문화적 권리에 관한 국제규약, ② 시민적 및 정치적 권리에 관한 국제규약, ③ 시민적 및 정치적 권리에 대한 침해와 관련하여 인권위원회에 제출된 개인의 구제신청을 인정한 의정서로 구성되어 있다. 1948

럽 인권조약'[26] 등이 있다. 또한 많은 국제법학자들이 국가 이외의 집단들도 국제법상 주체가 될 수 있다는 견해를 보이고 있다. 예를 들면, 유엔, 기타 보편적 또는 준보편적 정부간기구들, 지역 정부간 기구, 국제적 비정부기구(전문가 단체 및 과학자 단체, 비영리 기금, 다국적 경제기구) 등이 그러한 집단들이다.[27]

일부 법학자들의 주장에 의하면, 국가가 국제법의 유일한 주체이던 시대는 지나가고, 이제 개인이나 기타 집단도 국제법의 주체가 되기에 이르렀기 때문에, 그 법은 국제법, 또는 국가간의 법에서 세계공동체의 법으로 변화되었거나, 또는 변화과정에 있다는 것이다. 이러한 맥락에서 제섭(Philip C. Jessup)[28]은 국제법으로부터 '초국적

년의 '세계인권선언'은 법적 구속력이 없는 '선언적 의미'만 지니고 있었으나, 이 규약은 국제조약이기 때문에 법적 구속력을 가진다.

26) 〔역주〕 유럽 인권조약(*European Convention on Human Rights*) : 1950년 11월 유럽심의회 가맹국(21개국)이 로마에서 조인한 조약. 정식명칭은 '인권 및 기본적 자유보호를 위한 조약'이며, 1953년 9월 발효되었다. 이 조약은 조약체결국 관할구역 안의 모든 사람에게 조약 및 의정서가 규정하는 시민적 · 정치적 권리, 즉 자유권을 보장하며, 조약의 이행확보를 위해 유럽 인권위원회와 유럽 인권재판소를 설치하였다.

27) 예컨대 다음 문헌들을 보라. Myres S. McDougal, Harold D. Lasswell and W. Michael Reisman, "The World Constitutive Process of Authoritative Decision," in *The Future of the International Legal Order*, ed. Richard A. Falk and Cyril E. Black(Princeton University Press, 1969) vol. 1; C. Wilfred Jenks, "Multinational Entities in the Law of Nations," in *Transnational Law in a Changing Society, Essays in Honour of Philip C. Jessup*, ed. Wolfgang Friedmann, Louis Henkin and Oliver Lissitzyn(Columbia University Press, 1972).

28) 〔역주〕 Jessup, Philip Caryl(1897~1986) : 미국의 국제법학자 · 외교관. 컬럼비아대학 교수. 유엔 안전보장이사회 및 총회 미국대표 역임. 1970년 국제사법재판소 재판관.

법'(*transnational law*)으로의 전이(轉移)에 대해 논의하였다. '초국적 법'이란, 국가·개인·국제기구·기업 및 기타집단 모두에 대해, 국경을 초월한 모든 행동과 사건을 규율하는 법을 말한다.[29] 옌크스[30]도 '인류 보통법'(*common law of mankind*)의 등장에 대해 논의하였으며, 코르벳[31]도 국제법에서 '세계법'(*world law*)으로의 변화에 대해 언급하였다.[32]

다음으로 국제법의 범위의 변화를 살펴보면, 확실히 제2차 세계대전 이후 경제·사회·통신·환경분야의 문제들을 규율하는 국제법이 현저히 증가했다. 이전의 국제법이 주로 정치적 및 전략적 사항과 관련되었던 것과는 대조적이다. 이들 분야에서 국가들의 활동도 크게 늘어났고, 세계정치에서 국가 이외의 행위주체의 중요성도 커졌다. 경제분야에서는 유엔 경제사회이사회, 유엔 무역개발회의, 세계은행, 국제통화기금, 식량농업기구 등이, 사회분야에서는 세계보건기구, 유네스코(유엔 교육·과학·문화기구) 등이, 교통과 통신분야에서는 국제전기통신연합, 또는 국제민간항공기구 등이 활동했다. 그 결과, 경제·사회·통신·환경분야에 대한 국제법적 관심이 증대하였다.

이러한 국제법의 규율범위의 확대를 근거로 룉링[33]은 전통적인 '자

---

29) Philip C. Jessup, *Transnational Law*(Yale University Press, 1956)를 보라.

30) 〔역주〕 Jenks, Clarence Wilfred(1909~1973): 국제노동기구 사무국장 역임. 국제기구나 국제정책은 국가간 관계보다 개인생활의 복지에 더 큰 관심을 두어야 한다고 주장했다.

31) 〔역주〕 Corbett, Percy E. (1892~1983): 캐나다의 국제법학자. 1943년 예일대학 교수.

32) C. Wilfred Jenks, *The Common Law of Mankind*(London: Stevens & Son, 1958); Percy E. Corbett, *The Growth of World Law*(Princeton University Press, 1971)를 보라.

유 국제법'(*international law of liberty*)이 현대적인 '복지 국제법'(*international law of welfare*)으로 변화하고 있다고 주장한다. 뢸링에 따르면, '자유 국제법'은 소수의 부유한 유럽 국가들이 만든 것으로서, 주된 관심이 나의 자유와 너의 자유를 조화시키는 것인데, 이것은 자유주의국가에 잘 어울리는 것이었다. 이와는 달리 '복지 국제법'은 경제생활에 대한 국가의 개입이 확대된 상황을 반영하며, 또한 번영과는 거리가 먼 다수의 비유럽 국가들이 국제사회에 미친 영향도 반영되어 있다. 대다수의 비유럽 국가들은 자유 국제법에 도전하였는데, 이것은 계급투쟁의 국제판이었다고 할 수 있다. "세계공동체는 복지공동체가 될 것이 틀림없다. 이것은 마치 국민국가가 복지국가가 되는 것과 같다"고 뢸링은 말하고 있다.[34] 이와 같은 맥락에서 프리드먼(Wolfgang Friedmann)은 '공존 국제법'(*international law of coexistence*)이 '협력 국제법'(*international law of cooperation*)으로 변화할 것이라고 썼다. '협력 국제법'이란, 유럽적 전통 밖에 있는 새 국가들을 국제사회의 일원으로 받아들이는 '수평적' 확장과, 국제적 활동의 새로운 분야들을 규율하고자 하는 '수직적' 확장이 반영된 국제법을 말한다.[35]

또한 국제법의 입법과정, 또는 법적 근원에서도 변화가 있었던 것으로 여겨진다. 19세기 이래 유력한 국제법 학설에 의하면, 국제법

---

33) 〔역주〕 Röling, Bernard Victor Aloysius(Bert) (1906~1985) : 네덜란드의 국제법학자. 1946~1948년 극동국제군사재판소 재판관. 이른바 '평화에 대한 죄'는 뉘른베르크 재판소 조례 이전에는 범죄로 간주되지 않았기 때문에, '평화에 대한 죄'로 개인을 사형에 처할 수는 없다는 개인의견을 냈다.

34) B. V. A Roling, *International Law in an Expanded world*(Amsterdam: Djambatan, 1960), p. 83.

35) Wolfgang Friedmann, *The Changing Structure of International Law* (London: Stevens & Son, 1964).

의 유일한 법적 근원은 국가의 동의(*consent*)라는 것이었다. 이 동의에는 명시적 동의와 묵시적 동의가 모두 포함된다. 국제법의 일부를 구성하는 일반 또는 특별 국제협정 및 국제조약에 나타난 것은 명시적 동의이고, 국제관습법에 나타난 것은 묵시적 동의이다. 한편 국제사법재판소 규정 제38조는 법적 근원을 네 가지로 명시한다. ① 당사국들이 명백히 인정한 규칙을 확립하는 일반 또는 특별 국제조약, ② 법으로서 인정된 일반적 관행임이 명백한 국제관습, ③ 문명국이 인정하는 법의 일반원칙, ④ 법규 결정의 보조수단으로서 판례 및 각국의 최고자격을 지닌 국제법학자의 학설 등이 그것이다.

여기에 법의 일반원칙과 판례 및 학설이 포함된 것을 보면, 법정다툼이 벌어졌을 경우 분쟁 당사국이 동의를 표시하지 않은 규칙, 또는 동의했다는 사실을 입증하기 곤란한 규칙이라 하더라도 국제법의 일부가 될 수 있음을 알 수 있다. 하지만 판례 및 학설은 국제법적 판단을 위한 '보조'수단으로서만 인정한다. 그 외의 세 가지 법적 근원은 국제사법재판소 규정이 현실의 국가관행[36]에 근거하여 선언한 것들이다. 실증주의적 견해에 의하면, 국제사법재판소 규정 그 자체도 유효성의 근거가 서명국의 명시적 동의에 있다.

국제법의 유효성이 오로지 국가의 동의에 있다는 학설은 자연법학파의 학설과 항상 경쟁관계에 있었다. 자연법학파는 국제법이 자연법에서 유래된다고 주장하였는데, 이 학파는 16세기부터 18세기까지 주류사상이었다. 20세기에 들어와, 브라이얼리[37]와 로터팩트[38]가

---

36) 〔역주〕 국가관행(*state practice, practice of states*)이란 조약, 국제재판, 국내재판, 각국의 입법, 정책선언 등에 의해 반복적으로 나타나는 국가의 행동을 말한다. 이러한 관행에 법적 신념(*opinio juris sive necessitatis*)이 동반되면 국제관습법이 된다.

37) 〔역주〕 Brierly, James Leslie(1881~1955): 영국의 국제법학자. 1922~1947년 옥스퍼드대학 교수. 1948년 에든버러대학 교수. 1949년 유엔 국제

보여준 것처럼, 자연법을 국제법의 법적 근원으로 삼으려는 시도가 여러 차례 있었다.[39] 다른 한편, 낡은 자연법 학설을 끌어들이지 않으면서도, 국가의 동의 이외의 다른 법적 근원이 있다고 주장하면서, 그 주장을 입증하기 위해 자연법 이외의 근거를 모색하는 이론들이 확산되었다. 이 이론들 중 현재 가장 중요하고 영향력 있는 이론은 말하자면 '연대주의'(*solidarist*) 이론이다. 연대주의 이론의 두드러진 특징은 자연법 이론을 끌어들이지 않으면서, 국제법의 법적 근원을 현실의 국가관행에서 찾을 수 있다고 주장하는 것이다. 이 이론에 따르면, 국가들이 동의한 규칙에서 비롯된 국제법만 유효한 것이 아니라, 국제사회 전체의 연대(*solidarity*) 또는 일반적 합의(*consensus*)를 얻은 규칙이라면, 비록 일부 국가들이 그 규칙에 대한 동의를 유보한다 하더라도 그 규칙에서 비롯된 국제법도 유효하다는 것이다.

이와 같은 이유에서 포크는 '국제법적 의무의 근거는 동의에서 일반적 합의로 옮아가는 추세에 있음을 분명하게 알 수 있다'고 주장하는데, 여기에서 '일반적 합의'란 '압도적 다수, 수렴된 국제여론, 우세한 견해, 및 단순 다수 이상이기는 하지만 만장일치나 보편적 견해라고 할 수는 없는 것까지'를 의미한다.[40] 포크는 식민주의나 인종차별주의와 관련하여 유엔총회에서 나타난 합의 같은 것이 그에 해당한다고 생각하고 있다. 포크의 주장에 따르면, 국제사회가 효과적으로

법위원회 위원.

38) 〔역주〕 Lauterpacht, Sir Hersch (1897~1960) : 영국의 국제법학자. 런던대학 교수. 1938년 케임브리지대학 교수. 1955년 국제사법재판소 재판관.

39) J. L. Brierly, *The Basis of Obligation in International Law* (Oxford: Clarendon Press, 1958) 및 Hersch Lauterpacht, *International Law and Human Rights* (London Stevens & Son, 1950)를 보라.

40) Richard A. Falk, *The Status of Law in International Society* (Princeton University Press, 1977), p. 177.

기능하기 위해서는, 비록 일부 주권국가가 반대하더라도, 그러한 일반적 합의를 법제화하는 입법기구가 있어야 한다는 것이다. 포크는 국제사법재판소가 그러한 합의를 국제법의 법적 근원으로 확인해야 한다고 주장한다.[41] 국제법적 의무가 동의에서 발생하는 것이 아니라 일반적 합의에서 발생하는 것으로 보는 것이 바람직할 뿐만 아니라, 실로 이것이 현재의 추세라고 포크는 주장하고 있다.

연대주의적 관점이 매우 중요하게 여기는 문제는 유엔의 정치적 기관의 결의, 특히 총회 결의의 법적 지위의 문제이다. 유엔의 결의들은 국제사회에서 연대 또는 일반적 합의가 존재함을 보여주는 주요한 증거라고 생각하기 때문이다. 전통적 실증주의 이론에 의하면, 총회 결의는 권고일 뿐, 법적 구속력은 없다. 그러나 연대주의자들은 이러한 결의도 법적 지위 또는 모종의 의의가 있다는 것을 입증하려 한다. 유엔총회는 세계의 입법부이며, 그러므로 유엔총회의 모든 결의는 그 자체로 보편법이 된다고 주장한다면, 이것은 비정상적 주장이 될 것이다. 그러나 압도적 다수가 여러 차례 채택한 결의, 특별한 중요성을 지니는 결의, 또는 때때로 소련학자들이 주장하는 바와 같이 2개의 주요 사회경제체제 및 3개의 주요 정치집단에 속하는 국가들이 지지하는 결의 등은 법으로서의 지위를 인정해야 한다는 것이다.[42]

이보다 다소 온건한 관점은, 모든 결의가 그 자체로 법적 지위를 가진다고 할 수는 없지만, 그러한 결의들은 국제법 형성과정에서 중요하게 고려되어야 하며, 또한 국제법의 형성을 돕는다는 것이다. 히긴스[43]는 《유엔의 정치적 기관에 의한 국제법의 발전》이라는 독창적

---

41) *Ibid.*, 제 5장.

42) E. McWhinney, *International Law and World Revolution* (Leyden: Sijthoff, 1967) 제 4장을 보라.

43) 〔역주〕 Higgins, Rosalyn (1937~): 영국의 국제법학자. 1981년 런던대

인 저서에서, 유엔총회의 결의들은 전체적으로 볼 때 '관습법의 발전 과정에 대한 증거의 풍부한 원천'이라고 주장하고 있다.[44] 연대주의자들의 신조는 엔크스의 주장에 가장 잘 나타나 있는데, 그의 주장에 따르면, 국제법상 의무의 근거는 이제 '국제사회의 의사(*will*)'라는 것이다.[45] 엔크스는 다음과 같이 주장한다. 지금까지는 구속력 있는 국제법의 법적 근원에 대하여 합의를 보기가 어려웠지만, '오늘날에 이르러 국제법은 바야흐로 새로운 발전단계에 접어들고 있는 바, 우리는 역사적으로, 논리적으로, 그리고 무엇보다도 경험으로 보나, 우리들 앞에 열려 있는 잠재적 능력으로 보나 목적론적으로도 만족할 만한 의무의 근거를 찾아낼 수 있다.'[46] 즉, 엔크스의 주장은 이제는 국제사회의 의사가 국제법적 의무의 근거로 인식될 수 있는 시대가 되었다는 것이다.

마지막으로 국제법학자의 역할에도 변화가 있었다. 상당수의 국제법 전문가들이 자신의 역할을 예전과는 달리 인식하고 있다. 전통적인 실증주의적 관점에 따르면, 판사·법률고문·법학자의 임무는 현행 국제법규가 무엇인가를 명확하게, 객관적으로 기술하는 것이며, 이 일을 수행하면서 비법률적 가치, 즉 도덕적·사회적·정치적 가치는 배제해야 한다는 것이다. 영국 및 서유럽에서는 이런 관점이 여전히 지배적이다. 물론 이러한 전통적 관점을 가진 사람들도 법해석

학 교수. 1995년 여성으로서는 최초로 국제사법재판소 재판관에 임명되었고, 국제사법재판소 소장(2006~2009)을 역임하였다. 주요 저서로 *Problems and Process: International Law and How We Use It*(1994) 등이 있다.

44) Rodalyn Higgins, *The Development of International Law Through the Political Organs of the United Nations*(Oxford University Press, 1963), p. 5.

45) C. Wilfred Jenks, *Law, Freedom and Welfare*(London: Stevens & Son, 1963) 제5장을 보라.

46) *Ibid.*, p. 83.

이 도덕적·사회적·정치적 의미를 내포하고 있다는 사실을 모르지는 않으며, 그러한 요소들이 중요하게 고려되어야 한다는 것을 부정하지 않는다. 그러나 국제법학자가 도덕적·사회적·정치적 학설들 중 하나를 임의로 선택하여 이를 근거로 현행 국제법의 내용을 밝히려고 해서는 안 된다는 것이다.

그러나 미국 국제법학계의 분위기는 다르다. 국제법학자는 도덕적·사회적·정치적 가치를 고려하는 것이 명백하기 때문에 '정책지향적'이며, 또한 '정책지향적'이어야 한다는 것이 미국 국제법학계의 주류 학설이다. 물론 미국만 그렇다는 뜻은 아니다. 이 학설을 수용하는 학자들의 출발점은 초기 '법현실주의'학파의 인식과 동일하다. 즉, 판사·법률고문·법학자가 법의 내용을 구체적으로 해석할 때는 사실상 이른바 '비법률적 고려'가 항상 영향을 미친다는 것이다. 그러므로 '정책지향적 법학'의 옹호자들이 주장하는 바는 모든 법해석에 내재된 그러한 현상을 국제법적 의사결정의 한 측면으로 인식하자는 것이다.[47] 이처럼 국제법학자를 단순히 법의 적용자나 해석자로 보지 말고 법의 형성자로 보게 되면 — 포크의 말을 빌면 '논리와 학설의 제약(制約)이라는 그릇된 믿음'으로부터 벗어나면 — 국제법학자가 국제법의 발전에 건설적으로, 창조적으로 기여할 수 있는 길이 열린다는 것이다.[48] 그들에 따르면, 법은 추상적으로 볼 것이 아니라 사회적 맥락 속에서 보아야 한다. 또한 사회적 맥락이 변하면, 법해석도 이 변화를 따라야 하므로 법은 동태적이어야 한다. 정태적이어서는 안 된다. 국제사회에는 국제법을 변경할 수 있는 입법부가 존재

47) Higgins, 'Policy Considerations and the International Judicial Process'를 보라.

48) Richard A. Falk, "McDougal and Feliciano's Law and Minimum World Public Order," *Natural Law Forum*, vol. 8 (1963), p. 172를 보라.

하지 않는 만큼, 법을 해석할 때 가치관의 변화를 고려하는 것이 국제법 전문가의 의무라는 것이다.

제2차 세계대전의 종결 이후 국제법에 발생한 이 네 가지 변화는 서로 관련되고, 또한 서로 보강하는 경향이 있다. 이와 같은 변화 때문에 일부 국제법학자들은 국제법에 변화가 생긴 정도가 아니라 국제법 자체가 진보했다는 결론을 내리기도 한다. 즉, 국가만을 구속하는 법에서 세계공동체의 법으로, 국가들간의 공존에 관한 법에서 세계공동체에서 인간들 사이의 경제적·사회적·환경적 협력에 관한 법으로 진보했으며, 특정의 반항적인 국가가 동의하지 않으면 세계공동체의 합의도 무용지물이 되고 마는 법에서 그와 같은 합의가 구속적 의무의 원천이 되는 법으로 진보했으며, 또한 정태적·기계적인 해석으로 말미암아 필연적으로 세계공동체의 가치변화를 따라가지 못하는—룉링이 말한 것처럼 과거의 유용성(*das Nützliche von Gestern*)을 반영할 뿐인—법에서 동태적·창조적으로 해석되어 이와 같은 끊임없는 변화에 발맞출 수 있는 법으로 진보했다는 것이다.

그러나 국제법이 이렇게 '진보'했다고 해서 국제질서에 대해 국제법이 하는 역할이 강화되었다고 말할 수 있을 것인가? 와이트는 이렇게 지적한다. 국제법의 역할에 대한 주장이 극단으로 치닫고, 과장되던 시기는 현실의 국제관행이 가장 무질서하던 시기이며, 반대로 현실의 국제관계가 상대적으로 질서 있던 시기에는 국제법의 역할에 대한 주장이 지극히 소박했다는 것이다.

> 국제관계이론—최소한 국제법을 주요 내용으로 한 이론—은 외교를 따라가면서 만들어진다. … 외교가 폭력적이고 몰염치하면 국제법은 자연법의 경지까지 올라가고, 외교가 상당한 정도로 협력의 관행을 획득하면 국제법은 법실증주의의 진흙 속을 긴다.[49]

국제법학자들은 우리 시대에 국제법의 '진보'가 있었다고 인식한다. 그러나 국제정치의 현실에 대해 국제법이 강력하게 항의하고 있다는 사실 외에 무슨 진보가 있었을까? 이 질문에 대해 어떤 대답을 하든, 국제법상 최근의 변화들이 국제질서에서 국제법의 역할 증대를 가져왔다고 말할 수 있을지 의문이다.

6. 국제법의 주체

국가만이 국제법의 유일한 주체는 아니라는 학설의 보급은 국제질서에 대한 국제법의 기여를 높일 가능성이 있기는 하다. 그러나 이것은 국가 이외의 국제법 주체들의 권리와 의무가 무엇인지에 관해 국가간의 합의가 있어야, 적어도 국가 자신의 권리와 의무에 대해 현존하는 최소한의 합의에 버금가는 합의가 있어야, 오직 그럴 때만 가능한 일이다. 유럽의 국제사회 형성기에 인간 개개인의 권리와 의무에 대해, 교황이나 신성로마제국과 같은 제도들에 대해 국가들이 합의할 수 없었기 때문에, 국가만을 주체로 하는 국제법 체계를 통해 질서를 구축하는 것이 최선이라는 결론에 도달하였고, 따라서 국가 이외의 개개인이나 집단의 권리와 의무와 같은 논란이 분분한 문제는 논의에서 제외되었던 것이다.

우리 시대의 개개인에 대해 국제법상의 권리와 의무를 확립하고자 한 잠정적 조치들도, 실상 이들의 권리와 의무가 무엇인가, 권리와 의무의 준수를 확보할 수 있는 방법은 무엇인가에 대한 합의의 진전에서 비롯된 것이 아니라, 합의의 부재상태에서 이루어진 것이다. 인

49) Martin Wight, "Why Is There No International Theory?" in *Diplomatic Investigations*, p. 29.

간의 권리와 의무에 대한 논의는 국가간의 긴장의 산물이었으며, 또한 국가간의 긴장을 유발하는 원인이기도 했다. 예컨대 뉘른베르크 전범재판소나 도쿄 전범재판소에 이르기까지 인간의 권리와 의무에 관한 논의는 연합국과 추축국 간의 긴장관계의 일부였고, 소련에서의 인권에 관한 논의는 냉전의 일부였으며, 남아프리카 흑인들의 권리에 관한 논의는 반제국주의 국가들과 이에 맞서는 국가들 간의 투쟁의 일부였던 것이다.

국제법상 인간의 권리와 의무를 주장하는 학설을 논리적으로 끝까지 밀고 가면, 지금까지의 대원칙, 즉 인류는 주권국가들로 이루어진 사회로 조직되어야 한다는 원칙 자체가 위협을 받는다. 왜냐하면, 모든 사람이 세계정치무대에서 자신의 권리를 주장할 수 있다면, 자신이 속한 국가를 넘어, 그리고 자신이 속한 국가에 대항하여 권리를 주장한다면, 또한 그가 그 나라의 공무원이든 시민이든 상관없이 그의 의무가 규정될 수 있다면, 시민 위에 군림하면서 시민들의 복종을 요구하는 주권체로서 국가의 지위는 도전받을 것이고, 따라서 주권국가로 이루어진 사회구조는 위태로워질 것이기 때문이다. 이렇게 되면 주권국가로 이루어진 사회는 붕괴되고 대신 세계시민공동체의 조직원리를 따르는 길만 남게 된다. 마찬가지로 국제적 단체 또는 이른바 초국적 단체도 국제법의 주체라는 명제 역시 주권국가로 이루어진 사회를 위협하는 불씨를 안고 있다. 이 원리에 따르면, 국제적 단체나 초국적 단체, 또는 그와 같은 단체들의 집합체가 세계정치무대에서 국가보다 더 주요한 행위주체, 즉 권리와 의무의 담지자(*repositories*)로 등장할 소지가 있기 때문이다.

그렇다고 해서 국제법상 인간의 권리와 의무를 확립하려고 하는 시도가 한심스러운 일이라거나 또는 바람직하지 못한 일이라는 뜻은 아니다. 만일 그렇게 생각한다면 질서를 유일한, 또는 가장 우월한 가치라고 여기는 오류를 범하는 것이다(제 4장 참조). 내가 여기에서 말하고자 하는 것은 우리 시대에 국제법상 인간의 권리와 의무에 대한 국제적 논의는 질서보다는 무질서의 증상이라는 것뿐이다.

7. 국제법의 범위

경제 · 사회 · 통신 · 환경문제에 이르기까지 국제법의 규율범위가 확장된 것은, 국제질서가 직면한 새로운 위협들에 대해 대처할 수 있는 수단이 생겼다는 점에서, 국제질서에 대한 국제법의 기여가 강화된 것을 의미한다. 각국의 정책이 이들 분야에서 상호간에 미치는 영향이 커지면서 국가간의 충돌도 늘어나는데, 국제법적 규율은 이러한 충돌과 무질서를 방지하는 데 도움이 되고 있다. 만약 국제법이 이와 같은 발전에 대응하여 그 규율범위를 확장하지 않았다면, 경제 · 사회 · 통신 · 환경분야에서 상호의존의 증대로 발생하는 국제질서에 대한 위협은 현재보다 훨씬 더 커졌을 것이다.

그러나 이들 분야에서 국제법적 규율이 증대되었다는 사실이 그 자체로 국제법의 전통적인 주요 관심영역에 대한 법적 기여가 강화된 것을 의미하지는 않는다. '공존 국제법'에서 '협력 국제법'으로 진보했다는 관념에 담겨 있는 뜻은 '공존 국제법'이 한층 견고해졌기 때문에 그 위에 '협력 국제법'을 세울 수 있다는 것인데, '공존 국제법'의 현재 상태를 보면 결코 한층 견고해졌다고는 볼 수 없기 때문이다.

'공존 국제법' 가운데 폭력의 제한에 관한 부분만 살펴보자. 최근 국제적 폭력의 제한과 관련하여 국제법의 역할이 강화되었다는 관념은 주로 '유엔헌장'을 근거로 삼는다. '유엔헌장'에 국가에 의한 무력의 행사 또는 무력행사의 위협은 위법으로 규정되어 있다는 것이다.

이와 같은 견해의 전형적인 예를 브라운리[50]의 주장에서 찾아볼 수 있다.

> 지난 반세기의 현저한 특징은 법제도에 결정적 변화가 생겼다는 것이다. 즉, 과거의 법제도는 전쟁을 주로 사적 분쟁을 해결하는 수단인 결투로 간주하여 이에 무관심하였으나, 지금의 법제도는 국가의 무력사용권에 대해 실질적 제한을 가하고 있다. 1928년 이후, '켈로그·브리앙 조약', '사아베드라 라마스 조약',[51] '스팀슨 독트린',[52] 1928년부터 1942년에 걸친 국가관행, 추축국에 대한 제재전쟁, '뉘른베르크 헌장', 동 헌장의 원칙들에 대한 유엔총회의 사후승인 및 '유엔헌장' 등의 누적적 효과는 이기적인 목적을 위한 무

50) 〔역주〕 Brownlie, Ian(1932~): 영국의 국제법학자. 옥스퍼드대학 교수(1980~1999).

51) 〔역주〕 사아베드라 라마스 조약(*Saavedra Lamas Pact*): 아르헨티나 외무장관 사아베드라 라마스(1878~1959) 주도로 1932년에 체결된 '반전조약'(反戰條約). 당초 아르헨티나, 브라질, 칠레, 멕시코, 파라과이, 우루과이의 6개국에 의해 체결되었으나, 이듬해 미국, 이탈리아 및 중남미 12개국이 가입했다. 영토문제의 폭력에 의한 해결을 금지하고, 평화적 수단에 의하지 않은 영토협정이나, 무력에 의해 발생한 영토의 점령 및 취득은 인정하지 않을 것을 약조하였다. 불승인원칙에 관한 최초의 다국간 조약이다. 사아베드라 라마스는 1935년 볼리비아와 파라과이 사이에 일어난 차코전쟁(1932~1935)을 종결시키는 데 힘써 1936년에 노벨평화상을 받았으며, 같은 해 국제연맹 의장이 되었다.

52) 〔역주〕 스팀슨 독트린(*Stimson Doctrine*): 만주사변(1931)이 일어난 바로 뒤인 1932년 1월 7일 미국 국무장관 스팀슨(Henry Stimson)은 중국과 일본 두 나라에 보낸 각서에서 "미국정부는 1928년의 파리 부전조약(不戰條約)의 약정과 의무에 반하는 수단에 의해 초래된 상황이나 조약 및 협정은 승인하지 않을 것이라"고 밝혔다. 이후 위법한 수단에 의해 이루어진 현상 또는 조약은 승인하지 않는 이른바 불승인정책(不承認政策)을 스팀슨 독트린이라고 부르게 되었다.

력행사를 단호하게 금지하는 것이었다.[53]

20세기에 들어 국가의 무력사용권에 대한 여러 가지 제한 — '유엔헌장'에 들어 있는 제한이 최신의 것이지만 — 이 실정 국제법에 도입되었기 때문에 법적 상황은 의심할 바 없이 19세기와는 다르다. 그러나 이 차이는 그리 대단한 것이 아니다. 왜냐하면 19세기 당시 국가들은 무력사용권을 가지고는 있었으나 그에 따르는 도덕적 제한이 있다고 생각한 반면, 오늘날 국가들은 무력사용권에 대한 법적 제한을 받고는 있으나, 그 제한에 대한 해석이 19세기 국가들의 도덕원칙에 대한 해석만큼이나 불확실하고 주관적이기 때문이다.

그러나 국가의 무력사용을 억제하는 주요한 요인들이 국제법 밖에 있음은 분명하다. 전쟁비용의 증대(핵전쟁에 노출된 국가들의 경우 핵전쟁의 위험) 및 전쟁에서 얻을 수 있는 이익의 감소가 바로 오늘날의 전쟁 억제요인이다(제 8장 참조). 국가의 무력사용을 제한하는 법규는 바로 이러한 전쟁 억제요인들을 활성화하는 데 도움이 된다고 말할 수는 있다. 국가들은, '유엔헌장'에 규정된 바와 같은 금지규정을 준수함으로써, 무력을 사용할 의사가 없다는 사실을 널리 선전하고, 이 점에 관한 각국의 의사를 상호간에 재확인하며, 무력사용의 범위와 한계를 정하고, 무력사용권을 주권국가의 대권(大權)으로 여기던 예전의 사고방식을 버렸음을 엄숙히 선언하고 있다.

그러나 이처럼 무력사용을 억제하는 요인들을 활성화하는 일에도 현재의 법제도는 심각한 한계를 지닌다. 현재의 국제법규가 무력의 행사만 금지하는 것이 아니라 무력행사의 위협까지도 금지하는 것으로 해석한다면, 그 규칙은 현실의 국제적 행동들과 명백히 충돌되기

53) Ian Brownlie, *International Law and the Use of Force by States*(Oxford: Clarendon Press. 1963), p. 424.

때문이다. 무력행사는 자주 발생하기는 하지만 적어도 제한된 기간 동안 세계의 일부지역에서만 발생한다. 그러나 무력행사의 위협은 현재의 국제관계에서 없는 곳이 없고, 그칠 새가 없다. 또한 무력행사의 위협을 금지한 '유엔헌장'의 규정은 2개의 요구, 즉 국제법의 요구와 질서유지를 위한 다른 장치들의 요구가 서로 충돌하는 현상을 극명하게 보여준다. 왜냐하면 상호 핵억지 형태로 나타나는 무력행사의 위협이 오늘날의 전반적 평화의 주요한 기초를 이루고 있기 때문이다. 더욱이 무력행사를 금지하는 국제법 규정은 모호하고 불명확하여 지침으로서의 구실을 할 수도 없다. 예를 들면, 금지규정은 다음과 같은 예외규정을 두고 있다. 무력이 자위권의 행사로 사용될 경우, 집단적 자위권의 행사로 사용될 경우, 권한 있는 국제기관이 인정한 경우, 자국의 내전에 개입해줄 것을 요청한 당해국가의 초청에 응해 사용될 경우, 기타 다양한 이유로 사용될 경우는 예외이다.[54] '유엔헌장'은 방위목적을 위해, 또는 유엔의 집단안전보장 절차의 이행을 위한 경우 외에는 무력의 행사 및 무력행사의 위협을 광범위하게 금지하는 것으로 볼 수 있다. 그러나 공산주의 국가들과 제3세계 국가들을 비롯한 다수의 유엔 회원국은 방위전쟁이 아니더라도 정당한 '민족해방전쟁'일 경우에는 무력사용이 합법적이라고 주장한다.

현대의 국제법이 국가들의 무력사용에 가하는 제한은 제한적 가치밖에 지니지 못할 뿐만 아니라, 다른 측면에서도 폭력의 제한에 대한 국제법의 역할은 현실적으로 감소하고 있다. 앞에서 말한 것처럼 국제법은 합법적 폭력사용의 주체를 오직 주권국가에 한정한 채, 국제사회에서의 폭력을 제한하려고 해왔다. 그러나 오늘날 주권국가들이 오랫동안 누려온 합법적인 국제적 폭력의 독점은 이중의 도전을 받고

54) 예컨대 *Ibid.*, pp. 432ff을 보라.

있다. 한편으로는 '저수준의 폭력' 또는 '테러'를 국제적 규모로 사용하는 비국가적 정치집단으로부터, 다른 한편으로는 폭력사용의 권한을 인수하고자 하는 국제기구들로부터 명백한 도전을 받고 있다.

또한 이미 앞에서 말한 것처럼, 국제법은 전통적으로 전쟁수행의 방법에 대해서도 제한을 두었다. 예컨대, 전쟁은 선전포고를 하고 개시되어야 한다는 것, 평화조약에 의해 종료된다는 것, 비전투원을 목표로 폭력을 사용해서는 안 된다는 것 등을 요구했다. 그러나 이러한 전통적 원칙들조차 그 중 일부는 '적십자조약'에 남아 있음에도 불구하고 오늘날 제대로 지키는 국가가 없기 때문에, 전쟁법과 전쟁관행은 완전히 괴리된 상태에 있음을 모르는 사람이 없다. 전쟁을 일으키는 행위 자체는 제한될 것이라는 전망도 묵시적 합의와 전략정책상의 일방적 제한에 달려 있다. 이에 대해서는 전통적인 법적 제한의 여지가 거의 없거나, 전혀 없다. 외교관을 폭력으로부터 보호하기 위한 국제법만 하더라도, 법규 자체는 1961년의 '비엔나 외교관계 협약'과 1963년의 '비엔나 영사관계 협약'에 의해 강화되었지만, 이 조약들이 발효한 직후 외교면책권[55]에 대한 침해가 매우 높은 비율로 발생하

55) 〔역주〕 '외교면책권'(*diplomatic immunities, immunity of the diplomats*)은 외교관 및 외교사절단이 파견국 대표로서 그 맡은 기능을 독립적, 효율적으로 수행할 수 있도록 접수국 내에서 누리는 특별한 국제법상의 지위를 말한다. '비엔나 외교관계 협약'이 규정한 주요 면제내용은 다음과 같다. ① 외교관의 신체는 불가침이며 외교관은 어떠한 형태의 체포 또는 구금에서도 면제된다. ② 외교관은 접수국의 형사재판 관할권과, 대부분의 민사 및 행정재판 관할권으로부터 면제된다. 단 여기에서의 면제는 법적 책임의 면제가 아니라 소송절차의 면제이다. ③ 공적 임무수행중 발생한 행위에 대해서는 책임이 면제된다. 그러나 공적 임무수행의 범주를 벗어나거나 개인의 영리목적으로 인한 법령위반 행위에 대해서는 원칙적으로 외교면책권을 주장할 수 없다. ④ 기타 조세 및 관세로부터 면제된다. 외교관의 직계가족도 외교관과 마찬가지로 외교특권 및 면제를 누린다. 외교관

는 시대로 접어들었던 것이다.

8. 국제법의 법적 근원

국제법의 기본적인 법적 근원이 동의에서 일반적 합의로 이동했다는 주장은 일견 국제질서에 대한 국제법의 역할이 강화되리라는 기대를 가지게 한다. 이 주장에 따르면, 국제사회의 압도적 다수가 연대하여 특정의 규칙 또는 행위방식이 법적 지위를 가진다고 생각할 때에는, 비록 일부 국가 또는 일부 국가집단이 동의하지 않거나 저항한다고 하더라도 그 규칙 또는 행위방식의 법적 지위는 승인된 것으로 보아야 한다는 것이다. 만약 압도적 다수, 또는 대다수 국가들의 견해를 '국제공동체의 의사'로 간주할 수 있다면 공존 국제법은 더욱 강화될 것이며, 실로 국제법의 다른 분야들도 강화될 수 있는 길이 열릴 것이다.

동의냐 합의냐의 문제는 학설이 분분하고 복잡하기 때문에 여기에서 충분히 논의하기는 어렵다. 그러나 몇 가지 기본적 사항은 지적할 수 있다. 이 책에서 '공존의 규칙'이라고 부른 규칙들은 국제사회의 질서를 유지하는 일을 한다. 국제사회에는, 이 규칙들을 제외하면, 보통 대부분의 일에 대해 합의가 존재하지 않는다. 예를 들면, 무력사용을 규율한 규칙은 전쟁을 방지하고 제한하기 위한 것이지만, 어느 쪽이 정당한 원인을 가지고 있는지에 대해서는 합의가 없다. 국제협정을 규율한 규칙은 약속한 의무의 이행을 확보하기 위한 것이지

에게 이러한 면제특권을 부여하는 것은 외교관 개인의 이익보호가 아니라 본국을 대표한 외교임무의 원활한 수행을 보장하기 위한 것이라고 '협약 전문'에 명시되어 있다.

만, 어느 특정한 협정이 바람직한 것인지에 대한 국제사회의 합의는 없다. 타국의 강제적 내정간섭을 배격하는 각국의 주권에 관한 규칙은 주권의 상호존중을 확보하기 위한 시도지만, 무엇이 정당한 간섭이고 무엇이 부당한지에 대해서는 통상 합의를 이루지 못한다.

실제로 국제사회가 기본적 도덕과 정치적 연대의식에서 전쟁이나 조약이나 간섭행위 등의 정당성 여부에 대해 일반적 합의 — 압도적 다수의 동의라는 의미에서 — 를 이룰 수 있다면, 국제법은 합의설(合意說)을 수용함으로써 국제질서에 더 큰 기여를 할 수 있을 것이다. 그러나 일반적 합의가 존재하지도 않는 상황에서, 국제사회가 집단적으로 대립하고 있고, 이 집단 중 하나가 자신의 주장이 일반적 합의라고 주장하며 행동한다면, 합의설로는 결코 질서는 얻을 수 없다. 이런 일이 벌어지면 일반적 합의를 전제로 한 규칙은 세우지도 못한 채, 합의의 결여를 전제로 한 전통적 규칙만 파괴되고 만다.

예를 들어 폭력의 제한에 관한 규칙들을 생각해 보자. 이 규칙들은 국제사회에 폭력이 난무하는 것을 막기 위해, 일단 폭력사용의 권한을 주권국가에만 인정하고, 그 권한을 행사할 수 있는 범위는 제한하며, 그 권한을 행사할 경우 폭력의 사용방식을 제한하고, 폭력이 당초의 교전국 이외의 국가로 확산되지 않도록 하고 있다. 그러나 그로티우스적 또는 연대주의적 주장에 따르면, 국제법은 정당한 전쟁과 부당한 전쟁을 구별해야 하며, 전쟁은 법 파괴자와 법 집행자 간의 투쟁으로 보아야 한다는 것이다. 그렇다면 그들의 주된 목적은 전쟁을 제한하자는 것이 아니라 정당한 원인을 가진 쪽이 전쟁에서 승리할 수 있도록 하자는 것이다. 아비시니아 위기[56] 나 6·25전쟁(한국)

56) 〔역주〕 아비시니아 위기(*Abyssinian crisis*): 1935년 이탈리아의 에티오피아 침공에서 비롯된 유럽 국제사회의 위기. 이에 대한 자세한 설명은 제 6 장의 주 22에 나와 있다.

전쟁처럼, 어느 쪽이 정당한 원인을 가지고 있는지에 대해 사실상 압도적 합의가 없음에도 불구하고, 어느 한쪽이 국제사회 전체를 대표하고 있다고 자임하면서 이에 반발하는 국가들을 무법자로 몰아갈 경우, 무법자에 대한 국제사회의 승리는 얻지도 못한 채, 폭력을 제한하는 규칙의 약화만을 초래할 것이다.

어떤 규칙이나 행위방식에 대한 일반적 합의가 있으면 그것이 법적 지위를 갖게 된다는 주장과 관련하여 매우 중요한 문제는, 그와 같은 합의가 현실적으로 존재하는가, 또는 어느 정도 존재하는가 하는 것이다. 국제법의 법적 근원이 국가들의 일반적 합의 또는 연대의식이라는 학설도, 동의설(同意說)과 마찬가지로, 자신들의 주장이 국가의 현실적 행동과도 잘 맞아떨어진다는 것을 입증하려 한다. 즉, 자신들이 그런 주장을 하는 이유가 국가의 현실적 행동이 못마땅하여 이에 대한 항의를 나타내기 위한 것은 아니라는 것이다. 실제로 합의설과 동의설은 별로 차이가 없다는 해석도 있다. 일부 동의론자들은 동의한 적이 없는 신생국의 경우, 특정 규칙에 대한 그 국가의 동의를 입증하기가 어려운 경우, 과거에는 동의했지만 지금은 취소한 경우 등과 관련하여 동의에는 '묵인'(*implied consent*)도 포함된다고 주장한다. 만일 그렇다면, 명시적 동의를 입증할 수 없는 규칙이라 하더라도 구속력을 갖는 경우가 생길 것이다.[57] 또한 일부 합의론자들이 주장하는 것처럼, 압도적 다수의 국가가 힘의 우위를 누리고 있을 뿐만 아니라, 주요 정치적·경제적 집단들의 연대를 나타내고 있을 때만, 합의가 법적 근원이 될 수 있다고 한다면, 기존의 합의설에 대한 비난—국제사회의 주요 부분들간의 갈등만 격화시킬 것이라는 비난—은 여기에는 해당되지 않는다.

---

57) 동의이론에 대한 설득력 있는 비판으로는 Brierly, *The Basis of Obligation in International Law*, 제1장을 보라.

그러나 일부 국제법학자들이 합의설에 매력을 느끼는 이유는, 그 이론이 국가의 현실적 행동과 잘 맞아떨어지기 때문이 아니라, 국제질서 또는 국제정의가 요구하는 바가 무엇인지에 대한 자신들의 견해를 그 이론을 통해 주장하고, 이로써 국제법을 발전시킬 수 있다고 믿기 때문일 것이다. 사정이 그러하다면, 국제법이 국가들의 합의 또는 '국제공동체의 의사'에서 비롯된다는 학설은 실정 국제법을 확장하려는 시도가 아니라, 말하자면 자연법을 뒷문으로 들여놓으려는 속셈을 보여주고 있을 뿐이다.

9. 국제법학자의 역할

국제법학자의 역할이 정태적 · 기계적 해석이 아니라 동태적 · 창조적 해석을 제공하는 것이라는 학설도 일견 국제질서에 대한 국제법의 역할이 강화될 것 같은 기대를 갖게 한다. 재판관 · 법률고문 · 법학자가 자신의 역할이 단순히 과거의 국제법을 객관적으로 기술하는 것이 아니라 사회적 · 도덕적 · 정치적 가치관의 변화에 따라 법을 융통성 있게 적용하는 것이라고 생각한다면, 이것은 곧 국제법이 국제질서의 향상을 위한 보다 효과적인 수단이라고 생각함을 의미하는 것이 아니겠는가? 그러나 만약 국제법학자가 사회학이나 윤리학, 또는 국제정치에 사로잡힌 나머지, 지금까지 그들의 본질적 임무였던 현행 법규에 대한 해석을 도외시한다면 어떻게 될 것인가? 그렇게 되면 국제관계에서 국제법이 하는 역할은 오히려 줄어들고 말 것이다.

재판관 · 법률고문 · 법학자가 사회적 · 도덕적 · 정치적 문제에 대해 어떤 견해를 가지고 있느냐에 따라 현행 법규에 대한 해석이 달라질 수 있다는 것은 아마 인정해야 할 것이다. 그들이 법을 해석하면서 비법률적 요소들을 고려하는 것은 불가피한 일일 뿐만 아니라 어쩌면 바람직한 일일 수도 있다. 국제법에 대한 상반된 해석들을 법적 기준만으로는 해결할 수 없는 경우가 자주 발생하기 때문이다. 이 경우에는, 히긴스가 지적한 것처럼, 비법률적 원칙을 고려하는 것은 법과 무관한 외적 요소의 개입이 아니라 '법적 과정의 일부'가 된다.[58] 또한 국제법에서도 국내법과 마찬가지로 재판관·법률고문·법학자들은 그들에게 허락된 재량권의 범위 내에서 사회적·도덕적·정치적 신념의 변화를 고려하여 법을 해석함으로써 법이 현실의 변화를 따라갈 수 있도록 해야 한다는 말도 확실히 일리는 있다.

그러나 만약 법의 지위를 지닌 국제적 행위규범과 그렇지 않은 규범 간의 구별이 유지되지 않는다면, 국제법을 법이라고, 국제관계를 규율하는 법 규범체계라고 말할 수 있겠는가? 국제법 전문가들이 현행 법규의 해설과 해석을 주요 임무로 여기지 않고, 사회학이나 윤리학, 또는 국제정치의 논의에 몰두한다면 국제법학자가 하는 일은 아무것도 없을 것이다.

현대의 국제법 전문가 중에는 실제로 이러한 방향으로 가는 사람들도 있다. 이들의 주장에 따르면, 국제법은 규범체계가 아니라 '유권적 결정과정' 또는 '사회공학의 도구'로 보아야 한다는 것이다. 그러나 이러한 학설을 따르면 국제법의 가장 중요한 요소는 사라지고, 따라서 국제분야를 연구하는 하나의 분과학문으로서 국제법학의 존재의의도 사라지고 만다. 그와 같은 주장을 끝까지 밀고 가면, 법을 어떻게 해석할 것인가 하는 문제는 어떤 권위자의 도덕적·정치적 가치관을 선택할 것인가—예를 들면, 맥두걸의 '냉전적' 가치관을 따를 것인가, 포크의 급진적 세계구세주의(*global salvationism*)를 따를 것

58) Higgins, "Policy Considerations and the International Judicial Process," p. 62.

인가 — 의 문제로 환원되고 만다.[59]

지금까지 국제법의 최근의 변화에 대해 살펴보았다. 우리는 이러한 변화로 국제질서에 대한 국제법의 역할이 강화되었다고 할 수는 없음을 알 수 있다. 국제법에서 개인의 권리와 의무가 중요한 문제로 부각되는 것은 합의의 축소의 징후이지 결코 확대의 징후가 아니다. 새로 등장한 '협력 국제법'은 더욱 견고해진 '공존 국제법' 위에 있는 것이 아니라 오히려 약화된 '공존 국제법' 위에 있다. 일부 국제법 전문가들은 동의보다는 합의를 국제법의 실질적인 법적 근원으로 간주하려는 경향을 보이는데, 이것은 국제법 이론이 국가의 현실적 행동의 표준이 되지 못한 채 표류하고 있음을 보여주는 것이다. 또한 일부 국제법 전문가들은 현행법에 대한 해석은 도외시한 채 비법률적 가치의 향상을 도모하려는 추세를 보이는데, 이러한 추세의 논리적 귀결은 사회과학의 분과학문으로서 국제법학의 소멸일 뿐이다.

우리 시대에 국제법이 이룩한 바는 국제사회의 질서를 조금이라도 강화한 것이 아니라, 오히려 국제질서가 중대한 긴장에 처해 있는 시기에 현존하는 국제질서의 틀이 유지될 수 있도록 해준 것이다. 우리 시대에 국제사회의 합의가 존재하는 분야는 축소되고 있다. 이것은 공산주의 국가와 비공산주의 국가 간의 이데올로기적 대립에서 비롯된 것이기도 하고, 유럽지역 또는 서구지역에만 머물던 국제사회의 전 세계적 확대에서 비롯된 것이기도 하다. 현재 공산주의이든 비공산주의이든, 유럽의 문화적 전통의 내부에 있든 외부에 있든 세계의 모든 국가들이 다 같이 준수하는 조약들이 몇 가지 있는데, 해양법, 외교영사관계법, 조약법 등에 관한 세계적 협약들이 바로 그것이다.

---

59) 이 문제에 관한 좀더 자세한 논의로는 졸고 "International Law and International Order," *International Organization*, vol. 26, no. 3 (Summer 1972)을 보라.

이러한 국제법상 공통의 약정들을 세계 모든 국가들이 준수하기 때문에 '합의' 축소가 불가피한 시대에 국제사회의 공통의 틀이 유지되고 있다. 국제법은 전 세계적 규모의 국제체제 내에 있는 모든 국가가 공식적으로 승인하며, 주권국가로 이루어진 사회라는 관념을 세계정치의 행동원리로 확인하고, 기본적인 공존규칙을 선언하며, 그 규칙 및 기타 규칙의 준수를 촉진함으로써 여전히 그 전통적 기능을 수행하고 있다.

제 7 장

외교와 국제질서

이 장에서는 다음과 같은 문제들을 살펴보기로 한다.

① 외교란 무엇인가?
② 외교는 국제질서에 대해 어떤 역할을 하는가?
③ 현재 외교는 국제질서에서 어느 정도로 중요한가?

1. 외 교

우선 '외교'라는 말의 세 가지 중요한 의미를 구별할 필요가 있다.

첫째, 공식대표에 의해, 또한 평화적 수단에 의해 국가 및 기타 세계정치상의 지위를 지닌 실체간의 관계를 처리하는 것을 말한다. 이것이 외교의 가장 넓은 의미이며, 이 책에서 말하는 외교도 바로 이것을 의미한다.

둘째, 직업외교관에 의한 그와 같은 일의 처리를 말한다. 이 정의는 옥스퍼드 영어사전에 나와 있는 정의의 일부이다. "외교란 교섭에 의한 국제관계의 처리, 대사(大使)나 공사(公使)에 의해 이 관계들이 처리되는 방식, 외교관의 직무 또는 일을 말한다."[1] 니콜슨 경[2]

도 이 정의를 따르고 있다. 그러나 지금은 대사나 공사의 역할이 현저히 줄어들었기 때문에 이 정의는 너무 협소하다.

셋째, 일상적 의미에서의 '외교적' 방식, 즉 세련되고 교묘한 방식으로 수행된 국가간 관계의 처리를 말한다. 이 정의는 외교에 대한 사토 경[3]의 유명한 정의의 앞부분에서 찾아볼 수 있다. "외교란 독립국가 정부들의 관계를 처리하는 데 지성과 기지(機智)를 사용하는 일이다. 때로는 제후국과의 관계에서도 사용된다. 더 간단히 말하면 평화적 수단으로 국가간의 일을 처리하는 것이다."[4] 물론 이것은 외교란 무엇인가에 대한 것이라기보다 외교란 이런 것이어야 한다고 사토 경의 생각을 기술한 것이다. 우둔하고 미련한 외교관도 있을 수 있다. 그렇다고 해서 그들이 외교관이 아닌 것은 아니다.

위에서 우리가 내린 정의에 따르면, 우리의 관심사는 세계정치상의 관계와 관련한 업무 중 특정한 국가 또는 승인을 얻은 정치적 실체의 이름으로 행동할 수 있는 권한을 인정받은 사람들의 업무에 한정된다. 물론 사적 개인이 국가간의 관계에서 어떤 역할을 하고자 하는 경우도 있다. 쿠바 미사일 위기[5] 때 러셀[6]이 케네디 대통령과 흐

---

1) Harold Nicolson, *Diplomacy* (Oxford University Press, 1950), p. 15.

2) 〔역주〕 Nicolson, Sir Harold (1886～1968) : 영국의 전기(傳記) 작가·역사가·외교관. 1909년 이후 20년간 영국의 대표적인 외교관으로 활동하였다. 주요 저서로 *Diplomacy* (1939), *The Evolution of Diplomatic Method* (1954) 등이 있다. 1935～1945년까지 하원의원을 지냈으며, 1953년 기사 작위를 받았다.

3) 〔역주〕 Satow, Sir Ernest Mason (1843～1929) : 영국의 외교관·주일(駐日) 공사·주청(駐淸) 공사. 영국의 일본학(日本學)의 기초를 닦았다.

4) Sir Ernest Satow, *A Guide to Diplomatic Practice*, 4th edn (London: Longmans, Green & Co., 1957), p. 1.

5) 〔역주〕 쿠바 미사일 위기 (*Cuban Missile Crisis*) : 소련의 쿠바 미사일기지 건설에서 비롯된 미·소 간 대결로 1962년 10월 발생한 국제 핵전쟁 위

루시초프 서기장에게 전보를 보낸 것처럼.[7] 이런 것이 사태의 진행

기. 이 사건을 계기로 미국과 소련은 핵전쟁 회피라는 공통된 과제 아래 1963년 '부분적 핵실험금지조약'(모스크바 조약)을 체결하고 미·소 간 핫라인을 개설하였다.

6) 〔역주〕 Russell, Bertrand Arthur William(1872~1970) : 영국의 철학자·수학자. 제1차 세계대전이 시작되면서 평화주의자로서 반전운동을 전개하고 1916년에는 케임브리지대학 강사직을 떠나고, 1918년에는 6개월간 투옥되었다. 1938년에 미국으로 건너갔다가 1944년 영국에 돌아와 케임브리지대학으로 복귀했으며, 1950년에 노벨문학상을 받았다. 만년에는 베트남 반전운동과 원자·수소폭탄 사용금지운동에 힘썼다. 주요 저작으로 *The Principles of Mathematics*(1903), *The Problems of Philosophy*(1912), *Our Knowledge of the External World as a Field for Scientific Method in Philosophy*(1914), *Political Ideals*(1917), *Proposed Roads to Freedom*(1918), *Introduction to Mathematical Philosophy*(1919), *The Analysis of Mind*(1921), *The Problem of China*(1922), *What I Believe*(1925), *Why I Am Not a Christian*(1927), *Marriage and Morals*(1929), *Powers*(1938), *History of Western Philosophy and Its Connection with Political and Social Circumstances*(1945), *Human Knowledge*(1948), *My Philosophical Development*(1959), *Fact and Fiction*(1961), *Has Man a Future?*(1961), *The Autobiography of Bertrand Russell*(3 vols, 1967~1969) 등이 있다.

7) 〔역주〕 1955년 러셀(B. Russell)과 아인슈타인(Albert Einstein), 로트블라트(Joseph Rotblat) 등 11명의 저명한 학자들이 핵무기의 위험성을 경고하며 '핵무기 없는 세계'를 위해 세계 과학자들의 공동연구와 실천을 촉구하는 선언을 발표했다. 이에 뜻을 같이하는 22명의 핵물리학자들이 1957년 7월 7일 캐나다 노바스코샤 주 퍼그워시(Pugwash)라는 인구 6백명의 작은 어촌에서 첫 회의를 열었다. 이것이 지구촌 반핵평화운동의 중심축인 '과학과 국제문제에 관한 퍼그워시 회의'의 출발이다. 퍼그워시 회의는 1961년 쿠바 미사일 위기 때 미국과 소련 정책결정자들의 만남을 주선해 유명해졌고, '포괄 핵실험 금지조약'(1963), '화학무기조약'(1969년), '세균금지조약'(1972) 등의 성립에 크게 공헌했다. 전직 고위관리 및 학계 전문가 등 65개국 3천여 명의 회원으로 구성되어 있다.

에 영향을 미칠 수도 있고, 미치지 않을 수도 있지만, 어느 쪽이든 외교는 아니다. 외교는 공식대표인 사람들에 의한 국제관계의 처리이다. 이런 이유 때문에 외교에서는 신임장[8]과 같은 대표적, 상징적 지위의 표시가 중요하다. 전쟁도 또한 공식대표인 사람들에 의한 국제관계의 처리라고 볼 수 있다. 외교관이 군인과 다른 점은 평화적 수단으로만 일을 한다는 점이다.

외교라는 말은 국가간의 공식관계뿐만 아니라 세계정치상 지위를 가진 국가 이외의 정치적 실체들의 공식관계에도 적용된다. 유엔의 대표나 국제노동기구와 같은 세계적 국제기구의 대표 및 지역적 국제기구의 대표 등도 외교에 종사하고 있다고 말할 수 있다. 국가로 승인받지는 못했지만 세계정치상 지위를 누리는 정치집단들—예를 들면, 현재의 시점에서 민족해방운동 집단들—도 때때로 대표를 임명하여 국가 또는 자기와 유사한 집단과 교섭하는 일이 있다. 사토는 제후국들도 외교를 할 수 있다고 보는데, 실제로 지금까지 유럽 국가들은 국가로 승인하지 않은 실체들과도 빈번히 외교를 펼쳤다.

전통적 외교의 핵심은 주권국가간의 공식적 관계에 있었다. 따라서 국가간 외교에서 발전된 규칙이나 절차를 주권국가 이외의 실체들을 포함한 외교관계에 적용하고자 할 경우 매우 큰 불확실성이 생긴다. 바로 이런 불확실성 때문에 1961년 세계의 외교관행을 법전화하기 위해 개최된 '비엔나 외교관계 및 외교관 면책특권회의'(Vienna Conference on Diplomatic Intercourse and Immunities)에서도 전통

8) 〔역주〕 신임장(*credential*) : 대사나 공사 등의 외교사절을 파견할 때 파견국 국가원수가 접수국 국가원수에 대하여 외교관으로 임명하였다는 것을 통고하고 당해 외교관을 신용하여 주기 바란다는 의미로 제출하는 일종의 신분증명서. 신임장의 제출과 수리에 의하여 외교사절로서의 직무가 정식으로 시작된다.

적인 국가간 외교만 다루었을 뿐, 국제기구의 외교관계를 검토할 경우 야기될 수 있는 문제들은 논의에서 제외했다.[9] 하지만 국가 이외의 실체들이 세계정치상 행위주체로서의 지위를 가지고 국가를 상대로 또는 그들 사이에 서로 외교를 하고 있다는 사실은 명백하다.

어떤 학자는 국가간 관계에 한정된 협소한 외교개념으로부터 벗어나기 위해 외교를 "국제법상의 주체가 다른 주체를 상대로 대표기구를 통해 평화적 수단에 의해 대외관계를 처리하는 것"[10] 이라고 정의했다. 이 정의의 문제점은 무엇이 국제법 주체인가에 관하여 논란이 분분하다는 것이다. 또한 어떤 정치적 실체는 국제법 주체로 인정되는 것은 아니지만 세계정치상의 지위를 지니고 있을 수는 있다. 어떤 정치적 실체는 국가들의 승인에 의해, 즉 세계 여러 국가들이 그 정치적 실체가 세계정치상 유력한 위치에 있다는 것을 승인함으로써 그러한 지위를 얻기도 하고, 또는 유력한 위치를 확보하려는 희망을 세계 여러 국가들이 지지함으로써 그러한 지위를 얻기도 한다.

원시적 형태의 외교는 독립된 정치공동체들 사이에 메시지를 전달하는 것이다. 누멜린(Ragnar Numelin)은 원시사회 및 선사시대 외교의 형식과 제도에 관한 연구에서 가장 기본적인 외교의 형식을 다음과 같이 밝히고 있다. 원시부족 또는 집단이 이웃 부족에게 메시지를 전하기 위해, 신분이 표시된 증명이나, 오늘날의 신임장에 상당하는 것을 휴대한 사자(使者) 또는 전령(傳令)을 파견한다는 것이다.[11]

---

9) Philippe Cahier and Luke T. Lee, "Vienna Conventions on Diplomatic and Consular Relations," *International Conciliation*, no. 571 (January 1969)을 보라.

10) Michael Hardy, *Modern Diplomatic Law* (Manchester Univ. Press, 1968).

11) Ragnar Numelin, *The Beginnings of Diplomacy. A Sociological Study of Inter-tribal and International Relations* (Oxford Univ. Press, 1950), p. 124.

오늘날 외교문제를 논의할 때에는 다음과 같은 사실들을 알아둘 필요가 있다.

① 외교에는 국가의 대외정책의 수립과 실행이 모두 포함된다. 정책의 수립에는 국제환경에 대한 정보의 수집과 평가, 선택가능한 여러 정책노선들에 대한 비교검토가 포함된다. 정책의 실행은 결정된 대외정책노선을 타국 정부 및 인민에게 전달하는 것, 그 정책의 내용을 설명하고 이해를 얻으려는 노력, 필요한 경우에는 협력을 확보하거나 또는 저항을 무력화하려는 시도 등으로 이루어진다. 정책의 실행은 가능하면 이성과 설득으로, 때로는 무력의 위협이나 또는 기타 강제수단으로 이루어진다.

② 외교관계에는 양자외교와 다자외교가 있다. 양자관계는 공식적으로는 두 국가 또는 정부가 서로 관계를 맺는 것이지만, 오늘날의 관행에서는 두 나라의 인민 또는 정치체제를 맺어주는 연결고리가 된다. 마치 예전에 대사가 타국의 궁정에서 자국의 주권자를 대표했던 것처럼, 오늘날에도 대사는 주권자, 즉 인민을 대표하는 것으로 간주된다. 왜냐하면 오늘날 모든 합법적인 국가는 국민국가라는 원칙이 지배적이기 때문이다. 그러므로 대사에게는, 접수국의 내정에 대한 불간섭 의무를 지키는 범위 내에서, 접수국의 정부는 물론 그 나라의 정치생활의 활동적 요소인 인민들에 대해서도 원하는 방향으로 영향을 미쳐야 할 임무가 주어진다.

다자외교는 3개국 이상의 국가가 개최하는 국제회의의 형태를 취하거나, 상설회의, 즉 국제기구의 형태를 취한다. 국제회의와 국제기구의 중요성은 그들이 이루어내는 다자외교에 있는 것이 아니라, 양자외교의 기회와 장을 제공한다는 데 있다. 제대로 된 다자외교는 유엔총회에서처럼 3개국 이상의 국가들이 어떤 문제를 함께 해결하기 위해 교섭하는 일이다. 한 국가와 그 국가가 가입하는 국제기구 사이의 외교적 연결은 양자관계도 아니고 다자관계도 아니다. 이 관계는 수평적 관계가 아니다. 영국의 주유엔 대사는 유엔에 파견된 다른 나라 대표들을 만나기도 하고, 유엔 사무국이나 기타 기구들을 통해 유엔 그 자체를 상대로 활동하기도 한다. 만일 유엔과 같은 국제기구가 세계정치에서 차지하는 비중이 커져서 모든 나라들이 다른 나라들과의 수평적 관계보다 유엔과의 관계를 더 중시하게 된다면, 중세 독일의 제후들이 다른 제후들과의 관계보다 신성로마제국과의 관계를 더 중시했던 것처럼, 이는 국가체제가 사라지고 새로운 형태의 보편적 정치질서가 등장하는 신호탄이 될 것이다.

③ 외교는 필요할 때 즉석에서 이루어지기도 하고, 제도화되기도 한다. 어떤 외교적 접촉은, 유럽인이 아메리카 원주민과 최초로 조우했을 때처럼, 특정한 메시지를 전달하거나 특정한 거래를 위해 이루어진다. 이 경우에는 영속적 관계에 대한 기대도 들어 있지 않으며, 상호 합의된 규칙이나 관습 같은 것도 전제되어 있지 않다. 그러나 오늘날 주권국가간의 외교적 접촉은 제도화되어 있다고 말할 수 있다. 특정한 현안의 존재여부와 관계없이 당사국간의 영속적 관계를 전제로 외교가 유지되며, 양국이 충분히 이해하는 규칙과 관습 — 때로는 법의 지위를 갖는 — 에 따라 외교가 수행되기 때문이다.

앞에서 언급한 누멜린의 연구에 따르면, 원시부족간의 외교적 접촉도 때로는 고도로 제도화되어 있었다. 메시지의 교환이나 교섭행위는 복잡한 규칙을 따라 이루어졌는데, 이 규칙들을 위반할 경우 주술적 또는 종교적 제재가 뒤따랐다. 근대 국제체제에서 외교관계의 제도화 과정 중 중요한 단계들을 살펴보면 다음과 같다. 15세기에 이탈리아에 상주사절단이 등장했고, 16세기에 유럽 전체로 확산되었다. 루이 14세 때 외교당국이 대사의 치외법권을 법적으로 인정하였다. 18세기에 외교단이 등장하였다. 1815년 비엔나 회의에서 국가평등주의를 지키면서 외교사절의 좌석배치를 결정하는 규칙에 대해 유럽 열강이 합의를 보았다. 19세기 후반 터키·중국·일본·한국·샴〔태국〕 등이 유럽의 외교무대에 통합되었다. 그리고 1961년 '비엔나 외교관계 협약'을 통해 전통적인 국가간의 외교관행이 세계적 규모로 법전화되었고, 유럽 제국(帝國)들의 해체 후 탄생한 신생국들도 이 조약에 동의하였다.

④ 마지막으로 국제관계에서 외교분야와 영사분야를 구별해야 한다. 외교는 두 나라의 정부간의 관계에 관한 것이고, 영사업무는 두 나라의 시민간의, 또는 시민과 정부 간의 관계에 관한 것이다. 물론 이 구별이 쉽지는 않다. 외교사절이 영사기능을 수행하는 경우도 있고, 영사관이 지방적 범위에서 외교기능을 수행하는 일도 있다. 예컨대 영사관은 현지의 정치적 분위기를 살피는 정보수집 장소로 널리 이용되고 있다. 19세기 말에서 20세기 초에 이르기까지는 많은 나라들이 별도의 영사관을 설치하였으나, 오늘날에는 외교업무와 영사업무가 통합되는 추세를 보이고 있다.

외교는 서로 영향을 주고받는 2개국 이상의 나라들로 구성되는 국제체제의 존재를 전제로 한다. 세계가 서로 완전히 고립된 정치공동체들로 이루어졌다면, 외교관계가 생길 여지는 전혀 없을 것이다. 마찬가지로 세계의 여러 부분들이 서로 접촉하고 있다고 하더라도, 만약 중앙권력에 종속되어 있다면, 그 부분들 사이에 외교관계가 생길 여지는 없을 것이며, 각 부분과 중앙과의 관계가 가장 중요한 정치적 관계가 될 것이며, 국지적 부분들은 종속관계가 될 것이다.

또한 외교는, 적어도 현재와 같이 고도로 제도화된 형태의 외교는 국제체제의 존재는 물론, 국제사회의 존재를 전제로 한다. 외교사절의 교환은 관계당사국들이 복잡한 규칙과 관습을 받아들일 때만 가능하기 때문이다. 파견국은 자국외교관이 접수국의 국내문제에 간섭하지 않는다는 내정불간섭의 원칙을 받아들인다. 접수국은 파견국의 외교사절과 주요 수행원인 외무공무원에게 면책특권을 부여하여, 신체·직무·통신의 자유를 보장하며, 제 3자의 방해로부터 사절단을 보호하고, 그 직무수행을 원조하는 의무를 받아들인다.

이처럼 오늘날의 외교제도는 반드시 국제사회를 전제로 하지만, 국제사회가 존재하기 위해 외교제도가 반드시 있어야 하는 것은 아니다. 외교제도는 국제사회의 진보에 따라 단계별로 서로 다른 형태로 서서히 발전해왔다. 예컨대, 상주사절은 일정한 조건이 갖추어진 후에 등장했다. 버틀러(Butler)와 마코비(Maccoby)는 다음과 같이 쓰고 있다.

> 왜냐하면 상주사절의 등장은 힘 있는 독립국가들의 집단을 전제로 하기 때문이다. 이 국가들은 대외적으로는 야만적인 정복의 위험으로부터 해방되어 있으며, 대내적으로는 보편적 군주제가 수립될 염려가 없는 나라들이다. 또한 이것은 정치적 관계 및 통상관계의 긴밀함은 물론, 종교와 제도와 인어의 유사성을 전제로 한다.[12)]

12) Sir Geoffrey Butler and Simon Maccoby, *The Development of International Law*(London: Longmans, Green & Co., 1928), p. 74.

대사가 접수국의 내정에 간섭해서는 안 된다는, 현재로서는 매우 중요하게 여겨지는 원칙도, 상주외교의 초기단계에는 없었다. 엘리자베스 여왕이 1572년에 스페인 공사 데스페스(D'Espes)를, 1584년에 대사 멘도사(Mendoza)를 내정간섭했다는 이유로 추방하고 나서부터 이 원칙이 등장했다. 18세기까지만 하더라도 외국 대사들이 선동한 저항운동이나 반란사건들이 수없이 많았다. 버틀러와 마코비에 의하면, '이러한 선동사건이 많았다고 하더라도 이것을 허용하는 관습이 있었다고 생각해서는 안 된다. 올바른 절차의 관념이 서서히 성장하여 결실을 얻은 것으로 보아야 한다.'[13]

외교에 대한, 또한 외교가 국제사회에서 차지하는 비중에 대한 일반적 분석으로는 카이에르(Callières)의 저작이 단연 으뜸이다. 그는 루이 14세 때 공직생활을 했으며, 그의 저서《군주와 교섭하는 일에 대하여》는 1716년에 출판되었다.[14] 카이에르가 활동하던 시기는, 유럽의 패권을 장악하려던 루이 14세의 야망이 좌절된 후 일종의 복합균형이 등장하던 시기였으며, 그때까지 별로 관계가 없던 유럽 국제체제의 각 부분이 한데 모이던 시기였다.

따라서 카이에르가 계속적·보편적 교섭(이것을 외교라고 하지는 않았다)의 필요성을 역설한 것은 결코 놀랄 일이 아니다. 모든 군주는 멀리 있는 나라든 가까이 있는 나라든, 또한 전시와 평시를 막론하고 모든 강대국에 상주하는 외교사절을 통해 지속적인 교섭을 해야 한다고 카이에르는 생각했다.

상시외교와 지속적인 교섭이 필요한 이유는 무엇일까? 유럽을 구성

13) *Ibid.*, p. 80.

14) Francois de Callières, *On the Manner of Negotiating with Princes*, trans. A. F. Whyte(University of Notre Dame Press, 1963) 참조.

> 하는 국가들이 한 공화국(*one Republic*)의 구성원이라고 해도 좋을 정도로 긴밀한 통상관계를 유지했기 때문이며, 어느 한 나라에서 중대한 변화가 발생하면 반드시 다른 모든 나라들에 영향을 미치거나 또는 평화를 교란하기 때문이다. 아무리 작은 나라의 군주라 하더라도 잘못을 저지를 경우 강대국간의 싸움의 불씨가 된다. 그런 약소국하고는 관계를 유지할 필요는 없다거나, 또는 그런 작은 나라들로 구성된 집단을 우방으로 삼을 필요는 없다고 생각할 정도로 강대한 나라는 존재하지 않는다.[15]

교섭은 지속적으로 광범위하게 이루어져야 할 뿐만 아니라 또한 전문적이어야 한다고 카이에르는 생각했다. 싸움을 잘하는 병사들은 많지만 외교에 유능한 자는 적고, 또한 외교직무를 수행하는 사람들(*negotiators*)을 위한 변변한 규칙도 없다고 카이에르는 지적하였다. 그에 따르면, 교섭자는 성직자 중에서 선발해서는 안 된다. 충성심이 교회와 군주 두 곳으로 양분되어 있기 때문이다. 군인 중에서 선발해서도 안 된다. 교섭자는 평화적 수단으로 일하기 때문이다. 법률가 중에서 선발해서도 안 된다. 법률가의 사고방식은 유연성과 융통성이 부족하기 때문이다. 교섭자에게는 별도의 전문적 능력이 요구된다. "교섭자는 인간이 지닐 수 있는 최고의 통찰력과 기민함과 유연성을 지니고 있어야 한다. 또한 폭넓은 지식도 있어야 하고, 무엇보다도 정확하고 날카로운 분별력이 있어야 한다."[16]

카이에르는 이러한 전문적인 외교는 건설적이고도 창조적인 역할을 한다고 보았다. 군주나 국가원수(*sovereigns*)[17]의 관점에서 보더

---

15) *Ibid.*, p. 11.

16) *Ibid.*, p. 9.

17) 〔역주〕 'king/queen'은 세습적으로 통치권을 가진 독립국가의 '군주'를 가리키고, 'prince'는 보통 제왕(*emperor/empress*)에 예속된 소국의 '군주'를

라도 그러하고, 유럽의 모든 군주로 이루어지는 '하나의 공화국'이라는 관점에서 보더라도 그러하다는 것이다. 전문적인 외교가 하는 역할은 지배자가 이익보다 감성을 앞세우는 일이 없도록, 즉 지배자의 이익이 지배자의 감정을 지배하도록 하는 일이다. 로안은 《기독교세계의 군주 및 국가의 이익에 대하여》(*De l'interest des princes et estats de la chrestiente*)(1638)에서, '군주가 인민을 지배하고, 이익이 군주를 지배한다'고 말했는데, 카이에르는 이에 반론을 제기하면서 '군주와 그 신하들은 이익보다 감정을 앞세울 때가 종종 있다'고 주장한다.[18] 그러므로 교섭자의 임무는 군주가 이익에 대한 그릇된 판단을 하지 않도록, 논리적 설득에 의해 진정한 이익이 무엇인지 깨닫게 하는 것이며, 공통의 이익이 존재할 경우 그 공통이익의 존재를 인식하도록 하는 일이다.

'이상적인 대사'는 감정이 아니라 이성의 지배를 받는 인물이며, 이성에 따라 외교정책을 수행하는 인물이라는 관념은 17세기 합리주의의 등장, 특히 국가의 명예나 신념보다도 국가의 이익을 추구하는 것이 더 중요하다는 관념과 밀접히 연관되어 있다. 국가 또는 국민에게는 그들이 주관적으로 느끼는 이익과는 다른, 진정한 또는 객관적인 이익이 있고, 인간은 이 객관적인 이익이 무엇인지를 아는 이성을 갖추고 있다는 사고방식에 대해서는 이미 이 책에서 비판한 바 있다(제

가리킨다. 'monarch'는 왕, 군주, 제왕 등을 두루 통칭하는 말이다. 'sovereign'은 '주권자'를 가리키는 말이기도 하고, 국가의 최고권력을 가진 자, 즉 국가원수(國家元首)를 가리키는 말이기도 하다. 군주국에서는 '군주'가 주권자이자 최고권력을 가진 자이지만, 공화국에서는 국민 또는 그 대표인 국회가 형식상 주권자이며, 최고권력을 가진 자는 주로 대통령이다. 따라서 'sovereign'의 역어는 문맥에 따라서, '주권자', '국가원수', '군주', '통치자', '지배자', '최고권력자' 등이 될 수 있다.

18) *Ibid.*, p. 47.

3장을 보라). 그러나 행동의 내적 일관성과 목표 정합성(주어진 목표에 합치하는 행동)이라는 의미에서의 합리성(*rationality*) 같은 것은 있다. 외교이론이 이상적인 대사의 역할을 논할 때는 바로 이러한 의미에서의 합리성을 따지는 것이며, 근대 외교의 전통도 이와 같은 기준에 부합하는 행동을 하려는 시도들이 구체화된 것이다.

2. 외교의 기능

근대 국가체제에서 질서와 관련하여 외교가 하는 기능은 다음과 같다.

첫째, 외교는 세계정치에서 국가 및 기타 실체의 정치적 지도자간의 의사소통을 원활하게 해준다. 의사소통이 없다면 어떠한 국제사회도 어떠한 국제체제도 존재할 수 없을 것이다. 그러므로 외교관의 가장 기본적인 임무는 사자(使者)로서의 역할이다. 이러한 사자의 역할을 효과적으로 수행할 수 있도록 하는 조건이 가장 기본적인 외교관습 또는 제도가 된다. 그것은 바로 외교관 면책특권, 즉 접수국이 사절을 죽이거나 속박하지 않는다는 것이다. 이것은 아마도 역사상 존재한 모든 국제사회가 공통으로 가지고 있었던 유일한 외교관습일 것이다.

둘째, 외교는 합의를 위한 교섭을 가능하게 한다. 합의를 위한 교섭이 없어도 국제관계는 성립할 수 있다. 그러나 그 관계는 서로 다른 정치공동체들이 우연히 만나는 관계, 또는 적대적으로 만나는 관계에 불과할 것이다. 합의는, 당사국들의 이해관계가 일치하는 부분이 있고, 이 일치를 당사국들이 인식할 수 있는 경우에만 가능하다. 외교관의 기술은 이 이해관계가 일치하는 범위를 결정하는 것이며, 상대국이 이를 인식하도록 논리적으로 설득하는 일이다. 그러므로 국가가 대외정책을 국익 — 적어도 원칙적으로는 다른 나라의 이익과 일치하는 부분이 있는 — 의 합리적 추구행위로 생각하고 있을 때만 외교가 국제체제에서 어떤 역할을 할 수가 있다. 모든 나라가 자국의 권위에 따르도록 하는 것, 이단자에게 진정한 종교를 전파하는 것, 타국의 이해관계를 전혀 고려하지 않은 채 오로지 자국의 이익만을 추구하는 것 — 이런 것을 대외정책이라고 생각하면, 외교는 아무 일도 할 수 없다.

셋째, 외교는 외국에 관한 정보(*intelligence*)[19]나 지식의 수집을 가능하게 한다. 모든 나라의 대외정책은 외부세계에서 벌어지는 일들에 대한 정확한 정보에 바탕해야 한다. 어떤 나라든지 숨기려는 정보가 있는 반면, 적극적으로 알리고자 하는 정보도 있다. 옛날 동로마제국에서는 외국사절을 접수할 때 눈을 가리고 수도까지 데리고 와서 요새에 가두어 두고, 주로 군사력을 과시하는 행사만 보여주는 것이 관행이었다. 오늘날의 강대국들도 적국이 자국의 군사적 능력에 관한 정보를 얻지 못하도록 보안조치를 취하고는 있으나, 일부 선별된 군사정보는 '억지' 목적을 위해 적극적으로 알리기도 한다. 지금까지 외교관은 정보수집에서 가장 중요한 역할을 했다. 군사정보에 대한

---

19) 〔역주〕 'information'은 사정이나 정황에 관한 소식이나 자료를 총칭하는 말이다. 'intelligence'는 주로 외국 또는 어떤 지역에 대한 'information'을 수집, 가공, 통합, 분석, 평가 및 해석하여 얻은 결과물을 의미한다. 'intelligence'는 학습, 이해, 판단, 이성적 추론 등을 할 수 있는 능력, 즉 '지성'을 가리키는 말인데, '정보'를 나타내는 말로도 사용되는 이유는 주로 (정보원의) 경험에 의존하여 얻는 'information'과는 달리 'intelligence'는 지성을 사용하여 가공 및 처리된 정보이기 때문이다. 군사학에서는 흔히 관찰, 조사, 분석 및 해석을 통해 얻은 적국에 대한 정보나 지식을 가리키는 말로 사용된다. 우리나라 군사학에서는 'intelligence'와 'information'을 구별하기 위해 전자는 '정보'로, 후자는 '첩보'로 번역하여 사용하고 있다.

선택적 접근을 허락하는 것이 상호이익이 된다고 생각하고 있음을 가장 잘 보여주는 것이 바로 주재무관(*military attaché*) 제도이다. 이 제도는 19세기 초에 등장하였다.[20] 국제정치가 일종의 힘의 영역이라는 관념은 17세기와 18세기 초에 발달했는데, 바로 이때부터 세력균형이 정치가들의 부단한 관심사가 되었고, 모든 나라에서 벌어지는 사건들에 대한 정보가 필요해졌다. 카이에르가 지속적이고 보편적인 외교의 필요성을 강조한 것은 바로 이런 배경에서 나온 것이다.

넷째, 외교는 국제관계에서 마찰(*friction*)의 영향을 최소화한다. 마찰이란 인접한 두 사물이 서로 부딪치거나 비벼지는 것을 말한다. 제각각의 가치관과 선입관, 편견, 감수성 등을 가진 서로 다른 정치공동체들이 병존하고 있다는 점을 생각해 보면, 그들 사이에 공통이익에 대한 광범위한 인식이 있다 하더라도, 또한 그들 관계가 아무리 친밀하고 우호적이라 하더라도 국제관계에서 마찰은 항상 존재하게 마련이다. 바로 이러한 마찰이 국제적 긴장이나 불화를 끊임없이 야기하는데, 이것은 관계당사국들의 진정한 국익과는 아무런 관계가 없을 수도 있다.

이러한 종류의 마찰을 최소화하는 것, 그리고 마찰이 생겼을 때 그 영향을 막는 것이 바로 외교가 하는 주요한 일 가운데 하나이다. 외교에 이러한 기능이 있기 때문에 시토는 외교를 '지싱과 기시(機智)를 사용하는 것'이라고 정의하였으며, 우리도 일상생활에서 세련되고 교묘한 방식으로 일을 처리하는 태도를 말할 때 '외교적'이라는 용어를 사용하고 있다.

외교관은, 여하튼 이상적인 외교관은 마찰을 최소화하기 위해 외국과 교섭할 때 외교관습을 지키고, 또한 마찰을 최소화하는 방향으

---

20) Alfred Vagts, *The Military Attaché* (Princeton Univ. Press, 1967) 참조.

로 자국의 정책을 유도한다. 외교관은 다른 나라의 대표들을 상대할 때 언어관습을 준수한다. 자국의 이익을 주장하거나 옹호할 때는 항상 목표를 염두에 두고 목적달성에 도움이 되는 말만 한다. 감정을 자극하는 말이나, 자신의 또는 자국의 명예나 허영심을 만족시키는 말은 피한다. 외교관은 강박하거나 위협하는 것이 아니라 이성적으로 설득하려 한다. 추구하는 목표가 자국에게만 이익이 되는 것이 아니라 상대국에게도 이익이 된다는 점을 납득시키고자 한다. 상대국에게 이러이러한 '요구사항들'이 있다고 말하는 것이 아니라 자국에게 이러이러한 '권리'가 있다고 말하고, 이 권리들은 양국이 공통으로 지지하는 규칙 또는 원칙에서, 그리고 상대국이 이미 인정한 규칙 또는 원칙에서 나왔다는 사실을 보여주려 한다. 또한 추구하는 목표가 관계당사국들 사이에 공통의 토대가 되는 공유된 이익이나 합의된 원칙의 틀 내에 있음을 입증하려 한다.

외교관은 신뢰와 신용을 쌓기 위해 정직해야 한다는 니콜슨의 주장도 설득력은 있다. 그러나 마찰을 최소화해야 하는 임무가 있는 이상, 있는 현실에 대한 명백한 인정을 회피하고, '까놓고 말하기'를 삼간다. 외교관의 활동과, 국제정치에 대한 학문적 탐구활동 사이에 존재하는 긴장도 바로 이러한 이유 때문이다.

마지막으로, 외교는 주권국가로 이루어진 사회가 존재하고 있다는 것을 상징적으로 보여준다. 외교관은 사자(使者)라는 소박한 형태에서조차 국제체제 내에 규범이 존재한다는 사실을, 국가 및 기타 실체들이 이 규범을 따르고 있다는 사실을 생생하게 보여준다. 오늘날에는 〔사자가〕 발달한 형태인 외교단(*diplomatic corps*)이 모든 국가의 수도에 존재하는데, 이들은 국제사회가 존재하며, 국제사회가 국제관계의 한 요인으로서 작동한다는 것을 보여주는 구체적 증거이다.

3. 외교의 오늘날의 적실성

지금까지 국제질서와 관련하여 외교가 수행한 기능을 살펴보았는데, 현재도 그와 같은 기능은 계속되는 것일까? 외교라는 말을, 이 장의 앞부분에서 정의한 첫 번째 의미, 즉 넓은 의미에서 이해할 경우, 외교가 더 이상 국제질서에 기여할 바가 없다고 주장할 사람은 없을 것이다. 그러나 외교의 두 번째 의미, 즉 직업외교관에 의한 국가간 관계의 처리라는 의미에서는 그런 주장이 나오기도 한다.

그런 주장이 나오는 이유는, 제 1차 세계대전 이후 몇 가지 점에서 전문적 외교가, 혹은 적어도 19세기형의 전문적 외교가 국제정치에서 하는 역할이 감소했다는 점 때문일 것이다. 첫째, 상주대사의 역할과 그의 직무는 여타 국제문제 처리자의 역할과 비교하여 상대적으로 줄어들었다. 상주대사를 거치지 않고, 정부의 수장이나 기타 장관들이 직접 회담하기도 하고, 본국의 특별사절단이 대사가 파견된 나라를 방문하여 그 나라의 해당부서와 상의하기도 한다. 경우에 따라서는 본국에서 파견된 상주사절이 대사가 취급할 수 없는 직무를 수행하기도 한다. 예컨대, 몇몇 나라에서 미국대사는 부하직원들 외에도, 경제원조사절단, 군사원조고문단, 중앙정보국·재무부·평화봉사단의 대표들, 미군기지 또는 시설의 요원들과 함께 일하고 있다.

영국과 미국의 관계처럼, 두 국가 사이에 일이 매우 많고, 관계가 매우 가깝고 친밀한 경우, 상주 외교사절 제도는 때가 되면 소멸할 것이라는 관측도 있다. 과거에 외교관계가 부재한 경우는 다음 두 가지 중 하나를 의미하는 것으로 볼 수 있다. 하나는 그들 사이의 일이 거의 또는 전혀 중요하지 않은 경우이고, 또 하나는 양국의 관계가 너무 적대적이어서 대사의 교환이 불가능한 경우이다. 다시 말해 외교관계는 관련당사국 상호간 최소한의 일이 있다는 것을 전제로 성립했다. 설령 영국정부와 미국정부 간의 교섭이 더 이상 워싱턴과 런던에 상주하는 각각의 대사를 통해 이루어지지 않는다고 하더라도 (아니, 그렇게 교섭이 이루어지고 있다는 허구적인 생각을 버린다 하더라도) 이렇다 할 변화는 없을 것이라고 주장할 수 있다.

이러한 논리를 연장하면 다음과 같이 말할 수 있다. 즉, 상주사절을 통해 해결할 수 없는 문제가 양국관계에 포함되지 않은 경우, 또는 양국관계가 여전히 어느 정도 적대적인 경우, 상주사절의 기능은 계속된다는 것이다. 이 논리에 따르면, 워싱턴의 영국대사관은 불필요하게 될 것이지만, 모스크바의 영국대사관은 영·러 관계에 큰 변화가 없는 한 존속할 것이라고 예상할 수 있다. 요한 갈퉁[21]과 마리 루게(Mari Ruge)는 이 논리에서 한 걸음 더 나아가 다음과 같이 주장한다. 즉, 양국간의 정부 대 정부 외교는 점차 축소되고, 주로 적대적인 사이에서만 사용되어, '양자외교는 우호관계가 아니라 적대관계

---

21) 〔역주〕 Galtung, Johan(1930~): 노르웨이의 수학자·사회학자. 평화 및 갈등연구 분야의 개척자. 1959년 마리 루게(Mari Holmboe Ruge), 잉그리드 에이드(Ingrid Eide) 등과 함께 오슬로에서 국제평화연구소(International Peace Research Institute: PRIO)를 창립하고, 1964년 기관지 〈평화연구저널〉(*Journal of Peace Research*) (http://jpr.sagepub.com)을 창간하는 등 국제평화 연구에 노력하였다. 주요 저서로 *Theory and Methods of Social Research*(1967), *Members of Two Worlds*(1971), *Peace, violence and imperialism*(1974), *Peace Research-Education-Action*(1975), *A Shaping Nightmare*(1983), *Europe in the Making*(1989), *Peace By Peaceful Means*(1996), *Johan without land*(2000), *50 Years: 100 Peace and Conflict Perspectives*(2008), *Democracy-Peace-Development*(2008, with Paul Scott), *50 Years: 25 Intellectual Landscapes Explore*(2008), *Globalizing God: Religion, Spirituality and Peace*(2008, with Graeme MacQueen) 등이 있다.

의 표지인 시대가 올지도 모른다'는 것이다.[22] 둘째, 금세기에 양자외교는 다자외교에 비해 상대적으로 감소하였는데, 이는 주로 국제기구들이 급증했기 때문이다. 특히 서방세계의 선진국들 사이에서는 많은 중요한 외교적 문제들이 적어도 부분적으로는 다자관계 속에서 처리되고 있다. 예를 들면, 방위문제는 나토[23]의 틀 내에서, 통상·개발문제는 경제협력개발기구(OECD), 또는 세계은행(World Bank)의 틀 내에서, 통화문제는 'G10'[24]의 틀 내에서, 유럽경제공동체(EEC)에 속한 나라들의 상호 경제개발 및 역외 세계와의 경제관계는 그 공동체의 틀 내에서 처리되고 있다.

물론 다자외교의 상대적 중요성이 커졌다고 해서 자동적으로 직업외교관의 역할이 감소하는 것은 아니다. 우선 앞에서도 말한 것처럼 외교회의나 국제기구는 실로 다자외교의 기회는 물론, 양자외교의

---

22) Johan Galtung and Mari Ruge, "Patterns of Diplomatic," *Journal of Peace Research*, no. 2 (1962), p. 127.

23) 〔역주〕 NATO(북대서양조약기구): 1949년 4월 조인되었으며, 같은 해 8월 발효된 북대서양조약에 따라 결성되었다. 제 2차 세계대전 이후 미국과 소련의 냉전이 격화되는 가운데 1948년 서유럽 5개국(영국·프랑스·벨기에·네덜란드·룩셈부르크)은 미국의 뜻에 따라 경제적·사회적·문화적 협력과 집단적 자위를 위한 조약(브뤼셀 조약)을 맺었다. 1948년 냉전이 최고조에 달하자 브뤼셀 조약 5개국과 미국·캐나다·노르웨이·덴마크·아이슬란드·포르투갈·이탈리아의 7개국이 참가하여 1949년 북대서양조약을 체결하였다. 그 뒤 1952년 그리스·터키, 1955년 서독, 1982년 스페인이 가입하였으며, 냉전 종식 후 1999년 폴란드·체코·헝가리의 동유럽 3개국이, 2004년 라트비아·리투아니아·루마니아·불가리아·슬로바키아·슬로베니아·에스토니아의 동유럽 7개국이, 2009년 4월에 크로아티아·알바니아가 가입하여 2010년 현재 정식회원국은 28개국이다. 프랑스는 1966년 NATO통합군에서는 탈퇴하였다.

24) 〔역주〕 G10(*Group of Ten*): 국제통화기금(IMF)의 일반차입협정(General Arrangement to Borrow: GAB) 참가국.

기회도 제공하는데, 양자외교가 더 중요할 때가 종종 있다. 나아가 다자외교의 처리도 흔히 직업외교관의 손에 맡겨진다. 대체로 보아 다자외교의 증대는 직업외교관의 역할 감소보다는 업무성격의 변화를 나타낸다. 그러나 다음에서 살펴볼 또 하나의 변화를 반영한다.

제1차 세계대전 이전까지 전문적 외교의 주된 관심사는 '지성과 기지를 발휘하여' 국익을 확정하고 상호간에 가능한 협조를 이루어내는 것이었다. 이것을 카이에르는 '협상'(*negotiation*)이라고 부르고, 사토는 '업무수행'(*conduct of business*)이라고 불렀다. 그러나 제1차 세계대전 이후 국제정치 전체에서 이러한 '협상' 또는 '업무수행'의 비중은 줄어들었다. 이것이 바로 세 번째 변화이다. 한편으로는 지성과 기지를 발휘하는 업무수행 대신 '정치투쟁', '선전외교', '모욕외교'가 나타났고, 다른 한편으로는 이른바 '기술적 국제관리'(*international technical management*)라는 것이 나타났다. '기술적 국제관리' 활동에도 지성과 기지가 필요하긴 하지만, 여기에서의 주된 관심사는 서로 다른 국익의 조정이 아니라 함께 공동이익을 최대화하는 것이다.

사토가 국가간의 업무수행이라고 말한 외교가 '정치투쟁'에 의해 대체되는 것은 국제사회의 합의가 낮은 수준에 있을 때 통상적으로 나타나는 특징이다. 국제사회의 현 단계는 제1차 세계대전에서 시작된다. 좀더 정확히 말하면, 1917년 미국이 참전하고, 소련이 혁명의 초기단계에 있을 때, 두 나라 모두 '구외교'(*Old Diplomacy*)의 종식을 요구한 때로부터 시작된다. 두 사람이 업무수행을 위해 만났다는 것은 다음 두 가지를 의미한다. 하나는 그 둘이 서로 교섭하고 있다는 것이다. 즉, 한쪽이 말을 하고, 상대방은 그 말을 듣는다는 것이다. 또 하나는 양쪽 모두 공통이익의 존재가능성을 전제하고 있다는 것이다. 물론 그들의 이익은 서로 다르고, 각자 자신의 이익증진에만 관심이 있다. 그러나 양쪽 모두 그들 사이에 어떤 공통의 근거가 있다고, 또는 있을지도 모른다고 생각한다. 그리고 그것을 찾아내는 것이 그들의 목적이다. 그런데 현재 국가대표들이 회의하는 모습을 보면, 이러한 2개의 조건이 모두 결여된 경우가 매우 흔하다. 두 당사자가 서로 상대방에게 말하는 것처럼 보여도 실은 투쟁하고 있으며, 제 3자를 향해, 그들의 지지를 얻기 위해 그런 말을 하고 있다. 또한 그들 사이에 공통의 근거가 있다고 생각하지도 않으며, 각자 자신의 목적을 달성하기 위해서는 상대방을 완전히 패배시켜야 한다고 생각한다. 이 경우 두 사람은 업무를 수행하는 것이 아니라, 니콜슨이 말한 바, 그리스 도시국가의 사절들처럼, 연설경쟁에 열을 올리고 있는 것이다.

니콜슨은 자신의 저술에서 '구외교'의 쇠퇴를 통탄하고 있다.[25] 그는 '협약 공개'의 원칙이 외교정책에 대한 의회의 통제를 가능하게 하고, 제 1차 세계대전 전에 그리고 도중에 빈번했던 비밀조약에 대한 안전장치를 제공한다는 점에서는 '구외교'에서 한 걸음 진전된 것으로 본다. 그러나 협약이 '공개적으로 체결'되어야 한다는 원칙을 따르면, 비밀 또는 기밀이 필요한 협상은 할 수 없게 된다. 파쇼 국가들과 반파쇼 국가들 사이의 대립에서, 공산주의국가들과 반공국가들 사이의 대립에서 외교가 실종되고 '정치투쟁'만 난무하게 된 것이 바로 그 때문이라는 것이다.

니콜슨의 견해의 문제점은 국제생활의 일반적 조건들이 변했다는 점을 고려하지 않는다는 점이다. 어느 나라든지 '신외교'가 외교정책의 필수적 수단이 되었다. 이 변화들 중 하나는 세계 대부분의 국가에서 과거에는 침묵하던 대중들이 지금은 정치적으로 활발하게 움직이고 있다는 사실이다. 이 점에 대해서는 니콜슨도 외교정책 분야에

---

25) Nicolson, *Diplomacy* 및 *The Evolution of Diplomatic Method*(London: Constable, 1954) 참조.

서 여론의 개입과 민주적 입법이라는 표현으로 지적한 바 있다. 이로 인해 어느 나라 정부든 외교정책을 수립할 때는 반드시 국내여론과 국제여론을 향해 정당성과 합리성을 설명해야 하는 상황이 된 것이다. 또 하나의 변화는 유럽 강대국들 사이에 일반적 합의가 붕괴되었다는 점이다. 이전에는 그들 사이에 일대일(一對一) 또는 일대다(一對多)로 종종 심각한 대립이 발생하기는 했지만, 상호간에 최소한 존속의 권리는 인정하는 일반적 합의가 있었다. 그러나 지금은 각국이 자기 분수를 지키는 예의만으로는 결코 해결되지 않는 국제적 충돌이 있고, 또한 모든 정부들이 정책에 대한 여론의 지지를 얻기 위해 노심초사하지 않을 수 없는 상황이기 때문에, '변론 외교'(*forensic diplomacy*)가 효율적 또는 기능적 정책수단이다. '변론 외교'는 국제질서의 조건들이 열악해진 원인이 아니라 오히려 그 결과이다.

국제관계의 일부 분야에서는 외교가 정치투쟁에 밀리고 있고, 일부 분야에서는 기술적 국제관리에 밀리고 있다. 외교는 관련국가 또는 정치적 실체들이 서로 다른 이익을 추구하지만 어떤 공통이익이 있다고 생각하는 상황에 적합한 활동이다. 외교는 국가들이 공통이익이 없다고 생각할 경우 약화되지만, 그들의 이익이 전적으로 동일하다고 생각할 경우에도 약화된다. 이러한 상황에서는 각국은 자국의 이익증진을 위해 상호교섭이나 협상에 의존하는 것이 아니라, 그들의 공통이익을 극대화하기 위해 협력한다. 그들의 공통과제는 서로 다른 이익 또는 요구를 조정하는 정치적·외교적 과제가 아니라, 주어진 목표를 달성하기 위한 가장 효과적인 수단을 발견하는 기술적 과제이다.

국제관계에서 기술적 국제관리가 외교적 접근을 완전히 밀어낸 사례를 찾기는 어렵다. 또한 국제적 문제들은 외교적 문제로 접근할 것이 아니라 기술적 국제관리의 문제로 접근하는 것이 최선이라고 생각해서도 안 된다. 국제적 문제를 기술적 관리의 문제로 삼는 것은 상황을 모호하게 만들기 쉽다. 국가들은 서로 다른 이익을 가지고 있다는 것과, 협상과정을 통해 먼저 공통의 이익이 무엇인지 확정된 후에야 극대화의 문제가 제기될 수 있다는 것을 잊어서는 안 된다.

그럼에도 불구하고, 기술적 관리의 관점은 국제생활의 여러 분야에 침투해 있다. 예컨대 나토의 전략적 목표 또는 안전보장에 대한 논의, 선진국들간의 국제개발원조에 대한 논의, 유럽경제공동체의 경제문제에 대한 논의 등이 그러하다.[26] 또한 오늘날 인류의 생태·환경문제는 대부분 서로 다른 이익의 조정문제가 아니라 인류의 이익을 극대화하는 기술적인 문제로 논의되고 있다.

그 결과 국제적 논의의 여러 분야(군사·경제·사회·교육·과학·생태 등)에서 기술적 전문가들이 조정자 또는 교섭자를 밀어내고 있다. 국제기구들도 이러한 경향을 부채질한다. 국제기구가 상설기구로 존재한다는 것은 특정 분야에서 이익공동체가 존재한다는 관념을 국가들이 의심의 여지없이 받아들이고 있다는 사실을 보여준다.

셋째, 외교제도가 20세기에 들어와 쇠퇴하였다. 외교제도란 외교적 교섭을 가능하게 하고, 촉진하는 규범과 관습을 말한다. 주요한 외교제도들은 20세기의 국제적 동란에도 불구하고 살아남았으며, 엄밀한 법적 관점에서 보자면 실로 강화되었다고 말할 수도 있다. 세계의 국가 수는 140개〔2010년 현재 192개〕로 늘어났지만 외교체제가 이들을 하나로 묶고 있으며, 공식적으로 이 틀을 부인하는 나라는 없다. 냉전이 전개되고, 서방에 대항하는 반제국주의 국가들의 투쟁이 전개되었지만, 그 틀의 전면적 붕괴는 없었고, 심지어는 서로 충돌한

---

26) 특히 블랙의 '개발 외교관'단의 변론에 대하여는 Eugene R. Black, "development diplomats," in *The Diplomacy of Economic Development* (Harvard University Press, 1960) 참조.

주요 진영들 사이에서도 그 틀이 완전히 붕괴되지는 않았다. 또한 1961년의 '비엔나 외교관계 협약'과 1963년의 '비엔나 영사관계 협약'은 모든 주요 정치권의 국가들이 서명 및 비준함으로써, 하나의 중요한 법적 진보를 이루었다. 왜냐하면 이로써 이전에는 관습법의 지위에 있던 규칙들이 성문화되고, 공식화되었으며, 동시에 유럽적 전통 밖에 있던 상당수 국가들로부터도 협약을 준수하겠다는 약속을 얻어냈기 때문이다. 이들은 그러한 관습법을 발전시킨 나라들과는 역사가 달랐기 때문에 그 협약들을 받아들이지 않을 수도 있었다.

그러나 외교의 규칙이나 제도가 이처럼 법적으로 강화 및 확대된 것은 그러한 규칙이나 제도를 제대로 지키지 않았기 때문이었다. 냉전기간 중 서방국가들과 공산주의국가들 사이의 외교관계를 살펴보면, 외교관들의 특권남용이 빈발하였는데, 특히 스파이 활동이 많았다. 그 결과 외교관에 대한 기피인물[27] 선언이 경쟁적으로 발생하였다. 접수국들은 사절을 방해해서는 안 된다(*ne impediatur legatio*)는 원칙도 지키지 않았다. 예를 들면, 대사관을 도청하고, '자발적인' 시위를 조직하였으며, 경찰의 보호도 제공하지 않았다. 공산주의 국가에서는 외교관의 이동의 자유조차 제한하였다. 냉전기간 중 서방국가들과 공산주의 국가들 사이의 영사관계는 거의 소멸되었다. 서로 적대관계에 있는 국가들은 외교관계를 단절하거나, 또는 외교관계를 수립할 수 없었다. 1960년대에는 외교사절단에 대한 물리적 공격이 급증하였고,

---

27) 〔역주〕 기피인물(*persona non grata*) : '비엔나 외교관계 협약' 제9조에 따르면, 접수국은 언제든지 그리고 그 결정을 설명할 필요 없이 공관장이나 또는 기타 공관의 외교직원에 대해 '기피인물', 또는 받아들일 수 없는 인물이라고 파견국에 통고할 수 있다. 이러한 통고가 있는 경우, 파견국은 해당자를 소환하거나 또는 그의 공관직무를 종료시켜야 한다. 접수국은 누구라도 접수국의 영역에 도착하기 전에 '기피인물' 또는 받아들일 수 없는 인물로 선언할 수 있다.

이로 인해 외교사절단이 완전히 파괴되는 일도 종종 발생했다. 가장 현저한 예는 인도네시아에서, 그리고 문화혁명 때의 중국에서 찾아볼 수 있다. 또한 1960년대에는 외교관을 납치하는 일이 횡행하였는데, 이것은 외교관에 대한 새로운 위협이었다. 즉, 접수국 내부의 정치투쟁 때문에 외국 외교관의 생명이 위협을 받았던 것이다.

지금까지 살펴본 것처럼, 전문적 외교관의 역할이 감소하거나, 또는 성질이 변한 것은 사실이지만, 그렇다고 해서 외교가 국제질서의 유지에 주요한 공헌을 하지 않았다고 결론지어서는 안 된다. 전문적인 외교의 쇠퇴는 20세기의 국제질서가 전반적으로 쇠퇴하게 된 원인이기도 하고, 그 결과이기도 하기 때문이다. 앞에서 나열한, 국제질서와 관련하여 외교가 수행하는 기능들을 생각해 보면, 그 모든 기능들은 원칙적으로 다른 방식으로도 충족될 수 있다. 현재 우리가 아는 전문적 외교방식을 고수해야 할 이유는 없다. 그러나 이러한 전통적 방식은 현재 세계 모든 나라의 공유재산이며, 일부 쇠퇴의 기미가 있다 하더라도 여전히 잘 기능하고 있으며, 그러한 기능을 수행하기에 적합하다는 것 또한 분명한 사실이다.

1) 통 신

세계정치에서 국가를 비롯한 행위주체들의 정치지도자간의 통신(*communication*)은 직업외교관의 중개가 없어도 항상적으로 이루어지고 있다. 앞에서 본 것처럼, 각국의 정치지도자들이 직접 만나기도 하고, 외교관 이외의 관리나 특사들이 만나 의사소통을 하기도 한다. 인적 중개 없이 편지·전보·무선전화·전화·텔레프린터 등으로 메시지를 교환할 수도 있다. 우편·전보·라디오·텔레비전 등이 출현하기 이전에는 전령 또는 사자가 정치공동체간의 통신에서 필수요건이었지만, 지금은 그렇지 않다. 1960년대에는 몇몇 주요국 정상간에 '긴급 직통전화'(*hot lines*)가 설치되었는데, 위기의 순간에는 전문적인 중개자간의 통신보다는 신속하고 직접적인 통신이 더 낫다는 생각 때문이었다.

그러나 통신은 메시지의 교환 이상의 것이다. 즉, 메시지는 이해되고 해석되어야 한다. 정보를 전달하는 것은 물론 분위기와 의도도 전달해야 한다. 메시지의 의미는 문맥에 달려 있다. 즉, 발신자, 수신자, 송신된 상황, 그 주제에 관한 지금까지의 의사교환 등에 따라 다르다. 메시지의 의미는 명시된 내용뿐만 아니라 생략된 내용에 있을 수도 있고, 어떤 생각을 전달할 때, 어떤 특별한 어구를 사용한 것에 있을 수도 있다.

외교관은 정확하고 빈틈없는 통신의 전문가이다. 외교관은 단순한 배달원, 또는 전령 이상이다. 외교관은 국제적 대화의 미묘한 의미를 알아내거나 전달하는 전문가로서, 메시지를 전달하는 일만 하는 것이 아니라, 거기에 사용할 용어, 그 메시지를 제출할 대상과 기회 등을 판단하는 능력도 갖추고 있다. 근대의 외교관들은 어느 때이건 단일한 언어, 즉 외교언어를 사용해왔다. 18세기 중엽까지는 라틴어, 제1차 세계대전이 끝날 때까지는 프랑스어, 그 이후에는 주로 영어를 사용했다. 하나의 언어를 사용하는 것 말고도 외교관들은 통신임무를 수행하면서 일정한 어법과 강조법을 사용하는 관습을 가지게 되었는데, 이러한 직업적 관습은 그들 사이에 오해를 최소화하는 데 도움이 되었다. 외교관들은 메시지를 주고받는 상대방을 잘 알고, 또한 그들이 처한 상황에 대해서도 정통하기 때문에 보낼 메시지에 사용할 용어를 고르는 일이나 또는 받은 메시지의 내용을 해석하는 데 전문적인 능력을 발휘한다.

2) 교 섭

국가간 합의의 교섭(*negotiation*)은 직업외교관의 중개 없이도 가능하고, 실제로 그런 일이 일어나고 있다. 앞에서 말한 것처럼, 상주대사를 거치지 않은 채 각국의 정치지도자나 외교부장관이 직접 회담하는 경우도 있고, 외교관 이외의 관리, 예컨대 기술적 전문가가 기술적 주제에 대한 합의를 교섭하는 경우도 있다.

그러나 합의의 교섭에서 직업외교관의 역할이 이제는 중요하지 않다고 결론짓는다면, 이는 틀린 말이 될 것이다. 국가원수 또는 외교부장관간에 합의가 이루어지는 경우에도 장기간에 걸친 정찰과 탐색, 제안의 검토 및 예비교섭이 필요한데, 이런 일은 직업외교관이 수행하는 것이다. 게다가 외교관은 교섭문제에서 전문가로서의 기술을 가지고 있다. 앞에서 말한 것처럼, 합의의 교섭에는 반드시 어떤 전제가 있다. 그것은 각자의 이익은 서로 다르지만, 어떤 점에서는 그 이익이 일치할 가능성이 있다고 쌍방이 생각한다는 것이다. 교섭자의 기술은 이러한 공통이익의 범위가 어디까지인지를 결정하는 것이며, 논리와 설득으로 상대방이 이를 받아들이도록 유도하는 것이다. 이러한 능력을 발휘하기 위해서는 상대국에 대한 지식도 있어야 하고, 상대국의 국익에 대해서도 알아야 하지만, 무엇보다도 상대국이 무엇을 자국의 이익으로 인식하는가를 잘 알아야 한다. 제안을 파악하는 상상력도 필요하고, 제안을 구체화하고 제기하는 기술과 경험도 필요하다. 정확하고 빈틈없는 통신도 필요하다. 만약 교섭이 내밀하게, 경합하는 관심사나 충성심의 개입 없이 이루어질 수 있다면, 그리고 교섭자 모두가 신뢰와 상호존중의 정신을 갖춘 전문직업인이라면, 교섭은 잘될 가능성이 크다.

3) 정보

외국에 관한 정보(*information*)를 수집하고 평가하는 일은 외교관만이 하는 일은 아니다. 상주대사가 외국에 대한 정보의 유일한 또는 최소한 주요한 원천이던 시절도 있었다. 그러나 현재는 전문 정보원을 통해, 항공사진이나 위성사진과 같은 기술적 수단을 통해 정보를 얻는 것은 물론, 신문이나 매스미디어, 학자와 저술가, 사적 방문자의 교류 등을 통해 정보를 얻기도 한다. 그래서 외교관의 보고가 저널리스트의 보도만도 못하다든가, 학문적 깊이가 결여된 분석이라든가 하는 말이 가끔 나오기도 한다. 이로 인해 외교관의 보고에 대해 무용론이 제기되기도 하고, 양적으로 과다하다는 불평이 제기되기도 한다.

그럼에도 불구하고 직업외교관은 국제관계의 처리에 필수적인 특정 정보를 수집하는 데 고유한 기술을 가지고 있다. 특정 국가의 정치지도자들의 현재와 가까운 미래의 견해와 정책에 대한 정보가 바로 그것이다. 이것은 인물에 대한 지식이지, 그 나라의 정책을 장기적으로 형성하는 세력이나 정세에 대한 지식이 아니다. 이것은 현 정세와 그 정세가 향후 어떻게 진전될 것인지에 대한 지식이지, 과거에 있었던 일의 규칙성에 대한 지식이 아니다. 이러한 지식은 외교관이 주재국의 정치지도자들과 하루하루 개인적으로 접촉하면서 얻는다. 이를 위해 그 나라의 사회 일반에 대한 외교관 자신의 이해를 희생시켜야 할 때도 있다.

물론 이러한 지식에만 의존해서는 안될 것이다. 외교부는 그 나라의 정치지도자들에 대한 이해와는 별도로, 그 나라의 사회 전체에 대한 이해가 있어야 하고, 또한 현재의 추세에 대한 평가와는 별도로, 기본적인 계속성과 장기적인 추세에 대한 이해가 있어야 한다. 이러한 종류의 지식에 관해서는 직업외교관이 최상의 원천이라고 할 수는 없다. 그러나 국제문제의 일상적 처리는 외국 정부의 요인들에 대한 정보, 그들의 정치적 운명의 성쇠, 그들 사이의 친분과 반목 등에 대한 정보 등을 필요로 하는데, 보통 직업외교관들이 이런 정보와 조언을 가장 잘 제공할 수 있다.

4) 마찰의 최소화

국제관계에서 마찰(*friction*)을 최소화하는 일은 원칙적으로 근대적 외교제도 없이도 수행될 수 있다. 외교관이 아닌 사람도 국제문제를 다루는 데 지성과 기지를 발휘할 수 있고, 반대로 외교관이라 하더라도 그런 일에 실패할 수 있다. 그러나 외교 전문직은 이러한 일을 잘 할 수 있도록 노력하며, 이러한 일을 특별히 잘할 수 있는 전통과 관습을 구현하고 있다.

'이상적인 대사'의 자질에 관해 근대의 저술가들이 쓴 글을 보면, 마찰을 최소화하는 데 필요한 것으로 생각되는 자질들이 오랫동안 강조되었음을 알 수 있다. 카이에르는 이상적인 교섭자의 덕목으로 온화한 기질, 차분한 성격, 인내심, 솔직하고 친절하며 예의바른 언행 등을 들고 있고, 니콜슨은 냉정함, 자제력, 인내심, 상냥함 등을 들고 있다. 이들의 충고는 외교관이 어떤 상황에서 이러한 덕성을 발휘해야 하는가, 또는 어떤 목적을 위해 그런 덕성이 도움이 되는지에 대해서는 전혀 말하지 않기 때문에 허망한 충고에 불과하지만, 마찰을 최소화하는 데 필요한 태도를 말한 것으로 읽을 수 있다. 놀라운 것은 이러한 충고가 수세기 동안 변함없이 계속되고 있다는 점이다.

5) 상징적 기능

국가들로 이루어진 사회의 존재를 상징하는 기능, 그리고 그것을 넘어 인류의 정치조직에서 통합요인의 존재를 상징하는 기능은 조직적 외교에 의해서만 아니라, 보편적 국제기구, 특히 유엔에 의해서도 수행된다. 그러나 외교의 틀 속에서 수행되는 상징적 기능은 중요하다.

국가간의 외교관계는 서로간의 주권·평등·독립을 비롯한 여타 권리의 상호승인의 기반이 아니라, 그와 같은 권리의 상호승인을 전제로 하는 것이며, 그러한 것이 존재한다는 것을 보여주는 구체적 증거이다. 외교단은 그 나라의 수도에 상주하는데, 이것은 다른 나라가 그리고 다른 나라 국민들이 존재한다는 것과, 하나의 조직화된 국제사회가 잘 운용됨을 보여주는 표시로서, 주재국 정부와 국민들에게 자신들의 정책을 제약할 수 있는 요인이 존재함을 깨닫게 한다.

외교 전문직 그 자체는 국제사회라는 관념의 보호자로서, 이를 보호하고 강화하는 일에 이해관계를 가지고 있다. 모왓[28]은 외교 전문직이 가지고 있는 '동료의식'(*collegiality*)에 대해 언급하고 있다. 이것

---

28) 〔역주〕 Mowat, Robert Balmain(1883~1941) : 영국의 역사가·외교사가·국제정치학자. 주요 저서로 *The Great European treaties of the nineteenth century*(1918), *A new history of Great Britain*(1920), *A history of European diplomacy, 1815-1914*(1922), *The European states system*(1923), *The diplomacy of Napoleon*(1924), *The diplomatic relations of Great Britain and the United States*(1925), *A history of European diplomacy 1914-1925*(1927), *A history of European diplomacy, 1451-1789*(1928), *The concert of Europe*(1930), *Contemporary Europe and overseas, 1898-1920*(1931), *England in the eighteenth century*(1932), *The age of reason; the continent of Europe in the eighteenth century*(1934), *Diplomacy and peace*(1935), *The romantic age; Europe in the early nineteenth century* (1937) 등이 있다.

은 고국을 떠나 외국의 도시에서 다른 나라의 외교관들과 함께 지내면서 형성된 공통의 견해를 말한다.[29] 외교 전문직의 이러한 연대감은 19세기 이래 약화되었다. 옛날에는 서로 다른 나라의 외교관들이 공통의 귀족주의적 문화와 결합되었으며, 때로는 혈통과 인척관계에 의해 결합되었다. 당시에는 국가의 수도 적었고, 중요한 국가들은 모두 유럽국가였다. 또한 당시에는 외교가 주로 '군주간의 국제동맹'을 배경으로, 그리고 지도자들이 휴양지에서 만나 우호관계를 형성함으로써 이루어졌다. 오늘날의 세계적 국제체제에서는 국가 수가 늘어나고, 국가간의 분열이 심하며, 공통문화의 공유여부가 모호해졌는데, 바로 이런 이유 때문에 외교메커니즘의 상징적 역할이 더욱 중요할 수 있다('외교문화'의 개념에 대해서는 제 13장에서 논의한다). 세계 모든 지역의 나라들이 문화와 신념도 다르고, 발전 정도도 다름에도 불구하고, 예전에 유럽에서 탄생한, 종종 기묘하고 고풍스러운 외교적 절차들을 오늘날 기꺼이 수용하고 있다는 것은 실로 놀라운 일이다. 이것이야말로 국가들이 국제사회라는 관념을 보편적으로 수용하고 있음을 보여주는 몇 가지 확실한 지표 중 하나이다.

---

29) R. B. Mowat, *Diplomacy and Peace* (London: Williams & Norgate, 1935).

제 8 장

전쟁과 국제질서

전쟁을 국가들의 사회가 가진 하나의 제도라고 하면, 엉뚱한 소리로 들릴지도 모르겠다. 그러나 공통의 목표를 증진하기 위해 일정한 방식으로 이루어지는 하나의 행동양식이라는 점에서 그렇게 말할 수 있다. 과거에도 그랬고, 현재도 그렇다. 여기에서는 다음과 같은 문제들을 살펴보겠다.

① 전쟁이란 무엇인가?
② 전쟁은 역사상 근대 국가체제에서 국제질서에 대해 어떤 기능을 수행했는가?
③ 전쟁이 오늘날 국제정치에서 담당하는 기능이 있다면, 그것은 어떤 기능인가?

1. 전 쟁

전쟁은 정치단위들 상호간에 벌어지는 조직적 폭력이다. 폭력이 정치단위의 이름으로 수행되는 것이 아닌 경우에는 전쟁이 아니다. 전쟁이 살인과 다른 점은 전쟁의 대리적·공적 성격에 있다. 즉, 전쟁의 상징적 책임은 정치단위에게 있으며, 살해행위를 저지르는 자는 그 정치단위의 대리인일 뿐이다. 또한 정치단위의 이름으로 수행되는 폭력이라 하더라도 그 대상이 정치단위가 아니면 전쟁이 아니다. 범죄자의 처형이나 해적의 진압에 사용되는 폭력은 그 대상이 개인이기 때문에 전쟁에 해당하지 않는다.

광의(廣義)의 전쟁은 모든 종류의 정치단위(부족, 고대 제국, 봉건 공국, 근대 시민세력 등)에 의해 수행되는 조직적 폭력을 포괄하지만, 협의(俠義)의 전쟁은 주권국가간에 수행되는 폭력, 즉 국제적 또는 국가간 전쟁만을 의미한다. 근대 국가체제에서는 오직 협의의 전쟁, 즉 국제적 전쟁만 합법적인 것으로 간주되었다. 주권국가들은 폭력의 합법적 사용을 독점했는데, 이것은 두 단계에 걸쳐 이루어졌다. 첫째, 공적 전쟁(*public war*), 즉 공공단체의 권위에 의해 수행되는 전쟁과, 사적 전쟁(*private war*), 즉 그러한 권위가 없는 상태에서 수행되는 전쟁을 구별하고, 후자의 권리를 박탈하였다. 둘째, 국가만이 그러한 권위를 가진 공공단체라는 관념이 등장하였다. 주권국가간의 조직적 폭력만을 전쟁으로 보는 근대적 개념은 폭력을 제한 또는 한정하려는 노력의 산물이다. 근대세계에서는 국가간의 전쟁을 국가간의 평화와 대립개념으로 보는 것에 익숙해져 있지만, 역사적으로 볼 때 국가간의 전쟁에 대비되는 개념은 국가간의 전쟁 이외에 도처에서 벌어지는 폭력이었다.

실질적 의미에서의 전쟁, 즉 현실적 교전행위로서의 전쟁과, 법적·규범적 의미에서의 전쟁, 즉 일정한 법적·규범적 기준—예를 들면, 권위가 인정된 주체들에 의한 승인 또는 선언—에 부합하는 관념적 사태로서의 전쟁을 구별할 필요도 있다. 실질적 의미에서 전쟁이 벌어지더라도, 법적 의미의 전쟁이 아닌 경우도 많다. 1945년 이래 발발한 대부분의 전쟁은 관련 당사자들이 전쟁이 아닌 다른 이름으로 불렸다. 다른 한편, 법적 의미에서의 전쟁은 현실적 교전행위가 없어도 존재할 수 있다. 예컨대, 전쟁이 종결되어 적대행위가 중지되었다 하더라도 평화조약이 체결될 때까지는 여전히 전쟁이 계속되는 것으로 볼 수 있다. 전쟁을 법적 의미에서만 보면, 전쟁과 평화의 구별은 절대적이다. 그러므로 그로티우스의 학설은 '전쟁과 평화 사이에는 아무것도 없다'(*inter bellum et pacem nihil est medium*)는 것이다.[1] 그러나 현실에서는 전쟁상태인지, 평화상태인지를 구별하기 어려울 때가 많다. 양자 사이에 다양한 단계가 존재할 수 있기 때문이다. 예컨대, 이런 질문들이 나올 수 있다. 봉쇄는 언제부터 폭력행위가 되는가? 반란집단은 언제부터 정치단위로서의 성격을 가지게 되는가?

이처럼 현실로서의 전쟁과 개념으로서의 전쟁이 같지는 않지만, 그 둘이 완전히 별개로 존재하는 것은 아니다. '전쟁'이라는 이름으로 부를 수 있는 모든 종류의 교전행위에는 규범 또는 규칙이, 법적인 것이든 그 이외의 것이든, 예외 없이 작용한다. 교전행위를 하는 사람들은 자신들이 '전쟁'이라는 이름의 행동을 하고 있고, 이것은 평화와는 다른 상태이며, 또 전쟁에 어울리는 행동이 있다는 관념을 가진다. 예를 들면, 자신들이 정치집단의 대리자로 행동하고 있고, 상대방은 적대집단의 대리자라는 인식을 가지는 것이다. 규칙이나 규범은, 추상적 수준에서 고찰할 수도 있지만, 실질적 전쟁의 일부이기도 하다. 이 경우, 그들이 수용하는 규범에 대한 반응을 어떤 행동으로 나타내고 있는가 하는 것이 고찰의 대상이 된다.

마지막으로, 합리적·지적·의도적 활동으로서의 전쟁과, 맹목적·충동적, 또는 습관적 전쟁을 구별할 필요가 있다. 클라우제비츠

---

1) 〔역주〕 그로티우스의 《전쟁과 평화의 법》(1625)에 나오는 구절인데, 이 말을 처음 한 사람은 키케로(Cicero)였다.

는 전쟁이 “자신의 의지를 적에게 강제하는 의도적 행위”라고 정의했는데, 이 정의는 국가이성설(*doctrine of reason of state*)이 지배하던 유럽에서 가장 유력한 정의였다. 그러나 이러한 정의는 나폴레옹 전쟁 이후시기에 이르기까지의 근대유럽의 경험에 비추어 보더라도, 실제로 전쟁이 어떻게 수행되는지에 대한 정확한 기술은 아니다. 이는 전쟁이 어떻게 수행되어야 하는가에 대한 권고일 뿐이다. 전쟁이 합리적·지적 목적을 위한 수단이 아닌 경우도 매우 많다. 원시부족들에게는 일종의 의식(儀式)이었으며, 기독교 기사단과 사라센 기사단에게는 기사도를 완성하는 수단이었고, 근대 민족국가들의 경우 민족적 결속과 정체성을 확인하는 수단이었으며, 모든 역사를 통하여 유혈과 정복에 대한 욕망의 표현이었다.

2. 근대 국가체제에서의 전쟁

역사상 근대 국가체제에서 전쟁의 역할은 세 가지 관점에서 고찰할 수 있다. ① 개별국가의 관점, ② 국가체제의 관점, ③ 국가들의 사회의 관점이 바로 그것이다.

개별국가의 관점에서 보면, 전쟁은 정책의 도구로, 국가목표의 달성을 위한 수단으로 등장했다. 물론 국가가 전쟁을 개시했을 때, 반드시 의도와 계획을 가지고, 원하는 목표를 얻기 위한 수단으로 전쟁을 선택한 것이라고 말할 수는 없다. 우연한 사건이나 오산(誤算)에 의해 전쟁에 빠져들기도 하고, 국왕의 분노나 국민들의 여론이 전쟁을 불러일으키는 경우도 있다. 또한 1914년 8~9월에 일어난 전쟁처럼, 전쟁을 시작할 때는 구체적인, 특정한 목표를 얻기 위한 수단이었지만, 전쟁 그 자체의 가속도에 의해 교전국들의 목적이 변질되어 최초의 전쟁목적이 사라져버리는 경우도 있다. 그럼에도 불구하고, 전쟁이 효과적인 정책수단이라는 관념은 국가체제의 역사를 통하여 확립되었다. 합스부르크가의 세력을 억제하기 위한 리슐리외(Richelieu)의 전쟁, 프러시아를 강대국으로 만들기 위한 프리드리히 2세(Frederick II)의 전쟁, 프랑스로부터 지배권을 빼앗기 위한 영국의 전쟁, 독일의 통일과 유럽에서의 패권확립을 위한 비스마르크(Bismarck)의 전쟁, 추축국을 타도하기 위한 연합국의 전쟁 등, 합목적적 결과를 얻기 위해 개시된 전쟁의 예는 얼마든지 있다.

국제체제의 관점에서 보면, 전쟁은 국제체제가 그 어떤 순간에 취할 수 있는 형태를 결정하는 기본요인이다. 이 경우 국제체제는 국가들의 상호작용에 의해 형성되는 하나의 메커니즘 또는 세력들의 싸움터이다. 특정 국가가 존속할 것인가 제거될 것인가, 융성할 것인가 쇠퇴할 것인가, 국경은 그대로 유지될 것인가 변경될 것인가, 통치권은 어떤 정부에게 맡길 것인가, 분쟁이 해결될 것인가 계속될 것인가, 국제체제에 세력균형이 유지될 것인가, 아니면 어느 한 나라가 우위를 점할 것인가 — 바로 이런 문제들의 결정에 전쟁과 전쟁의 위협이 영향을 미친다. 전쟁과 전쟁의 위협이 국제체제의 형태를 결정하는 유일한 요인은 아니지만 매우 기본적인 요인이기 때문에, 국제체제를 기술하는 용어들(강대국과 약소국, 동맹과 세력권, 세력균형과 패권)조차 전쟁 및 전쟁의 위협과의 관련 속에서만 이해될 수 있다.

국제사회, 즉 국가체제 전체가 수용하는 공통의 가치와 규범 및 제도의 관점에서 보면, 전쟁은 이중적 측면을 지닌다. 국제사회에서 전쟁은 무질서의 출현이며, 국제사회가 붕괴되어 만인에 대한 만인의 적대 또는 전쟁상태를 초래할 위험을 수반한다. 따라서 국가들의 사회는 전쟁이 국제사회가 가진 규칙의 범위 내에서 이루어지도록 제한 또는 봉쇄하려고 한다. 그러나 다른 한편, 전쟁은 국가정책의 도구요, 국제체제의 형태를 결정하는 기본적 요인이기 때문에, 국제사회가 그 자신의 목적을 달성하기 위해 이용할 필요가 있다고 생각하는 하나의 수단이다. 특히 국제사회의 관점에서 보면, 전쟁은 국제법의 집행수단이며, 세력균형의 유지수단이고, 또한 일반적으로 정당한 것으로 여겨지고 있는 법을 변경시킬 수 있는 수단이라고 할 수도 있다. 국제사회가 발전시켜온 규칙과 제도는 이러한 상반되는 두 가지 인식을 모두 반영하고 있다. 하나는 전쟁을 국제사회에 대한 위협으로 보고 봉쇄해야 한다는 인식이요, 또 하나는 국제사회가 목적달성을 위해 이용할 수 있는 하나의 수단이라고 보는 인식이다.

국제사회는 국가의 전쟁권(戰爭權)을 제한하지 않을 수 없다. 이유가 무엇이든 어떤 나라가 다른 나라에 대해 아무런 제한 없이 전쟁할 권리를 주장하는 것은 국가들이 공통의 규범과 제도에 의해 결속되어 있음을 부정하는 것이기 때문이다. 국제사회는 네 가지 방법으로 전쟁권을 제한하려고 노력해왔다. 첫째, 앞에서 말한 것처럼, 전쟁권을 주권국가에 한정하여 인정하고, 둘째, 전쟁이 수행되는 방법에 제한을 가하려고 했다. 전통적 교전법규들이 그러한 노력의 산물이다. 셋째, 전쟁이 이미 발발한 경우, 지리적으로 확대되지 않도록 노력했다. 중립국과 교전국 상호간의 권리·의무를 정한 중립법이 그것을 보여준다. 넷째, 국가가 합법적으로 전쟁할 수 있는 이유 또는 명분을 제한했다. 국가체제 성립 초기부터 오직 정당한 이유가 있을 때만 전쟁을 할 수 있다는 학설이 영향력을 발휘했으며, 20세기에는 '국제연맹규약', '켈로그·브리앙 조약', '유엔헌장'과 같은 법적 수단을 통해 이를 실현하고자 하였다.

이처럼 국제사회는 전쟁을 제한 및 봉쇄하지 않을 수 없었지만, 어떤 종류의 전쟁에 대해서는 국제질서의 유지에 긍정적 역할을 하는 것으로 보았다. 그 이유로는 첫째, 국제법의 집행수단이 될 수 있다는 것이다. 중앙권력 또는 세계정부가 존재하지 않는 상황에서, 국제법은 이를 위해 무기를 들 능력과 의사를 가진 국가에 의해서만 집행될 수 있다. 이러한 국제법의 집행으로서의 전쟁 개념은, 좁은 의미에서는 다른 나라의 공격을 받아 영토주권의 권리를 침해당한 국가가 자위권의 행사로서 전쟁을 개시하는 경우에만 인정된다. 넓은 의미에서는 자국의 권리는 침해되지 않았지만, 공격을 받은 나라를 위해 제 3국이 개시하는 전쟁도 포함될 수 있고, 영토의 보존만이 아니라 광범위한 법적 권리의 방어를 위해 개시하는 전쟁도 포함될 수 있다.

둘째, 국제사회는 적어도 18세기 초부터 전쟁을 세력균형의 유지 수단으로 보았다. 여기에서 세력균형이란 어느 나라도 우월적 지위에 있지 아니하여 다른 나라에 대해 법을 강제할 수 없는 상황을 말한다. 일반적 세력균형의 유지야말로 국가체제의 존속에 불가결한 것이며, 이 목적을 위한 전쟁은 긍정적 기능을 하는 것으로 인식되었다.

셋째, 논란의 여지는 있지만, 전쟁이 국제질서나 세력균형을 위해서가 아니라, 정당한 변경을 위해 개시된 경우에도 국제사회가 이를 긍정적으로 평가했다는 주장이 있을 수 있다. 국제사회가 평화적 변경의 메커니즘을 결여하고 있고, 정당한 변경의 수단으로서 전쟁에 의존하고 있음은 명백한 사실이다. 국가들의 사회는 질서유지에 필요한 규범과 제도에 대해 항상 의견대립이 있지만, 정의의 요건에 대해서는 더 큰 의견대립을 보인다. 그러나 무력에 의해 생긴 변경에 대해, 그러한 무력의 사용 또는 위협이 정당한 것이었다는 감정이 널리 퍼진 경우, 이를 국제사회가 묵인하는 경우들이 종종 있었다.

3. 오늘날의 전쟁

오늘날에는 더 이상 전쟁이 앞에서 말한 기능을 수행하지 않게 되었다는 견해도 있다. 즉, 핵무기의 존재를 고려할 때, 국가들이 무력을 정치적으로 사용하는 것은 불가능하게 되었다는 것이다. 그러므로 개별국가의 관점에서 보면, 전쟁은 다른 수단에 의한 정책의 연장이 아니라, 정책의 실패라는 것이다. 이 견해에 따르면, 무력 및 무력의 위협은 더 이상 국제체제의 성격이나 형태를 결정하는 기본적 요인이 아니며, 모든 나라들이 핵무기를 보유하게 될 경우에는 더 그럴 수 없다는 것이다. 또한 국제사회는 전쟁을 국제법의 집행수단으로 삼을 수도 없다. 뢸링 교수는 이렇게 말한다. "예전에는 전쟁의 위협과 전쟁의 가능성이 국제법을 유지하는 요인이었다. 그러나 이제 전쟁은 이러한 역할을 하지 못한다. 정당한 전쟁에 의해서도 인류가 멸망할 수 있기 때문이다."[2] 근대유럽의 경험에 비추어볼 때 핵무기를 비롯한 선진 군사과학기술을 보유한 국가들이 외교정책의 수단으로 무제한 전쟁을 벌이는 일은 더 이상 불가능함이 분명하다. 그런 전쟁이 벌어지면, 적국 사회는 물론, 전쟁을 개시한 나라의 사회도, 전멸까지는 아니더라도 붕괴하고 말 것이 틀림없기 때문이다. 그러나 그렇다고 해서 전쟁과 전쟁의 위협이 모든 정치적 효용을 상실한 것은 아니다.

그 이유는 첫째, 대부분의 국제적 충돌은 핵보유국과 직접적인 관련이 없다. 약 140개국〔2010년 현재 192개국〕 중 지금까지 핵실험한 나라는 6개국[3]에 불과하다. 비핵국간의 충돌의 경우 전쟁 및 전쟁의

2) B. V. A. Röling, *International Law in an Expanded World* (Amsterdam: Djambatan, 1960), p. 19.

위협이 여전히 정치적 역할을 수행한다. 이스라엘이 그 이웃나라에 대해 벌인 1948, 1956, 1967, 1973년의 중동전쟁, 인도·파키스탄의 1947~1948, 1965, 1971년의 전쟁 등이 이를 보여준다.

이러한 전쟁에서도 핵무기의 존재가 사태의 진전에 큰 영향을 미치는 것은 사실이다. 주권국가간에 무력충돌이 발생할 때마다, 온 세계가 핵전쟁의 공포에 사로잡히고, 따라서 유엔이나 지역 국제기구를 통해 그 전투를 조속히 종결시키려는 노력이 등장한다. 그러나 이처럼 핵무기가 배경에 존재한다 하더라도, 국가는 여전히 자신의 뜻대로 군사력을 사용할 수 있다. 다만 군사력 행사 환경이 달라질 뿐이다. 핵전쟁으로 확대될 가능성이 있는 상황에서는 어떻게 전쟁을 해야 하며 어떤 방식으로 전쟁의 위협을 가하는 것이 최선인가? 또한 열강의 간섭을 어떻게 피할 것인가, 어떻게 지연시킬 것인가? 열강이 모르는 사이에 기정사실화하거나 혹은 열강을 분열시키는 방법은 없을까? 열강이 무기공여를 중단할 경우 이에 대한 대책은 무엇인가? 이런 질문들을 하게 될 뿐이다.

둘째, 핵보유국이 국제적 충돌과 직접 관련된 경우에도, 때때로 그 상대국은 비핵국이다. 예를 들면, 일본에 대한 미국의 핵무기 사용, 1949년 8월 이전의 소련에 대한 미국의 핵무기 사용 위협, 1964년 10월 이전의 중국에 대한 미국의 핵무기 사용 위협 등이 그러하다. 핵보유국과 비핵국 사이에 충돌이 발생한 경우, 핵무기의 사용은 소기의 목적과는 관계없는 정치적·도덕적 대가를 치러야 할 것으로 생각된다. 다시 말해 핵무기를 사용할 경우, 국제여론의 엄청난 반발

---

3) 〔역주〕 이 글을 쓴 1977년까지 핵실험을 한 나라는 미국(1945), 소련(1949), 영국(1952), 프랑스(1960), 중국(1964), 인도(1974)의 6개국이었으나, 그 이후 파키스탄(1998)이 핵실험을 하였고, 북한도 두 차례(2006. 10, 2009. 5)에 걸쳐 핵실험을 하였다.

을 불러일으키고, 경우에 따라서는 핵무기로 얻을 군사적 이익보다 더 큰 대가를 치를 수도 있다.

상황이 이러하다면, 핵보유국도 핵무기를 사용하는 결정을 내릴 수 없을 것이다. 핵위협을 받는 나라가 이러한 사실을 알고 있다면, 이 같은 핵위협으로 상대방을 굴복시킬 수는 없을 것이다. 1963~1965년 수카르노 대통령의 말레이시아 '적대'정책으로 영국과 인도네시아 간에 충돌이 발생했을 때, 영국 정부는 핵무기를 정치적으로 사용가능한 하나의 선택지로 생각할 수 없었다. 따라서 영국이 핵위협을 했다 하더라도 인도네시아 정부는 두려워하지 않았을 것이다. 그러나 매우 중요한 이익이 걸려 있는 경우에는 핵위협이 효과를 나타낼 수 있다. 미국이 아직 비핵국이던 소련과 대립하던 시절, 미국은 서유럽의 독립이 위협받고 있다고 생각했다. 소련으로부터 핵무기에 의한 보복공격을 받을 위험이 없는 상황에서 미국의 핵무기 사용 위협은 실제로 그럴 가능성이 있는 것으로 보였을 것이다. 오늘날 5대 핵보유국 각각이 서로, 일대일 또는 일대다의 형태로 핵전력으로 대치한다는 것은 역사적 우연이다. 하지만 잠재적 핵보유국들—이스라엘, 남아프리카공화국, 호주 등—사이에서는 핵전력의 주된 역할이 수적으로 우세한 비핵국의 공격에 대한 방위 또는 억지력을 제공하는 것이라는 논의가 나오기도 한다.

셋째, 국제적 충돌의 양 당사자 모두가 핵보유국이고, 상호파괴가 예측되는 경우에도, 핵전력의 정치적 이용가능성은 매우 크다. 이것은 매우 중요한 문제이다. 이것은 곧 핵무기의 위력이 세계의 일부 국가만이 핵무기를 보유하는 상황에서만 발휘되는 것이 아니라, 세계 모든 나라들이 보유하게 된 상황에서도 여전히 지속되리라는 것을 의미하기 때문이다.

서로 대치하는 핵보유국이 반드시 상호억지 또는 교착상태에 있는 것은 아니다. 그러한 상태가 되기 위해서는 몇 가지 조건이 있다. 핵무기의 보유는 그 중 하나에 불과하다. 두 나라 모두 상대국의 제1격을 받아도 핵전력이 생존해야 하고, 충분한 파괴효과를 동반하는 목표타격 능력을 가지고 있어야 한다. 또한 각국은, 상대방이 자기 나라에 피해를 줄 능력과 의사를 가지고 있으며, 그 피해는 견딜 수 없는 수준이라고 생각하고 있어야 한다.

과거 핵보유국들의 대치는 이런 교착상태가 아니었다. 1949년에서 1954년에 이르기까지 소련은 핵무기를 미국 본토까지 운반할 수 있는 수단을 가지지 못했고, 중국은 1964년 최초의 핵실험을 한 이후 지금〔1977년〕까지도 핵무기를 미국 본토까지 운반할 능력이 없다. 중국이 ICBM을 보유하게 된다 하더라도, 미국의 제1격으로부터 생존할 수 있을지, 또한 미국의 미사일 방어체제를 뚫을 수 있을지에 대해 전문가들은 서로 다른 의견을 내놓고 있다. 1952년 이후 영국의 핵전력과 1960년 이후 프랑스의 핵전력이 소련에 대해 믿을 만한 억지력이 될 수 있는지에 대해서도 전문가들의 의견이 팽팽하게 갈려 있다. 1950년대 중반 이후 미·소 간에 핵 교착상태가 존재했다는 것에 대해서만 전략문제 연구자들의 의견은 일치한다. 게다가 핵 교착상태가 존재한다 하더라도 반드시 안정적이라고 할 수는 없다. 도시와 인구의 효과적인 방어를 가능하게 하는 테크놀로지의 발전이나, 보복 전력을 무력화시키는 공격에 의해 그러한 교착상태는 쉽게 무너질 수 있고, 정치적·심리적 변화에 의해서도 무너질 수 있다. 예를 들면, 보복 전력을 사용하고자 하는 의사에 변화가 생길 수도 있고, 상대방의 의사와 능력에 대한 확신에 변화가 생길 수도 있다.

현재의 미·소 관계처럼, 상호억지가 존재하고, 또한 기본적으로 안정된 관계인 경우에는 (탄도탄요격 미사일이나 다탄두 개별유도탄 등 억지력의 계산을 복잡하게 만드는 요인들이 있기는 하지만) 외교정책의 목적을 위해 핵전력을 사용하기는 매우 어려울 것이다. 그러나 원칙적으로 2개의 출구가 존재한다.

그 중 하나는 핵전력의 제한적 사용이다. 상대방의 공격을 받으면 견딜 수 없는 피해를 입을 수도 있다고 예측하는 이상, 핵보유국 쌍방은 핵무기의 사용 자체를 억제하거나, 무제한적인 충돌은 피하려 할 것이다. 1950년대 후반에 서방세계는 무제한적 핵전쟁에 대한 상호억지가 안정적으로 존재한다는 믿음을 가지고 있었고, 그러므로 초강대국 사이에 전쟁이 일어나더라도, 어느 정도 제한이 유지될 것이라는 쌍방의 확신 때문에 제한전쟁이 될 수밖에 없다고 생각했다. 이 시기에 형성된 미·소 간의 핵 교착은 제한전쟁을 수행할 수 있는 방법과 제한전쟁에 그치게 하는 방법에 대한 광범위한 연구를 촉진하였다. 예를 들면, 전략핵의 제한적인 공방(攻防), 전장이나 군사적 목표에 한정된 핵전쟁, 재래식 전쟁, 준재래식 전쟁 또는 게릴라 전쟁 등에 대한 전면적인 연구와 준비가 이루어졌다.

지금까지 미국과 소련은 직접 전투에 연루되는 것을 피했다. 자칫하면 무제한적인 핵전쟁이 벌어질 수도 있다는 두려움 때문에 제한전쟁의 이론에 따라 교전하는 것도 삼갔다. 6·25전쟁(한국), 프랑스령 인도차이나 전쟁, 베트남 전쟁 등을 초강대국간의 '대리'전쟁으로 간주한다면 제한전쟁의 경험이 있다고 할 수도 있겠지만, 그렇게 보는 것은 억지주장이다. 그럼에도 불구하고 지금까지의 미·소 교착을 근거로 핵보유국들이 상호간에 직접적인 군사충돌—제한전쟁을 포함한—을 일으킬 가능성이 없다고 가정할 수는 없다.

핵전력을 정치적으로 이용하고 싶지만 교착상태를 벗어나지 못하는 핵보유국들에게 남아 있는 또 하나의 출구는 사용의 위협이다. 핵보유국들은 모두 상대방에 대해 견딜 수 없는 피해를 입힐 수 있는 능력은 충분하지만, 핵전력의 사용의지에는 차이가 있을 수 있다. '벼랑

끝 전술' 또는 '위기관리'와 같은 탁월한 기술을 발휘하여 전쟁불사(戰爭不辭)의 의지를 보일 경우, 외교적 승리를 얻을 수도 있다. 이러한 예는 1962년 쿠바 미사일 위기 때 미국이 보여준 바 있다.

이처럼 전쟁은 여전히 그 역사적·정치적 기능을 가지고 있다. 핵무기가 존재하고, 군사과학기술이 고도로 발달한다 해도 그 기능이 없어지지는 않는다. 이것은 핵무기가 세계적으로 확산되어도 마찬가지다. 그러나 현재 국제정치에서 전쟁 — 국가간 또는 국제적 전쟁이라는 협의의 — 의 역할이 제 2차 세계대전의 종결 전에 비해 아주 좁아진 것은 사실이다. 전쟁으로 달성할 수 있는 정치적 목적의 범위는 점점 좁아지고, 전쟁의 대가는 점점 커지고 있다.

개별국가의 관점에서 보면, 전쟁은 여전히 정책의 도구이지만 1945년 이전에 비해 더 큰 대가를 지불해야 하고, 예전보다 더 좁은 범위의 목적을 위해서만 이용가능한 수단이다. 만에 하나 전쟁의 제한에 실패하여 핵무기가 사용될 경우에는 전쟁을 일으킨 사회 그 자체의 파괴를 초래할 수 있다. 핵전쟁이 아닌 경우에도 전쟁은 엄청난 물리적 파괴와 견디기 어려운 정치적·경제적·사회적 혼란을 동반하기 때문에, 본국으로부터 아주 멀리 떨어진 곳에서 전투가 벌어지는 극히 제한적인 전쟁이 아닌 한, 선진국으로서는 전쟁을 정책의 도구로 생각하기 어렵다. 제 2차 세계대전 이후 선진산업국가들이 연루된 전쟁은 사실상 모두 그러한 제한전쟁이었고, 이러한 제한전쟁조차도 경우에 따라서는 심각한 국내적 반향을 불러 일으켰다. 수에즈 전쟁이 영국에 미친 영향, 인도차이나 전쟁과 알제리 전쟁이 프랑스에 미친 영향, 6·25전쟁(한국)과 베트남 전쟁이 미국에 미친 영향을 생각해 보라.

전쟁을 일으킬 경우, 전쟁 그 자체가 초래하는 파괴와 혼란만 있는 것이 아니다. 세계정치에서 그 국가의 지위도 심각한 타격을 입는다.

'유엔헌장'은 개별적 또는 집단적 자위 이외의 전쟁은 법적으로 금지한다. 이러한 법적 장애 자체는 그다지 무서운 것이 아니다. 그러나 그것은 전쟁에 대한 집단적 공포를 나타내며, 이 공포심이 결집될 경우에는 전쟁을 일으킨 국가에 대한 상당한 억지력이 될 수 있다.

전쟁을 일으킨 대가는 커진 반면, 전쟁을 통해 효과적으로 달성할 수 있는 외교정책 목적의 범위는 점점 축소되었다. 역사적으로 보면, 국가가 전쟁을 일으키는 이유는 다음 세 가지 중의 하나, 또는 그 이상이다. 첫째, 현금으로 계산할 수 있는 경제적 이익이나 무역의 독점, 시장과 원자재에 대한 접근, 투자기회의 확보 등을 목적으로 한 경우이다. 고전적인 예로는 중상주의 시기에 유럽 열강이 벌인 무역전쟁과 식민전쟁 등이 있다. 둘째, 안전보장을 목적으로 한 전쟁이다. 이것은 국가의 보존과 독립에 대한 외부적 위협에 저항하거나, 또는 그러한 위협을 제거할 목적으로 벌이는 전쟁이다. 고전적인 예로는 펠로폰네소스 전쟁, 스페인 계승전쟁 등과 같은 예방대전(豫防大戰)이 있다. 제1차 세계대전도 이 범주에 포함될 것이다. 우리 시대에 미국과 소련 간에 대전이 발발했다면, 이러한 의미에서의 안전보장이 전쟁의 동기였을 것이다. 셋째, 이데올로기의 전파를 위한 전쟁이 있다. 이것은 종교적 또는 정치적 신념의 전파를 위한 것이다. 이슬람 선교를 위한 전쟁들, 십자군 전쟁, 프랑스 혁명전쟁, 나폴레옹 전쟁 등은 적어도 그 목적 중의 일부는 이데올로기적 성격을 갖고 있었다.

오늘날 전쟁을 통해, 또는 영토정복을 통해 과연 경제적 이익을 얻을 수 있는지에 대해서는 대부분 회의적인 시각을 가지고 있다. 가장 최근의 예는 제2차 세계대전에서 독일이 동유럽에서, 일본이 동남아시아에서 시장의 통제와 원료공급지의 확보를 그 목적의 일부로 삼아 영토정복을 시도한 것이다. 1945년 이후 시기에는 그러한 목적을 위해 영토정복을 기도한 국가는 전혀 없는 것으로 보인다. 특히 독일과 일본은 외국영토에 대한 정치적 통제를 하지 않고서도 경제성장을 도모할 수 있다는 사실을 보여주었고, 제 2차 세계대전 종결시에 식민지를 보유하던 나라들도 식민지 통제비용이 이익을 상회한다는 결론을 내리고 있다.

이데올로기적 목적을 위한 전쟁은 여전히 계속되고 있다. 1945년 이후 공산주의 전파를 위한 전쟁과 식민통치로부터 해방을 얻기 위한 전쟁이 있었다. 그러나 외국 인민들에게 칼을 들이대고 어떤 신념을 강요하는 전쟁의 예는 찾아보기 어렵다. 다만, 그 나라 내부에 이미 이데올로기적 분열이 있는 경우는 사정이 다르다. 이데올로기의 전파를 위한 전쟁은 전형적으로 내란에 개입하는 형태로 이루어졌다. 소련, 중국, 쿠바, 아랍연합공화국〔이집트〕, 알제리 등은 자신들의 혁명사상을 외국 현지에 뿌리를 둔 혁명운동을 지원하거나 선동하는 형태로 전파하고자 했다. 노골적인 침략을 통한 강요는 아니다.

외국영토에 대한 군사적 정복이 더 이상 경제적 이익의 획득이나 이데올로기의 전파에 도움이 되지 않는다고 결론짓거나, 전쟁의 이러한 기능들이 어떤 형태로든 재등장하지는 않을 것이라고 예측한다면, 성급한 일이 될 것이다. 자원의 희소성 때문에, 또는 자원이 희소하다는 생각 때문에, 원자재에 대한 접근경로의 확보 또는 유지를 위해 국가들이 무력을 사용할 수도 있다는 것을 보여주는 징후들이 있는 것은 사실이다. 그러나 오늘날 국가들은 안전보장의 목적 이외에는 개전(開戰)을 꺼리고 있다. 물론 안전보장에는 현재 가지고 있는 경제적 자산을 확보하는 것도 포함될 수 있다. 예를 들면, 제 2차 세계대전 이후 영국이 말레이시아와 싱가포르에 대해 무력사용을 불사한 것은 이런 이유 때문이었다. 또한 동일한 이념을 가진 외국 정부의 존속과 안전을 확보하는 것도 안전보장에 포함될 수 있다. 1965

년 미국이 베트남에서, 그리고 산토도밍고에서 무력을 사용한 것이나, 소련이 1956년 헝가리에서, 1968년 체코슬로바키아에서 무력을 사용한 것은 이러한 목적을 위한 것이었다. 오늘날 선진산업국가의 정부들은 오직 안전보장을 위한 전쟁만이 대가를 치를 만한 가치가 있는 전쟁이라는 결론을 내리고 있는 것으로 보인다.

국제체제의 관점에서 보면, 전쟁은 여전히 국제체제의 형태를 결정하는 기본적 요인이다. 그러나 핵강국간의 상호관계를 결정하는 것은 전쟁 그 자체가 아니라 전쟁의 위협이다. 강대국간에 상호억지가 존재하기 때문에, 무제한 전쟁은 더 이상 분쟁해결 수단이 될 수 없으며, 또한 그로 인해 체제 전체에서 전쟁의 위치도 영향을 받고 있다. 1945년 이전의 국제체제와 비교하면, 세 가지 변화가 눈에 띈다.

첫째, 미국과 소련의 군사력이 직접 대치하고 있음에도 불구하고 분쟁의 해결을 위해 전쟁이 벌어진 일은 거의 없다. 예를 들면, 중부 유럽에서는 30년이 넘도록 대치가 계속되는데, 이는 무제한전쟁이 양쪽 모두 정책의 도구로 사용할 수 없고 제한전쟁은 위험부담이 너무 크다고 판단했기 때문이다. 따라서 현상을 변경하거나 또는 유지하려는 시도는, 1958~1961년의 베를린 위기(*Berlin crisis*)[4]에서 보

4) 〔역주〕 1958년 11월 소련의 흐루시초프는 서방측 3개국에 '포츠담협정' 불이행을 이유로 '베를린에 관한 4개국 지위협정' 무효화를 서방측에 통지하고, 서베를린 비무장 자유도시화를 제안하였다. 서방측은 베를린에서의 4개국 지위는 '포츠담협정'에 의거하지 않으며, 협정 불이행의 책임은 소련에 있다고 반발하고, 이 제안을 거절하였다. 이리하여 베를린은 다시 긴장상태에 놓이게 되었고, 1960년부터 급증하는 베를린 경유 동독난민을 단절시키기 위하여 1961년 8월 동독정부는 베를린 장벽을 구축하여 동서 베를린 간의 교통을 단절시킴으로써 위기가 고조되었다. 그러나 서방측 3개국은 4개국 지위협정을 이유로 항의만 하고, 대항조치는 취하지 않음으로써 군사적 충돌은 발생하지 않았다.

듯이, 세련된 위협의 형태로 이루어졌다. 전쟁은 일으킬 수 없고, 주요한 문제들은 외교적 노력으로는 해결할 수 없다는 것이 증명되었기 때문에, 결국 달라진 것은 아무것도 없었다. 레몽 아롱이 말한 것처럼 '역사의 감속(減速)' 시대가 열린 것이다.[5]

둘째, 핵강국들의 직접적 관계에 영향을 미치지 않는 전쟁은 국제관계사에서 예전과 동일한 역할을 수행하지만, 여기에는 단서가 필요하다. 이러한 경우에도 핵강국이 지역분쟁의 당사자들 각각을 지원한다면, 핵강국은 자신들의 관계의 근본규칙이 존중되는 방향으로 문제를 해결하려 할 것이다. 1950년대 극동 충돌에서 소련이 중국에 대해, 그리고 미국이 대만에 대해 가한 제약이나, 1967년 이후 미국이 이스라엘에 대해, 그리고 소련이 이집트에 대해 가한 제약은 그러한 해결방식의 전형을 보여준다. 따라서 전쟁은 하나 또는 그 이상의 초강대국이 개입되지 않은 경우에만, 교전당사국 중 어느 한쪽에 유리한 결말이 나는 '정상적인' 역사적 역할을 수행할 수 있을 것이다.

셋째, 주권국가간의 전쟁이 어려워지자 국가 내부의 전쟁 또는 폭력이 증가하는 경향이 나타난다. 국제체제의 형태를 결정짓는 요인으로서의 국제전쟁은 줄어들고, 대신 내전이 늘어났다. 과거 4반세기 동안의 주된 영토변경 — 유럽 제국들의 붕괴 — 은 국내적 폭력 또는 국내적 폭력의 가능성에 의해 초래된 것이지, 국가간의 폭력에 의한 것이 아니다. 오늘날에도 역사가 오랜 국가이건 신흥국가이건, 영토보존에 대한 위협은 국경 내부에서 활동하는 분리주의자들의 폭력이지 외부로부터의 폭력은 아니다. 공산주의자와 반공주의자 사이의, 신식민주의자와 과격 민족주의자 간의 이데올로기적 투쟁은 국가적 맥락보다는 국내적 맥락에서 폭력적 형태를 보이기 쉽다.

---

5) Raymond Aron, *On War: Atomic Weapons and Global Diplomacy* (London: Secker & Warburg, 1958) VI장.

현재 많은 나라에서 발생하는 국내적 폭력이 국제체제와 완전히 무관하게 존재하는 것은 아니다. 내전은 제3국의 개입으로 국제화된다. 또한 국내적 폭력은 다른 나라에 쉽게 전염된다. 공통의 열망, 공통의 조직, 또는 공통의 대항심이 있기 때문이다. 특정 국가 내에서 폭력적으로 활동하는 일부 혁명집단은 활동의 특성상 세계정치에서 폭력의 행위주체가 되었다. 외교관의 납치, 외국 민간항공기의 납치 등을 통해 국제적 폭력에 대한 주권국가의 독점상태에 도전하고 있다. 내전의 국제적 역할이 확대되는 이유는 여러 가지가 있고, 또 매우 복잡하지만, 그 이유 중 하나는 협의의 전쟁, 즉 국가간 전쟁의 정치적 역할이 제한되기 때문이다.

국제사회의 관점에서 보면, 전쟁은 이중적 측면을 지닌다. 한편으로는 제한 및 억제해야 할 위협이고, 다른 한편으로는 국제사회의 목적을 위해 이용해야 할 수단이다. 그러나 현재 국제사회에서는 위협으로 보는 시각이 지배적이다. 즉, 전쟁을 법의 집행이나, 세력균형의 유지 및 정당한 변경의 수단으로 보는 시각보다는 인내가능한 범위 내로 억제해야 한다는 의식이 더 강하다.

현재 국제사회는, 자위(自衛)의 경우를 제외하고는, 전쟁을 법 집행수단으로 보는 것에 대해 부정적이다. 그로티우스는 전쟁을 할 수 있는 정당한 이유로 세 가지를 들었다. 자위, 재산의 회복, 처벌의 집행이 바로 그것이다. 최근에 이르기까지 국가가 재산의 회복을 위해, 또는 해외의 자국민을 보호하기 위해 개전한 경우, 국제사회의 지지를 얻을 수 있었다. 지난 세기 유럽에서 흔히 그러했던 것처럼, 이러한 전쟁은 법의 집행으로 간주했기 때문이다. 또한 20세기의 두 차례의 세계대전에서 전승국들이 그렇게 한 것처럼, 전쟁의 목적에는 권리의 회복뿐만 아니라 위반국에 대한 처벌까지 포함된다는 견해에 대해서도 국제사회의 지지가 있었다.

세력균형은 여전히 국가체제의 존속을 위한 하나의 조건이며, 강대국 사이의 권력분포에 영향을 미치는 제한전쟁은 이러한 세력균형에 기여하는 바가 있다. 그러나 현재 일반적 세력균형의 중심축은 미국과 소련 사이의 상호억지관계이며, 중국의 등장으로 3자 관계의 구도로 진행중이다. 상호억지관계가 존재하는 상황에서 무제한전쟁은 긍정적 역할을 하는 것이 아니라 국제체제의 붕괴를 가져올 뿐이다.

세계에 존재하는 3개의 주요 국가집단 중 2개의 집단이, 식민지 해방을 위한 전쟁이나 민족자결권을 위한 남아프리카 흑인들의 전쟁은 정당하다고 주장하는 상황에서, 이제 국제사회가 더 이상 전쟁을 정당한 변경의 수단으로 간주하지 않는다고 말할 수는 없다. 1961년 인도가 고아를 점령했을 때, 1962년 인도네시아가 서이리안에 침투했을 때, 1971년 인도가 방글라데시를 위해 파키스탄을 공격했을 때, 국제사회가 침묵한 것은 각각의 경우에 전쟁의 목적이 된 변경이 정당하다고 보는 여론이 보편적으로는 아니더라도 충분히 널리 퍼져 있었기 때문이다.

그러나 국제사회는 국제사회 자체를 지탱해주는 전쟁의 긍정적 역할보다 전쟁행위를 제한할 필요성에 무게중심을 두고 있다. 1945년 이후 국제사회는 국가체제의 존속과 양립가능한 범위 내에서 국가간 전쟁을 제한하는 데 성공했다. 이것은 각국이 전쟁법규를 존중했기 때문이 아니라, 전쟁의 공포가 가르치는 바에 따라 즉석에서 묵시적인 게임규칙이 생겨났기 때문이다. 그러나 다른 한편으로 국가 이외의 정치단위에 의한 전쟁은 그 규모가 계속 확대되었다. 국내의 당파가 폭력의 행위주체로서 세계무대에 등장하여, 주권국가들이 오랫동안 누려온 국제적 폭력에 대한 독점에 도전하고 있으며, 이들은 주권국가들을 구속하는 제한과 규칙을 벗어난다. 주권국가들은 국제적 제한을 받는 반면, 혁명집단은 이러한 제한으로부터 자유롭다는 사실을 1968년 유엔 안전보장이사회는 여실히 보여주었다. 레바논에 기지를 둔 팔레스타인 게릴라가 아테네 공항에 있던 이스라엘의 엘알 항공기를 공격한 데 대한 보복으로 이스라엘이 레바논을 공습하자, 유엔 안보리는 이스라엘을 비난했지만, 팔레스타인 게릴라들에 대해서는 아무런 조치도 취하지 못했다. 그러나 이러한 새로운 형태의 전쟁이 국제사회의 규칙을 벗어나 있는 상황을 국제사회가 계속해서 보고만 있을 수는 없을 것이다.

제 9 장

강대국과 국제질서

이 장에서는 다음 사항들을 검토할 것이다.

① 강대국이란 무엇인가?
② 강대국은 국제질서와 관련하여 어떤 역할을 하는가?
③ 오늘날의 국제질서에서 강대국의 역할은 무엇인가?

1. 강대국

강대국(*great powers*)이라는 말은 세 가지 의미를 내포한다. 요즘에는 초강대국(*super powers*)이라는 말이 사용되는데, 이 용어에 대해서는 나중에 검토할 것이다. 첫째, 강대국은 복수로 존재한다. 말하자면, 지위가 엇비슷한 2개 이상의 강대국으로 구성되는 강대국 클럽 같은 것이 있고, 이 클럽은 회칙을 가지고 있다. 그러므로 단 하나의 강대국이 존재할 수는 없다. 과거의 로마제국이나 중화제국이 강대국이었다고 하는 것은 이 용어의 의미를 무리하게 확장하는 것이다. 왜냐하면 그 제국들은 자신이 소속된 각각의 국제체제에서 독보적 지위를 갖는 정치적 실체들이었기 때문이다. 1960년대 중반에 일부 학자들은 미국이 소련을 확실하게 앞질러 세계정치에서 지배권력을 가진 단 하나의 국가가 되었다고 주장하기 시작했다.[1] 이들은 1945년 이후의 이른바 '양극'체제 모델로는 더 이상 국제체제를 분석할 수 없다고 주장하면서, 로마 모델에 주목하였다. 그러나 그때 이후 미국의 지위는 소련과 비교하여 급격히 하락했다. 사실상 미국의 범세계적 영향력이 최고조에 달했을 때조차도 로마의 망토를 걸치기에는 역부족이었다. 설령 미국이 지배권력을 가진 단 하나의 국가라 하더라도, 강대국 또는 초강대국이라고 부르는 것은 적절하지 않다.

둘째, 이 클럽의 회원은 군사력에서 최고수준을 자랑한다. 즉, 강대국인 나라들은 서로 엇비슷한 군사력을 가지지만, 이들보다 우세한 군사력을 가진 다른 나라는 없다. 강대국은 군사대국일 수밖에 없다는 일견 자명해 보이는 이치를 부정한 사람도 있었다. 1970년에 사토〔佐藤榮作〕 수상은 일본은 바야흐로 과거에 강대국들이 항상 차리고 있던 군장을 갖추지 않고서도 강대국의 반열에 드는 역사상 최초의 나라가 될 것이라고 주장했다.[2] 사토의 이러한 연설은 일본이 경제력을 통하여 막강한 정치적 영향력을 갖게 되었다는 것과, 외교정책의 수단으로서 군사력을 행사하는 데 제한을 받고 있다는 사실을 동시에 보여주었다. 그러나 일본이든 다른 어떤 나라든, 군사적으로 필요한 조치를 취하지 않고서는 정치적으로 앞자리를 차지할 수 없다. 오늘날 그 필요한 조치에는 전략핵무기의 개발이 포함된다.

---

1) 예를 들어, George Liska, *Imperial America. The International Politics of Primacy*, Studies in International Affairs, no. 2 (Washington: Centre of Foreign Policy Research, Johns Hopkins University, School of Advanced International Studies, 1967)를 보라.

2) 사토 에이사쿠의 유엔총회 연설(1970년 10월), *The Japan Times* (22 October 1970) 및 국회연설(1970년 11월), *The Japan Times* (26 November 1970) 참조.

랑케는《강대국론》에서 자족성 또는 동맹들로부터의 독립이라는 기준으로 강대국의 군사적 지위를 정의하였다. 랑케에 의하면, 강대국은 다른 모든 나라가 각각 또는 연합하여 그 나라에 적대하더라도 존속할 수 있는 나라를 말한다.[3] 이 정의는 매우 모호하여 그대로 받아들일 수는 없지만, 오늘날 미국과 소련의 특별한 지위를 이해하는 데는 도움이 된다. 미국과 소련은 각각 동맹국을 가지고 있고, 이 동맹관계가 해체될 경우 상당한 외교적 목표들의 손실을 각오해야 한다. 그러나 미국과 소련은 최악의 경우 동맹국이 전혀 없어도 모든 나라에 대하여 자국의 안전보장을 기할 수 있는 위치에 있다. 물론 여기에는 몇 가지 단서가 필요하다.

그 단서 중 하나는 핵시대라는 특수상황과 관련된 것이다. 미국과 소련도 상호간의 핵공격에 대해서는 물리적으로 취약하다. 아마 다른 나라의 핵공격에 대해서도 마찬가지일 것이다. 두 나라는 그러한 공격의 가능성을 줄이기 위한 조치를 취할 수는 있다. 예를 들면, 억지력을 유지할 수도 있고, 정치적 갈등의 해결을 모색할 수도 있으며, 군비통제 분야에서 양해에 도달할 수도 있다. 그러나 어떤 노력을 기울이든 타국의 공격을 완전히 막아낼 수는 없다. 그러한 의미에서 오늘날 그 어떤 국가도 단독으로는 안전보장을 확보할 수 없다.

또 하나의 단서는 비동맹·중립을 성공적으로 추구하는 중소국가들과 관련된 것이다. 이 나라들은 동맹국이 없어도 장기간 안전보장을 유지할 수 있다. 그러나 이를 위해서는 그들 나라 이외의 국가들

---

3) 랑케는 이렇게 쓰고 있다. "다른 모든 나라들이 연합하여 적대하더라도 존속할 수 있을 때에야 비로소 강대국이라고 할 수 있다면, 프리드리히는 프러시아를 그러한 지위에 올려놓았다." *The Great Powers*, translation in T. H. von Laue, *Ranke, The Formative Years* (Princeton University Press, 1950), p. 203 참조.

에 의해 국제체제에 일반적 세력균형이 유지되고 있어야 한다. 반면에 강대국의 경우에는 동맹국이 없더라도 자국의 안전보장을 위해 그러한 전제조건은 필요하지 않다.

셋째, 강대국은 다른 나라들에 의해 특정한 권리와 의무를 지닌 것으로 인정받으며, 그 나라의 지도자와 국민들도 그렇게 생각하는 나라다.[4] 예를 들면, 강대국은 국제체제 전체의 평화와 안전보장에 영향을 미치는 문제들의 결정에 일정한 역할을 할 권리를 주장하고, 다른 나라들로부터 그러한 권리를 인정받는다. 또한 그들은 자신들이 지닌 관리책임을 다하기 위해 자신들의 정책을 수정해야 하는 의무를 인정하며, 또한 다른 나라들도 그들에게 그러한 의무가 있다고 생각한다. 그러므로 나폴레옹 치하의 프랑스나 나치 치하의 독일과 같은 나라들을 강대국이라고 부르는 것은 적절하지 않다. 왜냐하면 이들은 군사적으로는 앞자리를 차지했지만, 그들의 지도자들이나 또는 다른 나라들이 그들에게 이러한 권리나 의무가 있다고 생각하지 않았기 때문이다.

다시 말해서 강대국이라는 관념이 존재하기 위해서는 국제체제와는 다른, 국제사회라는 관념이 먼저 존재해야 한다. 국제사회는 독립적 정치공동체들이 접촉이나 상호작용만이 아니라 공통의 규칙과 제도에 의해 하나의 단체로 결합되어 있는 것을 말한다. 국제연맹이나 유엔 안전보장이사회에서 그들에게 상임이사국의 지위를 부여했기 때문에 권리와 의무가 생긴 것이 아니라, 그와 같은 권리와 의무가 이미 있었기 때문에 그와 같은 지위를 갖게 된 것이다.

제2차 세계대전 후부터 '강대국'이라는 말 대신 '초강대국'이라는 말이 사용되었는데, 오늘날 이런 말이 쓸모가 있는지 의심스럽다.

---

4) 이 주제를 다룬 글로는 다음을 보라. Sir Herbert Butterfield, "The Great Powers," in *Diplomatic Investigations*.

'초강대국'이라는 말은 1944년 폭스[5] 교수가 처음으로 사용했는데, 미국과 소련은 물론 영국도 '초강대국'이라고 불렀다.[6] 이러한 용어를 새로 사용하게 된 데는 그 나름대로의 이유가 있었다. 전통적인 유럽의 강대국보다 더 힘이 세고, 과거에 유럽의 강대국들이 국제정치에서 담당하던 중심적인 관리업무를 단독으로 수행하는, 새로운 부류의 강국이 등장했다고 보았기 때문이다. 1945년 미국과 소련의 등장으로 영국·프랑스·독일이 상대적으로 왜소해진 상황에서, 이들 모두를 '강대국'이라고 부르는 것은 부적절해 보였던 것이다. 따라서 미국과 소련만 '강대국'이라고 부르고, 주요 유럽국가들은 미국이나 소련보다 한 수 아래임을 나타내는 다른 이름—'중간강국'(*middle powers*)이나 '이류 강국'(*secondary powers*) 같은—으로 부르거나, 또는 미국이나 소련이 강대국보다 더 힘이 세다는 뜻에서 '초강대국'이라고 부를 필요가 있는 것처럼 보였다.

그러나 '초강대국'이라는 신조어는 이전의 '강대국'의 개념과 다를 것이 하나도 없다. 1945년 이후 4반세기 동안 미국과 소련의 역할은 이전의 유럽 강대국들로부터 물려받은 것이었다. '초강대국'이라는 말이 유행하게 된 것은, 미국과 소련 정도의 규모를 가진 나라만이

---

5) 〔역주〕 Fox, William Thornton Rickert(1912~1988): 미국 컬럼비아대학 국제정치학교수. 1944년 '초강대국'이라는 용어를 처음 사용한 것으로 알려져 있다. 외교술과 전쟁에 대한 연구를 분과학문으로 확립하는 데 선구적 역할을 하였다. 주요 저서로 *Superpowers*(1944), *Theoretical Aspects of International Relations*(editor, 1959), *Nato and the range of American choice*(1967), *European Security and the Atlantic System*(editor, 1973), *A Continent Apart The United States and Canada in World Politics*(1985) 등이 있다.

6) W. T. R. Fox, *The Super Powers: The United States, Britain and the Soviet Union: Their Responsibility for Peace*(N.Y.: Harcourt Brace, 1944).

진정한 의미에서 강대국이 될 수 있다는 생각 때문이었다. 따라서 미국과 소련이 중국과 일본 및 서유럽 국가연합에 비해 상대적으로 쇠퇴하는 상황에서 '초강대국'이라는 말은 쓸모없는 말로 변하고 있다.

강대국 또는 초강대국을 전략핵무기의 보유여부에 따라 결정해서는 안 된다는 점도 지적해 둘 필요가 있다. 핵무기가 오늘날 초강대국 또는 강대국의 지위를 결정하는 필요조건이기는 하지만, 충분조건은 아니다. 이것은 영국과 프랑스를 보면 알 수 있다. 게다가 미국과 소련은 전략핵무기를 완전하게 보유하기 전부터 초강대국으로 인식되었고, 소련의 경우에는 핵무기를 보유하기 전부터 초강대국으로 인식되었다.

그러면 현재 강대국은 어떤 나라들인가? 최대한으로 보면, 미국·소련·중국이 강대국이다. 일본은 잠재적인 강대국이다. 서유럽은 단일국가로 통합되지 않는 한 강대국이 아니다. 물론 중국은 미국과 소련보다는 확실히 힘이 약한 강대국이다.

〔강대국의〕 첫 번째 기준으로 제시한 엇비슷한 지위에 대해 살펴보자. 미국과 소련과 중국은 세계정치에서 대체로 엇비슷한 지위를 가진 나라들로서 다 같이 우뚝 솟아 있는 것처럼 보인다. 상호간에도, 그리고 국제사회도 대체로 그렇게 인식하고 있다. 물론 (제5장에서 말한 것처럼) 이들의 외교적 지위를 결정하는 원천적 자산에는 차이가 있다. 다른 나라들이 자국의 외교정책 및 군사정책에서 이 세 나라에 어느 정도의 관심을 쏟고 있는가를 보면, 이 3강의 지위를 쉽게 알 수 있다. 현재 어떤 나라의 외교정책의 일반적 성격은 이 3강에 대해 어떤 입장을 취하고 있느냐에 따라 결정된다. 이것은 냉전시대에 어떤 나라의 외교정책의 일반적 성격이 대미정책 및 대소정책에 의해 결정되었던 것과 같다.

두 번째 기준으로 제시한 최고수준의 군사력을 보자. 이 기준으로 보면, 중국은 전략핵 기술이 상대적으로 떨어지기 때문에(미·소와 비교해서는 물론 영국이나 프랑스와 비교하더라도), 또한 비핵 전력의 기동능력도 떨어지기 때문에 강대국의 반열에서 제외해야 한다는 주장도 있을 수 있다. 중국이 강대국의 반열에 드는지는 여부는, 미·소 양국에 대해 생존가능한 억지력을 보유하는지 증명될 때까지 판단을 보류할 수밖에 없다. 게다가 중국은 미국·소련에 비해 범세계적인 전략적 세력권을 보유하고 있지 않으며, 단지 지역적 규모에서 강대국의 지위에 있다.

이 3강 모두는 또한 강대국의 세 번째 요건을 충족하고 있는가? 미국의 공식성명을 보면, 국제사회라는 관념, 국제사회에서 강대국의 특별한 권리와 의무에 대한 관념이 분명하게 드러난다. 또한 국제사회의 대부분이 미국에 대해 그러한 특별한 권리와 의무가 있는 강대국으로 보고 있다는 사실은 의심할 여지가 없다.

그러나 소련의 경우, 그들의 공식성명은 국제사회의 관념보다는 소비에트 국가로서의 인식을 보여준다. 즉, 범세계적 혁명을 통하여, 국제사회의 나머지 부분을 사회주의 공동체로 흡수 통합해가야 할 중심국가로 인식하는 것이다. 그러나 말보다는 행동에서 증거를 찾기로 하면, 소련을 강대국으로서의 권리와 의무에 대한 인식이 있는 나라로 볼 수 있는 충분한 이유가 있다. 유엔에서, 군비통제 협상에서, 자국의 국가적 관심사가 아닌, 유럽·아시아·중동지역의 정치적 문제들에 대한 해결노력에서, 소련이 하는 역할들을 보면, 소련의 지도자들이 스스로 강대국으로서의 권리와 의무를 받아들이고 있음을 알 수 있고, 국제사회도 대체로 이를 인정하고 있다.

중국의 경우, 그들의 공식성명은 중국이 강대국이라거나 또는 강대국의 지위를 추구한다는 것을 명확하게 부정한다. 오히려 '초강대국의 패권'과 맞서 싸우는, 제 3세계의 '못 가진 나라들'의 투사로 자임하고 있다. 그러나 소련과 마찬가지로 그들의 행동은 말과 다르다. 핵강국, 유엔 안보리이사국, 대외원조 공여국 등의 지위로 보건대, 그리고 약소국들의 이익을 무시한 채, 미국과 대등한 입장에서 정치적 타결을 할 의사가 있는 것으로 보건대, 중국은 국제 프롤레타리아 계급의 대변자가 아니라, 강대국 클럽의 회원으로 행동하고 있다. 그럼에도 불구하고 말과 행동의 차이는 중국의 경우가 소련의 경우보다 훨씬 크다. 소련과는 달리, 중국은 공산당이 권력을 장악하기 전에는 강대국 클럽에 가담한 역사가 없었다.

이처럼 미국도 소련도 중국도 강대국으로서의 특별한 권리와 의무를 다 같이 받아들이고 있다 하더라도, 이러한 수용은 잠정적인 것일 뿐, 명확하게 인정된 것은 아니다. 강대국이라는 전통적 관념은, 이 관념의 전제가 되는 국제사회라는 더 넓은 관념이 그러하듯, 현재 국제정치에서 연약한 발판을 딛고 서 있다.

2. 강대국의 역할

국제질서에서 강대국의 역할이 생기는 이유는 국제체제를 구성하는 국가들의 국력에 큰 차이가 있기 때문이다. 만약 국가들이 법 앞에서 평등하듯이 힘에서도 동등하고, 따라서 모든 국가들이 동등한 실력으로 자기주장을 한다고 생각해 보자. 이렇게 되면, 동맹을 맺어 의도적으로 불평등한 상황을 만드는 경우를 제외하면 국제적 충돌의 해결이나 진정은 어려울 것이며, 그 어느 국가의 권리주장도 명확한 인정을 받거나, 또는 부정되기 어려울 것이다.

나라마다 국력에 심한 차이가 있기 때문에, 국제사회에서 어떤 문제는 해결되지만 어떤 국가(약소국)의 요구는 무시되고, 어떤 국가

(강대국)의 요구는 중요한 현안문제로 등장한다. 미국의 경우, 서방국가들의 동맹 내에서 평등한 힘을 가진 다른 회원국들과 동일한 위치에 있는 것이 아니라, 지도적인 위치, 또는 선두에 자리하고 있다. 따라서 이 동맹 내에서 발생하는 충돌은 일정한 한계 안에 머무르거나, 또는 정치활동의 표면으로 부상하지 않도록 방지된다. 소련의 경우, 동유럽에서 패권적 지위를 누리고 있으며, 무력으로 이를 지킬 의사를 천명해왔다. 바로 이러한 이유로 이 지역의 이익갈등은 쉽게 해결되거나, 또는 억제된다. 폴란드, 독일민주공화국, 헝가리, 불가리아, 루마니아 등은 소련에 대하여, 또는 상호간에 어떤 권리주장을 하더라도 해결될 가망이 전혀 없기 때문에, 그러한 권리주장 자체가 아예 제기되지 않는다. 2개의 동맹세력이 유럽의 정치적 문제나 중부유럽의 군사적 균형문제에 대해 협상을 벌일 때, 미국과 소련의 견해가, 예를 들면 벨기에나 불가리아의 견해보다 훨씬 더 중요하게 작용한다는 것을 모르는 사람은 없다. 이러한 이유로 그들의 힘이 반영되는 협상구조가 등장하게 된다.

국력의 차이에 따른 국가들의 불평등은 국제관계의 유형을 단순화하는 효과를 낳는다. 어떤 국가의 발언은 영향력이 있고, 어떤 국가의 발언은 묵살된다. 어떤 충돌은 국제정치의 의제가 되고, 어떤 충돌은 논의조차 되지 않는다. 이 때문에 랑케는 유럽의 국제관계사를 곧 열강의 관계사라고 말했고(약간의 왜곡은 있다), 오늘날의 국제정치 연구자나 실무자는 망망대해 같은 세계정치를 고찰할 때, 우선 강대국간의 관계부터 살펴 이를 뼈대로 삼는다.

강대국이 그 우월적인 힘으로 국제질서를 단순화시키는 역할만 하는 것은 아니다. 강대국은 국제질서에 반하기보다는 오히려 그에 부합하는 정책을 추진함으로써 국제질서의 증진에 기여하기도 한다. 강대국의 국제질서에 대한 기여는 두 가지 길을 통해 이루어진다.

즉, 강대국 상호관계를 관리함으로써, 그리고 그들의 우세한 힘을 이용하여 국제사회 전체의 문제들에 대해 중심적인 지도권을 발휘함으로써 국제질서에 기여한다. 좀더 자세히 말하면, 강대국들의 상호관계의 관리가 국제질서에 이익이 되는 이유는 ① 일반적 세력균형을 유지하고, ② 그들 상호간의 위기를 회피 및 관리하며, ③ 상호간의 전쟁을 제한 및 억제하려고 노력하기 때문이다. 그들이 국제사회의 나머지 부분에 대해 우세한 힘을 이용하는 방법은 ④ 역내에서 우세한 힘을 일방적으로 행사하고, ⑤ 상호 세력권의 존중에 동의하며, ⑥ 이른바 강대국의 협조(*concert*) 또는 공동통치(*condominium*)의 형태로 공동행동을 취하는 것이다.

물론 강대국들이 실제로 그렇게 하고 있다는 말은 아니다. 위의 설명은 국제질서의 유지를 위해 그들이 할 수 있는, 또는 때때로 하는 역할을 말한 것이다. 강대국도 약소국과 마찬가지로 질서보다는 무질서를 조장하는 행동을 자주 한다. 일반적 균형을 유지하는 것이 아니라 오히려 전복시키고, 위기를 통제하는 것이 아니라 오히려 조장하며, 전쟁을 제한하는 것이 아니라 오히려 전쟁의 승리를 추구하는 모습을 종종 볼 수 있다.

국제질서와 관련하여 강대국이 하는 역할 또는 기능에 대한 앞의 설명은 강대국이 마땅히 해야 할 일에 대한 권고도 아니요, 지켜야 할 규범도 아니다. 앞의 설명을 권고나 규범으로 이해하는 것은 미확인 전제를 바탕으로 논리를 세우는 일이 되고 만다. 국제질서가 얼마나 중요한 인간적 가치인지, 인간의 여러 가지 목표들 중 우선순위가 어떻게 되는지에 대한 논의를 생략한 채 그런 주장을 할 수는 없다.

앞에서 말한 강대국의 두 가지 역할은 서로 밀접히 연관되어 있기 때문에, 현실에서 이를 구분하기는 어렵다. 강대국이 상호관계를 관리하기 위해 취하는 조치들은 직접적으로 국제사회 전체의 일을 지도 및 관리하는 일과 연결되어 있다. 또한 강대국이 국제사회의 나머지 부분과 관련하여 우월적 지위를 누리기 위해 취하는 조치들은 강대국 상호관계가 어느 정도 효과적으로 관리되고 있을 때에만 가능하다.

1) 일반적 균형의 유지

국제질서에 대한 강대국의 역할 중 가장 중요한 것은 강대국 상호간의 관계를 관리하는 것이다. 강대국이 국제질서에 대해 이러한 기능을 수행한다는 것은 국제사회가 전반적으로 인정하고 있으며, 그러므로 다른 나라들도 강대국에게 특별한 권리와 의무가 있다는 관념을 기꺼이 받아들이고 있다.

강대국 상호간의 관계관리 중 가장 중요한 것은 일반적 세력균형을 유지하기 위해 그들이 취하는 행동이다. 이로써 국가체제가 지속될 수 있는 조건이 제공된다. 일반적 세력균형의 유지문제는 앞(제 5장)에서 논한 바 있으므로 여기에서는 두 가지만 지적하는 것으로 족할 것이다. 하나는 강대국이 일반적 세력균형의 가장 중요한 요소라는 점이다. 또 하나는 일반적 세력균형의 유지를 위해 그들이 취하는 행동은, 그들간의 협력을 포함한 의도적 조치들에 주로 의존하고 있다는 점이다. 오늘날 강대국들이 상호 핵억지 관계를 유지하기 위해 취하는 조치들도 여기에 해당한다.

2) 위기의 회피와 통제

앞에서 말한 것처럼, 일반적 세력균형이 유지된다고 해서 강대국 사이에 평화적 관계가 보장되는 것은 아니요, 안정적인 상호 핵억지 관계가 존재한다고 해서 강대국 사이에 핵평화가 보장되는 것도 아니다. 그러므로 강대국 상호관계의 관리에는, 상호 전쟁으로 치달을 위험이 있는 위기를 피하거나, 또는 그런 위기가 발생했을 때 이를 통제하기 위한 행동이 반드시 들어 있어야 한다. 이것은 이른바 '위기관리'(*crisis management*)와는 다른 것이다. 미국에서 '위기관리'라는 말이 유행한 것은 1962년 쿠바 미사일 위기 직후였다. 그 당시 케네디 대통령이 그 위기를 잘 관리하여 전쟁을 피하면서 외교적 승리를 얻자, 케네디 대통령의 위기관리 방식을 잘 연구하여 일반화한다면 장차 큰 도움이 될 것이라는 생각에서 '위기관리'라는 말이 널리 쓰이게 되었다. 내가 여기에서 말하는 위기관리는 그런 것이 아니라, 강대국들이 공동이익을 증진하기 위해 단독 또는 공동으로 취하는 조치들을 가리킨다. 즉, 전쟁으로 치달을 가능성이 있는 위기를 피하고, 그런 위기가 발생했을 때 이를 통제하는 일을 말한다.

그런데 이런 일에 대한 만족스러운 사례는 아직 없다.[7] 사람들이 흔히 하는, 피해야 할 오해는 강대국은 항상 위험한 위기를 피하려 한다고, 또는 위기가 발생하면 빨리 수습하려 한다고 생각하는 것이다. 하지만 이는 착각이다. 강대국들은 의도적으로 위기를 조장하기도 하고, 의도적으로 전쟁 근처까지 끌고 가기도 한다. 이런 일은 강대국이 외교적 승리에 집착하고 있을 때 일어난다. 핵무기의 시대이니만큼, 전쟁을 피하는 것이 그 어느 때보다 중요하다는 인식을 강대국들이 가질 수도 있다. 오늘날 이 문제가 주요 주제가 되는 이유도 그 때문일 것이다. 그러나 현재에도 강대국의 위기정책에서 결코 위기의 회피나 통제의지가 가장 중요한 요소는 아니며, 군사정책에서 적대국과의 군비통제를 통한 협력의지가 가장 중요한 요소는 아니다.

---

7) Oran Young, *The Politics of Force: Bargaining During International Crises* (Princeton Univ. Press, 1968); Coral Bell, *The Conventions of Crisis: A Study in Diplomatic Management* (Oxford Univ. Press, 1971) 참조.

나아가 위기 또는 위기의 격화는 국제질서의 목적과 관련하여 건설적인 역할을 할 수 없다고 가정하는 것도 잘못이다. 과거에 세력균형을 전복시키려는 시도에 대해 강대국 또는 강대국 연합이 굳은 결의로 위협을 가하고 위기를 조장 또는 격화하지 않았더라면 세력균형의 유지는 거의 불가능했을 것이다. 오늘날 상호 핵억지 관계의 유지도 마찬가지다.

그럼에도 불구하고, 위기의 회피 및 통제조치들은 내가 말한 '강대국의 상호관계 관리'의 필수적인 부분일 뿐만 아니라, 강대국들의 관계에 확실히 일정한 역할을 한다고 말할 수 있다. 세계문제에서 미·소의 우위가 지금은 끝나가고 있지만, 미·소가 우위를 점하던 시기에 미국과 소련은 그들 상호관계에서 위기를 피하기 위해, 그리고 위기가 격화되는 것을 막기 위해 단독 또는 공동으로 노력해왔다.

그들이 취해온 조치 중에는 일방적 행동이 공동행동보다 더 쉽게 눈에 띈다. 미국과 소련은 그들의 관계가 위기에 빠지지 않도록 서로의 세력권 — 동유럽의 소련권, 유럽과 카리브 해의 미국권 — 내부에 대한 개입을 삼갔다. 1962년의 쿠바 미사일 위기는 이것을 어겼기 때문에 발생한 것이다. 미국은 소련이 미국의 영향권을 침해하고 있다고 판단했던 것이다. 이처럼 위기가 고조된 상황에서 미·소는 직접적 군사대결을 피하는 방향으로 해결책을 모색했다. 수차례에 걸친 베를린 위기 때에도 같은 방식으로 해결책이 모색되었다.

지역분쟁의 경우에도 미국과 소련은 각각 그 지역 내의 동맹국 또는 제휴국을 제지하는 방식으로 문제를 해결하려 하였다. 이것이, 유럽에서 나토와 바르샤바 조약기구[8]가 대치하던 시절, 미국과 소련이

8) 〔역주〕 바르샤바 조약기구(Warsaw Treaty Organization) : 제 2차 세계대전 후 심각한 동서대립 속에서 서독의 재무장과 NATO(North Atlantic Treaty Organization)에 대항하기 위해 소련을 비롯한 동구권 8개국의 총

각각 자국의 유럽 동맹국들에 대해 취한 정책의 기조였다. 또한 1950년대 미·소의 동아시아 정책도 그러했다. 이때 소련은 중국과, 미국은 대만과 동맹을 맺고 있었다. 중동에서도 마찬가지다. 특히 1967년 전쟁 이후 미국은 이스라엘을 제지하려 했고, 소련은 아랍 제휴국들을 제지하려 했다. 어떤 경우에는 미·소 양국은 상대국에 대해 그들 자신의 제휴국을 제지하도록 촉구하기도 했다. 예를 들면, 두 나라는 1958년의 대만해협 위기와 1967년의 중동위기 때 그러한 조치를 취했다.

미국과 소련은 자신의 세력권 밖에서 벌어진 분쟁에 대해서는, 자신들의 개입이 상대방의 개입을 부를 가능성이 명백할 경우, 직접적인 개입을 자제해왔다. 예를 들면, 1960년의 콩고 위기, 1967~1970년의 나이지리아 내전, 1971년의 인도·파키스탄 전쟁 등에서 그러했다. 또한 미·소 양국은 직접적인 외교적 대결을 할 경우에도 도발적인 행동은 피하려고 했으며, 상대방이 최소한의 체면을 유지하는 선에서 물러설 수 있는 길을 열어 놓는 등, 계산된 신중함과 자제력을 가지고 행동해온 것도 명백하다. 케네디 대통령의 쿠바 미사일 위기 처리과정이 아주 좋은 예가 될 수 있다. 위기를 피하거나 통제하기 위한 공동행동은 종류가 다양하다. 카스텐 홀브라드(Carsten Holbraad)는 이를 세 종류로 나누었다. ① 목적은 동일하나 사전에 조정하지는 않은 행동, ② 약간의 조정 및 협력적 성격이 있는 동일

리가 1955년 5월 폴란드 바르샤바에 모여 체결한 군사동맹조약기구. 조약 체결국은 소련·폴란드·동독·헝가리·루마니아·불가리아·알바니아·체코슬로바키아의 8개국이었으나, 알바니아는 소련과 의견을 달리하여 1968년 9월에 탈퇴하였다. 1985년 4월 소련과 6개 조약국들은 바르샤바 조약의 유효기간을 20년 더 연장하였다. 1990년 10월 독일이 통일하면서 동독이 탈퇴하였고, 1991년 4월 1일 바르샤바 조약기구가 해체되었으며 조약 자체도 유명무실해졌다.

목적의 정책, ③ 극단적인 경우이긴 하지만, 공동으로 기획 및 집행되는 외교적·군사적 행동[9]이 그것이다. 미·소 양국이 세계정치에서 우위를 차지하던 시기에 그들의 위기처리 방식을 보면, 첫 번째 종류의 공동행동, 즉 목적은 동일하나 사전에 조정하지는 않은 행동이 가장 많이 나타난다. 두 번째 종류, 즉 약간의 조정이 포함된 동일 목적의 행동을 보여주는 사례도 몇 있다. 예컨대, 1967년 중동위기 때, 양국은 서로 협의하여 각각 이스라엘과 이집트에 대해 자제를 촉구하였다. 세 번째 종류의 행동은 전혀 찾아볼 수 없다.

이러한 일방적 또는 공동의 제지조치들을 일반적 원칙 또는 규칙으로 볼 수 있을 것인지, 방법론적으로 얼마나 유용할 것인지에 대해서는 좀더 연구가 필요하다. 미국과 소련은 1950년대와 1960년대의 외교적 대결과정에서, 양국간의 평화를 위협하는 위기를 피하거나 통제하는 데 도움이 되는 행동규칙 또는 게임규칙을 발전시켰다고 말할 수 있다. 예를 들면, 두 나라는 다음과 같은 규칙들이 존재하는 것처럼 행동한다. 상대방의 확실한 세력권에 직접 개입하는 것을 금지하는 규칙, (1960년 U2기 격추사건 이후) 상대방 영공에서 불법 비행하는 것을 금지하는 규칙, 상대방의 영토 내에서 비통상적인 군사적 행동—예를 들면 파괴활동, 비밀리에 핵무기를 들여오는 것, 파괴활동을 하는 집단에게 무기를 제공하는 것 등—을 금지하는 규칙, (소련이 쿠바에서 미사일을 철거하고, 미국이 터키에서 미사일을 철거한 후) 상대방의 인접국에 공격용 미사일을 배치하는 행위를 금지하는 규칙 등이 그것이다.

이러한 규칙들이 존재한다고 말할 수 있는 증거는 단지 두 강대국이 그러한 규칙이 있는 것처럼 행동해왔다는 사실뿐이다. 물론 이것

9) Carsten Holbraad, *Super Powers and International Conflict*(London: Macmillan, 1979), 제 5장 참조.

이 이들 나라의 지도자들이 이러한 규칙의 존재를 인정한다는 증거가 될 수는 없다. 또한 이들 나라의 지도자들이 그러한 규칙에 따라 피해야 할 행동들이 무엇인지 판단하고 있다 하더라도, 이것이 곧 양국이 그러한 규칙에 대해 합의했다는 것을 의미하지는 않는다.

그러한 행동규칙이 실제 존재하더라도 그 내용을 정확히 말하기는 어렵다. 말이 아니라 행동에 의해 그런 규칙이 있다고 추론한 경우, 예를 들면 상대방의 세력권에 직접 개입하는 것을 금지하는 규칙이 있다는 것을 그들의 행동을 통해 알 수 있다고 주장할 경우, 이 규칙을 어기는 행동이 있을 때 이를 어떻게 해석할 것인지 — 규칙의 위반인지, 규칙의 수정 시도인지, 아니면 규칙이 이미 변경되었다는 것을 보여주는 표시인지 — 의 문제가 생긴다.

위기의 회피 및 통제와 같은 불문율의 존재를 찾아보려는 학문적 시도는 과거에 일어난 일들을 이해하고, 앞으로 있을 일들을 예측하는 데 도움을 줄 수도 있다. 그러나 이러한 연구는 미국과 소련이 우월적 지위에 있던 시기의 미국과 소련의 행동에 국한하여 할 것이 아니라, 3개국 이상으로 이루어지는 강대국들의 체제에까지 연구범위를 확대할 필요가 있을 것이다. 위기의 회피와 통제가 강대국의 상호관계의 관리에서 중심적인 문제라고 인식하는 이유는 오늘날이 핵시대이기 때문이다. 핵이 등장하기 전에도 그러한 위기는 있었지만 오늘날처럼 위급하지는 않았고, 또한 그러한 위기를 피하기 위한 행동과 행동규칙이 발전하긴 했지만 오늘날과는 달랐다. 그러나 강대국 사이의 전쟁을 유발할 가능성이 있는 위기를 회피하고 통제하는 일은 국제질서와 관련하여 강대국이 지속적으로 해 온 역할이지 핵시대의 고유한 문제는 아니다.

3) 전쟁의 제한

셋째, 강대국은 상호관계의 관리를 통해 전쟁을 피하거나, 또는 전쟁이 발발한 경우 이를 제한함으로써 국제질서에 기여한다. 이러한 역할은 국제질서와 관련하여 강대국이 지속적으로 해온 역할이기는 하지만, 오늘날은 핵시대이기 때문에 옛날에 비해 훨씬 더 긴요하고 중요한 문제가 되고 있다. 이 문제를 다룬 책들도 많고, 이 책 제8장에서도 이 문제를 살펴본 바 있으므로, 여기에서는 강대국의 상호관계의 관리와 관련이 있는 몇 가지 일반적인 특징만 간단히 살펴보도록 하겠다.

강대국 사이의 전쟁을 피하기 위한 노력은 지금까지 말한 세력균형의 유지와 위기의 회피 및 통제조치들 외에도 여러 가지가 있다. 오늘날의 상황을 놓고 보면, 우연이나 오산에 의해 전쟁이 일어나는 것을 방지하려는 노력, 강대국 상호간의 말이나 행동에 대해 오해 — 제7장에서 '마찰'(*friction*)이라고 한 것 — 가 생기지 않도록 하려는 노력, 강대국 사이의 분쟁을 협상을 통해 해결 또는 억제하려는 노력(요즈음의 용어로 말하자면 대결에서 데탕트로 이행하려는 노력), 암묵적 또는 공식적 군비통제 협정을 통해 군비경쟁을 통제하려는 노력, 강대국까지 연루될 가능성이 있는 중소국가들 시이의 전쟁을 방지하고, 전쟁이 발발한 경우 지리적 확대를 막고 조속히 종결시키는 노력, 그리고 이러한 일들을 염두에 두면서 강대국 상호간의 관계를 관리하고, 중소국가들의 관계를 지도하는 것 등이 모두 여기에 포함된다. 강대국들이 상호간의 전쟁을 피하려는 이러한 노력들은 그들이 국제사회 전체의 일을 지도하는 것과 분리된 것은 아니다.

강대국간에 전쟁이 발발한 경우 다음과 같은 노력들이 이어진다. 재래식 전쟁과 핵전쟁을 구별하는 것, 핵전쟁으로 비화한 경우 핵무기가 제한적으로 사용되도록 하는 것, 전쟁의 제한과 전쟁의 종결을 촉진하기 위해 전쟁중에도 강대국 사이의 효과적인 통신경로를 확보하는 것, 우발적인 전쟁확대의 위험을 줄이기 위해 군사력에 대한 실효적인 지휘·통제를 유지하는 것 등이다. 이러한 노력들은 일방적 정책의 형태로 나타날 수도 있다. 예를 들면, 전쟁의 제한을 희망하는 전략방침과, 그러한 제한에 걸맞은 무기체계의 개발과 전쟁계획을 선언하는 것이다. 그러나 협력적 형태를 보일 수도 있는데 예를 들면, 전쟁의 제한을 위한 행동규칙을 마련할 수도 있고, 묵시적인 양해에 도달할 수도 있으며, 전쟁수행방법과 관련하여 공식적인 법적 제한들을 지키기로 합의할 수도 있다.

4) 역내 우세한 힘의 일방적 행사

강대국이 국제질서의 유지에 기여하는 또 하나의 방법은 세계의 특정 지역에서 또는 특정 국가집단 내에서 우세한 힘(*preponderance*)을 일방적으로 행사하는 것이다. 우세한 힘의 일방적인 활용은 세 가지 형태를 띠는데, 이를 각각 '지배'(*dominance*), '우위'(*primacy*), '패권'(*hegemony*)이라고 부르기로 하자.

지배의 특징은 강대국이 후배지(後背地)에 있는 중소국가들에 대해 상습적으로 무력을 행사하고, 이들에게 주권·평등·독립을 부여하는 보편적인 국가간 행위규범을 습관적으로 무시한다는 점이다. 1882년 알렉산드리아 폭격 이후부터 1956년 수에즈 운하에서 철수할 때까지 영국의 이집트에 대한 (그리고 나중에는 이라크와 요르단에 대한) 태도는 지배의 좋은 예가 될 수 있다. 또 다른 예로는 19세기 말부터 1933년 루즈벨트(Franklin Roosevelt)의 '선린정책'(*good-neighbour policy*)이 채택될 때까지 미국의 중미국가들과 카리브 해 국가들에 대한 태도를 들 수 있다. 두 경우 모두 강대국의 우세한 힘은 역내 국가들의 내정 및 대외관계에 대한 상습적인 그리고 노골적인 군사개입과, 때로는 장기에 걸친 군사적 점령으로 나타났으며, 그저 말로만이 국가들의 주권·평등·독립을 존중한다고 했을 뿐이다.

지배는 관심지역에 대한 제국적 통치권의 확립에는 미치지 못하지만 강대국들이 그들의 후배지에 있는 소국이나 준국가들을 국제사회의 하위구성원으로 간주하는 관계이다. 이것은 주로 유럽이 세계정치에서 우위에 있던 시절 유행하던 개념으로서, 유럽국가(유럽문명 또는 기독교 문명을 가진 국가)와 비유럽 국가 간의 관계는 근본적으로 유럽국가간의 관계와는 다르다는 발상에서 비롯된 것이었다. 오늘날의 국제정치에서는 이러한 개념이 강한 예는 보이지 않는다. 오늘날에는 강대국이 아무리 우세해도 더 이상 지배의 형태를 띨 수는 없다.

지배개념의 반대쪽에 우위개념이 있다고 할 수 있다. 강대국이 무력 또는 무력의 위협을 동반하지 않으면서 주권·평등·독립에 관한 규범을 통상적인 수준에서 무시할 경우(이 규범들이 어느 정도 무시되는 것은 모든 국제관계의 특징이다), 이 강대국은 약소국과의 관계에서 우위에 있다고 말할 수 있다. 이러한 강대국의 우위 또는 지도적 지위는 역내 약소국의 자발적인 수용에 의해 이루어지는데, 이것은 공통목적의 달성을 위해 강대국이 훨씬 더 많은 기여를 하고 있다는 것을 약소국이 인정함을 의미하기도 한다. 강대국이 역내 약소국에 대해 영향을 미칠 수 있는 지렛대를 가지고 있을 수도 있다. 하지만 이러한 지렛대도 강압적으로 행사되는 것이 아니라 통상적으로 인정되는 기본적인 국제행위 규범의 범위 내에서 이루어진다.

구(舊) 도미니언 제국[10]이 국제적 인격과 외교적 독립을 얻은 후

10) 〔역주〕 구도미니언 제국: 과거 영국의 식민지였다가 1931년 웨스트민스터 헌장(*Statute of Westminster*)에 의해 자치권을 갖게 된 영지(領地), 즉

제 2차 세계대전의 종결에 이르기까지 이들에 대한 영국의 태도가 좋은 예가 될 수 있다. 이 시기의 영연방 국가들은 긴밀한 외교적 합의(*entente*)의 형태로 영국에게 지도적 지위를 부여했는데, 여기에는 영국이 강제력을 행사하지 않을 것과 주권을 무시하지 않을 것 등이 포함되어 있었다. 우위의 또 하나의 예는 오늘날 나토에서 미국의 지위이다. 서유럽과 캐나다는 국토방위를 미국에 의존하고 있지만, 미국은 그들 나라에 의존하지 않는다. 이 점을 고려하여 모든 회원국들은 미국의 지도적 지위를 당연한 것으로 받아들인다. 이러한 우위현상은 단일한 정치공동체적 성격을 보이는 국가집단에서 전형적으로 나타난다. 그 당시 영연방이 헌법상 하나의 국가였는지 여러 국가였는지는 모호한 점이 있으나, 당시의 주권불가분 이론은 영연방이 하나의 국가라고 주장하였다.

지배와 우위 사이에 있는 것이 **패권**이다. 이것은 강대국이 특정 지역의 약소국 또는 국가집단에 대해 무력 또는 무력의 위협을 사용하기는 하지만 상습적으로 노골적으로 그렇게 하는 것이 아니라 가끔, 마지못해 그렇게 하는 경우를 말한다. 가능하면 무력의 직접적인 사용 또는 위협 이외의 수단으로 문제를 해결하고, 다른 방도가 없을 경우에는 무력을 사용하되 이 경우에도 그에 따른 정치적 대가를 치러야 한다는 점을 염두에 둔다. 강대국은 약소국의 주권·평등·독립을 침해하기는 하지만 무시하지는 않는다. 그들에게 그러한 권리가 있다는 것은 인정하기 때문에 침해를 가할 때는 이를 정당화하는 그럴듯한 구실을 내세운다. 슈바르첸버거(Georg Schwarzenberger)가 말한 것처럼, 패권은 '예의바른 제국주의'이다.[11]

오스트레일리아, 뉴질랜드, 남아프리카, 캐나다, 뉴펀들랜드를 말한다. 오늘날에는 'dominion'(영연방 자치령)이라는 호칭을 사용하지 않는다.

11) Georg Schwarzenberger, "Hegemonial Intervention," *Yearbook of World*

소련의 동유럽 국가들에 대한 태도가 이러한 패권적 성격을 보여준다. 소련은 1953년 동독에서 독일민주공화국 정부에 도전하는 세력을 탄압하기 위해, 1956년 헝가리 정부를 전복하기 위해, 1968년 체코슬로바키아 정부를 전복하기 위해 무력을 사용한 적이 있다. 유고슬라비아를 제외하면, 1944~1948년 동안 군사적 점령을 통해 동유럽 국가들에 공산정부를 수립하였다. 그러나 소련은 국제공산주의 운동에서 소련이 차지하는 중심적 위치를 내세우고, 바르샤바 조약기구 국가들에 대한 서방의 위협을 소련이 앞장서서 막고 있다는 점을 강조함으로써 동유럽 국가들로 하여금 소련의 정책을 따르도록 했다. 소련과 동유럽 진영의 연대에 균열이 생겼을 때도 무력을 동원하여 이를 막지는 않았다. 예를 들면, 1948년 유고슬라비아가, 그 후에 알바니아가 탈퇴할 때, 루마니아가 외교정책에서 독자노선을 걸었을 때도 무력으로 저지하지는 않았다.

소련은 동유럽 국가들의 주권 · 평등 · 독립이라는 국가의 통상적인 권리를 인정한다. 그러나 1968년의 이른바 '브레즈네프 독트린'과 그 이전부터 존재하던 '국제사회주의' 원칙에 따라 그러한 권리들에 제한을 가하고 있다. 그 원칙의 골자는 한 사회주의국가에 대한 위협 — 내적인 것이든 외적인 것이든 — 은 그 국가에 대한 위협일 뿐만 아니라 사회주의 공동체 전체에 대한 위협으로 간주한다는 것이다. 여기에서 말하는 위협에는 자본주의로의 회귀위험도 포함된다. 그러므로 1968년 소련 · 동독 · 헝가리 · 불가리아의 군사개입은 체코슬로바키아의 내부 변란을 방지하기 위한 것인 만큼, 체코슬로바키아에 주권이 있다 하더라도, 정당하다는 것이 소련의 입장이었다. 국제법상 사회주의국가들의 통상적 권리가 '국제사회주의'에 의해 어느 정도까지 제

Affairs (London: Stevens & Son, 1959) 참조.

한되는지는 명확하지 않다. 자본주의로의 회귀위협이 있는지 없는지를 누가 판단할 수 있을까? 사회주의국가들 전체가 집단적으로? 아니면 소련 혼자서? 사회주의 공동체의 범위는 어디까지인가? 예를 들면, 유고슬라비아나 쿠바도 여기에 포함되는가? 불간섭 원칙이 '부르주아적 정당성'일 뿐이라고 비난하면서 '사회주의적 정당성'을 내세우고 있는데, 이것은 모든 국제법에 대한 수정이 아닌가? 그러나 '브레즈네프 독트린'은 사회주의국가들의 주권적 권리를 제한하고는 있지만, 그러한 권리의 존재 자체를 부정하지는 않는다. 또한 소련이 다른 사회주의국가들과는 다른 권리와 의무를 가지고 있다고 말하지도 않는다. '브레즈네프 독트린'은 사실상 소련의 우세를 보여주는 것이지만, 이론적으로는 소련을 포함한 모든 사회주의 공동체 구성국가들에 적용되는 원칙이다.[12]

미국과 중미국가들 및 카리브 해 국가들과의 관계도 (남미국가들에는 해당되지 않지만) 패권적 관계라고 할 수 있다. 미국은 1954년 과테말라에 대해 간접적으로 무력을 행사했으며, 1961년 피그스 만(Bay of Pigs)[13] 침공작전으로 쿠바에 대해 간접적인 무력행사를 시도했다. 1962년 미사일 위기 때는 쿠바에 침공하겠다고 위협했으며, 1965년에는 산토도밍고에 침공했다. 미국이 역내 국가들에게 영향력을 행사하고자 할 때, 경제적 형태의 압박이나 미주기구(OAS)를 통한 외교적 압박을 더 좋아하는 것은 분명하다. 무력을 사용할 경우 정치적 대가를 치러야 한다는 것을 잘 알고 있기 때문에 무력은 최후

12) '브레즈네프 독트린'에 대해서는 다음을 참조하라. Theodor Schweisfurth, "Moscow Doctrine as a Norm of International Law," *Aussen Politik*, vol. 22, I(1971).

13) 〔역주〕 피그스 만: 쿠바의 남서안 만. 1961년 4월 17일 미국이 지원한 반(反)카스트로 군이 상륙을 기도했다가 실패하였다.

의 수단으로만 선택한다. 미국은 적어도 1962년 미사일 위기 이래 쿠바가 이 지역의 미국 패권체제를 무너뜨린 것에 대해 무력으로는 막지 않았다. 물론 무력사용을 자제한 데는 소련과의 충돌이 고조될 것에 대한 염려도 작용했을 것이다.

미국은 역내국가들의 국제법상 권리를 인정한다. 1948년 보고타(Bogota)에서 채택된 '미주기구 헌장'에는 내정불간섭에 관한 최근의 선언들 중 가장 강력한 선언이 천명되어 있다. 이 헌장에 따르면, 가입국에 대한 내정간섭은, 직접적인 것이든 간접적인 것이든, 개별국가에 의한 것이든 미주기구 전체에 의한 것이든, 허락되지 않는다. 그러나 미국은 미주기구에는 침략에 대한 대응행동을 취할 중대한 책임이 있고, 이것이 불간섭 의무보다 앞선다고 주장했다. 나아가 때로는 라틴아메리카 국가 내의 공산주의는 그 존재 자체가 사실상(*ipso facto*) 침략적 간섭이기 때문에, 불간섭 원칙을 옹호하기 위해 미국이 반(反)간섭 행동을 취할 필요가 있다고 주장하였다.

물론 동유럽에 대한 소련의 위치와 카리브 해에 대한 미국의 위치가 동일한 것은 아니다. 미국정책의 기조가 반공이데올로기이기는 하지만, 〔공산권에서 볼 수 있는〕 공산당간의 국제적 연대 같은 것은 라틴아메리카에서는 찾아볼 수 없다. 또한 두 지역의 지정학적 또는 지전략적(地戰略的) 형태도 전혀 다르다. 저쪽은 소련에 대한 접근을 서쪽에서 막아주는 인접한 내륙국들의 집단이며, 이쪽은 반도국 및 도서국들의 집단이다. 카리브 해는 소련이 밀착 관리하는 동독·폴란드·체코슬로바키아·헝가리 지역과 비슷하다고 할 수 있다. 한편 루마니아·유고슬라비아·불가리아에 대한 소련의 관리는 느슨한 편인데, 이 국가들은 미국 세력권 내의 남미대륙 국가들과 비교될 수 있다.

그러나 동유럽에서 소련의 입장과 카리브 해에서 미국의 입장은 둘다 패권의 전형적인 형태를 보여준다. 더욱이 이 두 강대국이 해당지역에 대한 군사적 개입을 정당화하는 방법도 매우 비슷하다. 양쪽 다 그들의 개입이 일방적인 것이 아니라, 집단적인 행동의 일부였다는 점을 애써 강조했다. 예를 들면, 1968년의 체코슬로바키아 침공 때는 소련 외에 바르샤바 조약기구 동맹국들이 참가하였고, 미국이 카리브 해 국가들에 개입할 때는 항상 미주기구의 승낙을 먼저 얻었다. 산토도밍고에 개입할 때는 미주기구의 승낙을 사후에 얻었지만. 또한 양쪽 모두 때로는 이데올로기적 정당화를 시도하긴 했지만, 이념이나 인간적 정의에 호소하기보다는 주로 평화와 안전보장이라는 규범에 호소함으로써 세계 전체를 향해 자신들의 개입을 정당화하고자 하였다. 이들의 이러한 행동을 보면, 국제사회의 실정법이나 관행에서는 정의의 규범보다 질서의 규범이 우선하고 있음을 알 수 있다.

소련과 미국의 패권은 둘 다 일종의 질서를 만들어낸다. 역내의 약소국들은 상호간에 무력을 행사할 수 없으며, 패권국가의 용인 없이는 정부의 전복도 있을 수 없다. 영토분쟁이 억제될 뿐만 아니라, 정치활동으로 표면화될 수조차 없다. 그러므로 1945년 이후 폴란드와 러시아, 폴란드와 동독, 헝가리와 루마니아 사이에 영토분쟁이 있었지만, 세계는 이에 대해 전혀 알지 못했다. 이처럼 강대국이 자신은 지키지 않으면서 약소국에게 규칙의 준수를 일방적으로 강요하는 사태는 확실히 부당하기는 하지만, 그럼에도 불구하고 이것은 질서의 한 형태이다.

5) 세력권, 이익권, 책임권

지금까지 강대국이 세계의 특정 지역에서 또는 특정 국가집단 내에서 우세한 힘을 일방적으로 행사함으로써 국제질서에 기여한다는 점을 살펴보았는데, 강대국들이 세력권 · 이익권 · 책임권을 합의를 통해 설정하는 것도 국제질서에 도움이 된다. 강대국들이 각자의 지역에서 우월적 지위에 있음을 서로 인정하게 되면 우선 그들 사이에 충돌이나 마찰을 피할 수 있다.

강대국간의 세력권 합의라는 관념은 오래전부터 있었다. 카스틸라〔스페인〕와 포르투갈에 특정 지역의 정복권리를 각각 배타적으로 부여한 교황칙서(*papal bulls*)에서 이 관념을 찾아볼 수 있다. 그 전에 아프리카 서해안은 포르투갈이, 카나리아 제도는 카스틸라가 갖기로 양국이 합의한 1479년의 조약에서도 이 관념을 찾아볼 수 있다. 그러나 '세력권'(*spheres-of-influence*)이라는 용어는 19세기 후반에 처음 등장했다. 커즌[14]의 로매니스 강의[15] 《변경지역》(*Frontiers*)에 따르면, 이 말을 처음으로 의미심장하게 사용한 사람은 고르차코프(Gortchakoff)였다고 한다. 고르차코프는 1869년 클라렌든(Clarendon)에게 보낸 편지에서 아프가니스탄이 러시아의 세력권 밖에 있다고 선언했다.[16]

세력권 합의의 전성기는 19세기 말, 특히 1885년 이후였다. 린들리(M. F. Lindley)에 따르면, 그러한 세력권 합의는 세 종류가 있다.[17] 첫째, 식민지 보유국들이 '무주지'(無主地, *territorium nullius*)

---

14) 〔역주〕 Curzon, George Nathaniel(1859~1925): 영국의 정치가 · 인도총독(1898~1905) · 외무장관(1919~1924). 제 1차 세계대전 후의 영국외교를 지휘하였다. 본문에서 언급하는 《변경지역》 강의 원문은 http://en.wikisource.org/wiki/Frontiers에서 볼 수 있다.

15) 〔역주〕 로매니스 강의(*Romanes Lecture*): 영국 옥스퍼드대학의 셸도니언 극장(Sheldonian Theatre)에서 1년에 한 번씩 이루어지는 공개강의. 영국의 생물학자 조지 로매니스(George John Romanes, 1848~1894)의 이름을 본 따 1892년에 개설된 이후 과학 · 예술 · 문학 등 여러 분야의 석학들이 강의에 초대되었다.

16) Lord Curzon, *Frontiers*(Oxford: Clarendon Press, 1907), p. 42.

17) M. F. Lindley, *The Acquisition and Government of Backward Territory*

에 대해서 〔먼저 차지하는 나라에게〕 배타적 권리를 인정하기로 상호간에 합의하는 것이다. 사람이 살고 있어도 그들이 주권국가로 인정하지 않은 곳은 모두 '무주지'에 포함된다. 이러한 종류의 세력권 합의는 유럽 열강이 아프리카와 오세아니아로 팽창할 때 주로 나타났다. 둘째, 식민지 보유국들이 제3국의 영토 전부 또는 일부에 대하여 어느 한 나라의 특권적 지위를 인정하는 것이다. 보통 이 특권은 경제적 이익에 관한 것이다. 이러한 종류의 합의는 유럽 열강이 아시아 지역으로 팽창할 때 주로 나타났는데, 이런 경우에는 세력권이라는 말보다는 이익권(*spheres-of-interest*)이라는 말이 주로 쓰였다. 예를 들면, 영국과 프랑스가 샴〔태국〕을 각각의 이익권으로 분할하기로 한 합의, 영국과 러시아가 페르시아〔이란〕를 각각의 이익권으로 분할하기로 한 합의, 일본이 다른 몇몇 나라와 한국에서 일본의 특권적 이익을 인정하기로 한 합의 등이 있다. 셋째, 식민지 보유국과 지역정부 간에 이루어지는 합의로서, 지역정부는 그 영토와 이권을 제3국에게 할양하지 않는다는 내용을 담고 있다. 열강이 중국과 맺은 협정들을 예로 들 수 있는데, 이 협정에서 중국은 자국의 일정 지역에 대해 열강의 배타적인 경제적 이익을 인정하였다. 1904년의 영국과 티베트 간의 협정도 이러한 종류의 합의에 속한다.

세력권의 양해문제와 관련하여 구별이 필요한 개념이 몇 가지 있다. 첫째, 특정 지역에 대해 특정국이 우월적 지위에 있다는 사실을 인정하는 합의 또는 양해와, 그 지역에 대한 각각의 권리를 인정하는 합의 또는 양해는 서로 다른 것이다. 미국과 소련이 각자 일정한 세력권을 가지고 있다는 사실에 합의하는 것과, 그러한 세력권의 보유를 합법적인 것으로 여기는 것은 별개의 문제다. A국은 자신의 세력

---

in International Law(London: Longmans, 1926).

권을 권리로 보더라도 B국은 이를 단지 사실로서 여길 수도 있다. 예를 들면, 미국은 '먼로 독트린'[18]을 통해 미주대륙에 대한 유럽의 간섭을 배격한다고 선언했지만, 유럽 열강의 관점에서 보면, 이로써 미국에 유럽 열강을 배제할 권리가 생긴 것은 아니다. 미국의 정책 또는 목표가 그러하니 유럽 열강은 앞으로 이 점을 고려하라고 경고한 것일 뿐이다. 아프리카의 분할에 관한 유럽 열강의 세력권 합의 역시 체약당사국간 권리의 상호승인일 뿐, 이로써 그들에게 국제법상 새로 생긴 권리는 아무것도 없다. 1898년의 파쇼다 사건[19]은 나일 강 상류지역에 대한 영국의 특권을 독일과 이탈리아는 합의를 통해 인정했으나, 프랑스는 인정하지 않았기 때문에 일어난 사건이었다.

사실에 관한 합의와 권리에 관한 합의가 반드시 명확하게 구별되는 것은 아니다. 두 강대국이 특정 지역에서 각국의 우월적 지위를 인정했다 하더라도 이로써 법적·도덕적 권리가 상호 인정된 것은 아니다. 하지만 양국은 그들의 행동규칙이나 게임규칙을 통해 마치 그러한 권리가 생긴 것처럼 생각할 가능성이 있다. 특히 특정 지역에 대한 사실상의 우월적 지위를 고려한다면, 두 나라 모두 다른 나라가 그 지역에 개입하는 일은 위험하고 무모한 시도라고 생각할 수도 있

18) 〔역주〕 Monroe Doctrine: 1823년 12월 미국의 제 5대 대통령 J. 먼로가 의회에 제출한 연두교서에서 밝힌 외교방침.

19) 〔역주〕 파쇼다 사건(*Fashoda crisis*): 1898년 유럽 열강의 아프리카 분할 과정에서 영국의 종단정책(縱斷政策)과 프랑스의 횡단정책(橫斷政策)이 충돌한 사건. 1898년 7월 마르샹 대령 지휘하의 프랑스군은 동진하여 이집트·수단 남부의 나일 계곡에 있는 파쇼다에 도착하여 프랑스 국기를 게양하였다. 이에 대하여 영국의 키치너 장군은 수단 지방을 남하하여 동년 9월 2일 하르툼을 점령하였다. 9월 19일 키치너는 파쇼다에서 마르샹이 철퇴할 것을 요구하였으나 불응하여, 결국 양국의 외교적 절충문제로 위임되었다. 영국과 프랑스 간의 관계는 긴장되었으나 이듬해 영국이 이집트를, 프랑스가 모로코를 각각 세력 안에 두기로 하고 타협하였다.

다. 나아가 위험한 충돌이 일어나지 않도록 하는 행동준칙이 생겨날 수도 있다. 그러한 행동준칙은 공식적 합의가 없더라도 서로 양해하는 수준에서 존재할 수도 있고, 일방적인 정책선언이나 행동에 의해 그러한 준칙의 존재가 확인될 수도 있다. 그러한 게임규칙이 일정한 기간에 걸쳐 존중될 경우, 상대방의 행동에 대해 서로 안정된 기대를 하게 된다. 말하자면 권리의 상호승인이 이루어진 효과를 낳는다. 소련이 쿠바에 공격용 미사일을 배치했을 때, 미국은 소련이 '게임규칙'을 위반한 것으로 간주했고, 따라서 케네디 대통령의 대응에는 도덕적 분노—실제든 표면적으로든—가 포함되어 있었다.

둘째, 체약 당사국이 상대방에게 특정한 권리를 한정적으로 부여하는 합의와, 흔히 사용되는 외교용어인 이른바 '자유행동권'(*a free hand*)을 인정하는 합의는 서로 다른 것이다. 세력권 합의의 전성시대의 공식조약들은 특정한 권리를 부여하는 합의였다. 예를 들어, 1890년 아프리카에 관한 영독(英獨)조약의 경우, 쌍방은 '상대방이 획득한 영역에서는 〔그 지역정부와〕 조약을 체결하지 않으며, 〔그 지역정부의〕 주권이나 〔그 지역정부에 대한 제3국의〕 보호권도 인정하지 않으며, 상대방의 세력확장을 방해하지 않기'로 합의하였다.[20] '자유행동권'은 상호적인 성격이 있다. 영국이 프랑스의 모로코에서의 자유행동권을 인정하는 대신, 프랑스는 영국의 이집트에서의 자유행동권을 인정하는 식이다. 즉, 양국 모두 각자의 세력권 내에서 무슨 행동을 하든지 서로 불개입(*désintéressement*)하기로 하는 합의이다. 그러나 '자유행동권'을 얻었다고 해서 글자그대로 자유롭게 행동할 수는 없었을 것이다. 왜냐하면 그 지역의 개인이나 집단 및 정치적 실체들이 설령 주권국가로 인정받지 못하더라도 일정한 권리는 인

---

20) *Ibid.*, p. 208에서 재인용.

정되었기 때문이다. 그러므로 쌍방이 상대방에게 부여하는 자유행동권은 결국 일정한 제한조건 내의 자유행동권이었다. 그러나 특정한 권리를 한정적으로 인정하는 합의는 흔히 쌍방에게 '자유행동권'을 인정하는 정치적 효과를 낳았다. 커즌도 1907년의 강의에서 이익권이 세력권이 되고, 세력권이 보호권(*protectorates*)으로 변하며, 보호권이 노골적인 합병으로 진행되는 경향이 있다고 말한 바 있다.

셋째, 소극적 세력권 합의와 적극적 세력권 합의를 구별해야 한다. 유럽 열강이 팽창하던 시절의 세력권 조약들은 소극적인 것으로서, 각국은 자국의 행동권으로부터 타국을 배제하고, 특정 지역에서 자국이 하는 일들에 관해 타국의 불개입을 확인받는 것이었다. 이와는 달리, 적극적인 세력권 합의는 당사국들이 공통의 업무를 수행하면서 각각의 행동영역을 나누는 것이다. 즉, 책임권(*spheres-of-responsibility*)을 설정하는 것이다.

적극적 세력권 합의의 예로는 제2차 세계대전이 끝나갈 무렵 미·소·영·불이 전후 독일 점령과 관련하여 체결한 합의를 들 수 있다(물론 여기에는 소극적 목적도 있었다). 이 합의에 따르면, 4대국은 항복한 적국 영토를 점령하고, 배상을 요구하며, 전범을 재판에 회부하고, 나치의 부활을 방지하는 등 공통의 임무를 수행하기로 되어 있었다. 즉, 공통의 정책을 실시하기 위해 독일에 대한 분할점령을 통해 각각의 책임지역을 정한 것이다.

이 시기에는 또 하나의 의미심장한 적극적 세력권 합의에 관한 논의가 있었다. 한때 처칠이 생각한 바 있고, 리프만(Walter Lippmann)이 1944년에 발간한 《미국의 전쟁목적》에서 밝힌 전후 국제질서 구상이 바로 그것이다. 그 내용은 세계 전체를 서너 개의 책임권으로 나누어 각 지역의 강대국 또는 강대국 연합이 그 지역의 평화를 유지하자는 것이었다. 리프만은 4개 지역체제 — 미국과 영국의 대서양체제, 러시아체제, 중국체제, 인도체제 ― 를 생각했다. 이 구상에 따르면, 각 지역체제 내에서는 강대국의 우월적 지위를 인정하고, 소국들은 역내 강대국의 보호를 수락하고, 타 지역 국가와 동맹을 맺을 권리를 포기해야 한다. 이렇게 되면 소국들이 역내 강대국의 위성국이 되고 마는 것이 아닌가 하는 의문이 생길 수 있다. 이에 대한 리프만의 대답은 각 강대국이 '선린정책'을 추구함으로써 소국들의 이익을 보장할 수 있다는 것이다.[21] 리프만의 구상은 사실상 미국과 서방세계와의 관계, 특히 루즈벨트의 '선린정책' 시대에 형성되었던 관계를 전 세계에 걸쳐 일반화해 보려는 것이었다.

그러면 현재 미국과 소련 사이에 어떤 의미에서 세력권 합의가 존재한다고 말할 수 있을까? 양국 사이에 세력권에 관한 공식적 합의는 전혀 없다. 나중에 다시 살펴보겠지만, 그러한 합의를 공식화하면 오늘날의 상황에서는 오히려 역효과만 초래할 것이다. 하지만 조약의 형태로 구체화되지는 않았지만 양국 사이에 존재하는 양해에 주목할 필요가 있다. 그들의 정책선언이나 행동을 보면, 마치 어떤 규칙을 따르는 것처럼 보인다. 양국이 그 규칙에 합의한 일도 없고, 그런 규칙을 선언한 일도 없으며, 명시적 양해를 표시한 일도 없지만 말이다.

두 초강대국은 특정 지역에 대한 각국의 우월적 지위를 사실로 인정하고 있다. 그러나 이러한 세력권의 인정은 게임의 규칙 속에서 인정되는 권리일 뿐이다. 만약 미국이 1956년에 헝가리에, 또는 1968년에 체코슬로바키아에 개입했다면, 소련은 미국과의 양해에서 생긴 특별한 법적·도덕적 권리가 침해당했다고 생각하는 것이 아니라, 미국이 그때까지 일반적으로 인정되던 불문율을 어겼다고 생각했을 것이다. 그 불문율은 상대방의 동맹 내부에서 벌어지는 국제적 또는

---

21) Walter Lippmann, *U.S. War Aims* (Boston: Little, Brown & Co., 1944).

국내적 갈등에 대해서는 군사적 개입을 하지 않는 것을 말한다. 미국은 그러한 사태들에 개입하지 않음으로써 그러한 규칙이 암묵적으로 존재한다는 사실을 소련에게 확인시켜 주었다. 쿠바 미사일 위기가 발생했을 때, 케네디 대통령은 소련이 양국간의 양해 — 핵무기를 비밀리에 배치하지 않고, 핵무기의 배치문제에서 상대방을 속이지 않는다는 — 를 어겼다고 느꼈다. 최소한 그렇게 말한 적이 있다. 그러한 양해가 그 위기가 발생하기 전에 있었든 없었든, 미국이 그러한 규칙이 있다고 주장하고 그 규칙을 어긴 소련에 대해 강경하게 대응했기 때문에, 그 위기 이후 그러한 규칙은 확실히 정립된 것으로 볼 수 있다.

미 · 소 간에 존재하는 세력권 양해는 '자유행동권'이 아니라 특정한 권리를 한정적으로 부여하는 것임은 분명하다. 미국도 바르샤바 조약기구 지역 내에 개입하는 것은 강대국의 공존을 위한 행동규칙을 위반하는 것이라 생각하고 있다. 그러나 이것이 그 지역의 문제들에 대해 전혀 관심을 갖지 않는다는 뜻은 아니다. 미국은 동유럽 국가들에게 권리를 부여하는 보편적인 법 규범을 옹호하면서 소련에 맞서고 있다. 외교적으로 지원하기도 하고, 이들 나라와 유대를 도모하기도 한다. 대표적인 예가 1969년 닉슨 대통령의 루마니아 방문이다. 소련 역시 미국의 세력권 내에 있는 국가들의 문세에 대해 완전히 손 놓고 있는 것은 아니다. 이처럼 강대국이 상대국의 세력권 안에 있는 약소국과 유대관계를 맺으려는 노력 덕분에 약소국들은 약간의 운신의 폭을 가질 수 있다.

또한 지금까지 미 · 소 간의 세력권 양해는 내용상 적극적인 것이 아니라 소극적인 것임도 분명하다. 양국은 각자의 세력권으로부터 상대방을 배제하는 형태의 양해를 하고 있으며, 그러한 합의는 상호간에 역내의 우월적 지위를 인정하고, 충돌을 회피 또는 최소화하는 기능을 한다. 미국과 소련은 여러 분야에서 적극적으로 협력하고 있으나, 책임권의 양해, 즉 공통의 과제를 수행하기 위해 의무 또는 역할을 분담한다는 증거는 찾아보기 어렵다. 앞에서 말한 전후 독일 점령의 사례가 있긴 하지만, 이 합의는 금방 깨지고 말았다.

커즌은 "역사상 가장 우울한 순간들 중 일부"는 세력권 양해에 관한 모호한 해석 때문에 생겨났다고 지적한 바 있다.[22] 미·소 간의 세력권 양해도 암묵적·비공식적 성격 때문에 필연적으로 모호하고 부정확하다. 미·소 간의 양해의 기초에는 나토와 바르샤바 조약기구가 있는데, 이 두 기구는 두 강대국에게 특정 지역의 방위의무를 부과한다. 이 두 기구는 각자의 세력권에 대한, 또는 내부문제에 대한 상대방의 군사적 개입을 배제하려는 두 초강대국의 의지를 보여주며, 또한 양 진영에서 약소국들의 군사력이 초강대국의 지도 아래 결집되어 있음을 보여준다. 현재의 국제정치에서는 전자가 더 중요한 의미를 지닐 수도 있다. 그러나 이 경우에도 바탕에 깔려 있는 규칙이 정확히 어떤 것인지는 알 수 없다.

이러한 세력권 양해는 토론이나 협의에 의해서가 아니라 투쟁과 경쟁을 통해 성립되고 또 수정된다. 소련이 특히 1967년 이후 아랍 세계에서 그러했던 것처럼, 어느 한쪽이 어떤 지역에 세력을 심었을 경우, 상대방이 이에 도전하지 않으면, 그 권리를 인정하는 행동규칙이 성립되는 경향이 있다. 쿠바 미사일 위기에서 소련은 미국의 카리브해 세력권에 도전하여, 그 지역에 대한 근본규칙을 변경시키는 데 성공했다. 그 위기 이후 미국으로 하여금 더 이상 쿠바를 침공하지 못하게 하는 성과를 얻었기 때문이다. 물론 이것은 소련의 생각이지만, 미국도 소련이 그렇게 생각하고 있음을 알고 있다. 소련도 그곳에 공

22) Curzon, *Frontiers*, p. 43.

격용 미사일을 배치하는 일을 중단해야 했지만, 그 이전에는 가능하지 않은 일이었다. 1970년 10월 소련의 핵잠수함이 시엔푸에고스(Cienfuegos)[23]에 나타나 또 다시 위기가 고조된 일이 있는데, 이처럼 소련이 공격용 미사일의 배치를 재개한다면, 미국은 이것을 양해 위반으로 간주할 것이다. 그러나 그 시도가 성공할 경우, 양해의 내용이 수정되는 것으로 보아야 할 것이다.

6) 강대국의 협조 또는 공동통치

강대국이 국제질서에 기여하는 길은 세계를 세력권, 이익권, 책임권 등으로 분할하는 데 있는 것이 아니라 국제체제 전체를 통하여 공통의 정책을 추진하기 위해 서로 협력하는 데 있다고 생각할 수도 있다. 이러한 발상은 강대국의 공동통치(*condominium*), 공동지배(*co-imperium*), 협조(*concert*) 등의 관념을 내포하고 있다.[24] '공동통치'라는 말은, 뉴헤브리디스(New Hebrides)에 대한 영불(英佛) 공동통치가 보여주는 것처럼, 공동정부(*joint government*)를 뜻한다. 그러나 국제체제에서 강대국이 하는 일은 통치(*government*)라기보다는 관리이기 때문에 그리 적합한 말은 아니다. '공동지배'라는 말도 오해를 불러일으킬 수 있다. 국가 사이에 공식적인 서열이 있는 것처럼 느껴지기 때문이다. '협조'라는 말이 가장 적합한 것 같다. 강대국에 의한 공동관리의 역사적 선례도 있는데, 그 당시의 명칭은 '유럽 협조'(*Concert of Europe*)였다.

미·소 공동통치 또는 미·소 협조체제가 구축되어야 한다는 주장

---

23) 〔역주〕 쿠바 중남부에 있는 항구도시. 카리브 해에 면하여 있으며, 설탕의 수출항이다.

24) Carsten Holbraad, "Condominium and Concert," in *The Super Powers and World Order*, ed. Holbraad(Canberra: Australian National University Press, 1971)에 이 용어에 대한 자세한 분석이 있다.

은 1960년대 초반부터 나왔다. 예를 들면, 존 스트레이치[25]는 미·소가 연합하여 '중심적' 전략균형을 관리하고 핵무기의 확산을 막아야 한다고 주장했다.[26] 오늘날 이미 그런 공동통치가 존재하고, 이로써 다른 나라의 이익을 침해하고 있다는 주장도 있다. 이런 주장은 주로 미·소 협력의 증대를 의심스런 눈초리로 바라보는 중국, 일부 제3세계 국가, 유럽의 드골주의 정서를 가진 사람들 사이에서 제기되고 있다.

그러나 오늘날의 미국과 소련의 양해구조는 사실상 협조 또는 공동통치라고 할 수 없다. 미국과 소련은 확실히 공통이익의 영역이 있다는 것은 인식하고 있다. 예를 들면, 핵전쟁과 같은 난해한 위험과의 싸움이나 특정 국가의 팽창을 저지하는 일에서 그들은 공동보조를 취해왔다. 두 나라는 잠재적인 핵강국을 견제하기 위해 '핵확산방지 조약'의 틀 내에서 협력해왔다. 그 조약은 1970년에 발효되었는데, 그 두 나라가 주 발기인이었다. 1960년대에는 중국을 봉쇄하는 일이 그

25) 〔역주〕 Strachey, Evelyn John(1901~1963): 영국의 작가·정치가. 1945년 총선거에서 노동당 하원의원에 당선되어, 애틀리 내각의 공군차관(1945~1946), 식량장관(1946~1950)을 역임하고, 제2차 애틀리 내각에서도 육군장관(1950~1951)을 역임하였다. 저서 《현대 자본주의》(*Contemporary Capitalism*, 1956)를 통해 영국 의회제도의 민주주의를 사회주의로의 평화적 이행이 가능한 최선의 제도로 평가했다. 《제국의 종말》(*The End of Empire*, 1959)에서는 레닌을 비판하고, 설혹 자본주의가 과도하게 성숙하여도 국민소득의 재분배와 국내투자의 증가를 이룩함으로써 제국주의적 팽창을 억제할 수 있다고 주장하였다. 그 밖의 저서에 *The Coming Struggle for Power*(1932), *The Theory and Practice of Socialism*(1936), *What are We to do?*(1938), *A Programme for Progress*(1940), *On the Prevention of War*(1962) 등이 있다.

26) John Strachey, *On the Prevention of War*(London: Macmillan, 1962) 참조.

들의 공통관심사였다. 그들이 이러한 목적을 가지고 있었다는 것은 인도에 대한 행동에서 분명하게 찾아볼 수 있다. 물론 두 나라 모두 중국의 국력과 독립이 상대방에 대한 억제력이 될 수도 있다는 점을 고려하고 있었지만 말이다. 또한 두 나라는 1945년 이후 줄곧 독일이 힘을 키우지 못하도록, 핵무기를 갖지 못하도록, 무력으로 영토를 확장하지 못하도록 암묵적으로 협력해왔다. 바르샤바 조약기구의 관심은 주로 서독이 동쪽으로 팽창하지 못하도록 하는 데 있었지만, 나토의 관심사는 다른 나라들이 불안해하지 않는 범위 내에서 서독의 국력을 회복시키는 것이었다.

그러나 미·소 협조를 공식화하려는 시도는 전혀 없었다. 협조를 위한 정기적인 시도도 없었다. 협조를 하기 위해서는 (나토에서 그렇게 하듯이) 정기적 토의를 통해 공통의 목표 또는 특정한 목표를 설정하거나 이를 위한 공통의 전략을 수립하고, 전략의 실천을 위한 역할분담 등이 있어야 한다. 그러나 미·소 간에 이런 일은 전혀 없었다. 미·소 협조의 방향성과 목적을 보여주는, 세계질서에 대한 이론이나 이데올로기가 선언된 바도 없었다. 신성동맹이나 그 후의 유럽 협조체제가 출범할 때는 그런 것이 있었다. '유엔헌장' 중 안전보장이사회와 관련된 규정에 강대국의 협력에 의한 질서가 어떤 것인지 나와 있지만, 지금까지 이를 다시 활성화시키려는 시도는 없었다.

미·소 협조 또는 공동통치를 수립할 계기가 있었다 하더라도 성사될 수 없었다. 중국이 등장했기 때문이다. 중국이 문화혁명(1966~1969) 후에 강대국으로 부상하자, 미국은 소련과 데탕트를 유지 및 강화하는 한편, 중국을 강대국 클럽에 넣으려 했다. 1970년대 미국의 정책은, 소련과의 '적대적 동반자관계'의 기초 위에서 국제질서를 형성하는 것이 아니라, 셋 또는 그 이상의 강대국으로 구성되는 체제 쪽으로 선회했다. 소련의 정책에는 이렇다 할 변화가 보이지 않는다.

그러나 이 글을 쓰는 1977년의 시점에서 강대국 협조체제에 관한 문제가 제기된다면, 그것은 최소한 3개국 협조체제에 관한 논의가 될 것이다.

3. 오늘날의 강대국

미국과 소련이 오늘날 앞에서 말한 여섯 가지 역할을 어느 정도 수행하고 있음은 사실이고, 이로써 질서유지에 기여하고 있다. 그러나 이 질서를 부당하게 여기는 나라들도 있다. 중국과 일부 제3세계 국가들이 그러하고, 일부 중간강국들도 그런 불만을 제기하고 있다. 두 강대국이 자국의 특권적 이익을 도모하는 방향으로 상호관계를 관리하고 세계를 지도하고 있기 때문에, 질서가 있다 해도 그것은 그들의 이익을 위한 질서라는 것이다.

강대국에 의해 지탱되는 국제질서가 모든 나라에게 평등한 정의를 제공하지 않음은 명백하다. 이들이 국제문제를 이끌어가는 방향은 기존의 세력분포를 그대로 유지하는 것이다. 역내에서 우세한 힘을 행사하는 것이고, 세력권에 합의하는 것이며, 타국과의 관계에서 정책공조를 하는 것 등이 모두 이 방향을 향해 있다. 또한 이들의 상호관계 관리(균형의 유지, 위기의 통제, 전쟁의 제한 등)도, 국제사회 전체가 널리 받아들이는 목표들(국가체제의 유지, 핵전쟁의 방지 등)을 증진시키는 측면이 있기는 하지만, 대체로 기존의 세력구도를 굳히는 방향으로 이루어지고 있다.

그러나 강대국에 의한 국제질서가 평등한 정의를 제공하지 않는다고 해서 그 질서를 반드시 용납할 수 없는 것으로 볼 필요는 없다. 다음과 같은 질문을 던져 보라. 완전한 정의를 구현한 국제질서가 과연 가능한가? 관리인과 보증인이 없이 국제질서가 존재할 수 있는가? 관리인과 보증인이 없을 수 없다면, 그들이 다른 나라보다 더 큰 이익을 누리는 형태로 질서가 유지되는 것은 불가피하지 않은가? 미국과 소련이 주도하는, 또는 중국을 포함한 3개국이 주도하는 국제질서가 못마땅하여 대안을 마련한다고 해도, 관리인과 보증인만 바뀔 뿐, 그 역시 모든 나라의 평등한 권리를 보장하는 질서가 되지는 않을 것이다.

강대국에 의해 지탱되는 국제질서가 국제사회의 광범위한 지지를 받고 있음은 사실이다. 그러나 그들에게는 풀어야 할 항구적인 과제가 있다. 그것은 국제체제 내에서 그들이 수행하는 특별한 역할에 대해 다른 나라의 동의를 확보하고 유지하는 일이다. 국가들로 이루어진 사회의 충분한 다수가 그들의 역할을 합법적인 것으로 승인할 때만 강대국은 국제사회에서 관리기능을 제대로 담당할 수 있다. 그러면 어떤 조건이 갖추어지면 초강대국들이 자신들의 특별한 역할에 대해 정당성을 부여받을 수 있을까?

첫째, 강대국의 특별한 지위를 공식화하거나 노골적으로 드러낼 수는 없다. 국제사회는 국가간의 서열을 배격하고, 평등의 기초 위에 성립해 있다. 여기에서 평등이란 동일한 종류의 실체에게는 동일한 종류의 주권적 권리와 의무를 부여하는 것을 말한다. 그러므로 강대국의 특별한 권리와 의무를 노골적으로 드러내는 것은 국제질서에 도움이 되기보다는 오히려 적대감을 조성할 위험이 있다. 예를 들어, 패권적 권리, 세력권 권리, 범지구적 평화를 공동으로 강화할 권리 등을 국제법으로 명문화한다고 생각해 보라.

둘째, 강대국은 스스로 질서파괴적인 행동을 삼가야 한다. 국제사회는 완전한 정의를 구현하지 못한 질서도 기꺼이 받아들일 수 있다. 왜냐하면 모든 국가들이 정의보다 질서를 우선시하고 있기 때문이다. 질서를 제공할 수 있는 국제체제는, 설령 정당한 변경을 원하는 강력한 요구를 제대로 충족시키지 못한다 하더라도, 국제사회의 지지를 얻을 수 있다. 그러나 강대국이 정의도 부정하고, 질서도 훼손한다고 생각되면, 그들의 특별한 지위의 정당성은 무너지고 만다.

셋째, 강대국은 세계에서 분출되는 정당한 변경에 대한 요구 중 일부를 해결하기 위해 노력해야 한다. 빈국들의 경제적 정의 요구, 비핵국의 '핵 정의' 요구, 남아프리카에서의 '인종적 정의'를 외치는 아프리카 흑인국가들의 요구 등, 이 모든 요구들이 강대국의 정책 틀 안에 들어 있어야 한다. 이러한 요구들이 해결이 불가능할 경우에도 최소한 해결을 위한 노력과 움직임은 보여줘야 한다. 그래야 국제사회의 중요한 부분이 소외되는 것을 막을 수 있다. 강대국이 자신의 관리권력을 정당한 것으로 인정받고자 한다면, 약소국들이 하는 것처럼 이러한 요구를 무시하거나 또는 반대의 입장을 취해서는 안 된다. 기동(機動)의 자유에는 '책임'이 뒤따르는 법이다.

넷째, 강대국의 정치적 지위가 비중 있는 이류 강국들에 의해 제한되는 지역들이 있다. 이런 곳에서는 강대국이 지역적 균형의 관리를 위해 그런 나라들을 동반자로 삼는 노력을 할 필요도 있다. 현재의 영국·프랑스·서독은 유럽과 지중해에서 주요한 중간강국이다. 영국과 프랑스는 아프리카에서도 그러하다. 한편, 일본은 아시아와 태평양의 균형관리를 위해 '매우 긴요한' 국가이다. 이러한 중간강국들은 강대국에 대해, 그리고 강대국간의 상호협력에 대해 저마다 판이한 태도를 보이며, 강대국 협조체제의 진전에 대해 이를 견제하거나 제한하는 정책을 공동으로 모색하지도 않는다. 그러나 강대국의 오만이 도를 넘을 경우, 그들이 연대하여 대항할 가능성은 얼마든지 있다. 이러한 중간강국들은 강대국의 잠재적인 경쟁자이기는 하지만, 이들을 범지구적 관리체제의 작은 동반자로 삼는 것도 강대국이 자신들의 역할을 정당화할 수 있는 하나의 방법이 될 수 있다.

제 3 부

세계질서로 가는 대안적 경로들

제10장

현대 국가체제에 대한 대안

세계질서로 가는 대안적 경로들에 대한 연구는 다음과 같은 질문으로 시작해야 한다. 현재의 국가체제에 대한 대안으로 어떤 형태의 보편적 정치조직이 있는가? 물론 생각해 볼 수 있는 대안은 무한하다. 여기에서 중요하다고 생각되는 몇 가지만 살펴보기로 하자.

앞의 질문에 답하기 전에 우선 국가체제의 본질적 속성이 무엇인지 상기할 필요가 있다. 그렇지 않으면 국가체제의 단계나 형태의 변화를 대안으로 잘못 생각할 위험이 있기 때문이다. 국가체제의 본질적 속성은, 지금까지 논의한 것처럼, 첫째, 다수의 주권국가가 존재한다는 것, 둘째, 그들 사이의 상호작용이 하나의 체제를 형성할 정도라는 것, 셋째, 공통의 규칙과 제도의 수용이 사회를 형성할 정도라는 것 등이다.

1. 국가체제에 대한 대안

현재의 세계정치구조에 대해 생각해볼 수 있는 변화는 여러 가지가 있지만, 그 중 일부는 국가체제가 한 단계에서 다른 단계로 이동한 것일 뿐, 국가체제 그 자체의 폐기는 아니다.

1) 비무장 세계

그러한 변화 가운데 하나는 '비무장 세계'의 도래일 것이다. 이것은 '일반적이고 완전한 군축'의 비전이 실현되는 것을 말한다. 이것은 미국과 소련의 군비축소 계획에 포함되고, 군축회담이 열릴 때마다 의례적으로 확인되고 있다.[1] 두 나라의 군비축소 계획이 단계적으로 진행되어 마지막 단계에 이르면, 국내의 치안질서를 위한 군사력만 보유하는 것으로 되어 있다. 미국의 계획에서는 국가들이 군사력을 점진적으로 줄이는 동안, 세계적 권위(*world authority*)의 강화가 동시적으로 진행될 것이며, 궁극적으로 군사력은 이 세계적 권위에 집중될 것으로 보고 있다.

'일반적이고 완전한 군축'의 실현은 현존의 국제정치구조의 근본적인 변혁을 포함하고, 따라서 그것이 제대로 실현되면, 국가간 관계의 모든 기초가 지금과는 달라질 것이라고 예상할 수 있다. 그러나 그렇게 된다고 하더라도 국가체제가 종식되는 것은 아니다. 왜냐하면 주권국가들은 여전히 존재하고, 그들 사이의 체계적인 상호작용도 존재하며, 여전히 그들은 함께 국제사회를 형성하기 때문이다. 미국의 계획처럼, 무력과 충성을 확보한 세계적 권위가 수립되어, 주권국가의 자국 영토와 인민에 대한 절대적인 지배권을 침식할 정도로 발전한다면, 세 가지 본질적인 속성 중 하나가 사라지는 결과가 될 것이다. 그러나 이것은 논리적으로 '비무장 세계'의 필연적인 귀결이라고

---

1) 1962년 9월 24일의 "Revised Soviet Draft Treaty on General and Complete Disarmament under Strict International Control"과 1962년 4월 18일 유엔의 "Outline of Basic Provision of a Treaty on General and Complete Disarmament in a Peaceful World"를 보라. 두 편 모두 Sir Michael Wright, *Disarm and Verify*(London: Chatto & Windus, 1964)에 부록으로 수록되어 있다.

할 수 없다. 소련의 계획처럼, 군축의 최종단계에 가서 중앙권위(*central authority*)가 군사력을 임의로 지휘하는 것이 아니라, 강대국의 거부권을 인정하는 형태로 지휘하는 세계를 그려볼 수도 있다.

'일반적이고 완전한 군축' 주장에서 '일반적'이라는 말은 모든 나라에 적용된다는 뜻이고, '완전하다'는 말은 모든 종류의 군비와 군사력에 다 적용된다는 뜻이다. 이러한 무장해제는 '강한' 형태가 될 수도 있고, '약한' 형태가 될 수도 있다. 강한 형태의 무장해제는 전쟁을 하고 싶어도 물리적으로 전쟁이 불가능한 상태를 말하고, 약한 형태의 무장해제는 가능한 최대한의 무장해제를 달성하여 전쟁의 가능성이 상대적으로 낮아지는 상태를 말한다.[2]

리트비노프(Litvinov)[3]가 국제연맹의 군축논의에서 제시한 전면적 군축안은 '강한' 형태의 군축이었다.[4] 그는 자신의 군축안이 '약한' 형태의 군축안과는 본질적으로 다르다고 주장했다. 첫째, 전면적 군축의 경우, 무기와 군사력이 완전히 폐기되어 전쟁을 하고 싶어도 할 수 없기 때문에 국가가 더 이상 전쟁을 정책수단으로 삼을 수 없게 된다는 것이다. 둘째, 전면적 군축은 약한 형태의 군축에 비해 달성

---

2) 이후의 몇 단락은 〔졸저〕 *The Control of the Arms Race*, ch. 2에 더욱 구체적으로 상술되어 있다.

3) 〔역주〕 Litvinov, Maksim Maksimovich(1876~1951) : 소련의 외교관. 제 2인터내셔널의 여러 회의에 볼셰비키를 대표하여 유럽 전역에서 활약하였다. 헤이그 평화회의 수석전권, 제네바군축회의의 준비위원회 수석대표, 외무인민위원 등으로 활약하였고 루스벨트와 미·소 외교관계 협정에 서명하였다.

4) 리트비노프는 소련 대표단이 처음으로 참여한 1927년 스위스 제노바 국제연맹 군축회의 예비위원회 모임에서 이러한 제안을 하였고, 1932년 2월에 열린 세계군축회의에서 이 제안을 더욱 구체화했다. League of Nations, "Conference for the Reduction and Limitation of Armaments," *Verbatim Records of Plenary Meetings*, vol. I, p. 82를 참조하라.

하기 쉽다는 것이다. 여기에서 약한 형태의 군축이란, '국가안보에, 그리고 국제적 의무를 이행하도록 강제하기 위한 공동행동에 지장을 초래하지 않는 범위 내에서 최저 수준까지 군비를 감축하는 것'을 뜻한다(이것은 '국제연맹규약' 제 8조에 규정된 군축방안인데, 당시 국제연맹은 이 방안을 놓고 실현방안을 토의하였다). 리트비노프에 따르면, 만일 국가들이 전면적 군축에 동의한다면, 약한 군축을 하고자 할 때 발생하는 '난문'(*thorny questions*)을 피해갈 수 있다는 것이다. 약한 군축의 경우 보유가능한 군비와 군사력의 종류에 대해 합의를 이뤄야 하는 어려움이 있다.

리트비노프가 제안한 '전면적 군축'(*total disarmament*)에 대한 반론은 원칙적으로 그런 군축은 불가능하다는 것이다. 조직적 폭력의 물리적 능력은 인간사회에 고유한 것이므로 조약에 의해 폐기될 수 있는 것이 아니다. 이른바 '전면적 군축' 방안도 국내 안보를 위한 무력의 보유를 허용하고, 또한 경우에 따라서는 세계적 권위가 질서유지를 위해 무력을 사용할 수 있도록 하고 있다. 그런 단서가 전혀 없는 군축체제에서조차도 국가들은 원시적 수준의 전쟁능력을 가질 뿐만 아니라, 폐기한 군사력을 재건하거나 버려두었던 것을 재생해 낼 능력을 가진다. 군축조약이 할 수 있는 일은 특정한 무기와 군사력의 보유를 금지하는 것이 고작인데, 이 경우 군축조약의 대상에서 제외된 것들의 전략적 중요성이 커지는 결과만 초래할 뿐이다. 결국 '전면적 군축'은 더 '약한' 형태의 군축과 본질적으로 다르지 않다.

따라서 '전면적 군축'은 약한 형태의 군축과는 달리 전쟁을 물리적으로 불가능하게 만들 것이라는 리트비노프의 주장은 설득력이 없다. 또한 아무리 철저하게 군축을 한다고 하더라도 국가들의 전쟁능력에는 차이가 있을 수밖에 없다. 국가의 전쟁잠재능력은 단순히 '군비'에만 의존하는 것이 아니라, 경제 · 테크놀로지 · 인구자원 · 전략적 지위·정치적 지도력·군사적 경험·작전능력의 우수성·사기 등의 복합적 전체에 의해 결정된다. 그러므로 아무리 '전면적 군축'을 했다 하더라도, 약한 형태의 군축을 했을 때와 마찬가지로, '비무장 세계' 내의 국가들 사이에는 군사력의 차이가 존재하게 된다. 따라서 '전면적 군축'의 단순성이 협상의 난관을 피할 수 있다는 리트비노프의 주장도 역시 설득력이 없다.

일반적이고 완전한 군축을 하되, 약한 형태로 하자는 주장은 그러한 종류의 반론에는 직면하지 않는다. 군비와 군사력을 양적으로 감축하고 질적으로 수준을 낮추는 것은 논리적으로 불가능한 것도 아니요, 인간사회의 본성에 모순되는 것도 아니다. 또한 이러한 상태를 유지하기 위한 습관·제도·규칙·금기 등을 도입하는 것도 불가능한 것은 아니다. 고성능 군비와 고도의 군사조직 및 기술이 폐기된 세계에서는 국가들이 지금처럼 무장하는 세계에 비해 전쟁으로부터 좀더 안전할 것이라는 주장은 충분한 일리가 있다. 특히 다른 조건이 같다면, 그런 세계에서는 전쟁이 덜 일어날 것이라고 주장할 수 있다. 전쟁의 요인 중 하나인 군사대국이 더 이상 존재하지 않게 될 것이며, 전략적 기동성도 떨어져 어느 한 국가가 군사적 공격대상으로 삼을 수 있는 국가 수도 훨씬 더 적어질 것이며, 기습공격을 할 수 있는 무기체계도 존재하지 않을 것이기 때문이다. 또한 다른 조건이 같다면, 그런 세계에서는 전쟁이 일어난다 하더라도 덜 파괴적일 것이라고 주장할 수 있다. 전쟁속도도 느릴 것이고, 희생도 적을 것이며, 물리적 파괴와 경제적 혼란도 적을 것이기 때문이다.[5]

비무장 세계구상이 실현가능성이 있든 없든, 우리는 그러한 세계가 현대의 국가체제보다는 더 나은 세계질서를 제공할지도 모른다는

5) 군비가 축소된 세계에서 전쟁의 속도, 희생, 파괴력은 무기의 규모나 발달 정도뿐만 아니라 도덕적 또는 사회적 요소들에 의해서도 좌우된다.

공통된 직관을 가지고 있다. 그러나 국가들의 무장이 양적·질적으로 낮아진 세계를 상상할 수는 있지만, 그러한 세계에서 질서가 어떻게 유지될 수 있는지에 대한 설명이 반드시 있어야 한다는 점은 인식할 필요가 있다. 즉, (제3장에서 논의한) 사회생활의 기본적 목표들의 달성을 가능하게 하는 규칙과 제도에 대한 설명이 없다면, 비무장 세계구상은 미완의 구상에 그치고 만다.

첫째, 낮은 수준으로 비무장이 이루어진 세계에서 국가들의 비무장 상태를 어떻게 유지할 것인가 하는 문제가 있다. 이를 위해서는 군축조약의 위반을 적발하는 검증시스템이 있어야 할 것이고, 또한 제재 및 복구시스템을 통해 그러한 위반을 억지하거나, 위반이 발생했을 때 무고한 당사국의 안전을 보장해야 할 것이다. 핵무기를 포함한 대량살상무기의 완전한 폐기를 포함하는 철저한 군축체제의 경우, 이 체제의 군축규칙을 위반하는 나라는 다른 나라보다 군사적으로 우월한 지위에 놓이게 될 것이 틀림없다. 그렇다면 이러한 종류의 위반을 억지하기 위해, 또는 위반이 발생했을 때 무고한 당사국의 안전을 보장해줄, 세계적 권위가 있어야 할 것이고, 이 권위를 가진 나라는 핵무기를 포함한 군사력의 우위를 확보하고 있어야 할 것이다.

철저한 군축체제를 어떻게 유지할 것인가 하는 문제보다 더 심각한 것은 그런 군축체제에서 일반적 질서가 어떻게 유지될 수 있을 것인가 하는 문제이다. 앞에서 말한 것처럼, 비무장 세계라고 하더라도 조직적 폭력의 능력은 여전히 존재하며, 이러한 조직적 폭력이 수행하는 역할 또한 반드시 있을 것이다. 또한 여전히 주권국가들로 나누어져 있으며, 따라서 지금까지 그래왔던 것처럼, 국가간의 갈등도 여전히 있을 것이다. 또한 국가 내부의 질서유지를 위해서 정부가 시민보다 우월한 무력을 가지고 있어야 할 것이다. 국제질서의 경우도 마찬가지다. 국제질서는 군사력의 사용을 제한 및 억제하는 규칙이나 제도가 작동해야 유지될 수 있는데, 이를 위해서는 세력균형을 유지하고, 법을 집행하기 위해 무력사용을 허용하며, 무력행사의 수단을 제한하고, 무력충돌의 가능성이 있는 정치적 갈등을 해결해야 한다. 서로 협조하는 강대국의 우월적 지위를 이용하여 국제질서를 유지할 경우에도 역시 무력은 존재한다.

질서유지의 문제만 있는 것이 아니다. 비무장 세계구상은 정당한 변경을 어떻게 달성할 것인가 하는 문제도 해결해야 한다. 비무장 세계가 지금처럼 중무장한 세계보다 한층 평화롭고 안전한 세계라면, 이 세계에서는 정당한 변경이 무력에 의해서 달성되는 것은 아닐 것이다. 그렇다면 정당한 변경을 평화롭게 이룰 수 있는 제도가 반드시 있어야 할 것이다. 경무장한 세계가 중무장한 세계에 비해 정당한 변경을 달성하는 능력이 더 작든 더 크든, 중요한 문제는 철저한 군축 주장에는 반드시 이 문제에 대한 해결방안이 있어야 한다. 다시 말해 현재와 같은 중무장 세계에 존재하는 질서유지와 관련된 모든 문제들이 경무장 세계에서도 똑같이 발생할 수 있다. 그렇다고 해서 전자가 후자보다 더 좋다는 말은 아니다. 비무장 세계구상 그 자체만으로는 세계질서로 가는 대안적 경로가 될 수 없다는 뜻일 뿐이다.

2) 국가들의 연대

또 하나의 가능한 세계정치구조가 있다. 유엔 또는 그와 유사한 기구, 즉 주권국가들의 범세계적 규모의 협력을 통해 수립된 기구가 세계정치에서 우월한 힘을 행사하는 구조를 생각해 볼 수 있다. 이런 상태는 유엔 회원국들이 유엔을 창립할 당시 낙관적인 전망을 가지고 있던 사람들이 바라던 대로 '유엔헌장'을 준수하는 상태라고 할 수 있다. 그로티우스적 또는 연대주의적 국제질서이론이 그대로 실현되면 이런 상태가 된다. 이 이론에 따르면, 국가들은 세계정부의 수립에는 반대하지만, 국가들이 긴밀히 협력하고, 또한 그들이 기꺼이 동의한 국제질서의 구성원리를 준수할 경우 세계정부가 성립된 것과 마찬가지의 상태를 조성할 수 있다는 것이다.[6] 이 이론의 핵심가정은, 세계의 대부분의 국가가 국가들의 사회의 집단적 의사를 지지하고, 이에 대한 도전은 배격한다는 점에서 연대의식 또는 잠재적 연대의식을 가진다는 것이다. 그러나 이러한 세계정치구조는 현존의 구조와 근본적으로 다르기는 하지만, 국가체제의 새로운 국면일 뿐, 국가체제가 본질적으로 바뀐 것이라고 할 수는 없다.

그로티우스적 또는 연대주의적 이론이 주장하는 바는, 개별국가들이 정치적 목적을 위해 전쟁을 일으키는 것을 제한하거나 폐지하면, 그리고 무력을 국제공동체의 대의를 위해서만 사용할 수 있도록 한다면, 더 나은 세계질서를 달성할 수 있다는 것이다. 즉, 그 이론은 국내 사회의 주요한 특징 가운데 하나를 국제사회에서 구현하자는 것이다. 그로티우스가 고안한 규칙체계는 전쟁이 일어났을 때, 정당한 명분을 가진 쪽을, 즉 국제공동체 전체를 위해 싸우는 쪽을 돕기 위한 것이었다.

20세기에는, 제 2장에서 논의한 것처럼, 신그로티우스학파의 주장이 부상하여, '국제연맹규약'은 규약이 정한 절차에 따라서만 전쟁을 할 수 있도록 하고, 1928년의 '파리조약'에서도 전쟁을 국제정책의 수단으로 사용하는 것을 금지하였으며, '유엔헌장'도 타국의 영토보전이나 정치적 독립을 위협하는, 또는 유엔의 목적에 어긋나는 모든 종류의 무력의 사용 및 위협을 금지하고 있다. '국제연맹규약'과 '유엔헌장'은, 국가의 무력사용을 제한하는 대신, 집단안보체제를 지키

6) 이에 대한 자세한 내용은 다음 졸고를 참조하라. "The Grotian Conception of International Society," *Diplomatic Investigations*.

기 위해 필요한 경우 국제조직의 이름으로만 무력의 사용 또는 위협을 허용한다. 집단안보의 원칙에 의하면, 국제질서는 세력균형에 의거할 것이 아니라 국가들의 연합이 행사하는 우월적인 힘에 의거해야 한다는 것이다. 국가들의 연합이 국제사회 전체의 대리자로서 행동할 경우, 국제체제에 대한 도전을 억제할 수 있을 것이며, 도전이 발생한 경우 쉽게 물리칠 수 있다는 것이다.

연대주의자의 주장대로 무력이 오로지 국제사회 전체의 도구로만 사용된다면, 국제사회는 매우 훌륭한 질서를 갖게 될 것이다. 그러나 여기에는 매우 중요한 한 가지 전제가 필요하다. 그것은 국가들 사이에 충분한 연대의식이 있어야 한다는 점이다. 즉, 모든 국가가 공통 목적을 승인해야 하고, 이를 증진하기 위해 행동해야 한다는 것이다. 그러나 20세기의 실제상황에서 그러한 연대의식은 찾아볼 수 없다. 그로티우스적 또는 연대주의적 공식을 적용하려고 시도할 경우, 그 결과가 훌륭한 세계질서의 수립에 실패하는 것으로 그치는 것이 아니라, 제 6장에서 본 것처럼 질서유지를 위한 고전적 장치들을 약화 또는 손상시키는 결과를 초래하게 된다. 1935년 이탈리아가 아비시니아를 침공했을 때 국제연맹이 취한 조치, 1939년 소련이 핀란드를 침공했을 때 국제연맹이 취한 조치 등은 집단안보 원칙의 정당성을 입증하지 못했을 뿐만 아니라, 독일이 세력균형을 전복시키는 것을 막지도 못했다. 또한 1950년 유엔총회가 취한 조치, 즉 미국과 미국의 동맹국들이 한국에서 집단안전보장 활동을 할 수 있도록 승인한 것도 세계정치에서 유엔의 역할을 증진시키기보다는 오히려 약화시키는 결과를 초래했으며, 나아가 법집행을 담당한 국가들이 법규를 위반한 국가들과 대립하는 상황이 조성되어 결과적으로 강대국의 외교과정을 방해하고 말았다.

연대주의적 공식을 20세기에 적용하려는 시도는 확실히 시기상조다. 그렇다고 해서 이러한 시도가 성공할 수 있는 조건이 앞으로도 영원히 생기지 않을 것이라고 결론지을 수는 없다. 국제관계의 역사를 모두 살펴본 다음, 주권국가들이 오로지 공통의 목적을 위해서만 무력을 사용하기로 결의한 합의는 본질적으로 불가능함을 입증할 수는 있다. 그러나 그것을 증거로 삼아 앞으로도 그런 일이 불가능하다고 말할 수는 없다.

3) 다수의 핵보유국으로 이루어진 세계

현대의 국가체제에 생길 수 있는 또 하나의 변화가 있다. 그것은 다수의 핵보유국으로 이루어지는 세계의 등장이다. 이 역시 국가체제에 본질적 변화를 가져오는 것은 아니다. 이러한 대안이 관심을 끄는 이유는 핵확산의 과정이 궁극적으로 세계질서를 가져올 수 있다고 보기 때문이다. 일부 핵확산 옹호론자들은 그것이 세계질서를 달성하는 유효한 수단이 된다고 주장하기도 한다.

만약 카플란이 말한 '전단위 거부권 체제', 그리고 번스(Arthur Burns)가 말한 '억지체제'의 조건이 존재하여, 다수의 핵보유국으로 이루어진 세계가 등장할 경우, 이 세계는 현재와는 근본적으로 다른 세계가 될 것이다.[7] 이 상황은 단순히 다수 국가가 아니라 모든 국가 또는 모든 국가집단이 핵무기를 보유하는 상황이다(현실적으로는 세계의 140여 개 〔2010년 현재 192개국〕 국가 모두가 핵무기를 보유하는 상황이 되는 것이 아니라, 모든 국가가 수 개의 국가집단 또는 국가군의 '핵우산'의 보호를 받는 상황이 될 것이다). 이러한 상황에서는 모든 국가

---

7) Kaplan, *System and Process in International Politics*, pp. 50~52; Arthur Lee Burns, "From Balance to Deterrence," *World Politics*, ix, 4 July 1957.

사이에, 또는 국가군 사이에 상호 핵억지 관계가 존재한다. 다시 말해서 모든 국가 또는 국가군은 핵무기를 보유하고 있을 뿐만 아니라, 다른 국가 또는 국가군으로부터 '견딜 수 없는 피해'를 입을 수 있고, 이 피해를 미연에 방지할 수 없다.

이처럼 '전단위 거부권'체제의 가장 중요한 특징은 다른 나라가 '합리적' 계산 아래 의도적으로 무제한 핵전쟁을 일으키는 것을 모든 나라가 거부할 수 있다는 점이다. 현재 미국과 소련의 관계에서 두 나라는 바로 이러한 거부권을 가지고 있는데, 이를 전 세계로 확장하자는 것이다. 그러나 이러한 구상은 '전단위 거부권체제'에서 국가들이 어떻게 행동할 것인가에 대한 매우 불완전한 기술이며, 이러한 가정에서 얻어낸 추론은 극히 제한적일 수밖에 없다는 점에 주의해야 한다. 그러한 가정은 카플란이 말한 '전단위 거부권체제'를 넘어서는 가정이다. 카플란이 말한 '전단위 거부권체제'는 만인의 이익이 대립하는 홉스적 자연상태이다. 이 체제 내의 행위주체들은 오직 하나의 평면에 존재하며, 연립이나 제휴의 이행 또는 균형화는 존재하지 않는다. 유엔과 같은 보편적 행위주체가 수행하는 역할도 전혀 없다. 이 체제는 현존의 상황을 영속화하며, 지극히 비통합적이고, 비연대적이며, 극도의 긴장상태가 존재한다.[8)]

만일 '전단위 거부권체제' 내의 행위주체들이 자신의 목적을 달성하기 위해 사용할 수 있는 수단이 오로지 전략 핵무기뿐이라면 앞서 말한 주장이 성립할 수도 있다. 즉, 그런 경우에는 모든 행위주체들이 상대방에 대해 거부권을 행사할 수 있는 상황이라고 말할 수 있다. 그러나 이것은 매우 기묘한 가정이다. '전단위 거부권체제'가 현재 미・소 간에 형성된 상호 거부권체제와 유사한 형태로의 보편적 규모

8) *Ibid.*

로 실현될 경우, 어느 국가든 전략 핵무기는 더 이상 사용할 수 없게 되겠지만, 다른 종류의 힘이나 영향력—군사적 · 정치적 · 경제적—은 여전히 행사할 수 있을 것이므로, 이를 통해 외교적 갈등이나 협력은 여전히 계속될 것이다. 그러므로 다양한 행위주체의 세력이나 영향력의 서열이 사라질 것이라는 주장이나, 국가간의 연립이나 제휴도 소용이 없을 것이라는 주장 혹은 현상에 어떠한 변화도 생기지 않을 것이라는 주장은 타당성이 없다. 또한 이 체제는 홉스적 자연상태일 것이며, 극단적 긴장상태에 있을 것이라는 추론이나, 유엔과 같은 보편적 행위자도 아무런 역할을 할 수 없을 것이라는 추론도 타당성이 없다. 그러한 체제하에서의 행위자들이 전략핵 수단을 무력화하는 한편으로 정치적 분쟁을 해결까지는 아니라 하더라도 억제할 가능성이 없지는 않다. 국제체제가 공포의 규율 아래 놓인 상태에서 몇 세대가 지나고 나면, 공포의 규율과는 상관없는 새로운 질서가 생겨날 것이며, 그렇게 되고 나면 보편적 핵억지 장치는 있으나마나 한 것이 되고 말 것이며, 껍데기만 남게 될 것이기 때문이다. 이것은 물론 추측에 불과하다. 내가 말하고자 하는 것은 이러한 행동들이 카플란이 말한 '전단위 거부권체제'로부터 연역될 수 있는 가정들과 일치한다는 점이다.

그렇다면 다수의 핵보유국으로 이루어진 체제가 현재의 국가체제보다는 더 나은 세계질서를 보장할 것이라는 주장의 근거는 어디에 있는가? 핵무기 보유국이 많아지면 많아질수록 미 · 소 간의 상호 핵억지 관계가 국제체제 전반으로 확대될 것이므로 평화와 안전보장의 달성이 더 쉬워질 것이라는 흔히 볼 수 있는 주장은 미 · 소 간의 상호 핵억지 관계의 안정성에 대한 과신에서 비롯된 것이다. 그러한 관계는 정치적 · 기술적 변화에 의해 쉽게 무너질 수 있다. 또한 그러한 관계가 유지되는 경우에도 핵전쟁이 불가능한 것은 아니다. 단지 '비합리적' 행위가 될 뿐이다(제 5장 참조). 더욱이 핵무기가 확산되면 필연적으로 현재 강대국 사이에 존재하는 상호 핵억지 관계가 모든 국가 사이에 재현될 것이라는 주장도 그릇된 가정이다. 다시 말해서 핵무기의 확산은 반드시 '전단위 거부권체제'에 이르게 될 것이라는 주장은 전혀 사실이 아니다.

이보다 한층 강한 주장도 있다. 즉, 핵무기의 확산이 안전보장의 증진과 관련이 있든 없든, 모든 국가 또는 국가군이 핵무기를 보유할 경우 국제정의가 촉진될 것이라는 주장이 있다. 국제정의를 핵무기 보유의 평등이라는 관점에서 보면, 이를 만족시키는 길은 완전한 군축을 하거나, 아니면 모든 국가 또는 국가군이 핵무기를 보유하는 방법밖에 없다. 이러한 관점에서 보면, 핵무기 보유국과 비보유국의 구별을 전제로 하는 어떠한 레짐도 못마땅할 수밖에 없다. 이와 관련하여 주목할 만한 사실이 하나 있다. 1968년의 '핵확산방지 조약'에 대해 이를 지지하는 국가와 반대하는 국가, 좀더 일반적으로 말하자면, '가진 나라'와 '못 가진 나라' 사이에서 벌어지는 논란은 보유국과 비보유국 사이에 구별선을 그을 것인가 말 것인가가 아니다. 어느 나라를 핵클럽 안에 넣고, 어느 나라를 밖에 놓을 것인가 하는 문제를 놓고 논란이 벌어지고 있다. 주된 '반항' 국가들 — 중국, 프랑스, 인도 — 은 자기 나라에는 물론 다른 나라에도 적용될 수 있는 확산 주장을 펴기도 했지만, 그 어떤 단계에서도 전면적인, 그리고 완전한 핵확산을 주장한 일은 없다. 그들의 관심사는 오로지 자국이 핵클럽에 들어가는 것을 방해하는 요인들을 제거하는 데 있었을 뿐이다. 이 분야야말로 국제질서의 목표와 국제정의 또는 평등대우의 목표가 서로 충돌하는 분야 중 하나이다.

다수의 핵보유국으로 이루어지는 세계가 현재의 국제체제에 대한 바람직한 대안이 될 수 있건 없건, 실현가능성이 꽤 높은 대안인 것은 사실이다. 그러나 비무장 구상과 마찬가지로 '다수의 핵보유국으로 이루어지는 세계'도 그 자체로는 불완전한 구상이다. 다수의 핵보유국으로 이루어진 세계가 된다고 하더라도, 그곳에서의 질서와 정의는 군사과학기술과 그에 접근할 수 있는 국가들의 수 외에 기타 여러 가지 요인에 의존하게 될 것이다.

4) 이데올로기적 동질성

국가체제에 대한 또 하나의 대안은 이데올로기적 동질성을 가진 체제이다. 오늘날의 국가체제는 이데올로기적 이질성이 특징이다. 정치이데올로기를 옹호하는 사람들은 자신들이 주장하는 이데올로기가 국가체제 전체에 걸쳐 승리할 경우, 여러 가지 좋은 점이 있지만, 무엇보다도 전쟁과 충돌의 원천이 없어지거나 줄어들기 때문에 좀더 질서 있는 세계가 될 것이라고 주장한다. '종교개혁'과 '반동종교개혁', '혁명'과 '반혁명', 그리고 우리시대의 '공산주의'와 '반공주의'에 이르기까지 이러한 이념의 기치를 앞세운 사람들은, 전쟁을 요구하고 있을 때조차도 그들의 목적은 평화라고 주장한다.

이러한 이데올로기적 혁명가와 반혁명가는 앞에서 말한 것처럼(제2장 참조) 국가체제를 대체할 보편적 사회를 목표로 삼는 경우도 있고, 국가체제는 그대로 둔 채 모든 국가가 진정한 이데올로기를 가질 경우 상호간에 조화로운 관계가 될 것이라는 세계구상을 가지는 경우도 있다. 우리가 고찰하고자 하는 것은 후자의 경우이다.

칸트는 프랑스혁명의 이데올로기를 열렬히 지지한 끝에 평화는 세계공화국 또는 **국제국가**(*civitas gentium*)에서만 달성될 수 있다는 구상으로 나아갔다. 그러나 이러한 구상이 실현가능성이 없음을 알고, 《영구평화론》에서는 '공화주의' 또는 입헌주의 국가들의 연맹을 '차

선책'(*negative surrogate*)으로 제시했다. 이러한 연맹을 결성하여 전쟁을 피하고, 세계 전체에 걸쳐 연맹을 확장해가야 한다는 것이다.[9] 나폴레옹 전쟁 후의 정통주의자들은 국제적 평화와 국내적 평온을 얻기 위해서는 주권국가들이 '신성동맹'을 결성하여 경건함과 왕조적 권리를 지켜나가야 한다고 생각했다. 마치니(Mazzini)는 평화의 전망을 민족주의의 보편적 승리에서 찾았는데, 여기에 '각국 인민들로 이루어진 신성동맹'(*Holy Alliance of the Peoples*)이 가세할 것이며 또 각국 인민들 사이에는 이익의 충돌이 없을 것으로 생각했다. 미국의 윌슨 대통령, 영국의 민주관리연합[10] 회원, 러시아의 볼셰비키는 각각 자기 나름의 방식으로 민주세력 또는 민중세력이 외교정책을 관리할 경우 국가들 사이에 평화와 화합이 있을 것이라고 생각했다.

마르크스는 평화의 전망을 자본주의와 계급투쟁의 철폐에서 찾았다. 그는 국가가 단지 계급투쟁의 도구일 뿐이라고 생각했으며, 분명하게 말하지는 않았지만 민족을 일시적 현상으로 생각했던 것 같다. 그러므로 그의 이론에 따르면, 보편적인 프롤레타리아혁명이 일어나면 국가는 사라질 것이며, 따라서 국가체제도 사라지게 된다. 다른 한편 마르크스와 엥겔스는 혁명 이후에도 개별 단위들이 여전히 존속할 것처럼 말하기도 했다. 1917년 이후의 마르크스·레닌주의자들은 사회주의국가연맹, 또는 '사회주의 공동체'라는 '차선책'에 만족해야 했다. 프롤레타리아 혁명은 일부 국가에서만 일어났기 때문이다. 이

---

9) Kant, *Perpetual Peace*, pp. 19~20.

10) 〔역주〕 민주관리연합(Union for Democratic Control): 대외정책에 영향을 미치기 위해 1914년에 결성된 영국의 이익집단. 제 1차 세계대전 후에는 열강간의 비밀외교를 폐지할 것, 분쟁을 평화적으로 해결할 것, 외교를 의회의 민주적 관리 아래 둘 것 등을 주장하였다. 이 책의 제 2장(2. 국제사회의 현실)에 나오는 디킨슨(제 2장의 주 49)도 이 단체에 참가하였다. 이들의 주장은 영국노동당의 정책에 큰 영향을 미쳤다.

들 나라에서도 국가는 프롤레타리아 독재의 도구로서 존속하고 있다. 오늘날의 마르크스·레닌주의자들은 내가 보기에는 이중의 원칙을 가지고 있다. 사회주의국가간의 관계를 지배하는 원칙은 '사회주의적 국제주의'인데, 이것은 자본주의국가간의 관계를 지배하는 원칙인 '제국주의'와는 다르다는 것이다. 다른 한편 사회주의국가와 자본주의국가 간의 관계에서는 '평화공존' 원칙을 따르고 있다.

모든 나라에서 진정한 이데올로기가 승리를 거둠으로써 국가체제에 질서와 조화를 달성하고자 하는 구상은 그로티우스적 또는 연대주의적 구상과는 다르다. 후자의 경우, 국가간의 이익갈등은 여전히 존재하지만, 집단의 압도적인 힘으로 이를 억제한다는 구상인 반면, 전자의 경우, 진정한 이데올로기가 보편적으로 정착하고 나면 이익갈등은 더 이상 존재하지 않거나 미미한 상태가 될 것이라고 주장한다. 그러나 이 두 구상은 종종 불안정한 상태로 결합되기도 하고, 동일한 사람이 이 두 가지 구상을 한꺼번에 주장하기도 한다. 예를 들면, 윌슨 대통령은 국제연맹을 제안하면서 연대주의적 구상을 밝혔지만, 동시에 이 연맹은 민주주의국가들의 연맹이 되어야 한다고 생각했다. 유엔 창립자들도 주로 연대주의적 구상을 가지고 있었지만, 회원국은 '평화애호국'이어야 한다는 요구조건을 제시한 것을 보면, 진정한 이데올로기가 평화의 원천이라는 확신을 가지고 있었다.

이데올로기적 동질성을 갖는 국가체제는 단 하나의 이데올로기에 의지하기 때문에 이데올로기적 충돌이 발생하지 않으며, 따라서 좀 더 질서 있는 세계가 될 것이라는 구상은, 특정한 이데올로기에 의지할 경우 국가간의 이익충돌이 감소하거나 제거될 것이므로 좀더 질서 있는 세계가 될 것이라는 구상과는 다르다. 후자의 경우에는 그 이데올로기가 어떤 것이든 강력한 반대에 직면하게 된다.

군주와 대신들이 외교정책을 좌우하고, 왕조간의 갈등으로 전쟁이 발발하고, 토지귀족이 이끄는 상비군이 전쟁을 치르던 시기에 자유주의자 또는 부르주아 사상가들의 주장은 이러했다. 국제적 갈등은 지배적 정치집단들이 인위적으로 조장한 것이므로, 국내의 정치적 변혁이 보편적 규모로 이루어지면, 세계 인민들 사이에는 이익의 자연적 조화가 나타나게 된다는 것이다. 이러한 관점에 서 있었기 때문에 페인(Paine)은 전쟁의 원인이 군주주의에 있다는 견해를 보였고, 코브던은 상업이 만병통치약이라고 주장했으며, 콩트(Comte)[11]는 전쟁과 산업사회는 일반적으로 양립할 수 없다고 선언했다.

그러나 국내적 변혁이 발생하여 외교정책에 대한 군주나 귀족의 통제력이 약화되고 중산계급의 역할이 증대되자, 그런 주장들은 힘을 잃게 되었다. 독일 시민, 프랑스 시민, 맨체스터의 제조업자가 왕조간의 분쟁과 경쟁에 가담할 가능성은 별로 없었지만, 그렇다고 해서 그들 사이에 국제적 갈등의 동기요인이 전혀 없는 것은 아니었다. 국가이성의 내용은 왕조의 이익에서 국민의 이익으로 바뀌었고, 전쟁을 일으킨 것은 왕조의 자존심이나 열정이 아니라, 국민의 자존심과 민족주의의 열정이었다. 20세기 초에는 레닌이 홉슨[12]의 이론에 기

---

11) 〔역주〕 Comte, Auguste(1798~1857): 프랑스의 철학자·사회학의 창시자. 여러 사회적·역사적 문제에 관하여, 추상적 사변을 배제하고, 과학적·수학적 방법에 의하여 설명하려고 하였다. 3단계 법칙에서는 인간의 지식의 발전단계 중 최후의 실증적 단계가 참다운 과학적 지식의 단계라고 주장하였다. 주요 저서로는 《실증철학 강의》(6권, 1830~1842), 《실증정치학체계》(4권, 1851~1854) 등이 있다.

12) 〔역주〕 Hobson, John Atkinson(1858~1940): 영국의 사회경제학자. 경제학·정치학·사회학·윤리학 분야에 걸쳐 많은 저서를 남겼다. 《제국주의론》(*Imperialism*, 1902)에서 제국주의를 선진제국의 대외투자를 둘러싼 투쟁으로 파악하였고, 《실업의 경제학》(*The Economics of Unemployment*, 1922)에서는 소득분배의 불균형이 과잉저축과 과소소비를 초래하고, 그것이 경기후퇴와 실업을 초래한다고 주장하는 등 제국주의와 경기변동론에

대어 이런 주장을 했다. 국제적 긴장과 전쟁을 야기하는 것은 바로 금융자본가와 실업가들의 투쟁이며, 프롤레타리아계급이 권력을 장악하는 국내의 정치적 변혁을 이루면 평화가 온다는 것이다.

부르주아 정부들은 봉건계급의 전쟁동기로부터 해방되긴 했지만, 그들 나름의 전쟁동기를 가지고 있었다. 마찬가지로 프롤레타리아계급의 이익을 대변하는 공산당 정부들도 부르주아 정부 또는 자본주의 정부의 전쟁동기로부터는 해방되었다 하더라도 국제적 갈등을 야기할 수 있는 그들 나름의 동기를 가지고 있다. 소비에트 연맹, 중화인민공화국, 기타 사회주의국가들의 관계를 보면, 노동계급간에는 이익의 자연적 조화가 있다는 주장도 믿을 만한 것이 아님을 알 수 있다. 사회주의국가 또는 프롤레타리아국가들 사이에서도 이전 시기의 모든 종류의 국가들 사이에서 발생했던 이익의 충돌이 동일한 형태로 되풀이되고 있다.

사회의 일정 부분은 본래 국제주의적이라는 견해도 있다. 그들이 권력을 획득하기 전까지는 그럴 수도 있다. 어느 사회에서나 권력을 가진 집단이 그 국가의 대외적 권력의 유지 및 확장과 가장 밀접한 관련성을 가진다. 국내에서 권력을 누리지 못하는 사회구성원들은 그 국가의 대외적 명예나 이익에 별로 관심이 없고, 자국의 외교정책에 대해 비판적 태도를 취한다. 때로는 적대자들에게 동정적 태도를 취하기도 한다. 그러나 그들이 일단 국내에서 권좌에 오르게 되면, 국가의 대외적 권력에 대한 관심을 이어받게 된다. 진정한 이데올로기의 보편적 승리에서 평화를 찾으려는 이론은 칸트에 대한 헤겔의 비판을 명심할 필요가 있다. 헤겔은 이렇게 말했다. "긴장과 전쟁의 원천은 국가로서의 국가(*state qua state*)이지, 결코 특정한 종류의 국

관하여 이론적으로 공헌하였다.

가가 아니다."[13]

그 이데올로기가 무엇이든 단일 이데올로기에 기초를 둔 국가체제는 이데올로기적 대립으로부터 자유로울 것이며, 따라서 현재보다는 좀더 질서 있는 체제가 될 것이라는 기대가 있는 것은 사실이다. 레몽 아롱이 지적한 것처럼, 과거의 국가체제에서도 상대적으로 이데올로기적 동질성을 보인 국면들이 있었다. 몇 차례의 종교전쟁, 프랑스 혁명전쟁, 나폴레옹 전쟁, 20세기의 두 차례에 걸친 세계대전, 냉전 등은 이데올로기적 갈등이 최고조에 달한 국면들이었고, 이러한 사건들 사이의 기간에는 상대적인 동질성이 있었다.[14] 국가체제에서 이데올로기적 이질성이 최고조에 달했던 시기에 주요한 전쟁들이 발생한 것이 결코 우연이 아니었다는 점에서는 아롱의 견해에 동의할 수 있다. 끊임없는 이데올로기적 충돌이 그러한 전쟁들의 원인이었을 뿐만 아니라, 전쟁을 치르는 나라들이 적국 내의 일부 세력과 동맹을 추구함으로써 전쟁 그 자체가 이데올로기적 충돌을 가속화시키기도 했다.

그러나 상대적으로 이데올로기적 동질성을 보였던 시기는 국가들의 이데올로기가 동일했다기보다는 이데올로기적 차이에 대해 관용이 있던 시기였다. 수차례의 종교전쟁과 프랑스 혁명전쟁, 나폴레옹 전쟁 등은 겉보기에는 어느 한쪽의 승리로 끝났지만, 소모적인 전쟁을 치르는 동안 이데올로기적 공존을 가능하게 하는 타협의 길도 있음을 알려 주었다. 20세기의 이데올로기적 갈등도 아마 그런 길을 밟을 것이다. 여기에서 이데올로기적으로 동질적인 국가체제는, 서로

---

13) *Hegel's Philosophy of Right*, trans. T. M. Knox (Oxford: Clarendon Press, 1942), pt III.

14) Raymond Aron, *Peace and War*, A Theory of International Relations (London: Weidenfeld & Nicolson, 1962), pp. 99~104.

다른 정치적 · 사회적 · 경제적 체제의 공존을 허락하는 방식으로 국가들이 연합된 체제가 아니라, 하나의 단일한 정치적 · 사회적 · 경제적 체제를 옹호하는 방식으로 국가들이 연합된 체제를 말한다. 말하자면, 일종의 보편적인 '신성동맹'이 결성되어 하나의 단일한 이데올로기가 국가체제 전체를 지배하는 구조가 되는 것을 말한다. 예를 들면, 일정 영역에 걸쳐 있는 아메리카 동맹체제와 사회주의 공동체 내에서는 각각 단일한 이데올로기가 각각의 영역을 지배하고 있다.

이러한 체제는 고도의 국내질서를 약속한다. 왜냐하면 기존의 정치적 · 사회적 · 경제적 체제에 도전하는 자들은 자기 나라의 지배세력과 싸워야 할 뿐만 아니라, 국가들의 사회 전체와 싸워야 하기 때문이다. 예를 들면, 소련의 경우, 동유럽에서 사회주의체제에 대한 도전을 억압하기 위해, 미국의 경우, 중미로부터 사회주의체제를 몰아내기 위해 기존의 정권을 지지하는 형태로 개입한다 하더라도, 다른 나라들로부터 비난이나 도전을 받지 않을 것이다. 또한 이 체제는 고도의 국제질서를 약속한다. 개별국가간에는 물질적 이익의 충돌이나 안보상의 불안으로 갈등이 발생할 수도 있겠지만, 이데올로기적 긴장이 그들을 분열시키지는 않는다. 기존의 정치적 · 사회적 · 경제적 체제를 보호하는 것이 모든 국가의 공통이익이다. 이것은 상호간에 이익의 충돌을 완화시키는 강력한 유인이 된다.

그러나 세계정치가 지금의 국가체제를 대체할 수 있는 그런 종류의 이데올로기적 동일성을 보일 가능성이 있는지는 의문이다. 과거에 그러했듯이, 미래에도 세계에는 지역에 따라 서로 다른 이데올로기가 다양하게 부침할 것이다. 그렇다면 이데올로기적 불변성과 동일성의 원칙에 기초하여 국가체제를 개조하려는 시도는 오히려 무질서를 초래할 가능성이 크고, 종국에는 이데올로기적 차이를 관용하는 것이 최선의 질서에 이르는 길임을 깨닫게 될 것이다. 그렇게 되면 현존의 체제가 기초로 삼고 있는 원칙으로 되돌아오게 된다.

2. 국가체제를 넘어서

국가체제는 다음과 같은 세 가지 속성을 지닌다. ① 복수의 주권국가, ② 주권국가간의 상호작용이 하나의 체제를 형성할 것, ③ 공통의 규칙과 제도에 대한 수용이 하나의 사회를 이루고 있을 것 등이 그것이다. 그러므로 국가체제의 국면의 변화 또는 조건의 변화에 불과한 것이 아닌 본질적으로 다른 형태의 보편적 정치질서가 생겨난다면, 위의 세 가지 속성 중 어느 하나가 사라진 형태일 것이다.

1) 체제이지만 사회는 아닌 형태

①, ② 의 속성은 있지만 ③ 의 속성은 없는 보편적 정치조직을 생각해 보자. 즉, 복수의 주권국가가 존재하면서 하나의 체제를 형성하고 있지만, 국제사회를 형성하지는 않은 상태를 생각해 보자. 지금까지 우리가 논의한 국가체제는 국제체제이면서 동시에 국제사회였지만, 여기에서는 그렇지 않다. 국가는 존재하고, 국가간에 범지구적 규모로 상호작용도 있지만 공통의 이익 또는 가치의 수용이라는 속성은 없고, 따라서 공통의 규칙이나 제도도 없다. 국가간의 통신과 교섭은 있지만 제도화된 외교의 틀은 없다. 합의는 있지만 구조화된 국제법적 의무에 대한 수용은 없다. 무력충돌이 일어날 경우, 교전국의 전쟁수행능력에 의해 제한받을 뿐, 언제 어떻게 누가 전쟁을 수행해야 하는가에 대한 제약을 준수하려는 의지는 없다. 세력균형이 존재하는 경우에도 우연히 이루어진 것일 뿐 의식적인 노력의 산물은 아

니다. 다른 나라보다 힘이 센 강대국이 존재하지만, 그런 강대국은 특별한 권리와 의무를 지니고 있다는 인식은 존재하지 않는다.

국가체제가 국제사회의 성격을 상실하게 될 날이 미래에 올지 어떨지는 말하기 어렵다. 국제사회가 아닌 상태가 된다 하더라도 공통의 규칙과 제도를 수용하는 국가들이 있을 수 있다. 그렇다면 얼마나 많은 국가들이 국제사회를 벗어나야 더 이상 국제사회가 아니라고 할 것인가? 일부 규칙과 제도는 여전히 존속할 수도 있다. 그렇다면 어떤 규칙과 제도가 반드시 존속하게 될까? 규칙과 제도를 수용하는지를 판단하기도 어렵다. 구두상의 동의로 판단할 것인가? 그 규칙들을 엄격하게 지키는 행위로 판단할 것인가? 그 규칙들을 지키지 않고 있다 하더라도 존중할 의사가 있기만 하면 되는 것인가? 어느 하나 쉽게 결정할 수 없지만, 국제사회는 아닌 국제체제는 분명히 존재한다. 우리는 제1장과 제2장에서 그 역사적 선례를 살펴본 바 있다.

국제사회는 아닌 국제체제에도 질서가 존재할 수 있다. 개별국가들은 그들 상호간에는 공통의 규칙과 제도가 없다 하더라도 일정한 정도의 국내질서는 달성할 것이다. 약간의 국제질서도 존속할 수 있다. 우연한 세력균형에 의해, 또는 상호 핵억지에 의해, 또는 강대국의 일방적인 힘의 행사에 의해, 또는 전쟁의 한계(이것이 자제에 의한 것이든, 능력의 한계에 의한 것이든)에 의해 국제질서가 생겨날 수 있다. 그러나 이러한 종류의 국제체제는 극히 무질서한 체제이며, 사실상 홉스적 자연상태의 전형이 될 것이다.

2) 주권국가들은 존재하지만 체제를 형성하지는 않는 형태

앞에서 말한 국가체제의 본질적 속성 중 ①의 속성은 있지만 ②의 속성은 없는 보편적 정치조직도 생각해 볼 수 있다. 이 경우 주권국가들은 여전히 존재하지만 그들간에 상호작용은 없다. 상호작용이 있다 하더라도 하나의 체제를 이루고 있다고 말할 정도는 아니다. 지역적 수준에서는 국가체제가 형성될 수 있겠지만, 이것이 범지구적 규모로 존재하지는 않는다. 전 세계에 걸쳐 국가간의 상호인식과 또한 접촉과 상호작용도 제한적으로 있을 수 있지만, 세계의 모든 지역에서 국가가 상호간의 계산에서 가장 중요한 고려요소는 아니다.

범지구적 규모에서 국가간의 상호작용이 어느 정도까지 쇠퇴해야 더 이상 체제가 아니라고 말할 수 있는지도 어려운 문제다. 세계 전체에 걸쳐 경제적·사회적 수준에서 고도의 상호작용이 있다면, 전략적 수준에서의 상호작용이 없다 하더라도 범지구적 체제가 존재한다고 말할 수 있을 것인가? 일부 사회들이 배제된 상태에 있다는 이유만으로 범지구적 국가체제가 더 이상 존재하지 않는다고 말할 수 있을까? 오늘날에도 브라질의 정글이나 파푸아 뉴기니의 고지대에는 범지구적 국가체제의 영향을 거의 받지 않는 사회들이 존재한다.

국가체제를 대신할 이러한 종류의 대안적 체제도 풍부한 역사적 선례가 있다. 앞에서 본 것처럼, 19세기에 들어와서야 범지구적 규모로 국가체제가 등장하였다. 그렇다면 과연 그것이 세계질서로 가는 더 나은 경로라고 할 수 있는가?

그렇게 보는 주장들이 있다. 일련의 고립된 또는 반고립상대의 국가 또는 공동체들이 내부적으로 일정한 수준의 사회질서를 달성하고, 이들 공동체 각각의 질서의 총합이 곧 세계질서를 이루게 된다는 것이다. 이러한 상태가 되면, 국가간의 상호작용 상태에서 발생해온 고전적 무질서의 원천들은 사라진다. 상호작용 그 자체가 없거나, 혹은 최소한에 그칠 것이기 때문이다.

루소의 구상이 바로 이런 것이었다. 즉, 그는 소규모의 자기충족적인 국가들이 각각 자국 내의 일반의지에 의해 질서를 달성하고, 국가간의 접촉은 최소화하여 질서를 달성하는 세계를 그렸다.[15] 이러한 구상은 워싱턴(Washington)의 고별연설에서도 찾아볼 수 있다. 그는 미국의 대외정책 지침을 다음과 같이 밝혔다. "대외관계에서 우리가 가장 큰 규칙으로 삼아야 할 것은 통상은 확대하되 정치적 관계는 가능한 한 최소화하는 것이다."[16] 이것은 워싱턴이 미국을 위한 지침으로 말한 것이었는데, 당시 미국은 미국을 위협할 가능성이 있는 강대국들로부터 물리적으로 고립된 상태에 있었다. 나중에 코브던은 이 지침을 모든 나라들에 적용될 수 있는 지침으로 변경했다. "정부간의 관계는 가능한 한 최소한으로, 세계의 국민간의 관계는 가능한 한 최대한으로."[17]

코브던은 매우 엄격하고 절대적인 불간섭을 지지했다. 내전에 대한 간섭은 물론, 국제적 무력분쟁에 대한 간섭에도 반대했다. (신성동맹의 간섭주의와 같은) 그가 반대했던 명분을 위한 개입은 물론, (유럽대륙에서의 자유주의나 민족주의 같은) 그가 지지했던 이념을 위한 개입도 반대했다. 세력균형의 유지나 통상의 보호와 같은 국익을 위한 개입도 반대했다. 밀(John Stuart Mill)은 문명국가들에 대한 간섭과 야만국가에 대한 간섭을 구별하고, 간섭 그 자체와 불간섭원칙을 위반한 국가로 하여금 이를 지키도록 하기 위한 간섭을 구별했으나,[18] 코브던은 이러한 구별조차 불필요하다고 보았다. 그는 도덕적

---

15) Stanley Hoffmann, "Rousseau on War and Peace," in *The State of War. Essays in the Theory and Practice of International Politics*(London: Pall Mall Press, 1965).

16) 코브던은 "영국, 아일랜드 그리고 미국"의 서두에서 이것을 인용했다. 더 자세한 것은 *The Political Writings of Richard Cobden*(London: Cassel, 1886), p. 3 참조.

17) *Ibid.*, p. 216.

18) John Stuart Mill, "A Few Words on Non-intervention," in *Dissertations*

권고를 통해 타국의 내정에 간섭하려는 시도조차 반대했으며, 미국의 노예제를 반대할 목적으로 결성된 단체들처럼, 타국의 내정에 간섭할 목적으로 결성된 영국 내의 어떠한 단체도 인정하지 않았다. 그러나 코브던의 구상에서 전략적 · 정치적 수준에서 최소한의 상호작용만 주목해서는 안 된다. 경제적 · 사회적 수준에서 최대한의 체계적 상호작용의 증진도 똑같이 중요한 내용이다. 코브던은 정부가 경제문제에 관한 한 자유방임(*laissez-faire*) 정책의 보편적 추구가 바람직하다고 보았고, 전략적 · 정치적 수준에서 국가들의 상호고립은 이러한 경제적 상호의존과 병행할 수 있다고 생각했다.[19)]

공동체들의 절대적 또는 상대적 고립에 기초를 둔 보편적 정치조직을 생각해볼 수는 있지만, 거기에도 일정한 결함이 있을 것이다. 과거의 경험에 비추어보면 국가간의 체계적인 상호작용이 일정한 대가를 지불한 것은 사실이다. 예를 들면, 국제적 무질서, 약소국의 강대국에 대한 복속, 빈국에 대한 부국의 착취 등이 있었다. 하지만 강대국과 부국의 약소국 및 빈국 원조, 국제적 노동분업, 상호교류를 통한 지적 향상 등 그로 인한 이익도 있었다. 코브던은 정치적 · 전략적 수준으로 한정하긴 했지만 보편적 고립이라는 처방은 범지구적 규모의 상호작용으로부터 야기될 위험을 피할 수 있는 장점이 있는 반면, 그로 인해 얻을 수 있는 기회도 상실하게 되는 단점이 있다.

---

and Discussions, vol. III (London: Longmans, Green, & Co., 1867).

19) Cobden, "England, Ireland and America and Russia 1836," in *Political Writings*.

3) 세계정부

앞서 말한 본질적 속성 중 ①의 속성, 즉 주권국가 자체가 없는 보편적 정치조직 형태도 생각해볼 수 있다. 예컨대 세계정부가 등장하면 그렇게 된다.

세계정부는 정복에 의해 등장할 수 있다. 예컨대 스트레이치가 말한 강대국간의 '녹아웃 토너먼트'[20]의 결과로서 세계정부가 등장할 수 있다. 이 경우의 세계정부는 최종 승자가 지배하는 세계제국이 될 것이다.[21] 국가간의 사회계약을 통해 세계정부가 등장할 수도 있다. 이 경우 세계정부는 동의 또는 합의에 기초한 세계공화국 또는 세계도시가 될 것이다. 세계대전이나 생태학적 파탄과 같은 재앙이 발생할 경우 이에 대한 긴급처방으로 후자와 같은 세계정부가 갑자기 등장할 수도 있다〔칸트에서 칸(Herman Kahn)[22]에 이르는 미래학자들은

---

20) 〔역주〕 녹아웃 토너먼트(*knockout tournament*) : '토너먼트'는 복수의 경기자를 1:1로 배치하여 패자는 곧바로 탈락시키고 승자는 다른 경기의 승자와 경기를 하는 방식을 말한다. 최후에 남은 두 승자로 우승을 가린다. 국어사전에서는 '승자 진출전'으로 순화하여 사용할 것을 권고하고 있다. 1패만 하면 탈락하는 방식을 '1패 탈락(*single-elimination*) 토너먼트' 또는 '녹아웃 토너먼트'라고 하고, 1패를 하더라도 한 번 더 경기할 수 있는 이른바 '패자 부활전'이 있는 방식을 '2패 탈락(*double-elimination*) 토너먼트'라고 한다. 후자의 경우 승자전 승자와 패자전 승자가 우승을 가리게 된다.

21) Strachey, *On the Prevention of War*.

22) 〔역주〕 Kahn, Herman(1922~1983) : 미국의 물리학자·전략이론가·미래학자. 랜드 연구소(RAND Corporation) 연구원을 지냈으며, 1961년 싱어(Max Singer), 루브호센(Oscar Ruebhausen) 등과 함께 허드슨 연구소(Hudson Institute)를 설립하였다. 핵전쟁의 결과와 생존가능성에 대한 연구는 미국의 핵전략에 큰 영향을 미쳤다. 주요 저서로 《열핵전쟁》(*On Thermonuclear War*, 1960), 《생각할 수 없는 것을 생각한다》(*Thinking About the Unthinkable*, 1962) 등이 있다.

이런 사태를 예견한 바 있다]. 또는 유엔의 힘이 점점 커져 서서히 세계정부가 되는 경우도 생각해 볼 수 있다. 유엔이 국가들로 하여금 주권을 포기하게 하는 직접적인 정치적 공격을 통해 이런 일이 일어날 수도 있고, '기능주의' 이론에서 주장하는 것처럼 비정치적 영역에서 발생한 일이 주권국가에 파급효과를 미쳐 간접적으로 이런 일이 일어날 수도 있다.

지금까지 세계정부가 존재한 일은 없다. 그러나 그와 유사한 최고권을 가진 정부를 경험한 이들은 많았다. 근대 국가체제의 역사를 통해 국가체제의 대안이 될 수 있는 세계정부에 대한 모색과 주장은 계속해서 제기되었다. 로마적 통일성으로 돌아가자는 복고적 이론도 있었고, 세계국가를 불가피한 역사적 진보의 결과로 인식하는 전진적 이론도 있었다. 20세기에 와서는 두 차례 세계대전에 대한 반성으로 세계정부에 대한 논의가 다시 일어나기도 했다.

세계정부를 지지하는 고전적인 주장은 국가간의 질서를 국가 내부의 질서와 동일하게 만드는 것이 최선이라는 것이다. 국가 내부의 개인간 질서는 최고 권위에 의해 수립된다. 이러한 주장은 최소질서목표, 즉 전쟁의 회피에 주로 초점을 맞춘 것이다. 이들에 따르면 전쟁은 국가체제의 불가피한 결과라는 것이다. 여기에서 한 걸음 더 나아가 세계정부가 최적의 질서를 달성할 수 있다는 주장도 있다. 예를 들면 세계정부만이 모든 사람들을 위한 경제적 정의를 달성할 수 있고, 인간이 살아가는 환경을 가장 잘 관리할 수 있다는 것이다.

세계정부에 반대하는 고전적 주장은 세계정부가 질서는 달성할지 모르지만 그 대신 자유를 파괴한다는 것이다. 세계정부는 국가와 민족의 자유를 침해하고(보편적 군주제에 대항하는 싸움을 승리로 이끈 대동맹의 이론가들이 이런 주장을 펼쳤다), 개인의 자유를 제약하며, 세계정부가 전제적 성격을 띨 경우, 정치적 피난처가 없어진다는 것이 이들의 주장이다.

세계정부를 지지하는 주장은 국제적 또는 인간적 정의나 자유보다는 질서를 더 중요하게 여기는 사고의 산물로 보인다. 그러나 질서라는 목표달성을 위해서도 국가체제가 세계정부보다 더 나은 전망을 보여준다는 주장도 있다(이 점에 대해서는 제 12장에서 논의할 것이다).

4) 신중세주의

주권국가가 사라지고, 그 대신 세계정부는 아니라 하더라도 중세 서방 기독교세계에 존재했던 보편적인 정치조직의 근대적·세속적 형태가 등장할 수도 있다. 주권이라는 말이 주어진 영토 내의 인민에 대한 최고권을 의미한다면, 중세 기독교세계에서는 그 어떤 지배자도 그 어떤 국가도 자신의 영토 내에 있는 기독교도 인민들에 대해 주권을 갖지 못했다. 아래로는 가신들과 그리고 위로는 교황 및 신성로마제국 황제(독일과 이탈리아의 경우)와 권위를 나누어 가지고 있었다. 서방 기독교세계의 보편적 정치질서는 국가체제에 대한 하나의 대안을 보여주는데, 그렇다고 해서 이것이 보편정부의 구현은 아니다.

중세 기독교세계에서는 모든 권위가 신으로부터 나온다고 생각하고 있었고, 정치체제는 기본적으로 신정(神政)의 성격을 지니고 있었다. 그러므로 중세적 모델의 등장을 기대하는 것은 공상적으로 보일지도 모른다. 그러나 이 모델의 주요한 특징이 권위의 중첩과 충성심의 다원화라고 한다면, 이러한 특징을 지닌 근대적·세속적 형태의 등장을 기대하는 것은 결코 공상적인 일은 아니다.

주지하는 바와 같이, 오늘날의 주권국가는 '다른 행위주체들'과 세계정치의 무대를 공유하고 있다. 이것은 중세에 국가가 (중세학자들의 표현을 따르자면) '다른 단체들'(*other associations*)과 무대를 공유했던 것과 같다. 만약 근대국가들이 자국의 시민들에 대한 권위와 충성심을 완전히 독점하지 못하고, 한편으로는 지역적·세계적 권위에 종속되고, 다른 한편으로는 국가 또는 민족의 하위에 있는 권위에 간섭받는다면, 그리하여 주권의 개념이 더 이상 사용하기 어려운 개념이 되고 만다면, 이때에는 신중세적 형태의 보편적 정치질서가 등장했다고 말할 수 있을 것이다.

예를 들면, 영국정부가 한편으로는 스코틀랜드·웨일즈·웨섹스 등과 권위를 공유하고, 다른 한편으로는 브뤼셀의 유럽적 권위나 뉴욕과 제네바의 세계적 권위와 권위를 공유하는 상황, 즉 영국정부와 같이 국가가 영국의 영토와 인민에 대해 최고권을 갖지 못하는 상황을 생각해 볼 수 있다. 이런 상황에서는 스코틀랜드와 웨일즈는 브뤼셀, 뉴욕, 제네바와 마찬가지로 세계정치에서 행위주체로 행동하며, 국제법상 권리·의무의 주체가 되며, 협상을 행하고, 어쩌면 군사력을 보유할 수도 있다. 예를 들면, 글래스고 주민들의 정치적 충성심이 에든버러, 런던, 브뤼셀, 뉴욕 등지로 나누어져 있어서 영국정부가 그들에 대한 온전한 지배권을 지금처럼 행사하지 못할 수가 있다. 이런 사태가 범지구적 규모로 벌어진다면, 이때의 세계질서는 (달리 적당한 말이 없으므로) '신중세 질서'(*neo-mediaeval order*)라고 부를 수 있을 것이다.

한편 이와 같은 보편적 정치조직이 국가체제가 구현하는 질서보다 더 나은 세계질서로 가는 길이라고 말할 수 있는 근거는 존재한다. 우선 주권국가체제가 가지고 있는 고질적 위험을 피할 수 있다. 권위가 중첩되고, 충성심이 교차하는 형태로 사람들이 보편적 사회의 구성원이 되기 때문이다. 또한 세계정부가 초래할 권력의 집중현상도 막을 수 있다. 한편 신중세적 모델이 과연 더 나은 길인가에 대해 의

문을 제기하는 견해도 있다. 그 질서가 주권국가보다 더 나은 질서를 제공하리라는 보장이 없고, 오히려 더 나빠질 가능성도 있다는 것이다. 사회생활의 기본적 목표의 달성이라는 측면에서 더 확고한 기초를 제공하는 보편적 사회를 상상해볼 수는 있다. 그러나 그것이 서방기독교세계와 유사한 어떤 것이라면, 끊임없는 폭력과 불안이 만연한 사회가 되고 말 것이므로 근대 국가체제보다 오히려 좋지 않은 결과를 가져올 수도 있다.

5) 비역사적 대안들

지금까지 살펴본 네 가지 대안과는 달리 이전의 역사적 경험과는 전혀 관계가 없는 보편적 정치조직을 국가체제의 대안으로 생각해 볼 수 있다. 물론 미래의 어떠한 보편적 정치조직도 각각의 고유한 특징을 지닐 것이기 때문에 과거의 역사적 경험과는 다른 것이며, 이전의 어떠한 체제와도 정확히 일치하지 않는다. 앞에서 말한 네 가지 대안은 넓은 의미에서 역사적 경험으로부터 이끌어낸 형태들이라고 할 수 있지만, 이러한 역사적 경험과 전혀 관계가 없는 새로운 대안이 발전할 가능성도 있다. 지금 우리가 논의하는 보편적 정치조직의 문제에 영향을 미치는 조건들이 결정적으로 변할 수도 있기 때문이다. 이러한 변화는 테크놀로지의 진보에 의해, 혹은 테크놀로지의 쇠퇴나 후퇴에 의해, 혹은 도덕적·정치적 혁명에 의해, 혹은 과학적·철학적 사고에서의 혁명에 의해, 혹은 군사적·경제적·생태적 재앙에 의해 초래될 수 있다. 이러한 변화의 원천들은 예견가능한 것도 있고, 예견 불가능한 것도 있다.

이러한 비역사적 대안들의 구체적인 내용을 여기에서 살필 수는 없다. 미래의 가능한 조직형태들을 몇 개의 목록으로 한정할 수 없기 때문이다. 그러므로 하나의 보편적 정치체제에서 다른 체제로 변형이 일어나는 법칙들을 알아낼 가능성은 매우 희박하다. 정의상 예견불가능한 정치형태들을 예견할 수는 없고, 비역사적 정치형태들을 정의하려는 시도는 결국 역사적 경험에 의존하는 논의가 되고 만다. 그러므로 국가체제의 대안을 논의할 때는 반드시 우리의 상상력의 한계를 고려해야 하며, 과거의 경험을 뛰어넘을 수 없다는 우리의 능력의 한계 또한 고려해야 한다.

제11장

국가체제의 쇠퇴? 그리고 각종 장려정책

오늘날 국가체제가 쇠퇴하고 있고, 이와는 근본적으로 다른 종류의 보편적 정치조직으로 대체되고 있다는, 또는 대체될 것이라는 주장을 흔히 들을 수 있다. 그러면 지금부터 금세기 말까지 국가체제가 앞 장에서 논의한 바 있는 여러 가지 대안들 가운데 하나로 대체될 것이라는 주장의 근거는 무엇일까?

1. 체제이지만 사회는 아닌 형태

국가체제가 여전히 국제체제로 존속하지만 더 이상 국제사회는 아닌 형태를 생각해볼 수 있다. 현재의 국가체제에 사회적 요소가 있는 것은 사실이지만, 그 발판이 위태로운 상태에 있다는 점에 대해서는 이미 앞에서 논의한 바 있다(제2장 참조). 제1차 세계대전이 발발한 이래, 국제법의 규율범위의 확대와 국제기구의 증가에 의해 창출된 국제사회의 강화라는 환상에도 불구하고, 국가체제 내부에서는 공통이익 또는 공통가치에 대한 합의가 쇠퇴해왔다. 볼셰비키 혁명 이후의 이데올로기적 분열, 서구지배에 대한 비유럽 인민들 및 국가들의 반란, 유럽적 기원을 가진, 또는 서구적 특징을 가진 국가체제의 확대 및 성격의 변화 등으로 1914년의 시점에 비해 합의의 범위가 축소된 국제체제가 등장했다. 현재 향후 수십 년 동안 그러한 압박이 더욱 커져 현재 남아있는 합의의 범위조차 급격히 축소되거나 또는 완전히 사라질 것이라는 예측도 가능하다.

국제사회의 붕괴 또는 소멸을 가져올 수 있는 가능한 원인들을 일일이 나열할 필요는 없을 것이다. 공산국가와 반공국가 간의 이데올로기적 긴장은 1950년대와 1960년대에 다소 완화되었다 하더라도 여전히 존재하고 있다. 부유한 산업국가와 가난한 농업국가 간의 긴장은 진정될 조짐이 보이지 않으며, 오히려 격화되고 있다. 자원부족에 대한 인식이 고조됨에 따라 국가이익을 둘러싼 갈등도 새로운 긴장의 잠재적 요인이 되고 있다. 또한 20세기 후반에 등장한 공통의 규칙 및 제도에 대한 압박이 '우발적' 요인 — 특정한 갈등의 외교적 처리에 실패함으로써 초래된다는 의미에서 — 에 의해 크게 증가할 수도 있다. 예를 들면, 대규모 핵전쟁이 발발할 경우, 핵무기는 두 교전국 사이에 사용되었다 하더라도 세계의 정치적 상황을 급격히 변화시키고, 국제사회의 규칙과 제도에 대한 존중도 급속히, 그리고 전반적으로 사라질 가능성이 있다. 금세기의 국제관계사는 사실상 제 1차 세계대전이라는 단 한 번의 파국적인 '우발사건'으로 국제관계에 초래된 사회적 요소의 급격한 붕괴에 직면하여 이를 극복하려는 장기간에 걸친 노력이라고 볼 수도 있다.

국제사회가 소멸할 가능성이 있음은 인정해야겠지만, 국제사회를 지속시키는 요인들에도 주목해야 할 것이다. 금세기 국제사회가 상당한 압박을 받아왔음에도 불구하고 여전히 존속한다는 것은 참으로 놀라운 일이 아닐 수 없다. 현재 존재하는 140여 개국〔2010년 현재 192개국〕은 이데올로기·문화·문명·부·권력 등의 측면에서 근본적 차이가 있어 그들 사이의 합의의 범위는 1914년에 비해 훨씬 더 좁은 것이 사실이다. 1914년 당시에는 국가의 수도 적었고, 이데올로기적 측면에서 상대적으로 동질성을 가지고 있었으며, 유럽적 성격이 지배적이었다. 그러나 규칙과 제도의 틀은 여전히 작동하고 있으며, 금세기의 더 큰 분열을 막아주고 있다.

국제법 체계도 변화했다. 이전의 국제법 체계는 주로 유럽의 경험에서 유래된 것으로서 유럽 열강의 이익을 반영했으며 그들의 지배도구로서 고안된 것이었다. 이 체계는 주로 아시아·아프리카의 신생국들로부터 도전을 받았고, 그 결과 상당한 변화가 생겼다. 그 변화는 주로 식민지 주권의 불법성, 신생국의 자국 내 자연자원에 대한 주권적 권리, 부국으로부터 빈국으로의 부의 이전 필요성, 신생국이 그 이전의 국가의 의무를 승계하는 범위의 제한 등과 관련된 것이었다. 그러나 이 모든 변화는 신생국들이 그 체계의 기본적 구조와 의무의 승인이라는 배경 아래 이루어진 것이다.[1)]

국가간의 외교관계의 틀은 공산국가와 반공국가 간의 이데올로기적 투쟁으로 격변의 시기를 거쳤다. 냉전기간 중에 양 진영 사이에는 영사대표부가 사실상 소멸하고, 외교대표부도 축소되었다. 그러나 이와 같은 투쟁이 최고조에 달한 시기에도 양 진영 사이에는 외교관계가 존속하였으며, 외교상의 형식과 절차가 엄수되었다. 외교사회에서도 비유럽 국가들이 다수 유입됨에 따라 지금은 다수를 차지하고 있고, 외교의 방식과 방법에 큰 변화가 생기긴 했지만, 신생국들이 주권국가로 이루어진 사회의 확립된 제도를 받아들일 용의를 보여주었다는 점에 특히 주목할 필요가 있다.

세력균형의 필요성 또는 세력균형의 유지방법에 관해 국제사회에서 명시적으로 이루어진 일반적 합의는 없다. 그러나 일반적 세력균

---

1) 이러한 관점을 살펴보기 위해서는 다음을 참조하라. S. Prakash Sinha, *New Nations and the Law of Nations* (Leyden: Sijthoff, 1967).

형은 존재한다고 말할 수 있다. 그 기초를 이루는 것은 미·소 간의 상호 핵억지 관계이며, 이 균형은 우발적인 것이 아니라 부분적으로는 미국과 소련의 의도적 노력에 의해 이루어진 것으로서, 여기에는 미·소의 공통이익에 대한 인식이 일정한 작용을 했다고 볼 수 있다.

유엔은 집단안전보장을 위해 국가간의 연대를 추구했으나 이전의 국제연맹과 마찬가지로, 세계질서로 가는 대안적 경로는 찾지 못하고 있다. 그러나 유엔은 유일한 보편적 국제기구로 존속하고 있으며, 오늘날의 국제체제가 불화를 일으키고 있음에도 불구하고 공통이익과 공통가치의 상징이 되었다. 국제관계에서 장차 국제사회적 요소가 위축되거나 소멸할 가능성이 있음은 사실이고, 또한 현재의 몇 가지 추세로 보아 그럴 가능성이 크지만, 반드시 그렇게 된다고 볼 이유는 없다.

2. 주권국가들은 존재하지만 체제는 아닌 형태

앞 장에서 살펴본 두 번째 대안은 국가들은 계속 존재하지만 범지구적 국가체제를 형성하지는 않는 상태였다. 국가들이 상호 완전히 고립되어 있거나, 그들 사이에 접촉이 있다 해도 체제의 구성원으로서의 행동으로는 보기 힘들 정도로 상호작용이 불충분할 경우 이런 상태가 된다. 이것은 19세기 이전의 상태로 회귀함을 의미할 것이다. 그 당시에는 국가들이 존재하고 있었고, 세계의 여러 지역에서 국가체제나 기타 정치복합체가 지역적으로 존재했지만, 이 모든 것을 구성요소로 하는 단일한 국가체제가 범지구적으로 존재하지는 않았다.

오늘날의 보편적 정치양식에서 체제적 요소가 사라지는 일은 발생할 수 있다. 현재의 과학·산업·테크놀로지 문명이 붕괴할 경우 그런 일이 생길 수 있다. 확실히 지난 2세기간의 산업과 테크놀로지의 진보는 지구상의 다양한 영역에서 경제적·사회적·전략적 상호작용의 양적 증대를 가져왔다. 이러한 추세의 반전도 생각할 수 없는 것은 아니다. 예를 들면, 에너지 부족, 자원 자립의 추구, 정책목표로서의 경제발전에 대한 회의, 반과학적 철학의 영향력 증대 등이 그러한 상황을 초래할 수 있다. 그러나 이 같은 상황이 온다 하더라도, 체제적 성격이 사라지거나, 루소가 생각한 고립된 공동체들의 집합 같은 것이 되지는 않을 것이다.

현재의 세계정치에서 평화와 안보기구의 형태로 또는 국제 경제문제의 처리를 위해 규모가 큰 지역주의가 등장하는 추세가 있는 것도 사실이다. 제 2차 세계대전이 끝나갈 무렵, 처칠은 지역적 국제기구를 선호했지만 다수 국가들이 유엔과 전문기구의 설치를 선호하여 처칠의 구상을 거부하였다. 이로써 전승국들은 지역적 국제기구보다는 세계적 국제기구에 대한 선호를 보여주었는데, 이 선호가 역전되는 경우도 생각해 볼 수 있다. 평화와 안전보장의 문제를 처리할 국제기구와 관련하여 이른바 《지역별 평화》(최근의 책 제목을 빌리자면)의 개념이 지배적 사고가 될 수도 있다. 또한 통상·화폐·개발원조 문제도 세계적 기구보다는 지역적 기구가 더 잘 처리할 수도 있다. 나아가 유엔과 기타 세계적 기구들이 쇠퇴하거나 심지어는 소멸하는 일도 있을 수 있다.[2] 세계를 몇 개 지역으로 나누어 각각 강대국들의 책임권으로 한다면, 가까운 장래에 그런 일이 벌어질 수 있다. 즉, 미국, 서유럽 국가들의 연합, 소련, 중국, 일본이 각 지역의 책임자가 되고, 그들의 관계는 오직 느슨한 협력형태만 되는 것이다.

그러나 이런 종류의 지역화된 세계체제가 등장한다고 하더라도,

---

2) Joseph Nye, *Peace in Parts: Integration and Conflict in Regional Organisations* (Boston: Little, Brown & Co., 1971).

범지구적 규모의 국가체제가 소멸하는 것은 아니다. 범지구적 규모의 국가체제가 존재하는지의 여부를 판단하는 기준은 범지구적 국제기구의 존재여부가 아니라 국가간의 범지구적 상호작용의 존재여부이다. 범지구적 국제기구가 존재하지 않아도 국가간의 범지구적 상호작용은 존재할 수 있다. 범지구적 규모의 사회적·경제적·외교적·전략적 상호작용의 존재를 고려하지 않은 미래구상은 결코 현실적인 것이라 할 수 없다. 국가는 존재하되 더 이상 체제가 아닌 상태는 다음과 같은 예외적인 경우에 한해 발생할 수 있다. 즉, 세계적 규모의 핵전쟁과 같은 재난이 일어나 인간의 생활이 경제적으로 그리고 테크놀로지의 측면에서 매우 낮은 수준으로 떨어질 경우, 또는 에너지원이 고갈되고 그로 인해 세계의 수송과 통신이 두절될 경우, 또는 인간의 가치관이 혁명적 변화를 일으켜 모든 사람이 지금보다 더 단순하고 지역화된 생활방식을 선호하게 될 경우 등이다.

3. 세계정부

금세기의 주권국가들이 서로 합의하여 세계정부를 구성하리라는 증거는 전혀 없다. 국가간의 사회계약을 통해 세계정부를 설립한다는 관념은 그것의 필요성이 가능성의 조건들을 창출할 것이라는 생각에 바탕을 두고 있다. 다시 말해서 세계정치에 질서가 필요하다면, 그 질서는 반드시 생긴다는 것이다. 그러나 국가들이 그럴 필요성을 느끼지 못하는 것이 근대 국제정치의 현실이다. 상호간에 생존권을 인정하고, 분쟁해결수단으로서 무력의 사용 또는 위협을 포기하는 것조차 합의해 내지 못하는 정부들이 어찌 자국의 안전보장과 기타 중요한 이익들을 세계적 권위에 맡길 수 있겠는가? 과거에 비록 그런 일이 있었다 해도, 현재 또는 예측가능한 미래에 이런 일이 생길 가능성은 없다. 주요 국가집단간 합의의 범위는 과거에 비해 확실히 협소하고, 많은 국가들이 식민지부터 해방된 것을 기뻐하고 있기 때문이다. 범지구적 규모의 핵전쟁이 발발하거나 또는 경제적 · 생태적 붕괴와 같은 재앙이 닥치면 세계정부가 탄생할 것이라는 생각 — 역경이 생기면 국가들의 행동에 변화가 생길 것이라는 생각, 즉 국가들이 합리적으로 행동할 의사만 있었다면, 애당초 그 길로 나아갔을 것이라고 생각되는 바로 그 길을 찾아 갈 것이라는 칸트의 구상 — 은 재앙이 발생하고 나면 국가들이 더욱 '합리적'인 국제적 행동을 할 것이라는 전제를 가지고 있다. 그러나 과연 그렇게 될지, 아니면 더욱 비합리적인 행동을 하게 될지는 알 길이 없다.

계약에 의한 세계정부라는 관념은 딜레마를 수반한다. 칸트를 비롯한 세계정부 지지자들은 주권국가들이 홉스적 자연상태에 놓여 있고, 이로부터 벗어나기 위해 공통의 정부를 구성할 필요가 있다는 전제에서 출발하고 있다. 그러나 국가들이 정말 홉스적 자연상태에 놓여 있다면, 그로부터 벗어나기 위한 계약은 결코 성립될 수 없다. 칼 없는 계약이 단지 말에 불과하다면, 보편정부의 수립을 위한 계약도 말에 불과할 것이며, 다른 계약들도 다 마찬가지일 것이다. 칸트적 처방에 들어 있는 난점은, 국제적 관계의 현실적인 조건에 대한 기술과, 개선을 위한 처방이 서로 모순된다는 점이다. 국제적 무정부상태가 지속되는 상황에서 국가들이 하는 행동은 취할 것이 못된다고 하면서, 동시에 국제적 사회계약이라는 커다란 해결책을 바로 이러한 국제적 무정부상태에서 찾고 있다. 세계정부 구상이 바람직할 뿐만 아니라 가능한 것이라고 주장하기 위해서는 국제관계가 홉스적 자연상태가 아니며, 칼 없는 계약도 결코 말에 불과한 것은 아니라는 것과, 주권적 정부들 사이의 협력을 가져올 수 있는 재료들이 있음을 인정해야 한다. 그러나 이런 것을 인정할 경우, 국제적 무정부상태를 종식시켜야 한다는 주장 자체가 약화되고 만다.

지금까지는 정복에 의한 세계정부가 계약에 의한 세계정부보다는 훨씬 더 가능성이 높은 것으로 여겨져 왔다. 근대 민족국가 초기에 개개의 군주가 최고권을 갖게 된 것은 정복, 즉 '녹아웃 토너먼트'에 의해서였다. 과거에 존재했던 보편적 제국들도 정복에 의해 이루어졌다. 근대 국가체제도 정복에 의해 단일 최고정부가 통치하는 보편제국 근처까지 간 일이 몇 차례 있다.

그러나 20세기 후반에 정복에 의해 세계정부가 등장할 가능성은 매우 낮다. 세 가지 요인 때문이다. 첫째, 핵 교착상태가 있다. 이것이 중심적 균형, 즉 미·소 간의 균형의 안정성을 크게 증대시키고 있으며, 다른 강대국들간의 균형에 동일한 영향을 미치고 있다. 확실한 핵보복 전력을 가진 강대국은, 핵전력 이외의 군사적 균형이 여하하든, 자국을 전복하려는 적국의 시도를 저지할 수 있다. 둘째, 1970년대에 복합적 세력균형 또는 다변적 세력균형이 이루어졌다는 사실이다. 이 또한 일반적 세력균형의 안정성을 증대시키고 있다. 미국, 소련, 중국, 그리고 아마도 일본과 서유럽 국가연합이 군사강국으로서의 지위를 금세기 말까지 유지하리라고 본다면, 그 어느 국가도 제국체제를 수립할 수 있을 정도의 우월적 지위를 갖지는 못할 것이다. 셋째, 세계의 인민들이 정치적으로 활성화되었다는 점이다. 전적으로 그렇다고 말할 수는 없지만, 이 활성화는 민족주의의 형태로 나타나고 있다. 어느 한 민족이나 인종이 우위에 서는 일에 대한 저항운동은 쉽게 결집될 수 있기 때문에 제국체제 또는 위계체제의 수립은 그만큼 어렵다. 설령 수립되었다 하더라도 히틀러의 '유럽 신질서'처럼 단명하고 만다. 현대는 제국의 분열시대이며, 보편적 군주제가 등장할 가망성은 역사상 가장 낮은 상태에 있다.

4. 신중세주의

국가체제가 중세 기독교세계의 특징이었던 권위의 중첩 또는 분절이 나타나는 체제로 변환되리라는 증거는 있는가?

주권국가가 세계정치에서 유일하게 중요한 행위자 또는 행위주체가 아니라는 것은 분명한 사실이다. 그러나 세계정치에서 국가 이외의 행위자가 존재한다는 사실만으로 신중세주의로 향하는 추세에 있다고 말할 수는 없다. 중요한 문제는 (중세학자들의 표현을 빌리자면) 이러한 '기타 단체들'이 주권국가의 영토 및 인민에 대한 주권 또는 최고권을 침해하여 국가의 최고성을 허물고 있는지, 그리하여 주권이라는 개념의 유용성과 적실성이 의문시되는지의 여부이다. 현대 세계정치에는 이러한 추세를 보여주는 5개의 특징이 있다.

1) 주권국가들의 지역적 통합

첫째는 몇 개의 국가가 더 큰 구성단위로 통합을 추구하는 경향이다. 유럽경제공동체(EEC)의 회원국들은 여전히 영토주권을 주장 또는 보유하고 있지만, 상당한 정도로 통합을 진행하여, 일부에서는 그들이 궁극적으로 주권의 상실에 이를 것으로 내다보고 있다. 경제적 통합이라는 측면에서 아직까지 유럽경제공동체를 따라갈 만한 지역 연합체는 없다. 경제상호원조회의(Comecon), 아프리카 통일기구(OAU), 미주기구(OAS), 중미공동시장 등은 유럽경제공동체를 본받은 연합체들이다.

'유럽' 운동의 표면상의 주장은 이런 것이다. 즉, 유럽통합은 '안보공동체' 또는 역내 평화지대가 될 것이며, 또한 국가들이 자발적으로 주권을 포기할 수 있음을 세계에 보여줄 것이기 때문에 국제질서에

참신하고 유익한 효과를 낳는다는 것이다.[3]

그러나 이러한 견해는 수긍하기 어렵다. 유럽 국가들의 통합이 단일 유럽 국가의 창설에 이른다 하더라도 (그리고 이를 본받아 타 지역에서 유사한 과정들이 진행되어 동일한 결과에 이른다 하더라도) 결과적으로 주권국가의 수만 감소할 뿐, 주권국가 제도 자체는 이전과 정확히 동일한 지위에 있을 것이기 때문이다.

그렇게 탄생한 단일 유럽 국가가 여전히 주권국가이기는 하지만 적어도 민족국가는 아니며, 따라서 과거에 민족국가간의 충돌의 원인이 되었던 민족주의 감정으로부터 벗어날 수 있다고 주장할 수도 있다. 또한 주권을 보유한 민족국가보다는 자제력이 크고, 법을 잘 지킬 것이라고 기대할 수도 있으며, 여전히 주권국가라 하더라도 '권력정치'(권력을 단순히 수단으로서만이 아니라 목적으로서 추구한다는 의미에서)를 추구하는 경향은 현저히 줄어들 것이라고 기대할 수도 있다.

그러나 이러한 견해는 다음과 같은 사실을 간과하고 있다. 즉, 유럽통합 운동은 '권력정치의 극복'이라는 일부 유럽인들의 희망을 반영하지만, 미국·소련·중국과 같은 대륙 규모의 국가들이 지배하는 세계에서 좀더 효과적으로 '권력정치'를 수행할 수 있는 단위를 창출하려는 야심도 여전히 존재한다는 점이다. 또한 유럽 연방주의자가 적절히 지적한 것처럼, 유럽연방이 발전하기 위한 전제조건으로서 유럽인으로서의 정체성이 먼저 생겨야 한다. 이러한 정체성이 형성된 경우 프랑스인, 독일인 등의 '새로운 조국'에 대한 충성심은 덜 배타적인 성격을 갖게 될 것이다. 보다 근본적으로는 민족국가가 아닌 국가는 '권력정치'를 자제할 것이라는 견해는 민족국가 시대는 국가체제의 역사에서 특정한 단계일 뿐이라는 사실을 간과한다. 민족국가가 아닌

3) Lord Gladwyn, "World Order and the Nation-State: A Regional Approach," Stanley Hoffmann, ed. *Conditions of World Order*.

국가들 관계에서도 '권력정치' 현상이 나타난다는 것은 왕조시대 또는 절대주의 시대의 국가체제의 역사에서 흔히 찾아볼 수 있다.

유럽통합이 국가체제에 질적 변화를 가져오는지 알아보기 위해서는 이러한 통합과정의 최종결과에 대한 기대치 — 대문자로 쓴 민족국가일 뿐인 초국가적 유럽 — 를 놓고 논할 것이 아니라, 그 중간단계를 보아야 한다. 통합과정에서 아직 단일 유럽 국가라고 말할 수는 없어도 주권이 각국 정부에게 있는지 '공동체' 기구에 있는지가 이론적으로도 현실적으로도 구별이 불가능한 단계가 올 수 있다. 여기에서 매우 중요한 구별기준은 '공동체' 내의 각국 정부가 자유롭게 무력을 보유할 권리가 있는가, 자국 국민에게 충성심을 요구할 수 있는가, 그리고 '공동체'로부터 탈퇴할 수 있는가 하는 것이다. 주권의 소재가 불확실한 이러한 상황은 '신중세주의'로 나아가는 작은 발걸음일 수도 있다. 신중세주의가 되면 주권은 불필요한 개념이 된다. 그러나 유럽에 이러한 상황이 존재한다 하더라도 범지구적 규모의 국가체제는 흔들리지 않을 것이다. 단지 특정 지역에 (국가체제의 초기 몇 세기 동안, 독일에서 그러했던 것처럼) 지배적인 규범과는 맞지 않는 혼성적 실체가 존재하는 데 그칠 것이다.

2) 주권국가의 분열

일부 국가들은 지역적으로 통합하는 노력을 보였지만, 이와는 다른 방향으로 가는 경향도 찾아볼 수 있다. 이것은 1960년대와 1970년대에 걸쳐 매우 인상적으로 나타났는데, 바로 현존 국가들이 분열의 징후를 보였다는 점이다. 신생국의 경우, 민족적 정체성과 응집력의 결여라는 문제점을 안고 있었고, 이를 극복하고자 노력하였으나, 분리주의 운동으로 타격을 받았고, 이로 인해 분열된 나라(파키스탄)도 있었다. 이러한 경향은 '신생국'에 국한된 현상만은 아니었다. 제법 오래된 '신생국'인 유고슬라비아[4]에서도, 오랜 역사를 지닌 영국, 프랑스, 스페인, 벨기에, 캐나다 같은 민족국가에서도 분열적인 경향이 나타났다.

웨일스인, 바스크인, 퀘벡인, 플랑드르인 등의 요구에 따라 국가체제에 질적 변화가 발생하는 일도 생각해 볼 수 있다. 이러한 저항집단의 요구가 다 같은 것은 아니다. 자신이 속한 국가의 주권은 부정하지 않은 채 지방자치를 요구하는 사람들도 있고, 자신이 속한 국가가 억압적이라고 생각하여 이를 타도하고 새로운 주권국가를 수립하고자 하는 사람들도 있다. 만일 이러한 분열적 경향이 계속 진행되어, (방글라데시[5]처럼) 나갈랜드,[6] 비아프라,[7] 에리트레아,[8] 웨일

4) 〔역주〕 1918년 건국되었던 유고슬라비아 왕국은 1941년 추축국(독일·이탈리아)의 점령으로 멸망했다가 제2차 세계대전 종전 후인 1945년 소련의 지원을 받아 유고슬라비아 사회주의 연방공화국(The Socialist Federal Republic of Yugoslavia)으로 다시 건국되었다. 1992년에 들어 연방이 붕괴되면서 5개국(보스니아헤르체고비나, 크로아티아 공화국, 슬로베니아 공화국, 전 유고슬라비아 마케도니아 공화국, 유고슬라비아 연방공화국)으로 분열, 각각 독립국이 되었다. 유고슬라비아 연방공화국은 2003년 2월 국명을 세르비아몬테니그로(Serbia and Montenegro)로 개칭하였다가, 2006년 6월 세르비아와 몬테니그로가 분리되었다. 유엔창립 당시 유고슬라비아 사회주의 연방공화국의 회원자격은 유고슬라비아 연방공화국 → 세르비아몬테니그로 → 세르비아로 계승되었다.

5) 〔역주〕 방글라데시(Bangladesh)는 인도에 속하던 지역으로 1947년 인도가 영국에서 독립할 때 파키스탄으로 독립하였다. 같은 이슬람교를 믿지만 벵골족이라는 이유로 무시와 핍박을 받아온 동파키스탄은 1971년 3월 유혈 독립전쟁을 통해 서파키스탄(지금의 파키스탄)으로부터 분리·독립하여 주권국가가 되었다.

6) 〔역주〕 나갈랜드(Nagaland) : 인도 북동부 미얀마와의 국경 나가 구릉에 있는 주(州). 1955년부터 나가 부족의 독립운동이 일어나 1961년에 주의

스, 퀘벡, 크로아티아[9]와 같은 주권국가들이 수립된다면, 세계정치에서 주권국가의 수는 늘어나겠지만, 주권국가 제도 그 자체는 어떠한 영향도 받지 않을 것이다. 이것은 유럽 국가연합(United States of Europe)이 창설된다 하더라도 주권국가 제도 그 자체에 아무런 영향을 미치지 않는 것과 같다.

국가통합의 경우와 마찬가지로 국가분열의 경우에도 이론적으로 중요한 형태는 중간단계의 국가(*intermediate state*)에서 정지된 경우이다. 새로운 정치단위가 등장하여 이론적으로나 보유하는 무력의 측면이나 충성심의 측면에서 주권국가의 지위에 필적하여, 기존 국가의 주권에 의문을 던지게 하지만, 동시에 스스로 주권을 주장하지는 않을 경우, 주권제도 그 자체가 몰락하는 징후로 볼 수 있을 것이다.

주권이 지역적·초국가적 기구들에 의해 손상될 가능성을 무시할 수 없는 것과 마찬가지로 그런 일이 발생할 가능성도 얼마든지 있다. 그러한 가능성을 무시하는 정치적 현실주의자는 너무나 안이한 생각을 하는 것이다. 유럽통합주의자나 퀘벡인·바스크인 등의 집단('분열주의자'라고 부르기로 하자)이 새로운 주권국가의 창설이라는 해결책으로 나아가는 것은 기존의 개념과 관행이 절대적으로 지배적이기 때문이다. 국가체제의 힘은 원운동(보기에 따라서 악순환 또는 선순환)을 일으키고 있다. 새로운 정치공동체의 창설운동은 그 궤도 안에서 움직이도록 만들고 있다. 웨일스, 영국, 유럽공동체(European

창설이 인정되었고, 1963년 12월에 독립적인 하나의 주로 승격하였다.

7) 〔역주〕 비아프라(Biafra): 나이지리아 동부의 주(州). 1967~1970년에 일시 독립을 선언한 일이 있다.

8) 에리트레아(Eritrea)는 1993년 에티오피아로부터 독립하여 주권국가가 되었다.

9) 〔역주〕 제 11장의 주 4 참조.

Community) 등이 세계정치에서 일정한 지위를 유지하고 있으면서도 배타적인 주권을 요구하지 않는 상태가 된다면, 이때에야 비로소 새로운 개념의 보편적 정치조직의 등장을 말할 수 있을 것이다. 그러나 지금까지의 분리주의 운동은 과거에 유럽 제국들의 붕괴를 가져온 운동들과 마찬가지로 주권국가 제도를 확인할 뿐 이에 대해 의문을 제기하는 것은 아니다.

3) 사적인 국제적 폭력의 부활

주권국가가 쇠퇴하고, 중세적 질서의 세속적 형태가 등장할지도 모른다는 예측을 뒷받침하는 또 다른 징후가 있다. 그것은 국가 이외의 집단이 국제적 규모로 폭력을 행사하면서 그러한 폭력을 사용할 권리를 주장하고 있다는 점이다.

앞에서 이미 지적한 것처럼, 근대 국가체제의 기본적 특징 중 하나는 오직 주권국가만이 국제정치에서 무력을 사용할 권리를 가지려 했다는 것이다(제 8장 참조). 근대 국가체제에서는, 중세 기독교세계의 경험과는 달리, 합법적 폭력은 오직 공적 권위에 의해서만 사용될 수 있고, 폭력을 사용할 자격이 있는 공적 권위는 국가밖에 없다는 주장이 널리 받아들여졌다.

합법적인 국제적 폭력을 국가가 독점했다는 주장에 대해 이런 반론이 있을 수도 있다. 즉, 유엔과 같은 국제기구들도 국제적 폭력을 행사했다는 것이다. 예를 들면, 6·25전쟁(1950) 때와 콩고 위기 때 유엔은 국제적 규모로 무력을 사용할 권한을 주장하였다는 것이다. 그러나 이 경우에는 이미 무력사용권을 가진 국가들이 집단적인 협력의 방식으로 유엔을 대리자로 삼았다고 할 수 있다. 국가의 전통적 무력독점에 대한 더욱 중요한 침해는 주권국가도 아니고 공적 권위도

의심스러운 정치집단들의 폭력행사이다. 아랍국가들에 근거지를 둔 팔레스타인 게릴라처럼, 이들은 외국의 영토를 공격하기도 하고, 제 3국에 있는 요원과 재산을 공격하기도 하며, 제 3국의 시민들을 인질로 잡기도 한다. 또한 우루과이의 투파마로스[10]와 같은 혁명단체들은 정부전복을 시도할 뿐만 아니라, 제 3국의 외교관이나 시민을 납치하여 그들이 전복하고자 하는 정부에 대한 압박수단으로 삼기도 한다.

이들 비국가 집단이 국제적 폭력을 행사하고 있다는 사실보다 더욱 인상적인 것은 이들의 폭력사용권을 합법적인 것으로 인정하는 국가들이 상당수 있다는 사실이다. 국가들의 사회는 해적(海賊)과 같이 사적인 동기에 의해 국제적 폭력을 행사하는 집단에 대해서는 연대하여 대응했으나, 정치적 동기를 지닌 집단들이 주권국가의 합법적 폭력사용권의 독점에 도전하는 사태에 대해서는 그러한 연대를 보여주지 못하고 있다. 항공기 납치와 외교관 납치를 국제적 행동에 의해 저지하고자 하는 시도는 바로 이러한 연대의 결여로 실패했다. 1972년 미국이 주도한 '국제테러' 방지조약은 유엔총회에서 부결되었다.[11] 대부분의 사회주의국가들과 제 3세계 국가들은 비국가 집단들의 국제적 폭력을 비난하기는커녕, 모든 경우에 그들에게 전쟁법을 적용하여 보호해야 한다고 주장했다. 이유는 이 집단들의 무장투쟁이 자결권을 위한 투쟁이며, 식민주의, 외국의 점령, '인종주의' 정부에 대한 투쟁이기 때문이라는 것이다.[12]

10) 〔역주〕 투파마로스(Tupamaros) : 1960년대와 1970년대에 활동하던 우루과이 도시게릴라 단체.

11) Keesing's Contemporary Archives(February 12~18, 1973), p. 25.

12) International Committee of the Red Cross, *Draft Additional Protocols to the Geneva Conventions of August 12, 1949*(Geneva 1973).

만약 이러한 추세가 계속 용인된다면, 사적인 국제적 폭력은 더욱 증가할 것이며, 주권국가는 합법적 폭력사용에 대한 독점권을 상실할 것이다. 또한 중세적 상황의 부활, 즉 폭력의 합법적 사용권을 공적 권위들만이 갖는 것이 아니라 사적인 개인들도 갖게 되는 사태가 초래될 것이다. 그러나 이러한 종류의 사적인 국제적 폭력은 전례 없는 새로운 것이 아니다. 새로운 것은 그것이 전 세계적 규모로 일어나고 있다는 사실이다. 반정부 집단의 폭력은 종종 국경을 넘나든다. 혁명조직에 의한 외국 항공기와 승객납치의 선례는 혁명조직에 의한 선박납치에서 찾아볼 수 있다. 예컨대 1877년에 페루의 반군들은 철갑선 와스카(Huascar)호를 납치하였는데, 이들은 두 척의 영국 선박을 정선시키고 이 배에 타고 있던 페루 정부 관리를 연행하였다. 반군들이 제3국의 시민들을 납치하는 일도 선례가 있다. 1904년 탕헤르에서 미국시민 2명이 모로코 도적 '엘 라이술리'(El Raisuli)에 의해 피랍된 일이 있었다. 도적들은 모로코 술탄을 적으로 여기고 있었는데, 그들의 요구사항은 미국 정부가 모로코 술탄에게 압력을 행사해 달라는 것이었다.[13] 국가만이 세계정치에서 폭력을 행사할 권리가 있다는 관념은 현재 널리 받아들여지고 있는 법리이다. 그러나 이러한 법리가 현실을 정확하게 반영한 적은 없다.

그러나 국제적 폭력의 사용권을 주장하는 비국가 집단들이 항상 새로운 국가의 수립, 또는 기존의 국가권력의 탈취를 목표로 하고 있다는 점도 고려해야 한다. 상당수의 국가들이 이들에 대해 공감하는 것도 그들의 목표에 공감하기 때문이지, 세계정치체제에서 국가가 다른 집단에 비해 누리는 특권적 지위에 도전할 의사가 있기 때문은 아

---

13) 이러한 사례들과 사적인 국제적 폭력문제에 대한 폭넓은 논의는 졸고 "Civil Violence and International Order," *Adelphi Papers*, no. 83(1971)을 참조하라.

니다.

4) 초국적 기구

목표추구를 위해 국경을 넘나들면서 폭력을 행사하는 비정부 집단은, 국가체제의 존속을 위협하는 좀더 넓은 현상인 초국적 기구의 특수사례라고 할 수 있다. 초국적 기구는 국경을 넘나들면서 활동하는 단체로서, 때로는 전 세계적 규모로 활동하기도 한다. 이들은 가능한 한 국경을 무시하며, 서로 다른 사회간의 연계 또는 사회 부분간의 연계구축에 기여한다. 여기에는 GM(General Motors)이나 유니레버(Unilever) 같은 다국적 기업도 있고, 공산당이나 3대륙 연대기구와 같은 정치운동 단체도 있으며, 학회나 전문가단체와 같은 국제적 비정부 단체도 있고, 로마 가톨릭교회와 같은 종교단체도 있으며, 세계은행과 같이 국경을 넘어서 활동하는 정부간기구도 있다.[14]

이에 대한 헌팅턴[15]의 분석은 크게 도움이 된다. 그는 초국적 기구들의 특징을 세 가지 측면에서 분석하고 있다. 첫째, 누가 이 조직들을 관리하는가, 둘째, 이 조직들을 운영하는 직원들의 국적은 어떠

14) Samuel P. Huntington, "Transnational Organisations in World Politics," *World Politics*, vol. xxv, no. 3(April 1973) 참조.

15) 〔역주〕 Huntington, Samuel Phillips(1927~2008) : '문명충돌론'으로 널리 알려진 미국의 정치학자. 군사정치학과 비교정치학 분야에서 이론정치와 현실정치를 두루 체험한 정치학자로 평가받고 있다. 주요 저서로 *The Soldier and the State*(1957), *The Common Defense*(1961), *Political Order in Changing Societies*(1968), *The Crisis of Democracy*(1976), *American Politics*(1981), *The Third Wave*(1991), *The Clash of Civilizations and the Remaking of World Order*(1996), *Who Are We? The Challenges to America's National Identity*(2004) 등이 있다.

한가, 셋째, 지리적 활동범위는 어디까지인가 하는 것이다. 그에 따르면, 대부분의 거대 다국적 기업들은 국가의 관리 아래 놓여 있고(본부는 주로 미국에 있으며, 최고경영자는 미국인이다), 직원들의 국적은 다양하며, 활동의 범위는 국경을 넘나든다는 것이다. 즉, 그들은 '주로 중앙의 지시를 받는 형태로 2개국 이상의 영토에서 활동'한다.[16] 헌팅턴의 정의에 따르면, 활동의 범위가 초국적이면 초국적 조직이다. 그러므로 국제적 관리 아래 다국적 직원들이 일하는 세계은행은 물론이거니와, 국내적 관리 아래 있으며 그 나라의 사람들로 구성된 미국공군도 초국적 조직이다.

이러한 초국적 기구들, 또는 적어도 그 중 일부는 국가체제의 종식을 재촉하고 있다는 주장을 흔히 들을 수 있다. 그러한 기구들이 국가체제를 우회하여 세계사회 또는 세계경제를 하나로 묶는 데 직접 기여하고 있기 때문이라는 것이다. 이러한 주장을 제기하는 사람들은, 그 중에서도 특히 다국적 기업이 계속 세력을 확장하여 점점 세계총생산에서 큰 비중을 차지하는 상황에 주목할 것을 요청하면서, 곧 '지구중심적 기술'이 '민족중심적 정치'를 물리치게 될 것이라고 주장한다.

다국적 기업은 세계정치에서 결코 새로운 현상은 아니다. 과거에 동인도회사는 오늘날의 그 어떠한 기업보다 더 큰 영향력을 가지고 있었다. 동인도회사는 무력도 보유했으며, 통치의 대상으로서 관리하는 영토도 있었다. 오늘날의 다국적 기업의 두드러진 특징은 활동의 규모가 실로 방대하다는 점이다(그들이 활동하는 지역의 국가보다 더 큰 자본을 보유하는 경우도 많다). 이들은 국경을 넘나들면서 범지구적 규모로 활동하며, 일정한 한계는 있지만 주권국가의 통제를 벗

16) *Ibid.*, p. 336.

어날 수 있는 능력도 가지고 있다. 1950년대와 1960년대에 이러한 다국적 기업이 성장하자, 조지 볼[17] 등은 이들을 세계정치에 등장한 새로운 위대한 건설적 세력이라고 주장하면서, 민족중심적 정치를 물리치게 될 지구중심적 기술의 상징이라고 평가했다. 그러나 민족주의자들은 (특히 남미와 캐나다의 민족주의자들은 물론, 세르방 슈레베르[18] 도 《미국의 도전》에서) 그러한 기구들이 미국 제국주의의 도구라고 규탄하였으며, 어떤 경우에는 선진 자본주의국가 전체의 제국주의적 도구라고 비난하였다.[19]

그러나 초국적 기구들이 과연 국가체제를 약화시키는지의 여부는 분명치 않다. 우선 주권국가들은 다국적 기업들에 대해 당당하게 맞설 수 있는 능력을 과시해왔다. 국가는 다국적 기업의 자국 내 활동을 불허할 수도 있고(예를 들면, 최근까지 모든 공산국가는 사실상 다국적 기업의 활동을 배제하였다), 활동에 일정한 제한을 가할 수도 있다(예를 들면, 제3세계 국가에서는 물론, 호주, 캐나다, 서유럽 국가들

---

17) 〔역주〕 Ball, George Wildman(1909~1994): 미국의 외교관. 닉슨 행정부에서 주유엔 미국대사를 지냈다. 자유무역과 다국적 기업을 옹호하였다. 주요 저서로 *The Past Has Another Pattern*(1983), *The Passionate Attachment: America's Involvement With Israel, 1947 to the Present*(1992, with Douglas B. Ball) 등이 있다.

18) 〔역주〕 Servan-Schreiber, Jean-Jacques(1924~2006): 프랑스의 저널리스트·정치가. 1953년 프랑수아 지루드(Françoise Giroud)와 함께 《렉스프레스》(*L'Express*)를 창간하였으며, 1971년 급진당(Radical Party)의 당수를 지냈다. 주요 저서로 《미국의 도전》(*Le Défi Américain*, 1967), 《범지구적 도전》(*Le Défi mondial*, 1980), 《열정》(*Passions*, 1991), 《무덤파는 사람들》(*Les fossoyeurs*, 1993) 등이 있다.

19) George Ball, "The Promise of the Multinational Corporation," *Fortune*, vol. 75, no. 6(1 June 1967) 및 J.-J. Servan-Schreiber, Le Defi Americain(Paris, 1968) 참조.

과 같은 선진 자본주의국가들에서도 그런 경향이 나타나고 있다). 서유럽과 제3세계의 주권국가들이 다국적 기업들의 요구 또는 매력 앞에서 무력하다는 주장은 이 기업들이 활동을 개시한 이래 최초 10년간 보여준 성과를 보고 내린 판단이다. 다국적 기업의 영향력이 증대하고 있다는 사실에 대한 인식이 높아지고, 이에 대한 국제적 논쟁이 전개되면서 국가들도 반격에 나서 주권국가의 능력을 과시하고 있다. 즉, 대부분의 경우 주권국가는 시민들의 충성심을 확보하고 있으며, 다국적 기업들의 자국 내 활동에 대해 허가여부를 결정하거나, 또는 일정한 조건을 부과할 수 있다는 것이다. 길핀[20]이 지적한 것처럼, '지구중심적' 혹은 다른 어떤 기술이 '민족중심적' 혹은 다른 어떤 정치를 상대로 한 싸움에서 정치 쪽이 패배할 것이라고 가정해야 할 이유는 없다.[21]

둘째, 초국적 기구들이 어떤 국가의 영토 내에서 활동하는 경우, 반드시 해당국가의 권력을 약화시키거나, 혹은 국가목표를 후퇴시키는 결과를 가져오는 것인지도 확실하지 않다. 헌팅턴에 따르면, 민족국가의 종식이라는 예측은 "권력과 주권에 대한 제로섬적 가정, 즉 초국적 기구들의 권력 증대는 반드시 민족국가의 권력 감소를 가져올

20) 〔역주〕 Gilpin, Robert: 미국의 국제정치경제학자. 다국적 기업이 국가 자율성에 미치는 영향에 대한 연구로 유명하다. 주요 저서로 *American Scientists and Nuclear Weapons Policy*(1962), *France in the Age of the Scientific State*(1968), *US Power and the Multinational Corporation*(1975), *War and Change In World Politics*(1981), *The Political Economy of International Relations*(1987), *The Challenge of Global Capitalism*(2000), *Global Political Economy: Understanding the International Economic Order*(2001) 등이 있다.

21) Robert Gilpin, "The Politics of Transnational Economic Relations," in *Transnational Relations and World Politics*, ed. Joseph Nye and Robert Keohane(Harvard University Press, 1972).

것이라는 가정에 기초한다. 그러나 이것은 사실과 다르다. … 초국적 기구들의 수효와 기능과 범위가 증가하면, 활동을 위해 각국 정부의 허가를 얻어야 할 필요성도 커지고, 따라서 이들의 자국 내 활동에 대한 배타적 통제권을 가진 민족 정부들의 힘도 커진다."[22]

확실히 국가가 다국적 기업과 맺는 합의는 국가주권의 행사이지 주권의 손상으로 볼 일이 아니다. 만약 많은 국가들이 그들에게 자본, 고용 또는 기술의 도입이라는 이점으로 다국적 기업에게 자국 영토에 대한 접근을 허락한다면, 이것은 그 국가의 선택의 결과이지 '지구중심적 기술' 앞에서 무력하기 때문이라고 할 수는 없다.

셋째, 다국적 기업이 활동하기 위해서는 당해국가가 최소한의 평화와 안전을 제공해야 한다. 세계의 대부분의 무력은 주권국가들이 보유하며, 주권국가야말로 가장 강력한 충성의 대상이고, 주권국가들의 갈등과 협력이 세계의 정치구조를 결정한다. 국가가 이러한 기능을 수행하는 데 대하여 다국적 기업은 어떠한 이의도 제기하지 않는다. 이러한 의미에서 다국적 기업의 활동범위와 그리고 심지어는 그 존속까지도 국가의 결정에 달려 있다고 말할 수 있다.

5) 테크놀로지의 세계적 통일

테크놀로지가 세계적으로 통일되면서 국가체제가 와해되고 있다는 주장도 있다. 다국적 기업과 국제적 폭력을 행사하는 비국가 집단의 등장은 그러한 현상의 한 측면에 불과하며, 곧 '우주선 지구'(*spaceship earth*), 또는 '지구촌'(*global village*) 정치시대가 도래할 것이며, 국가체제는 그 일부가 된다는 것이다. '좁아진 지구'가 사회들 사이에

---

22) Huntington, "Transnational Organisations in World Politics," p. 363.

이전에는 없었던 상호인식과 상호작용을 촉진한 것은 사실이다. 그러나 이것이 가치관의 통일을 가져오지는 않으며, 실제로 가치관이 통일되지도 않았다. 이 점은 브레진스키(Brzezinski)가 적절히 지적하고 있다.

> 우리 시대의 역설은 인류가 한편으로는 통일되고, 다른 한편으로는 분열하고 있다는 사실이다. … 한편으로는 인류의 통합이 진행되고 더욱 긴밀해지고 있지만, 다른 한편으로는 각 사회가 놓인 상황의 차이는 점점 커지고 있다. 이러한 상황에서 근접(近接)은 통일을 촉진하는 것이 아니라 오히려 긴장을 야기한다. 범지구적 혼잡에 대한 인식이 발생하기 때문이다.[23)]

브레진스키는 맥루한[24)]이 말한 '지구촌' 개념은 적절하지 않다고 보고 있다. 원시부락의 특징은 개인적 안정성, 개인간의 친밀성, 가치와 전통의 공유 등인데, '지구촌'에는 그런 요소들이 없다는 것이다. 그러므로 그는 폰 라우에[25)]의 '지구시'(*global city*) 개념이 더 적

---

23) Z. Brzezinski, *Between Two Ages* (New York: Viking Press, 1970), p. 3.

24) 〔역주〕 Mcluhan, Herbert Marshall(1911~1980): 캐나다의 미디어 이론가·문화비평가. 1964년 《미디어의 이해》(*Understanding Media: The Extensions of Man*)라는 저서를 통해 "미디어는 메시지다," "미디어는 인간의 확장"이라는 견해를 밝혀 현대 미디어이론에서 사용하는 '미디어'라는 단어와 가장 근접한 개념을 제시하였으며, 1967년에는 미디어가 인간의 촉각을 자극할 것이라고 주장하는 《미디어는 마사지다》(*The Medium is the Massage*)를 출간하였다. 그 외의 저서로는 *The Mechanical Bride* (1951), *The Gutenberg Galaxy* (1962), *War and Peace in the Global Village* (1968), *From Cliché to Archetype* (1970) 등이 있다.

25) 〔역주〕 Laue, Theodore H. von(1917~2000): 독일 출신의 역사학자. 주요 저서로 *Leopold Ranke* (1950), *Sergei Witte and the Industrialization of Russia* (1963), *Why Lenin? Why Stalin?* (1964), *Global City: Freedom,*

합하다고 주장한다. "신경질·불안·긴장과 단편적인 상호의존관계의 네트워크는 친밀이 아니라 상호의존을 보여줄 뿐이다."[26]

'좁아지는 지구'는 이데올로기적 신념, 규모, 문화 또는 문명, 경제발전 단계 등이 서로 다른 사회간의 긴장을 유발하는 데 그치지 않는다. 그러한 통신의 발달은 범지구적 규모의 전망이나 제도를 발전시키는 것 이상으로 오히려 지역적 또는 민족적 전망과 제도를 발전시킬 가능성이 있다. 물품과 사람 및 사상을 지구상에서 이동시키는 테크놀로지의 진보가 세계적 통합을 촉진하는 것은 사실이다. 그러나 동시에 지역적·민족적·지방적 통합도 촉진한다. 예를 들면, 금세기 산업국가들의 대외무역의 가치가 국내총생산에 비해 줄어들었음은 널리 알려진 사실이다.[27] 통신의 발달이 국제무역의 선택폭을 넓힌 것은 사실이지만, 동시에 국내거래의 폭도 넓어졌으며, 후자 쪽이 더 큰 성장세를 보였다. 무역, 이민, 여행, 사상의 교류 등이 세계를 하나로 만들어가고 있지만, 서구세계, 유럽, 남미 또는 안데스 국가들도 각각 하나가 되고 있다. 호주는 '거리(距離)의 독재의 전형적인 희생자'로 간주되었기에, '테크놀로지의 세계적 통일'은 특히 호주에게 유리한 결과를 가져올 것이라고 생각될 수도 있다. 그러나 지난 수백 년간의 통신의 발달이 호주와 나머지 세계와의 통합에 영향을 미쳤는지, 아니면 호주 국내의 여러 지역간의 통합에 기여했는지는 분명하지 않다.[28] 테크놀로지의 진보에 의해 가능해진 선택지가

Power, and Necessity in the Age of World(1969) 등이 있다.

26) *Ibid.*, p. 19.

27) Karl W. Deutsch and Alexander Eckstein, "National Industrialisation and the Declining Share of the International Economic Sector 1890~1959," *World Politics*, vol. XIII (January 1961).

28) Geoffrey Blainey, *The Tyranny of Distance: How Distance shaped Australia's History* (Melbourne: Sun Books, 1966) 참조.

범지구적인 것인지, 지역적인 것인지, 민족적인 것인지, 혹은 국가 하위적인 것인지를 결정하는 것은 테크놀로지 그 자체가 아니라, 다양한 종류의 정치적·경제적 기준들이다.

지역 국가들의 통합, 분열적 경향, 사적인 국제적 폭력의 증대, 초국적 기구들의 역할, 테크놀로지의 세계적 통일에 의해 제공되는 지역적·범지구적 통합의 기회 등은, 국가간의 관계를 단순하게 보고 있는 고전적 세계정치이론으로는 설명할 수 없는 사실들이다. 고전적 세계정치이론에서는 다음과 같은 사례들을 특이사례 또는 예외적인 사례로 취급했다. 1871년까지의 독일제국(이론적으로 주권이 제한된 국가들의 집단), 1929년까지의 바티칸 시국(영토 없는 국가), 해적〔국가의 보호를 받지 못하고, 모든 국가가 공공의 적(*hostis humani generis*)으로 규정하는 사람들〕, 1919~1939년 사이의 영연방(주권의 원칙을 내부적으로는 부정하는 국가들의 집단), 종교적·비종교적 신념이나 인종, 민족, 계급, 정치적 충성심 등에 의해 결성된 초국적 단체들(국내문제와 국제문제 간의 전통적 구별을 무의미하게 만드는 단체들), 동인도회사(전쟁과 정복의 권리를 행사한 기업), 아프리카 북부지역의 해적선(Barbary Corsairs). 오늘날의 팔레스타인 게릴라들도 고전적 세계정치이론으로는 설명할 수 없는 단체이다.

고전적 이론이 지금까지 위력을 발휘한 이유는 세계정치의 복잡성을 잘 설명할 수 있기 때문이 아니라, 다른 이론들—제국체제 또는 세계시민사회—보다는 더 나은 설명을 제공하기 때문이다. 특이사례와 예외적 사례들의 존재가 부각될수록, 이들을 잘 설명할 수 있는 이론이 이 분야의 지배적 이론이 될 것이다. 앞에서 살펴본 '신중세주의'로 향하는 경향이 계속되면 그렇게 될 수도 있다. 그러나 아직까지는 '국가 이외의 집단'이 국가들의 주권을 침해하여 국가체제가 와해되고 있다는 결론을 내릴 수 있는 증거는 없다.

이 장의 서두에 제기한 문제에 대해 우리는 다음과 같이 대답할 수 밖에 없다. 즉, 향후 수십 년 동안에는 국가체제가 와해되고, 그 대안으로 앞에서 대안으로 검토한 것들 중 하나가 등장할 가능성은 없다. 이러한 단정적 결론에 대한 비판도 있을 수 있다. 자기충족적 성격을 지닌 이론이라는 비판, 또 현실의 경향에 대한 기술과 처방을 흑백논리로 구분한 이론이라는 비판이 제기될 수 있다. 그러나 우리는 '신중세적' 보편질서의 등장가능성과 관련하여, 국가체제의 존속을 방해하는 몇 가지 추세에 대해서도 언급한 바 있다. 이러한 추세가 지속되면 국가체제는 위협을 받을 수도 있다. 국가체제의 와해와 대안의 등장가능성을 거론하는 것 자체가 이러한 추세의 발전을 더욱 촉진하는 것은 아닐까? 우리는 국가체제의 지속적인 활력의 원천 중 하나가 주권국가에 관한 개념과 규범적 원칙이 강고하게 지배하고 있다는 사실이라는 점도 지적한 바 있다. 새로운 초국가적 형태를 모색하는 지역통합론자, 소수자의 사회를 위한 새로운 자치형태를 모색하는 '분열적' 분리주의자, 국제적 폭력을 행사하는 혁명운동 단체들—이들 모두는 지적으로 국가체제 이론에 사로잡혀 있으며, 대부분의 경우 주권국가를 대리하여 그러한 활동을 하고 있다. 기존체제에 역행하는 추세에 방향성을 부여하는 새로운 개념과 규범적 원칙을 천명함으로써 사상과 행동을 그러한 한계로부터 해방시킬 필요가 있지 않을까? 그로티우스 등도 기존의 정치질서에 역행하는 추세에 일관성과 의의를 부여하지 않았던가? 바로 이러한 생각이 포크의 견해의 바탕에 깔려 있다. 그에 따르면, 베스트팔렌 평화 이후 지금까지 국제사회를 지배한 보편적 정치조직은 근본적 변형을 겪고 있으며, 이 변형의 특징은 '중앙의 지도력 증가'와 '비영역적 행위주체의 역할증대'이다. 즉, 중세 시기의 특징 몇 가지가 다시 나타나고 있다는 것이다. 포크 교수는 국제정치를 전공하는 학도들이 이러한 변형을 가속화시키는 역할을 할 수 있으며, 그렇게 하는 것은 유익한 일이라고 생각한다.[29] 그러나 내가 보기에는 세계질서를 연구하면서 기술과 처방을 혼동하는 것이 그 둘을 흑백논리로 구분하는 것보다 더 위험하다. 국가체제에 역행하는 추세들은 이를 인정하거나 과장함으로써 강화될 수 있을지도 모른다. 그러나 거기까지가 한계이다. 현실에 대해 우리가 어떤 태도를 취하든 현실은 현실로서 존재한다. '중앙의 지도력 증가'가 현실적으로 존재하는지, 존재할 경우, 이것이 지속가능한 세계질서를 방해하는지 이롭게 하는지 증명도 하지 않은 채 진실이라고 주장해서는 안 된다.

5. 세계정치체제

지금까지의 분석결과, 국가체제가 쇠퇴하고 있다는 견해는 받아들일 수 없다는 결론에 이르렀다. 그렇다면 현 단계의 국가체제의 주요한 특징은 무엇일까? 그것은 국가체제보다 더 넓은 세계정치체제가 존재하고 있으며, 국가체제는 그 일부분이라는 사실이다.

'세계정치체제'라는 말은 주권국가는 물론 국가 '상위'와 국가 '하위'에 있는 정치적 행위자들을 모두 포괄하는 세계 전체에 걸친 상호작용의 네트워크를 뜻한다. 주권국가만을 고려하는 세계정치 이론에서도 각국이 자신이 속한 국제기구와 관계를 가지고 있다는 사실과, 자국의 정책에 도움이 되는 방향으로 자국의 관할 아래 있는 정치집단

29) 이러한 사실은 Richard A. Falk, "A New Paradigm for International Legal Studies," *Yale Law Journal*, vol. 84 (1975) 에서 가장 명확하게 언급되었다. 또한 포크 교수의 견해는 이 책의 제 6장, 제 12장, 제 13장에서도 논의되었다.

들과 관계를 맺는다는 사실은 인정할 것이다. 이 견해에 따르면, 국제기구는 주권국가들의 정책의 표현물이며, 국가 내 집단들은 그 국가의 정책을 산출하는 원인의 일부이다.

그러나 현실은 그보다는 더 복잡하다. 국내의 정치집단들은 자국의 대외정책에 영향력을 행사함으로써 세계정치에 영향을 미치는 데 그치지 않는다. 그들의 역할을 크게 세 가지로 분류해 본다면 첫째, 그들은 다른 나라의 정치집단들과 관계(우호관계든 적대관계든)를 맺을 수 있다. 기업, 노동조합, 정당, 전문가 단체, 교회 등은 국가간 관계의 수준을 넘어서는 초국적 연계망 속에 놓여 있다. 둘째, 그들은 다른 나라들과 직접 관계를 맺을 수 있다. 다국적 기업이 수용국과 합의를 체결할 경우, 이에 반대하는 정치집단들은 외국대사관 앞에서 항의시위를 하기도 한다. 또한 혁명적 정치집단들은 그들과 동일한 이데올로기를 가진 다른 나라의 정치집단을 원조하여 그들의 정부전복 활동을 돕기도 한다. 셋째, 그들은 국제기구와 직접 관계를 맺을 수도 있다. 비국가 집단은 유엔 전문기구에 대표부를 두기도 하고, 자국 내에서 유엔이나 유럽경제공동체, 또는 아프리카 통일기구의 대변자 또는 반대세력으로 활동하기도 한다.

나이[30]와 코헤인[31]은 이러한 종류의 관계들을 전형적인 '초국적

30) 〔역주〕 Nye, Joseph S. (1937～) : 미국의 정치학자. 1970년대에 상호의존론을 체계화했으며, 1980년대 후반에 '연성권력'(*soft power*)이라는 말을 처음으로 사용하였다. 최근의 주요 저서로 *The Paradox of American Power*(2002), *Soft Power*(2004), *The Power Game*(2004), *Understanding International Conflicts*(2009) 등이 있다.

31) 〔역주〕 Keohane, Robert O. (1941～) : 미국의 정치학자. 신자유주의적 제도주의 이론의 대표적 학자이다. 주요 저서로 *After Hegemony*(1984), *International Institutions and State Power*(1989), *Power and Interdependence in a Partially Globalized World*(2002) 등이 있다.

상호작용'(*transnational interactions*)으로 보고 있다. 초국적 상호작용이란 '정부의 대리자 또는 정부간기구의 대리자가 아닌 행위자—쌍방 중 어느 일방이라도—에 의해 유형물 또는 무형물이 국경을 넘어 이동하는 것'을 말한다.[32] 나이와 코헤인은 지금까지 정통으로 군림해온 국제관계 연구는 '국가중심적' 패러다임에 사로잡혀 있었기 때문에 초국적 현상의 존재를 인정하면서도 단순히 배경에 불과한 것으로 취급했다고 비판하고, 이제는 '세계정치' 패러다임에 입각하여 이러한 현상들을 전면에 부각시켜 국가들의 관계와 함께 연구해야 한다고 주장한다. 과거에 초국적 관계들에 대한 체계적 연구가 없었다는 점을 지적하고, 지금부터라도 이에 대한 연구가 있어야 한다고 강조한 점에서는 그들의 주장에 이의가 없다. 세계정치에 대한 연구는 세계적 정치과정 전체에 관심을 기울여야 하며, 이것은 국가간 정치라는 한정된 관점을 벗어나지 않는 한 달성될 수 없다. '세계정치적' 관점에 설 경우, 국제관계에 대한 연구와 국내정치에 대한 연구를 구별할 필요가 없다. 국가체제와 국내 정치체제를 모두 포괄하는 전 세계적 정치체제를 연구대상으로 삼기 때문이다.

그러나 '세계정치' 패러다임을 받아들인다 하더라도 이와 관련된 일부 견해들은 수용할 수 없다.[33] 첫째, 국가 이외의 행위주체들을 포함하는 정치체제의 등장이 최근에 새로 나타난 현상이라는 주장은 터무니없는 주장이다. 국가체제는 항상 더 큰 상호작용체제의 일부분이었다. 국가 이외의 집단들은 자신이 속한 국가와는 물론, 상호간

---

32) Nye and Keohane, *Transnational Relations and World Politics*.

33) 나이와 코헤인의 견해를 지칭하는 것은 아니다. 이들은 자신들의 견해에 대한 비판가능성 때문에 많이 유보한 상태다. 그러나 내가 반박하는 다섯 가지 견해 중 두 번째 견해는 그대로 유지하고 있다. 즉, 초국적 상호작용은 과거에 비해 세계정치에서 차지하는 비중이 커졌다는 것이다. 《초국적 관계와 세계정치》, "서론" 참조.

에, 외국국가와, 국제기구 또는 초국적 기구와 관계를 맺어왔다. 16세기와 17세기 초에도 가톨릭 교단과 프로테스탄트 교단들은 국경을 넘어 상호간에, 또는 외국정부와, 또는 교황청이나 신성로마제국과 같은 초국적 기구와 관계를 맺어왔으며, 이러한 관계들이 기독교국가간의 관계보다 오히려 더 활발하게 이루어졌다. 이때는 유럽의 정치를 국가체제의 정치로 보는 이론이 태동하던 때였다. 19세기와 20세기의 세계정치체제에서 새로 나타났다고 말할 수 있는 것은 그러한 현상이 범지구적 또는 세계적 규모로 나타났다는 점이다. 물론 국가체제가 세계적 규모로 확대된 것도 이 시기에 와서의 일이다.

둘째, 국가간 관계 이외에 초국적 관계들 — 나이와 코헤인의 정의에 따라 이 말을 사용할 경우 — 이 나타나 더 넓은 정치체제를 형성하던 초기와 비교하여, 오늘날의 초국적 관계들이 국가간 관계에 비해 그때보다 상대적으로 더 중요해졌다고 말할 수 있는지 의심스럽다.

아롱은 1914년에 존재하던 '초국적 사회'가 1946~1953년의 냉전기간에 '완전히 단절'된 것에 대해 다음과 같이 말하고 있다.

> 1914년 이전 유럽에서 경제적 교류는 자유를 누리고 있었다. 입법에 의해서는 물론 금본위제와 통화의 태환성에 의해 보호받고 있었기 때문이다. 각국의 노동당들은 국제노동자연맹을 결성하여 연대를 구축하고 있었다. 고대 그리스의 올림픽 경기도 부활하였다. 기독교 교회는 많이 있었지만 그들의 종교적·도덕적 신념은 어느 나라에서든 근본적 차이가 없었고, 심지어 정치적 신념까지 비슷했다. 이렇다 할 어려움 없이 프랑스인이 독일에 가서 살 수도 있었고, 독일인이 프랑스에 가서 살 수도 있었다. 이러한 사례는, 5세기 헬레니즘 사회에서 볼 수 있는 사례와 마찬가지로, 초국적 사회에서 전시든 평시든 국가간 질서가 상대적 자율성을 지니고 있었다는 것을 보여준다. 주권적 단위들 사이에서 평화가 유지되기 위해

> 서는 개인들이 서로 방문하여 친교하고, 상품과 사상이 교류되는 것만으로는 충분하지 않다.[34]

나이와 코헤인의 주장에 따르면, 오늘날의 국가간 관계는 아롱이 말한 자율성이 없으며, 1914년에 비해 '초국적 사회'의 영향을 더 크게 받고 있다는 것이다. 확실히 1914년 이후 경제적 · 사회적 생활에서, 그리고 사적인 정치적 또는 종교적 생활영역에서 국가의 개입이 증대하였고, 그 결과 국가 대 국가의 관계가 1914년에 비해 훨씬 더 큰 경제적 · 사회적 · 이데올로기적 성격을 띠게 되었다. 이러한 현상은 세계정치에서 국가 이외의 행위주체가 더 중요해졌음을 말해주는 것이 아니라, 오히려 국가체제의 관심영역이 더 넓게 확대됨을 말해준다. 이로 인해 기업, 은행, 노동조합, 경기단체, 교회, 해외이주 희망자들이 이전에 누리던 자율성의 폭이 점점 더 좁아지고 있다.

오늘날 세계정치에서 비국가 행위주체의 역할이 1914년에 비해 더 커졌다고 판단하든, 더 작아졌다고 판단하든, 16세기와 17세기에 비해 더 크다고는 말할 수는 없을 것이다. 이 당시에는 중세적 초국적 관계가 여전히 위력을 발휘했기 때문이다. 나이와 코헤인이 지적한 것처럼, 초국적 관계의 역할에 대한 체계적 연구는 아직 없다. 현재 진행중인 연구들은 현대세계에 초점을 맞추기 때문에, 국가체제 초기단계에서 초국적 관계들이 수행했던 역할이 연구자들에 의해 철저히 무시되었다는 사실을 간과하기 쉽다.

셋째, 세계정치체제를 공고히 하는 요인들이 그 자체로 통합된 세계사회를 만들어 내는 것은 아니다. 여기에서 '세계사회'라는 말은 인간공동체의 모든 부분들이 상호 결합되어 있을 뿐만 아니라, 공통이익과 공통가치에 대한 인식이 있고, 이를 바탕으로 공통의 규칙과 제

34) Aron, *Peace and War*, p. 105.

도가 구축된 상태를 말한다. 이러한 의미에서 '세계사회'라는 개념을 단지 전 세계적인 사회적 상호작용 전체를 가리키는 말로 사용하기로 하면, 이 책에서 말하는 국제사회라는 개념은 국제체제를 가리키는 말이 된다.

오늘날 초국적 관계에 중요한 영향을 미치는 하나의 요인이 새로 등장했다는 것은 의심의 여지가 없다. 전 세계적인 통신발달이 바로 그것이다. 문자와 그림을 통해, 또는 여행이나 직접적 접촉을 통해 공동체의 여러 부분들 사이에 상호인식이 전대미문의 정도로 촉진되고 있다. 그러나 이러한 상호인식의 증대가 결코 서로의 사회에 대한 '완전한' 상호인식을 가져오지는 않는다는 사실을 알아야 한다. 외국 라디오나 TV에 대한 접근을 차단하는 정부들도 많고, 시민들의 해외 여행을 금지하는 정부도 많다. 모든 정부들이 상호인식과 접촉을 통제하고 왜곡할 능력을 가지고 있다. 심지어는 매우 자유로운 국가의 시민들도 다른 사회에 대한 인식이 제한적이고 부분적이다. 나아가 다른 사회에 대한 인식이 '완전한' 경우에도 오해에서 비롯된 이익 또는 이데올로기의 충돌을 제거하는 데 도움이 될 뿐이다. 실제로 존재하는 이익 또는 이데올로기의 충돌은 오히려 노출되는 결과를 낳는다.

또한 오늘날 모든 사회가 고도의 상호의존 또는 상호이해를 바탕으로 기본적인 인간적 목표를 추구하고 있다는 사실에는 의심의 여지가 없다. 그러나 '상호의존'이라는 말이 강대국과 종속국과의 관계를 위장하는 말로도 사용되고 있다는 사실을 알아야 한다. 여기에서 이해는 상호적인 것이 아니라 일방적인 것이다. 상호의존에 대한 호소는 (예를 들면, 나토 회원국들 사이에서, 또는 OECD 국가들 사이에서, 자원 생산국과 소비국 사이에서) 강력한 정치적 의미를 지닌다. 이것은 한 사회의 결정이 다른 사회의 인정을 받지 못할지도 모른다는 두려움을 반영하며, 실제로 그들의 결정이 상호의존 관계에 있다는 신념을 보여 주는 것이 아니라, 그렇게 되어야 한다는 요구를 나타낸다.

나아가 한 사회의 결정과 다른 사회의 결정 간의 상호의존은, 그것이 실제로 존재하고, 그 존재를 인식하는 경우에도, 그 자체로 공통가치에 대한 인식은 물론, 공통이익에 대한 인식도 생기지 않는다. 국가와 기타 행위주체들이 상대방의 전략적 · 경제적 · 생태학적 결정에 대해 가지는 상호이해는 자신의 목적이 무엇인가에 달려 있으며, 그 자체로 협력을 촉진하거나 혹은 갈등을 야기하는 것은 아니다.

넷째, 현대 세계정치체제에서 초국적 관계가 국가체제를 심각하게 침해하는 것처럼 보이는 현상이 나타나는 경우가 있다 하더라도, 어디에서나 이런 일이 발생하는 것은 아니라는 사실도 알아야 한다. 초국적 관계가 매우 중요한 정치적 역할을 하는 경우들도 있다. 예를 들면, 유럽경제공동체에서는 공동체 기구를 통해, 사회주의 공동체에서는 코메콘과 공산당을 통해, 아랍 국가들에서는 공통의 아랍 민족주의를 통해 그러한 현상이 나타난다. 그러나 이와 같은 연계가 초국적 사회통합을 가져오거나, 혹은 촉진할 가능성이 있다 하더라도 이것은 지역적인 현상일 뿐, 이것이 반드시 범지구적 규모의 사회통합을 촉진할 것이라고 말할 수는 없다.

다른 한편, 단순히 지역적 중요성이 아니라 세계적 중요성을 가진 초국적 관계들도 있다. 그러나 그 효과는 세계사회 전체의 통합을 촉진하는 것이 아니라 지배적인 문화의 통합을 촉진한다. 이런 종류의 통합은 곧 사회의 나머지 부분들과의 괴리를 심화시키는 결과를 초래한다. 다국적 기업이나 거대 재단, 과학자 단체, 전문가 단체들은 선진 자본주의국가, 특히 미국에 본부를 두고 활동하는데, 주지하는 바와 같이, 이들은 가난한 국가들의 엘리트 집단과 선진국 사회와의 통합을 촉진할 뿐, 선진사회와 가난한 사회 사이의, 근대화된 엘리트 집단과 평범한 사람들 사이의 사회적 · 문화적 거리는 오히려 넓히는 결과를 빚고 있다.[35] 초국적 관계가 세계 전체에 걸쳐 사회적 통합을, 그것도 골고루 촉진한다고 볼 수 있는 증거는 찾아보기 어렵다.

다섯째, 우리가 지금까지 그 존재에 주목해온 세계정치체제는 결코 국가체제를 와해시키지 않는다. 국가체제는 더 넓은 정치적 상호작용체제 내에서 작동했으며, 오늘날의 세계적 정치체제 내에서 국가체제의 우위는 현재 확고한 상태에 있다.

35) 이러한 견해에 대한 설득력 있는 주장은 다음을 참조하라. Osvaldo Sunkel, "Development, Underdevelopment, Dependence, Marginality and Spatial Imbalances: Towards a Global Approach," a paper presented to the Conferencia del Pacifico, Vina del Mar, Chile (1970).

제12장

국가체제의 낙후성?

국가체제가 쇠퇴하고 있건 아니건 간에, 국가체제는 기능부전(機能不全) 상태에 빠져 있고, 그런 의미에서 시대착오적이라는 주장이 있다. 즉, 국가체제는 지구상의 인간의 기본적 목적 또는 목표를 충족시킬 능력이 더 이상 없다는 것이다. 또는 그렇게 될 것이라고 한다. 이 견해에 따르면, 국가체제는 과거에는 그러한 목표들을 달성할 수 있는 만족할 만한 수단들을 제공했을지는 모르지만, 현재에는 그렇지 않으며, 미래에도 세계질서로 가는 실행가능한 길을 제공하지 못할 것이라고 한다. 앞 장에서 우리는 국가체제가 사라지고 다른 형태의 보편적 정치조직이 등장하고 있다고 주장할 수 있는 결정적 증거는 없음을 논증했는데, 이러한 논증을 받아들인다고 하더라도, 대안적인 세계질서의 필요성을 인식해야 하며, 이를 위해 노력해야 한다는 것이 그들의 주장이다. 이러한 주장은 시릴 블랙(Cyril E. Black)과 포크(R. A. Falk)의 《국제법 질서의 미래》에서 찾아볼 수 있으며, 포크의 《위험에 빠진 지구》에도 자세히 나와 있다.[1)]

---

1) Cyril E. Black & Richard A. Falk, eds. *The Future of the International Legal Order*, vol. 1 (1969); Richard A. Falk, *This Endangered Planet: Prospects and Proposals for Human Survival* (New York: Random House, 1971) 참조.

이러한 견해를 취하는 사람들은 대체로 다음과 같이 주장한다.

① 국가체제는 과거에는 평화와 안전을 제공했다 하더라도 현재로서는 그럴 능력이 없다. 아니 최소한의 세계질서조차 제공하지 못한다. 이러한 주장은 '국제적 무질서'에 대한 고전적인 반대론인데, 현재 핵전쟁의 위험으로 힘을 얻고 있다.

② 국가체제는, 설령 최소한의 평화와 안전을 지속할 힘이 있다고 하더라도, 세계 여러 나라들 사이의, 그리고 각국 내부의 경제적·사회적 정의라는 더 큰 목표를 달성할 능력이 없다. 정치적으로 각성된 오늘날의 세계는 이러한 정의를 갈망하고 있다.

③ 국가체제는 생태학적 목표, 즉 인간의 삶이 환경과 조화를 이루어야 한다는 목표를 달성하는 데 장애가 되고 있다. 인구통제, 식량의 생산과 분배, 자원의 관리와 보존 등은 서로 밀접히 연관된 문제들로서, 범지구적 사고방식과 연대의식을 통해서만 효과적으로 해결될 수 있다. 인류가 여러 개의 국가로 분열되어 있는 상태에서는 해결을 기대하기 어렵다.

1. 평화와 안전보장

국가체제가 기능부전 상태에 있다고 주장하는 사람들은 국가체제에서는 전쟁이 불가피하다는 것을 논의의 출발점으로 삼고 있다. 그러한 상황이 과거에는 용인되었다 하더라도 이제는 더 이상 용인될 수 없다는 것이다. 국가체제의 역사에서 전쟁은 수없이 되풀이되었고, 끝없는 고난과 비극을 초래하였다. 그러나 역사 그 자체가 보여주는 바와 같이 그러한 전쟁에도 불구하고 인류는 존속했고, 문명화된 사회생활을 유지했으며, 다양한 종류의 경제적·과학적·예술적 진보를 이룩한 것도 사실이다. 그러나 핵무기를 비롯한 대량살상무기의 사용가능성을 생각할 때, 또 다시 전쟁이 일어나면 문명화된 사회생활은 끝장이 날 것이며, 어쩌면 인류 그 자체가 종말을 맞을 것이라고 그들은 주장한다. 그러므로 국가체제를 다른 형태의 보편적 정치조직으로, 전쟁이 결코 일어날 수 없는 형태의 조직으로 대체하는 것만이 해결책이 될 수 있다는 것이다.

전쟁이 국가체제의 고질병이라는 것은 부정하기 어렵다. 말할 필요도 없이 전쟁이 국가체제의 존속을 위해 논리적으로 꼭 필요한 것은 아니다. 장기간에 걸쳐 평화를 누려온 두 나라, 또는 두 국가 집단의 사례가 있다. 칼 도이치[2]는 이들을 '다원적 안보공동체'(*pluralistic security-communities*)라고 불렀다. 이들은 폭력에 호소하여 분쟁을 해결하겠다는 생각을 하지도 않았고, 상대방도 그러지 않을 것으로 기대했다.[3] 캐나다와 미국의 관계, 영국과 미국의 관계, 스칸디나비아 국가들간의 관계, 영연방[4] 구성국 중 역사가 오래된 국가들간의 관계

---

2) 〔역주〕 Deutsch, Karl Wolfgang (1912~1992) : 체코 정치학자. 주요 저서로 *The Nerves of Government* (1963), *Arms Control and the Atlantic Alliance* (1967), *The Analysis of International Relations* (1968), *Nationalism and its Alternatives* (1969), *Politics and Government* (1970), *Tides Among Nations* (1979) 등이 있다.

3) Karl W. Deutsch et al., *Political Community in the North Atlantic Area* (Princeton University Press, 1957) 참조.

4) 〔역주〕 영연방(*Commonwealth*) : 영국 본국과 구(舊) 영제국의 식민지에서 독립한 나라로 구성된 연방체. 구성국은 영국 본국과 대등한 지위에 있는 주권국가이다. 구성국은 다른 독립국가에서는 볼 수 없는 특수한 관계로 맺어져 있다. 구성국 중에는 오스트레일리아 · 뉴질랜드 · 캐나다와 같이 영국 본국과 국왕을 같이하는 군주제 국가도 있고 인도 · 가나와 같이 공화제 국가도 있다. 2010년 현재 영연방 구성국은 54개국인데, 유럽 3개국(Malta, U.K., Cyprus), 북 · 중미 12개국(Antigua and Barbuda,

등이 주요한 사례들이다. 이러한 사례들을 놓고 볼 때, 국가체제가 '다원적 안보공동체'를 보편적으로 실현하는 상황, 예를 들면 영어권 국가들 및 스칸디나비아 국가들의 국가간 관계가 전 세계적으로 확대된 상황도 생각해 볼 수 있다. 이것은 논리적으로 불가능한 것은 아니다. 희망을 얻을 수 있는 전망이다. 그러나 20세기의 나머지 기간 동안 존속할 것으로 생각되는 국가체제에서 그러한 상황이 실현되리라고 기대할 수 있는 어떠한 근거도 없다.

국가체제 내부에서 특정한 전쟁이 반드시 일어난다고 할 수는 없다. 국제적인 분쟁이 발생하여 전쟁의 위험이 초래되어도 탁월한 외교와 행운에 힘입어 전쟁을 피한 사례는 얼마든지 있다. 그러나 일정한 기간을 두고 생각할 때 통계학적으로 국가체제에서 전쟁이 터질 확률이 있다는 의미에서 전쟁은 불가피하다고 말할 수 있다. 국가들이 각각 주권을 보유하고 있고, 무장하고 있으며, 정치적으로 분열되어 있는 상황을 고려하면, 보편적·항구적 평화는 기대할 수 없다. 과거

Bahamas, Barbados, Belize, Canada, Dominica, Grenada, Jamaica, Saint Kitts and Nevis, Saint Lucia, Saint Vincent and the Grenadines, Trinidad and Tobago), 남미 1개국(Guyana), 아프리카 19개국(Botswana, Cameroon, Gambia, Ghana, Kenya, Lesotho, Malawi, Mauritius, Mozambique, Namibia, Nigeria, Rwanda, Seychelles, Sierra Leone, South Africa, Swaziland, Tanzania, Uganda, Zambia), 아시아 8개국(Bangladesh, Brunei, India, Malaysia, Maldives, Pakistan, Singapore, Sri Lanka), 오세아니아 11개국(Australia, Kiribati, Nauru, New Zealand, Papua New Guinea, Samoa, Solomon Islands, Tonga, Tuvalu, Vanuatu)이다. 영연방 전체 인구는 세계인구의 약 1/3인 21억 명에 달한다. 이전에 구성국이었던 아일랜드공화국은 1948년에, 짐바브웨는 2003년에 탈퇴했다. 남아프리카공화국은 1961년에 탈퇴했으나 1994년에 다시 가입했고, 파키스탄은 1972년에 탈퇴했다가 1989년에 다시 가입했다. 피지는 2006년 국내의 쿠데타로 현재 회원자격이 정지된 상태다. 르완다는 2009년 11월에 가입하였다.

에도 그러했고, 현재에도, 그리고 예견가능한 미래에도 그러하다.

인간사회가 전쟁을 고질병으로 안고 있는 보편적 정치조직을 과거에는 방치했다 하더라도 지금은 그래서는 안 된다는 주장을 부정할 수는 없다. 과거에도 전쟁이 모든 사회를 마비시키고, 때로는 절멸의 위기에 몰아넣은 적이 있었지만, 군사과학기술의 수준이 근대와는 비교할 수 없이 낮았기 때문에 전 세계를 즉각적으로 파괴하거나 혼란에 빠트릴 수 있는 가능성은 없었다. 또한 오늘날처럼 전 세계에 걸쳐 인간사회가 경제적·생태학적으로 상호의존 상태에 있지도 않았다. 오늘날과 같은 상호의존 상태에서는 전쟁으로 인한 혼란과 파괴는 전 세계적으로 파급될 수밖에 없다.

그러나 그렇다고 해서 국가체제가 최소한의 세계질서도 보장하지 못하는 기능부전 상태에 있다고 할 수는 없다. 첫째, 국가체제의 결함을 논하기 위해서는 대안적인 보편적 정치조직들의 결함도 함께 논해야 한다. 사람들 사이의 폭력적 충돌이 국가체제 때문이라고 주장하는 것은 성급한 단정이다. 보다 심층적인 원인이 있을 수 있다. 분쟁을 해결하는 데 폭력이 유용한 선택수단이 될 수 있다는 사실, 사활적인 이해가 걸린 문제에 대해서는 물러서지 않고 폭력을 써서라도 해결하겠다는 의지 등이 전쟁의 원인인 경우에는 대안적인 정치조직에서도 전쟁은 발생할 수 있다.

세계정부가 들어서면 전쟁이 없어질 것이라는 생각에는 '전쟁'이라는 용어에 대한 혼란이 들어 있다. 전쟁은 좁은 의미에서는 국제적 전쟁, 주권국가간의 조직화된 폭력이지만, 넓은 의미에서는 정치단위들간의 조직화된 폭력이다(제 8장 참조). 한 국가 내에서 내란이 일어나는 것처럼, 세계정부 내에서 내란이 일어날 수 있고, 이로 인해 세계정부가 와해될 수도 있다. 이것이 좁은 의미의 전쟁이 아니라고 해서 덜 폭력적이거나 덜 파괴적이라고 말할 수는 없다.

물론, 내란이나 국내적 폭력이 적어도 대규모로 발생하기는 어려운 세계정부를 구상할 수는 있다. 정당한 변경의 요구 등 갈등이 발생했을 때 이를 평화적으로 해결하는 절차가 제도화되어 있으면 그렇게 될 수 있다. 이러한 세계정부가 들어서면, 일부 서구국가에서 그러하듯이, 고도의 정치적 안정을 누릴 것이고, 국내적 폭력도 거의 없을 것이며, 오랫동안 대규모 폭력은 없을 것이다. 그러나 이것은 대안적인 보편적 정치조직에 대한 유토피아적 공상이다. 이렇게 공상적인 요소를 가미하여 구상할 경우, 국가체제도 '다원적 안보공동체'가 일반화된 상황을 가정할 수 있다.

또한 '신중세적' 질서도 전쟁, 즉 주권국가간의 조직화된 폭력이 없는 질서가 될 것이다. 주권국가 자체가 존재하지 않기 때문이다. 그러나 이 질서가 근대 국가체제보다 더 많은 평화와 안전을 보장하지는 못할 것이다. 서방 기독교세계의 보편적 정치질서가 그 이전 시대에 비해 폭력과 불안정으로 점철되었다는 사실은 앞에서 살펴본 바 있다(제 10장 참조). 또한 갈등의 평화적 해결을 위한 제도화된 절차들이 근대 국가체제보다 훨씬 우수한, 전대미문의 수준으로 세계질서가 실현된 '신중세적' 질서를 상상해볼 수도 있다. 그러나 이처럼 '신중세적' 질서에 공상적 요소를 가미한다면, 국가체제에 대해서도 있는 그대로의 모습이 아닌 공상적 모습, 즉 평화와 안전을 지탱하는 더 효과적인 수단이 될 수 있다고 주장할 수 있다.

공상적 대안들을 놓고 비교하는 것은 자의적이며 무익한 짓이다. 예견가능한 미래, 즉 20세기가 끝날 때까지는 세계정치체제에서 주권국가들은 무력을 보유할 것이며, 무력 사용의 의지도 가지고 있을 것이 분명하다. 이러한 상황에서는 보편적 정치질서에 대한 공상적 대안을 구상할 것이 아니라, 최소한의 세계질서라는 목표를 달성하기 위해 세계정부 또는 여타의 대안을 구상하는 것이 좋을지, 아니면 국가체제를 존속시키는 것이 좋을지를 고민하는 것이 훨씬 더 실속 있는 일이다.

둘째, 국가체제가 기능부전 상태에 있다고 결론을 내리면, 그것이 할 수 있는 긍정적 역할까지 묻히고 만다. 국가체제는 인간사회가 심각하게 분열된 상태에서 질서를 유지하는 데 긍정적 역할도 할 수 있다. 주권국가가 어떻게 생겨났는지 생각해 보자. 종교와 교황청의 권위와 신성로마제국이 합의가 아니라 오히려 심각한 분열을 초래하자, 유럽을 몇 개 국가로 나누고, 그들 사이의 공존을 모색하는 것이 질서를 얻는 데 더 유리하다는 생각에서 등장한 것이 아닌가? 그렇게 하는 것이 더 넓은 합의를 전제로 한 대안체제를 작동시키는 것보다 더 낫다는 생각에서 등장한 것이 아닌가?

정부는 무력을 합법적으로 독점하고 있고, 이를 통해 질서를 유지한다. 그러나 정부의 존재 자체가 정권장악을 위해 경쟁하는 사회집단간의 충돌과 불화의 원천이 되기도 한다. 일단 정권이 수립되고 나면, 사적 개인이나 집단은 무력을 보유할 수 없게 된다. 따라서 정부기구 그 자체가 정치적 투쟁의 목적물이 되고 이로 인해 충돌이 야기된다. 전형적인 근대 민족국가에서는 정부들끼리 경쟁하는 것이 아니라, 단일정부의 통제권을 놓고 국내의 세력들이 경쟁하는 형태로 질서가 유지된다. 그러나 그 반대인 정치공동체도 있다. 즉, 하나의 정치단위 내에서 서로 적대적인 사회를 묶어두는 것보다는 복수의 주권국가로 공존하는 쪽이 질서가 파괴될 위험이 더 적은 경우도 있다. 1947년 인도가 〔영국으로부터〕 분리된 것이나, 1971년 파키스탄이 〔인도로부터〕 분리된 것은 모두 이런 이유 때문이다.

세계공동체에서 질서의 문제는 다음과 같이 말할 수 있다. 복수의 주권국가로 이루어진 체제는 고전적인 위험을 안고 있다. 그러나 한 정부 내에 서로 이질적인 공동체를 포함하고자 할 경우에도 위험은 따른다. 이 두 가지 위험을 놓고 비교해 볼 때, 오늘날의 세계질서를 위해서는 후자의 위험보다는 전자의 위험을 감수하는 쪽이 더 낫다고 볼 수 있다.[5)]

셋째, 국가체제는 최소한의 세계질서조차 제공하지 못한다는 결론을 내리기 전에 고려해야 할 것이 있다. 주권국가들은 핵무기를 비롯한 대량살상무기와 관련하여 지금까지 신중한 자세로 자제력을 발휘해왔는데, 앞으로도 그럴 가능성이 있다는 점이다.

미국이 일본에 원자폭탄을 투하한 것을 제외하면, 핵무기가 전쟁에 사용된 적은 없다. 핵무기를 보유한 강대국들은 핵무기의 사용을 상호 자제했을 뿐만 아니라, 1969년의 중·소 국경분쟁을 제외하면, 직접적인 군사적 충돌에 연루되는 것도 피해왔다. 미국과 소련은 핵 충돌을 피하는 것이 공통의 이익이라는 점을 잘 알고 있었기 때문에, 핵 충돌을 피하기 위한, 또는 핵 충돌이 발생할 경우 이를 통제하기 위한 지침 또는 행동규칙을 만들었다. 또한 미국과 소련은 1963년의 '부분적 핵실험 금지조약'을 시작으로 일련의 군비통제협정을 체결하여 상호간의 군비경쟁을 상당한 정도로 제한했는데, 이러한 조치들은 그들이 공통의 위험을 인식하고 있다는 것을 보여준다.

2개의 지도적인 핵강국의 제한정책이 계속될 것인지, 또는 이러한 제한정책을 모든 현실적·잠재적 핵보유국들이 채택할 것인지는 알 수 없다. 소련과 미국의 제한정책이 붕괴될 수도 있고, 중국과 기타 핵보유국들이 이러한 제한체제에 참여하지 않을 수도 있다. 또한 제한이나 협력문제에 대해 별로 관심이 없는 새로운 핵보유국이 등장할 수도 있고, 국가 이외의 집단이 핵무기를 보유하는 사태가 발생할 수도, 핵보유국들이 현재의 제한체제를 유지 및 확대하는 일에 실패할

---

5) 졸고, "Society and Anarchy in International Relations," *Diplomatic Investigations*에 이러한 관점들이 자세히 소개되어 있다.

수도 있다.

지금까지의 제한체제가 유지 및 확대되지 않는다면, 국가체제를 통해서는 최소한의 평화와 안전보장, 또는 최소한의 세계질서도 얻을 수 없음은 확실하다. 그러나 우리는 이러한 제한체제가 유지 및 확대될 수 있을 것이라는 희망을 품을 수 있고, 세계질서는 이를 가장 중요한 목표로 삼아야 한다. 앞 장에서 논의한 바와 같이, 국가체제는 현재 기능부전 상태에 있든 아니든 이러한 제한을 발전시킬 때에만 최소한의 세계질서를 달성할 수 있으며, 예견가능한 미래에까지 존속할 수 있다.

2. 경제적 · 사회적 정의

국가체제는 평화와 안전보장을 제대로 제공하지 못한다는 전통적인 주장 이외에 또 다른 비판도 있다. 국가체제는 세계사회 또는 세계공동체의 경제적 · 사회적 정의를 구현하지 못한다는 것이다.

확실히 오늘날의 인간사회에는 경제적 · 사회적 불의가 만연해 있다. 국가 및 민족 간에도 그러하고, 개인 및 집단 간에도 그러하다. 앞에서 말한 것처럼, 현존하는 국가체제는 세계적 또는 세계시민적 정의에 대해서는 적대적이며, 개인적 또는 인간적 정의에 대해서는 선별적이고 막연한 관심을 가질 뿐이다. 국제적 또는 국가간 정의에 대해서는 적대적이지는 않지만, 체제유지와 관련될 경우에는 언제든지 무시할 준비가 되어 있다(제 4장 참조).

이러한 불의의 존재, 그리고 그러한 불의를 용인하거나 조장하는 보편적 정치조직의 존재는 결코 새로운 것도 아니고, 특이한 것도 아니다. 그러한 일들은 긴 역사에 걸쳐 언급할 필요조차 없는 당연한 것으로 여겨졌다.[6] 19세기 이전에는 이렇다 할 세계적 규모의 정치체제는 존재하지 않았기 때문에 경제적·사회적 정의의 개념 자체가 성립하기 어려웠다. 경제적·사회적 정의가 목표로 등장한 경우에도 지역적·국내적 수준에 한정되었다. 그러나 19세기와 20세기의 세계적 규모의 정치체제는 범지구적 규모의 상호의존과 상호의식 또는 상호인식을 가져왔으며, 따라서 경제적·사회적 정의가 전 세계적으로 적용될 수 있는 개념으로 등장했다. 예를 들면, 마르크스가 주장한 국제 프롤레타리아 혁명은 경제적·사회적 정의를 가장 중요하고 긴급한 목표로 삼았으며, 지역적·국내적 수준이 아니라 막 형성되기 시작한 세계사회 또는 세계공동체 수준에서 이를 구현하고자 하였다.

세계사회 또는 세계공동체의 특징은 모든 인류의 공통이익과 공통가치에 대한 인식이 존재한다는 점에서 세계정치체제와는 다르다. 세계정치체제에는 단지 범지구적 상호의존과 세계에 대한 인식이 있을 뿐이다(제 11장에서 이러한 용어들이 어떻게 다른지에 대해서 논의한 바 있다). 그와 같은 세계사회 또는 세계공동체는 아직 존재하지 않는다. 있다 해도 맹아적 형태로 존재할 뿐이다. 그러나 많은 사람들이 그러한 공동체가 있어야 한다고 주장한다. 그러한 세계사회 또는 공동체가 필요하다는 것을 인식하고, 어떠한 장애가 있더라도 이를 구현하기 위해 헌신적으로 노력하는 것이 모든 지식인의 임무인 것은 확실하다. 만일 국가체제가 이러한 경제적·사회적 정의의 실현을 가로막고 있다면, 이에 대해 마땅히 응분의 주의와 관심을 기울

---

6) 바그와티(J. N. Bhagwati)는 차이(*Gap*)에 관한 체계적·일관적·지속적 논의를 위해 제 2차 세계대전 이전의 사회적·정치적 저작들을 보는 것은 의미가 없다고 하였다. 더 자세한 내용은 다음을 참조하라. *Economics and World Order From the 1970s to the 1990s*(London: Macmillan, 1972) 6쪽.

여야 한다. 비록 과거에는 보편적 정치조직으로서의 국가체제에 대해 그러한 기준으로 기능성이나 유용성을 평가하지는 않았다 하더라도 말이다.

국가체제가 경제적·사회적 정의의 실현에 방해가 된다고 말할 수 있는 근거는 두 가지가 있다. 첫째, 국가체제는 사람과 돈과 재화가 지구상에서 자유롭게 이동하지 못하도록 장벽을 친다. 그러한 이동을 전제로 한 범지구적 경제개발계획은 수립되지 못하고, 따라서 세계적 경제성장은 불가능하다. 둘째, 각국은 자국민의 이익, 즉 인류의 일부분의 이익에 대해서만 책임을 진다. 따라서 국가간에, 민족간에, 개인간에 세계적 공동선 개념에 따른 경제적·사회적 이익의 공정한 분배는 이루어질 수 없다.

국제적 또는 국가간 수준에서 경제적·사회적 정의는 부국이 빈국에게 자원을 이전해주는 것이다. 이것은 모든 국가들이 인정하는 사실이다. 이러한 이전의 목적이 부국과 빈국 간의 '격차해소'라는 주장도 있고, 모든 나라들이 최소한의 복지수준을 누릴 수 있도록 하기 위한 것이라는 주장도 있다. 그러나 그러한 격차는 해소되지 않았을 뿐만 아니라 예견가능한 미래에 격차가 해소될 기미도 없다.[7] 또한 국가간의 또는 민족간의 경제적 정의 또는 평등은 국가체제가 존속하는 한 달성될 수 없을 것이라는 주장도 있다. 부국들의 주된 관심사가 자국민의 경제적·사회적 이익이라는 점을 고려하면, 그러한 주장도 일리가 있다. '격차해소'를 위해, 또는 세계 전체의 최소한의 생활수준 또는 복지수준을 위해 부국들이 공식적인 원조나 사적인 해외투자, 무역, 이민 등에 관한 정책을 조정할 가능성은 거의 없기 때문이다.

---

7) 이러한 관점에 대한 구체적인 내용은 같은 책 5~10쪽 참조.

또한 국가체제가 존속하는 한 개인적 또는 인간적 수준에서의 경제적·사회적 정의도 실현될 가능성이 없다고 볼 수 있다. 민족간의 경제적 정의보다 더 중요한 것은 개인간의 사회적·경제적 정의이다. 모든 인류의 수혜의 평등이라는 점에서도 그러하고, 최소한의 수혜, 즉 전 세계의 빈곤의 퇴치와 사회적 권리의 보장이라는 점에서도 그러하다. 이러한 목표를 달성하기 위해서는 부국의 빈국으로의 자원이전도 필요하지만, 부국이 이전해준 자원이 수혜국의 시민들 사이에 공정하게 분배되어야 한다. 부국과 그리고 그들의 '개발원조'를 대행하는 국제기구들은 빈국에 대한 자원이전의 조건을 설정할 수 있고, 실제로 그렇게 하기도 한다. 그러나 그들의 관심사는 인간적 정의의 구현이 아니라 자국의 이익이기 때문에, 수혜국 정부가 제공받은 이익을 자국민들에게 공정하게 분배하도록 만들지는 못한다. 또한 수혜국 정부도 주권국가이기 때문에 조건을 설정하는 데도 한계가 있다. 공여국 또는 원조기구가 인간적 정의의 향상을 도모할 목적을 가지고 있다 하더라도, 이를 명분으로 내세워 수혜국 정부의 경제정책이나 사회정책을 좌지우지할 수는 없다.

세계적 또는 세계시민적 수준에서 경제적·사회적 정의는 국가체제가 존재하는 세계에서는 완전히 불가능한 목표라고 할 수 있다. 경제정책이나 사회정책이 세계적 공동선의 개념에 따라 형성되는 일은, 주권국가들이 자국의 경제적·사회적 문제에 대한 주권을 포기하고, 세계적 권위의 대리자 또는 수탁자가 되었을 때나 가능한 일이다. 주권국가들이 세계적 권위에 정치적으로 복종하여 국가체제가 더 이상 존재하지 않는 상황이 도래하지 않는 한, 국가들이 세계적 권위의 대리자 또는 수탁자와 같은 역할을 할 가능성은 거의 없다.

경제적·사회적 정의와 관련된 이러한 논의들은 앞에서 살펴본 평화와 안전보장과 관련된 논의들이 직면한 것과 동일한 종류의 문제를 안고 있다. 첫째, 인간사회에 경제적·사회적 불의가 존재하는 것은 국가체제 때문이 아니다. 근본적 원인은 다른 곳에 있다. 이 원인들은 다른 어떤 보편적 정치질서 아래에서도 작동할 수 있다. 만일 세계정부 또는 신중세적 질서가 국가체제와는 달리 평화와 안전보장을 제공할 뿐만 아니라 경제적·사회적 정의를 범지구적 규모로 달성할 수 있다면, 확실히 주권국가는 기능부전 상태에 있다고 말할 수 있다. 그러나 무슨 근거로 그렇게 가정할 수 있겠는가? 세계정부 혹은 기타 대안적인 보편적 질서가 전제적이거나 불공정할 가능성, 세계 전체가 내란에 빠져들 가능성은 왜 염두에 두지 않는가?

세계정부 옹호자는 세계정부가 자신의 도덕적·정치적 취향을 그대로 구현하리라는 암묵적 가정을 한다. 세계적 권위가 확립되면 자신의 구상이 실현된다는 믿음이 너무 강하여 그 과정에 존재하는 난관들은 전혀 고려하지 않는다. 이것은 문제의 회피일 뿐이다. 현존하는 불의의 원인들은 국가체제의 대안으로 고려되는 세계정부에서도 그대로 존재할 것이다. 세계정부에서는 그런 일이 생기지 않는다고 주장한다면, 이것은 독단적 주장이다. 국제적 수준에서든 인간적 수준에서든 세계적 수준에서든 경제적·사회적 정의가 실현되기 위해서는 지금보다도 더 큰 인간적 연대감이 있어야 한다. 이러한 연대감의 창출과 유지는 국가체제에서도 주요한 의제가 되고 있거니와 그 어떤 대안적인 보편적 정치조직에서도 세계정치의 의제가 될 것이다.

둘째, 우리가 지금까지 살펴본 주권국가 비판론은 국가체제의 긍정적 역할을 간과하고 있다. 국가체제가 존재하지 않을 경우에 발생할 수 있는 더 큰 사회적·경제적 불의가 국가체제에 의해 방지되고 있다는 점도 고려해야 한다. 부유한 강대국들은 세계정부 또는 범지구적 기구의 강화를 주장하는 반면, 사회주의국가들과 제 3세계 국가들은 국가주권의 유지를 강렬하게 주장하는데, 이것은 결코 우연이 아니다(이에 대해서는 다음 장에서 자세히 살펴볼 것이다).

가난한 약소국들은 현재의 세계정부를 향한 움직임이 경제적 자원의 재분배 문제와 관련하여 자국에 유리한 결과를 가져오지는 못할 것이라고 본다. 자국에 더 불리해지는 것은 아니라 할지라도, 기존의 자원분배구조를 공고히 하는 결과를 초래할 것이라고 생각한다. 그들은 강대국이 현재 누리는 경제적 자원에 대한 지배권을 독점하지 못하도록 막아주는 안전장치가 바로 주권국가 제도라고 생각하고 있다. 식민종주국에 저항하여 주권국가를 수립함으로써, 자국의 주권을 이른바 '신식민주의' 국가들의 개입과 침투로부터 지켜냄으로써, 가난한 약소국들도 국제적 수준의 정의를 어느 정도 확보할 수 있었고, 경우에 따라서는 자국민에게 인간적 정의를 실현하기도 했다.

국가체제는 가난한 약소국에게만 긍정적으로 작용하는 것은 아니다. 현재 각 민족과 각 개인이 누리는 경제적·사회적 정의는 각국 정부가 자국민의 경제생활을 규율하고, 경제적·사회적 이익을 분배 및 보장하는 활동을 한 결과로 얻어진 것이다. 주권국가는 외부의 간섭을 거부한다. 외부의 간섭이 경제적·사회적 정의를 진작시키려는 경우에도 이를 거부하지만, 이미 달성한 경제적·사회적 이익을 위협하거나 해치려는 경우에도 이를 거부한다.

셋째, 주권국가 비판론이 간과하는 부분이 또 있다. 국가체제에서도 경제적·사회적 정의에 대한 한층 강력한 합의가 이루어질 가능성이 있다는 것이다. 복수의 주권국가가 그대로 유지되는 상태에서도 인간적 연대에 대한 인식, 또는 이제 막 태동하기 시작한 세계사회에 대한 인식이 높아질 수도 있다. 반드시 그렇게 될 것이라고 장담할 수 있는 근거는 없다. 앞에서 말한 것처럼, 국가간 합의의 범위는 넓어지기보다는 오히려 좁아지고 있는 것이 사실이다(제 11장 참조). 그러나 세계적 공동선에 대한 인식이, 지금은 연약한 식물 같더라도 분명히 살아남아 생장할 가능성은 존재한다.

3. 인간과 환경

국가체제는 평화와 안전보장, 그리고 경제적 · 사회적 정의의 측면에서만 기능부전 상태에 있는 것이 아니라 모든 인간들이 추구해야 할 목표, 즉 환경과 조화를 이루는 삶을 추구하는 문제에서도 기능부전 상태에 있다는 주장도 있다.

인구는 증가하고, 이렇게 증가한 인구가 경제성장을 추구하며, 인구의 증가와 경제성장이 토지 · 에너지 · 식량 · 원자재 등과 같은 한정된 자원에 압력을 가하면서 자연환경에 과부하가 걸리는 등, 오늘날 인류는 환경과 관련된 새로운 위협들에 직면하는데, 이것이 바로 국가체제의 기능부전 때문이라는 것이다. 이러한 위협들은 서로 연결되어 있기 때문에 일괄 대처방안을 모색해야 하고, 이를 위해서는 범지구적 통일과 기획이 필요한데 인류가 복수의 주권국가로 나뉘어져 있어서 그 길로 나아가지 못한다는 것이다. 포크는 '전쟁체계', '인구압력', '자원부족', '환경적 과부하'를 '지구 위기의 4차원'이라고 부르면서, 이들이 별개의 것, 분리가능한 것이 아니라고 주장하였다. "본질적으로 이 위협들은 환경을 제대로 관리하지 못해 생긴 것이며, 이러한 관리부실은 일련의 결함 있는 정치제도들이 낳은 필연적인 결과이다."8)

만일 모든 사람이 우주선의 승무원처럼 공통목표를 추구하면서 기꺼이 협력한다면 환경에 대한 이러한 위협에 대처하기가 한결 쉬울 것이다. 그러나 국가들의 인구정책이 서로 다르고, 충돌하고 있다는

---

8) *This Endangered Planet*, p. 98.

점, 경제성장이라는 목표에 대한 태도가 판이하게 다르다는 점, 식량·에너지·원자재 등이 국제분쟁에서 무기로 사용되고 있다는 점, 일부 국가들은 다른 나라가 사용하는 공기와 물을 오염시키고 있다는 점, 공해(公海)와 그 자원을 공유하는 관행이 무너지고 있다는 점 등으로 환경에 대한 위협이 발생하는 이상, 주권국가를 극복하는 것이 과연 이러한 서로 연관된 위협들을 해결하기 위한 효과적 조치를 마련하는 데 필요한 일인지, 또는 충분한 일인지는 결코 분명하지 않다.

첫째, 환경과 관련된 공동행동 계획이 방해받는 것은 국가체제 때문이 아니라 사람들 사이에 생태학적 분야 그 자체에 대한 의견의 불일치와 갈등이 있기 때문이다. 환경문제에 대한 갈등도 평화와 경제적 정의의 문제와 마찬가지로 특정 형태의 보편적 정치질서에 원인이 있는 것이 아니라 좀더 심층적인 원인이 있다는 사실을 알아야 한다. '공유지의 비극'[9]이 전반적으로 초래되는 것을 막기 위해서는 모든 사람이 장기적으로는 일정한 자유의 제한을 받아들여야 할지도 모른다. 즉, 가족의 규모를 결정할 자유, 에너지 및 기타 자원을 소비할 자유, 환경을 오염시킬 자유를 제한해야 한다. 이 문제를 해결하지 못할 경우 국가체제는 기능부전 상태가 되고 말 것이다. 이것은 세계국가에서든 '신중세적' 질서에서든 다른 어떤 형태의 보편적 정치질서

---

9) 〔역주〕 공유지의 비극(*tragedy of the commons*): 미국 생물학자 가렛 하딘(Garrett Hardin)이 사용한 개념으로 1968년 12월 13일자 〈사이언스〉지에 실렸던 논문의 제목이기도 하다. 공유지의 비극은 영국에서 과도한 가축의 방목으로 공유 목초지가 파괴된 것을 말한다. 지하자원, 초원, 공기, 호수에 있는 고기와 같이 공동체의 모두가 사용해야 할 자원, 즉 공유자원(*common pool resource*)은 사적 이익에 따라 움직이는 시장에 맡겨 두면 이를 남용하여 자원이 고갈될 위험이 있다는 것이다. 따라서 이러한 자원에 대해서는 국가가 관여하거나, 아니면 이해당사자가 모여 일정한 합의를 통해 이용권을 제한하는 제도를 형성해야 한다는 것이다.

에서든 마찬가지다. 그러한 자유들을 제한하지 못하는 한 기능부전 상태가 되고 만다.

둘째, 주권국가 비판론은 국가체제가 환경적·생태학적 위협을 처리하는 데 긍정적 역할을 할 수도 있음을 간과한다. 앞에서 말한 것처럼, 불일치와 갈등이 불가피한 인간사회에 국가체제는 최소한의 질서를 제공할 수 있다. 독립적 정치공동체들이 독립적 존재로서의 권리를 서로 인정한다는 것은 곧 일정한 공존의 규칙을 준수하는 것을 뜻하며, 이것이 바로 질서를 제공한다. 그렇지 않다면 질서는 생겨날 수 없다. 그러한 최소한의 질서의 기초가 없으면 환경이라는 공통문제에 대한 대처는 거의 불가능해진다.

인구증가의 억제, 경제발전의 관리('과잉개발'을 억제하고, '저개발'을 근절한다는 두 가지 의미에서), 자원의 소비제한 및 공정한 배분을 위한 효과적 조치들은 단기적으로 주로 국가의 행동에 달려있음은 의심할 여지가 없다. 포크 등이 주장하는 것처럼, 환경위험과 관련된 행동이 긴급하고, 즉각적으로 필요한 일이라면, 현존하는 정치제도와는 근본적으로 다른 정치제도에 의해서만 효과적인 조치가 취해질 수 있다고 주장하는 것은 하나마나한 주장이 된다. 실즈(Shields)와 오트(Ott)가 예리하게 지적한 것처럼, 단기적으로는 각국 정부만이 이러한 문제들에 대해 효과적인 조치를 취하기 위한 정보·경험·재원을 가지고 있다.[10]

셋째, 국가체제가 기능부전 상태에 있다는 주장은, 국가체제를 통해 환경위험에 대한 보다 큰 인간적 연대감이 생길 수도 있다는 것을 간과한다. 장기적으로는 환경위험에 대처하는 일은 국가 차원의 행

---

10) Linda P. Shields and Marvin C. Ott, "The Environmental Crisis: International and Supranational Approaches," *International Relations*, vol. iv, no. 6 (November 1974).

동만으로는 결코 충분하지 않다. 국가체제든 다른 어떤 보편적 정치질서든 그 질서의 기능성은 지금보다도 더 큰 인간적 단결의식의 창출여부에 달려 있다. 국가체제는 이러한 단결의식을 창출하는 수단이 될 수 없고, 오히려 방해가 될 뿐이라고 주장한다면, 이것은 아무데도 쓸모없는 주장이다. 현재 인류의 정치조직은 국가체제이며, 그 바탕에는 공통이익과 공통가치에 대한 인식이 존재한다. 이것이 아무리 미약한 것이라 하더라도, 또한 장기적 관점에서 볼 때 세계질서로서는 부적절한 것이라 하더라도 현 시점에 존재하는 인간적 유대 또는 연대의 주요한 표현인 것이다. 따라서 지금보다 단결이 더 잘된 세계사회의 출현에 대한 희망을 갖고자 한다면, 그러한 공통이익과 공통가치에 대한 인식을 유지하고 발전시키는 방법밖에 없다.

4. 국가체제와 세계질서

지금까지 국가간의 갈등은 공통이익에 대한 인식과 공통의 규칙 및 공통의 제도에 의해 완화되었다. 오늘날 주권국가들이 이러한 인식과 규칙 및 제도를 유지하고 확장할 능력이 없다면, 확실히 국가체제는 기능부전 상태에 빠지고 말 것이다. 오늘날 세계질서의 목표들을 달성하기 위해서 국제체제가 홉스적 전쟁상태로 돌아가야 한다고 주장할 사람은 아무도 없을 것이다. 또한 국가체제가 지속가능한 구조가 되기 위해서는 합의의 범위가 유지되어야 할 뿐만 아니라, 더욱 확대되어야 한다. 평화와 정의 및 환경관리에 관한 최소한의 요건에 대하여 합의에 이르지 못하는 한, 그 어떤 보편적 정치조직도 존속할 수 없을 것이다. 이러한 합의의 창출을 위해 국가체제의 극복은 충분한 것도 아니요, 어쩌면 필요한 것도 아니다.

스코틀랜드에서 길을 잃은 사람 이야기가 있다. 그가 한 농부에게 에든버러로 어떻게 가느냐고 묻자, 그 농부가 이렇게 대답했다고 한다. "나리, 저 같으면 여기에서 출발하지 않을 텐데요!" 국가체제가 세계질서를 추구하는 최선의 출발점이 될 수 없다는 주장은 그 농부의 대답과 같은 것이다. 현재 세계를 실질적으로 지배하는 보편적 정치조직의 형태가 국가체제인 이상, 합의를 위한 모색도 바로 이 체제에서 출발할 수밖에 없다.

제13장

국가체제의 개혁?

만약 국가체제가 예견가능한 미래에도 존속할 것이며, 시대착오적인 것이거나 기능부전 상태에 있는 것이 아니라면, 국가체제를 어떻게 개혁 또는 개편하면 세계질서를 한층 효과적으로 증진할 수 있을까? 이 장에서는 이 과제에 대한 몇 가지 해답을 찾아보기로 하자.

1. 강대국 협조체제: '키신저 모델'

강대국 협조체제가 하나의 대답이 될 수 있다. '키신저 모델'(*Kissinger model*)이라고 불리는 이 구상은 강대국 중에서도 특히 미국의 지지를 받는 것이 사실이다. 소련은 사실상 일정한 목적을 위해 미국과 협조하지만, 표면적으로는 자본주의와 사회주의와의 투쟁을 선언하고 있으며, 중국이 포함되는 강대국 공동행동체제에 대해서는 이론상으로나 사실상으로나 반대의사를 분명히 표명한다. 중국은 강대국의 역할을 전적으로 거부하며, '초강대국의 패권주의'에 대한 투쟁에서 제3세계 국가들의 선봉을 자임한다. 미국은 강대국 협조구상에 애착을 가지고 있는데, 그럴 만도 하다. 미국은 기존의 국제질서를 유지하는 것을 사명으로 삼고 있지만, 국력의 쇠퇴를 느끼면서 새로운 강대국들을 결집하여 공동행동의 동반자로 삼고자 하는 것이다.

이러한 강대국 협조체제는 '평화의 구조'를 창출하는 것을 목표로 삼지만, 이 구조에서의 평화는 세계 전체의 평화가 아니라 강대국간의 평화이다. 이 구조는 국제경제적 정의에 관심을 가지고 있지만, 이를 '국제개발원조'의 형태로 추구하며, 기존의 세력관계는 그대로 유지하고자 한다. 인간적·세계시민적 수준에서의 경제적 정의와는 별로 관계가 없다. 환경문제에 대해서는 말로만 관심을 나타낸다.

앞에서 말한 것처럼, 세 강대국 및 잠재적 강대국 사이에는 사실상 균형이 존재한다. 그러나 이 균형은 매우 중요한 측면에서 19세기에 존재했던 유럽 강대국들의 균형과는 차이가 있다. 특히 그 당시에는 강대국 사이에 균형유지를 위한 일반적 협조체제가 있었지만, 지금은 그런 것이 없다(제 5장 참조). 앞에서 말한 것처럼, 강대국들이 공동행동체제를 형성할 경우, 상호관리를 통해, 그리고 여타 국가들에 대한 우월적 지위를 이용하여 국제질서를 증진시킬 수 있다(제 9장 참조). 지금까지 발전해온 미·소관계에 공동행동체제의 일부 요소들은 이미 존재한다. 현재 강대국 협조체제를 구축하고자 하는 계획은 미·소의 공동행동체제를 강화하고, 여기에 중국을 포함시키자는 구상이다. 일본이나 EEC 등이 강대국으로 부상할 경우, 이들도 여기에 참여할 수 있는 길 또한 암묵적으로 열려 있다.

국가체제 내에서 세계질서가 유지되는 기본적 토대 가운데 하나가 강대국간의 협력과 관련된 요소라는 사실을 부정할 수는 없다. 강대국이 존재한다는 것은 엄연한 현실이며, 마음대로 없앨 수도 없다. 세계정치체제 전체에서 전쟁과 평화, 안정과 불안정을 결정하는 것은 다른 어떤 사람들보다도 이들 강대국의 지도자들이다. 강대국들이 이러한 지위에 있는 한, 그들이 불화하기보다는 조화를 보일 때 세계질서는 더 잘 유지될 수 있다. 이러한 관점에서 보면, 그들이 대결의 자세에서 협상의 자세로 나아가도록 하는 조치들은 아무리 미약하고 불완전한 것이라 할지라도 건설적인 것이라고 할 수 있다.

'초강대국 패권주의'에 대해 비판적 시각을 가진 사람들은 현재 강대국의 협조를 도모하기 위한 움직임들이 오로지 강대국 자신의 이익을 가져올 뿐, 국제사회 전체의 이익을 증진시키는 것은 아니라고 비판하지만, 이것은 사실이 아니다. 미국과 소련과 중국 사이에, 또는 그들 중 어느 두 나라 사이에 핵전쟁이 일어난다면, 교전국들에게는 물론 나머지 중간강국들 또는 약소국가들에게도 대재앙이 될 것이다. 그러므로 강대국들이 이러한 위험을 줄이기 위한 조치를 취하는 경우, 이들은 인류 전체의 수탁자로서 행동하는 것이다.

강대국들이 약간의 협조라도 하게 된 동기로서 인류 전체의 수탁자로서의 사명의식을 거론하는 것은 지나친 것일 수도 있다. 그런 의식은 무시할 만한 수준의 것이었거나, 또는 전혀 필요치 않을 수도 있다. 데탕트가 이루어진 이유를 설명하면서, 좁은 의미에서의 강대국들의 이해관계 이외의 다른 것을 끌어들일 필요는 없다.

강대국들이 협력하여 무제한 핵전쟁이 일어나지 않도록 하는 일은 모든 인류가 공유하는 이익이기도 하지만, 강대국 자신의 특별한 이익을 도모하는 일이기도 하다. 즉, 이것은 현재의 정치적 상태를 유지하는 일이요, 자신들의 지도적인 지위에 도전할 가능성이 있는 잠재적 도전자의 출현을 막는 일이요, 각각의 세력권 내에서 우월적 지위를 계속 유지하는 일이기 때문이다.

강대국들이 무제한 핵전쟁을 피하기 위해 노력하는 것은 보편적 이익을 증진시키는 일이기는 하지만, 이로 인해 약소국들의 이익을 희생시키면서 강대국들이 이익을 얻는 결과가 생길 수 있다. 미국과 소련과 중국은 전쟁을 피하기 위해 각자의 세력권에 대해 서로 간섭하지 않기로 합의할 수도 있고, 또는 각자의 동맹국이나 보호국이 갈등의 불씨가 될 경우 이를 포기할 수도 있고, 자신들의 관계를 복잡하게 만들거나 교란시킬 가능성이 있는 국가에 대해서는 자신들의 뜻을 강요하기 위해 공동대응할 수도 있기 때문이다.

이러한 사정 때문에 세계의 중소국가들은 강대국의 협조로 얻는 것도 있지만, 잃는 것도 있다. 그러므로 자국의 이익이라는 관점에서 보자면, 중소국가들은 강대국들의 협조가 어떤 방향으로 움직이는지 주도면밀하게 경계해야 한다는 주장에도 일리가 있다. 그러나 그렇다고 하더라도 전면적인 핵전쟁의 회피가 그러한 전쟁의 결정권을 가진 강대국들에게 이익이 되는 만큼이나 그들에게도 이익이 된다는 사실은 변함이 없다.

그러나 강대국의 협조를 통해 핵평화가 유지된다 하더라도 이것만으로 국가체제가 세계질서를 충분히 제공할 수 있다고 말할 수는 없다. 강대국 협조구상은 약소국을 강압하는 일이 없다 하더라도 약소국과 약소국 인민들의 변화의 요구를 무시하기 때문이다. 앞에서 논의한 바와 같이, 국가체제가 지속가능한 세계질서의 수단이 되기 위해서는 반드시 공통의 이익과 가치에 대한 합의를 유지 또는 확대할 수 있어야 한다. 아시아·아프리카·남미국가와 인민들의 정당한 변경에 대한 요구를 고려하지 않는 한, 오늘날 어떠한 합의도 불가능하다. 그들은 식민주의와 백인우월주의 정부를 근절할 것과 부와 자원을 재분배할 것과 부국에 대한 자신들의 의존 또는 종속관계(대부분의 나라들이 이러한 상태에 있다)가 종식될 것 등을 요구하고 있다.

강대국 협조체제가 특히 중국까지 포함하게 된 상황에서 그러한 요구를 전적으로 배격하는 것만은 아니다. 강대국들은 현재 그들의 요구에 귀를 기울이는 시늉을 하고 있다. 확실히 강대국 협조체제는 국제사회에서 그 역할의 정당성을 인정받는 데 성공할 수도 있고, 광범위한 지지를 얻을 수도 있다. 앞에서도 말한 것처럼, 이러한 일은 자신들의 역할을 분명하게 드러내지 않음으로써, 무질서를 야기하는 음모를 꾸미거나 강압적인 행동을 하지 않음으로써, 혹은 변화의 요구를 완화시키고 경우에 따라 지도적인 중간강국들의 지지를 얻음으로써 이루어질 수도 있다(제 9장 참조). 또한 불평불만을 가진 국가들이 존재한다고 해서 국제체제의 존속이 반드시 불가능해지는 것은 아니다. 모든 정치체제들은 불평불만의 요소를 가지고 있다. 불평불만은 이익이 충분하게 공유되지 않았다고 느끼는 사람들이 있을 때 발생하지만, 이로 인해 그 정치체제의 기초가 반드시 불안정하다고 말할 수는 없다.

그러나 '못 가진' 나라들의 불만이 시늉만으로 완화되리라고 기대하긴 어렵다. 또한 부와 자원과 권력을 근본적으로 재분배할 능력이 없는 국제체제가 건재하리라고 기대하기도 어렵다. 중국을 제외하면, '못 가진' 나라 또는 프롤레타리아 국가들의 군사력은 보잘것없는 것이 사실이다. 중국까지 합세한다 하더라도 미국과 소련에 의해 지탱되는 세계 권력구조에 군사적으로 도전하기에는 역불급이다. 오늘날의 '가진' 나라와 '못 가진' 나라 간의 갈등은 이 점에서 1930년대에 영국·프랑스와 독일·이탈리아·일본 간에 있었던 갈등과는 다르다. 당시 영국과 프랑스는 국제연맹의 옹호자로서 국제적 정당성을 강조했고, 독일·이탈리아·일본은 수정주의를 표방하여 서로 대치하였다. 이 당시 '못 가진' 나라들의 군사력은 '가진' 나라의 군사력에 필적했고, 그들의 변화 요구가 평화적으로 수용되지 못할 경우 남은 선택은 전쟁뿐이었다.

그러나 오늘날 '못 가진' 나라는 국제사회에서 다수 국가를 차지한다. 더욱이 세계 인구의 다수가 그들 나라에 속해 있어서 세계사회의 매우 중요한 요소로 등장하고 있다. 세계사회의 존재는, 앞에서도 말한 것처럼, 아직까지 이렇다 할 주목을 받지는 못하지만, 이에 대한 인식은 확산되고 있다. '못 가진' 나라들은 극심한 내부분열 때문에 하나의 추축이나 진영으로 단결될 가능성은 별로 없지만, 그들 중 일부는 일정한 목적을 위해 단결하기도 한다. 예를 들면, 남아프리카에서의 인종주의에 대하여, 또는 무역과 원조와 개발문제에 대하여, 또는 석유를 경제적 · 정치적 목적으로 사용하기 위해 단결하는 경우들이 그러하다.

'못 가진' 나라들의 군사력과 효과적으로 연대하는 능력이 점점 커질 수도 있고, 이로써 강대국들과 맞서 싸울 용의를 품을 가능성도 있다. 그러나 이들이 그렇게 하지 않더라도 이들의 요구를 무시하는 국제체제는 '가진' 나라들 내부에서조차 도덕적 권위를 가질 수 없을 것이며, 또 세계질서가 요구하는 합의를 얻어내지 못할 것이다.

2. 범지구적 중앙집권주의 : 급진적 구세주의 모델

또 하나의 대답은 범지구적 문제에 대한 중앙집권적 지도모델이다. 이 모델은 강대국의 협조에 기대는 것이 아니라 인류공동체 전체의 공통의지 또는 목적의식에 기초를 두고 있다. '우주선 지구'가 범지구적으로 긴급사태를 맞이하고 있다는 인식이 고조되면 이런 의식이 생겨날 수 있다는 것이다. 강대국 협조모델과 마찬가지로 범지구적 중앙집권주의 모델도 서구세계에서 주창된 것이지만, 전자의 주창자는 주로 공인 또는 '지배계층' 사람들인 반면 후자의 주창자는 급진적 지식인 또는 반체제 지식인들이다.

이 급진적 지식인들은 중앙집권적 지도에 의해 국가체제를 극복하고자 한다. 그러나 국가체제가 예견가능한 장래에까지 존속하리라는 것을 인정하기 때문에 첫 단계로서 국가체제가 지속되는 상황에서 달성가능한 최대한의 중앙집권적 지도를 모색한다. 이 점에서는 강대국의 협조체제를 옹호하는 사람들과 다를 것이 없다. 그러나 급진적 지식인들이 추구하는 중앙집권적 지도형태는 강대국의 공통이익을 반영하는 것이 아니라 보다 중요한 전 인류의 공통이익에 대한 인식을 반영하고 있다. 그들은 이러한 인식이 현재 존재하지 않는다는 것은 알고 있지만, 생겨나기를 희망하고 있다.

포크가 《위험에 빠진 지구》에서 제안한 내용들이 대표적인 예가 될 수 있다. "신세계질서체제의 설계"라는 장에 그가 제안한 체제의 목표들이 나와 있다. 여기에서 주목할 만한 내용은 그가 목표로 삼는 것이 단순히 국내적 · 국제적 수준에서 폭력의 최소화, 즉 '최소 질서'라는 전통적 목표가 아니라, 이보다 훨씬 포괄적인 '최적 질서'라는 점이다. 그가 제시한 최적 질서는 다음과 같다.

① 인류의 통일, 지구상의 생명의 통일, 환경의 보호. 여기에는 인구의 증가와 자원의 사용 및 폐기물 처리에 상한을 설정하는 것 등이 포함된다.
② 최소한의 복지수준을 모든 사회와 개인의 권리로서 인정하는 것, 인간의 존엄성. 여기에는 개인의 양심과 자율의 권리, 집회의 권리, 집단적으로 문화적 주장을 할 수 있는 권리기 포함된다.
③ 언어 · 신화 · 정치적 이념의 다양성 및 다원성 보장. '다양성은 그 자체로 생명의 빛이기 때문'이다. 그리고 이러한 목표의 달성에서 세계의 어느 부분도 소외되는 일이 없도록 모든 민족 정부는 물론 비국가 행위자들도 모두 이 질서에 참여해야 한다는 것이다.

이러한 목표를 달성하기 위해 포크가 제시한 정치구조의 특징은 다음과 같다. 유엔과 국제사법재판소와 같은 기존의 중심적인 기구들의 강화, 유엔 전문기구와 기타 '기능적' 단체들의 발전(환경관리를 위해 이 기구들의 역할이 크게 확대되어야 한다고 그는 믿고 있다), 세계 주요 행위주체들(이들은 가장 인구가 많은 5개국과 지역적·문화적·인종적 집단의 대표들로 구성된다) 간의 비공식적 협력의 틀, 초국적·다국적 행위주체들(이들은 '신세계질서체제를 위해 노력하는 압력집단'이 된다), 지역기구 및 지역 내의 하부기구(이들은 민족국가를 넘어 국제관계를 움직이고, 세계문제를 관장할 중앙조직으로 가는 디딤돌이 된다), 세계관의 변화(각국 국민들은 세계를 세계시민적 관점에서 이해해야 한다), 국가로부터 독립하여 자치를 얻고자 하는 각국 내부의 인종적·종교적 운동(이러한 운동들은 기존국가의 힘을 약화시키는데 도움이 된다) 등이다.

이러한 정치구조를 수립하기 위해 그가 제시한 '세계질서 행동' 또는 '의식환기' 계획은 다음과 같다. '생태학적 긴급사태 선언', '생존대학', '평화유지학원', 세계정당, (이러한 노력이 실패하여 노아의 대홍수와 같은 일이 벌어질 경우를 대비한) '재생의 방주'(*ark of renewal*) 등이다. '재생의 방주'는 계몽된 인간들이 살아남아 세계를 재건하기 위해 필요하다는 것이다.[1)]

급진적 중앙집권주의자들의 처방은 강대국 협조체제의 옹호자들과 마찬가지로 최소한의 세계질서가 유지되기 위해 강대국간의 협력의 틀이 필요함을 인식하고 있다는 점에서 장점이 있다. 더욱이 강대국 협조모델과는 달리 세계적 중앙집권주의자들은 강대국들만의 합의로는 불충분하다는 점을 인식하고 있으며, 근본적 변화를 바라는 '못

1) Falk, *This Endangered Planet*, ch. VII.

가진' 나라들의 요구도 수용한다. 이들에 따르면, 지배적 국가들간의 합의가 아니라 국제사회 전체의 합의가 중요하며, 단순히 평화와 안전보장만을 목표로 삼을 것이 아니라 좀더 넓은 범위의 목표를 달성할 필요가 있다는 것이다.

포크의 접근방법의 약점은 광범위한 합의를 얻는 문제와 관련하여 제 3세계 국가들의 실질적인 요구가 무엇인지를 제대로 고려하지 않고 있다는 점과, 그들의 요구가 다른 주요 국가들의 이익주장과 어떻게 양립할 수 있는지에 대한 검토가 없다는 점이다. 포크는 자기 마음대로 목표들을 설정해 놓고, 전 지구를 이에 맞추어 바꾸려고 하는데, 포크와 그의 동료들의 설득과 권고만으로 그것이 가능해질까?

앞에서 말한 것처럼, 현재 범지구적 중앙집권적 지도구상은 거의 전적으로 서구 국가들로부터 나온 것이며, 제 3세계 국가들과 사회주의 공동체 국가들은 국가주권을 열렬히 옹호한다(제 12장 참조). 3개의 국가집단 중 상대적으로 약한 2개의 집단, 특히 제 3세계 국가들은 권력의 중앙집중화를 향한 움직임을 의심스럽게 여기고 있다. 부·자원·권력이 그들에게 유리하게 재분배되는 것이 아니라 오히려 현재의 분배상태를 고착화시킬 것으로 보기 때문이다. 급진적 세계주의자들은 중앙집권적 권위의 옹호자들과 마찬가지로 그 권위가 자신들이 생각하는 가치를 구현할 것이라고 암묵적으로 가정한다. 중앙집권적 권위가 수립되면 현재 지배적인 강대국들의 가치관이 반영될 가능성이 높다. 그들만이 그렇게 할 힘이 있기 때문이다.

이와 관련하여 급진적 범지구적 중앙집권주의에 대한 코타리[2]의

2) 〔역주〕 Kothari, Rajni(1928~): 인도의 정치학자. 인도 델리에 있는 개발도상사회연구소(Center for the Study of Developing Societies) 초대소장. 주요 저서로 *Footsteps into the Future*(1975), *Transformation and Survival*(1988), *State Against Democracy*(1989), *Politics and the People*

비판은 새겨들을 만하다. 코타리는 인도의 정치학자로서 그의 주장은 뒤에 다시 살펴 볼 것이다. 코타리와 그의 동료들은 이렇게 말한다. "북반구에서 안락한 생활을 영위하면서 분개하는 사람들의 헛소리는 들을 필요도 없다. 이들은 전 세계를 변형시키기 위해 이 대륙 저 대륙을 뛰어다니고 있지만 현대판 〈백인의 짐〉(*white man's burden*)[3]일 뿐이다."[4] 그에 따르면, 급진적 국제주의자는 보수적 국제주의자와 마찬가지로 "자신들의 정치적·지적 지배구조에 대한 정교한 방어막을 구축하기 위해 근대적인 매스미디어와 매스컴과 회의시설을 이용하여 신화를 만드는 자들"이다.[5]

국제사회에서 부·자원·권력의 분배가 현재와 같이 불평등한 상태로 있는 한, 합의를 통해 중앙집권적 범지구적 정치적 구조를 창출하고자 하는 운동은 성공할 가능성이 거의 없다. 그러한 운동이 일어나기 위해서는 우선 제3세계 국가와 인민들을 위해 부와 생활의 안락과 권력 등이 재분배되어야 한다.

어느 경우든 포크와 그의 동료들이 지향하는 구세주의적 권고에 의해 중앙집권적 범지구적 구조가 창출될 가능성은 거의 없고, 이 구조

(1989), *Rethinking Development*(1989), *Growing Amnesia*(1993), *Communalism in Indian Politics*(1998), *Memoirs: Uneasy is the Life of the Mind*(2002), *Rethinking Democracy*(2008) 등이 있다.

3) 〔역주〕 영국의 작가 키플링(Rudyard Kipling)이 1899년 2월에 발표한 시. 모두 7연이며, 각 연은 "백인의 짐을 져라"(*Take up the White Man's burden*)로 시작한다. 이 시에서 키플링은 미개한 인종을 올바르게 이끄는 것이 백인이 져야 할 짐, 백인의 의무라고 주장했다. 일반적으로 서구의 제국주의 이데올로기를 지칭하는 말로 사용된다.

4) Rajni Kothari, *Footsteps Into the Future: Diagnosis of the Present World and a Design for an Alternative*(New Delhi: Orient Longman, 1974), p. 10.

5) *Ibid.*, p. 7.

가 서구 급진주의자들의 가치관에 따라 움직일 가능성도 희박하다. 그들은 청사진 또는 '정태적 유토피아'를 제시하려는 것이 아니라고 말하지만 실제로는 그렇게 하고 있다. 또한 그들은 지금이 전대미문의 범지구적 위기상황이라고 말하지만, 이 말이 뜻하는 바는 세계정치의 현실이 그들이 생각하는 평화와 정의에 부합하지 않는다는 것이다. 그러나 이런 일은 오늘날 갑자기 생긴 것이 아니다. 과거에도 세계정치의 현실은 늘 그랬다. 그들은 우리에게 새 출발이 필요하고 신세계질서를 설계해야 한다고 말하지만, 우리는 출발지점을 선택할 수 있는 위치에 있는 것이 아니다. 이미 어떤 길을 걷고 있는 중이다. '새 출발'(*fresh start*) 같은 것은 있을 수가 없다. 그들은 '의식환기' 계획이 마치 역사상 처음 시도되는 것처럼, 자신들이 '우주선 지구'의 대변자인 것처럼 말하는데, 천진난만한 주장이다. 이들의 피상적 낙관주의의 밑바탕에는 근본적 변화가 생기지 않으면 곧 재앙이 닥칠 것이라는 철저한 비관주의가 깔려 있다. 그러나 그들 스스로가 그런 계획은 실현가능성이 없음을 잘 알고 있을 것이다.

3. 지역주의 : 제 3세계 모델

국가체제를 개혁하는 또 하나의 방법은 주권국가와 범세계적 기구의 중간에 위치한 지역적 기구의 역할을 확대하는 것이다. 즉, 평화와 안전보장, 경제적 정의, 환경관리 등과 관련하여 범지구적 기구에 맡겨진 기능 중 일부는 지역적 기구가 담당할 수 있다는 것이다. 범지구적 기구에 대해서는 여러 가지 비판이 있다. 예를 들면, 강대국들이 국가체제를 지배하는 결과를 초래할 수 있다는 우려도 있고, 주권국가 전체의 합의를 얻는 데 실패할 것이므로 난관에 봉착할 것이라는 걱정, 혹은 지역의 자율성과 다양성을 해칠 것이라는 견해도 있다. 그러나 지역적 기구들에 대해서는 이런 걱정이 존재하지 않는다고 말한다.

나이(Joseph Nye)는 《지역별 평화》에서 다섯 가지 주장을 소개하는데, 이 주장들은 모두 최근에 제기된 것으로서 지역적 기구의 발전과 평화로운 세계질서 사이에 관련성이 있다고 주장한다.

① 지역적 기구는 2개의 초강대국의 손아귀에 권력이 집중되는 것을 방지하고, 이로써 이른바 '양극체제'의 특별한 위험을 방지하는 결과를 낳는다(유럽 지역주의 운동과 관련하여 흔히 제기되는 주장이다).

② 현재 약소국들은 명목상으로만 주권국가인데, 함께 결합하면 외세의 개입과 무력침공을 막을 수 있다(아프리카 지역주의와 관련하여 은크루마[6]가 개진한 주장이다).

③ 주권국가를 넘어서는 기구들이 창설되어 주권 개념에 변화가 일어나거나 혹은 각국의 주권이 약화되면, 주권국가체제의 고전적인 위험을 감소시킬 수 있다(이 주장은 제11장에서 '신중세주의'의 출현과 관련하여 살펴본 바 있다).

④ 주권국가들이 경제적·사회적·문화적 관계에서 촘촘한 네트워크를 형성하면 지역국가들 내부에서의 전쟁은 저절로 억제된다(세계질서에 대한 기능주의적 접근의 지역주의 버전이다. 주로 EEC와 관련하여 제기되는 주장이다).

⑤ 지역적 기구를 형성하고 있을 경우, 세계적 충돌이 일어나더라

6) 〔역주〕 Nkrumah, Francis Nwia Kofie Kwame(1909~1972): 아프리카 통일운동의 지도자로, 가나의 초대 수상과 초대 대통령을 역임하였고, 1957년 독립 이후 1966년까지 가나를 통치하였다.

> 도 자신이 속한 지역은 떨어져 있을 수가 있고, 또한 역내 갈등이 발생한 경우에도 그 원인과 해결책을 찾는 데 멀리 있는 범지구적 기구보다 유리하기 때문에 갈등을 해결하기가 쉽다〔아세안(ASEAN)을 옹호하는 사람들이 흔히 이런 주장을 한다〕.[7]

그러나 이러한 지역주의 접근법에 따라 세계질서가 확립된다고 하더라도 강대국에 의한 지배로부터 파생된다고 여겨지는 위험들이 사라지거나 줄어든다고 볼 수는 없다. 오히려 지역주의 노선에 따른 세계정치의 재편은 세계를 강대국의 세력권 또는 영향권으로 분할하는 것으로 여겨졌다(제 9장 참조). 그러나 1945년 이후에는 미국과 소련의 우세가 뚜렷해졌고, 이들의 충돌은 평화와 안전보장에 대한 중대한 위험으로 인식되어, 이들의 협력은 정당한 정치적·경제적 변화에 대한 주요한 장애로 여겨졌다. 상황이 이러했기 때문에 지역주의적 접근은 초강대국들의 영향력을 제한 또는 저지하려는 시도와 결부되어 있었다. 나이가 소개한 다섯 가지 '지역주의 평화 주장'이 이 시기에 등장한 것은 결코 우연이 아니다.

코타리 박사의 《미래로 가는 발걸음》만 해도 그렇다. 세계정치를 지역주의적 노선에 따라 재구성하자는 제안은 초강대국의 지배에 대항하여 제 3세계를 부흥시켜야 한다는 주장과 이어져 있다. 코타리의 핵심주제는 자립의 필요성이다. 개개의 인간도 국가와 민족도 모두 자립해야 한다는 것이다. 이러한 자립의 실현을 방해하는 것이 부국에서는 과잉개발과 소비〔를 미덕으로 여기는〕 윤리관이며, 빈국에서는 저개발과 조직화된 착취와 '구조적 폭력'이다. 부국에서나 빈국에서나 "인간 조직에 대한 접근방식을 보면, 인간이 지구에 짐이 되도록, 과

---

7) Nye, *Peace in Parts*, ch. I.

잉으로 노동을 하도록 만들고 있고, 기계가 삶의 가장 강력한 원천이 되고 있어서" 이것이 또한 자립의 실현을 방해한다는 것이다.[8]

코타리는 자신의 제안이 자립을 보편적으로 달성할 수 있는 정책이라고 주장하지만, 그의 주된 관심은 제3세계 국가들이 어떻게 자립을 달성할 수 있는가, 식민지에서 독립한 가난한 나라들이 어떻게 그 독립을 공고히 할 수 있는가 하는 것이다. 그는 자립적인 국가들로 이루어지는 세계가 현실성이 있을 뿐만 아니라 '더 나은 현실'이라고 주장한다. 오늘날의 세계는 초강대국, 중진국, 주변국으로 분열되어 있는데, 이러한 분열을 극복하고 국가들의 자립이 이루어져야 한다는 것이다.

코타리는 세계정부〔구상〕에 반대할 뿐만 아니라, 세계정부에까지 이르지 않는 권력의 범지구적 집중구상에도 반대한다. 그러므로 그는 강대국 협조체제 또는 지도체제를 의미하는 '키신저 모델'에도 반대하며, 세계주의를 주창하는 미국의 급진주의자들의 입장도 배척한다. 그는 핵기술의 확산, 확고하게 결합된 제3세계권의 형성, 서구열강에 대한 압력의 행사(예를 들면, 1973년 아랍 국가들의 석유금수조치 같은 것)가 필요하다고 보고 있다. 이를 통해 권력 또는 영향력을 제3세계에 유리하게 재분배할 수 있다는 것이다.

현재 강대국들의 영향 아래 놓여 있는 제3세계 국가들이 더 넓은 범위의 자립을 할 수 있는 세계질서의 형태로 코타리는 20~25개 지역연방으로 구성되는 체제를 제안한다. 지역연방을 구성하는 기준은 지리적 근접성, 자원 및 경제의 상호보완성이다. 이렇게 구성된 지역연방들은 규모와 세력에서 완전히 똑같지는 않지만, 현존하는 세력단위들보다는 평등할 것이다. 강대국들은 〔다른 지역연방에 비해〕 규

8) Kothari, *Footsteps Into the Future*, p. xx.

모를 작게 할 것이다. 러시아 지역은 소련과 몽골로, 중국 지역은 중국과 티베트와 대만으로 구성하며(북경정부는 이 두 지역을 자국의 영토로 여기고 있다), 미국지역은 미국만으로, 캐나다는 그린란드와 합하여 하나의 지역연방을 구성할 것이다. 또한 멕시코와 중미를 합하여 하나의 지역연방으로 구성하고, 인도에게는 남아시아 지역을 준다. 동남아 지역과 남태평양 지역(호주, 뉴질랜드, 태평양 도서국가들)은 나중에 남아시아 지역과 합쳐질 수도 있다. 그 외의 지역으로는 북유럽, 동부중앙유럽, EEC, 아랍세계, 동·서·남부 아프리카, 카리브 지역, 남미 안데스 지역, 〔아르헨티나 동부〕 라플라타 강 지역, 브라질 지역이 있다.

앞에서 말한 것처럼, 중앙집권적 권위체제를 향한 현재의 움직임은 기존의 정치적·경제적 질서를 고착시킬 것이며, 이것은 정의에 어긋나는 것이라는 코타리의 주장에도 일리는 있다. 설령 중앙집권적 권위를 향한 움직임이 궁극적으로는 바람직한 것이라 하더라도, 여기에 이르기 위해서는 먼저 그 권위의 성격규정을 어떻게 할 것인지, 그 권위가 어떤 정책들을 이행하게 될 것인지에 대해 세계공동체의 주요 부분들간에 합의가 있어야 한다. 그러나 제 3세계 국가들에게 유리한 방향으로 권력의 재분배가 이루어지기 전까지는 그러한 합의를 기대하기는 어렵다. 코타리의 말처럼, 그러한 재분배는 제 3세계 국가들이 자신들의 자원을 동원하고 상호 단결하여 지배적인 권위에 도전하는 스스로의 노력이 있을 때만 가능할 것이다.

설령 세계적 권위가 서구 급진주의자들의 가치관을 구현할 것이라고 가정한다 하더라도(앞에서 말한 것처럼 이렇게 가정할 수도 없지만), 제 3세계 국가들이 이 체제에 협력할 가능성은 낮다. 제 3세계가 서구로부터 멀어져 있는 이유는 단순히 서구의 도덕성이 고결하지 못하기 때문이 아니라, 서구가 압도적인 힘을 가지고 있기 때문이다.

코타리가 말한 것처럼, 제 3세계 국가들의 관심은 부와 자원과 생활의 안락을 재분배하는 데만 있는 것이 아니라 권력의 재분배에 있다. 여기에는 군사력도 포함된다. 제 3세계 국가들 대부분은 군사력도 변변치 못하다.

코타리의 제안에 대해서는 세 가지 반론을 제기할 수 있다. 첫째, 지역적 기구들로 이루어진 구조가 범세계적 틀의 형태로 결합되지 않은 상황에서 세계질서를 지탱할 수 있을 것이라고 생각하기 어렵다. 이 지역적 기구들, 또는 (코타리가 말한) '연방들'은 그 자체가 각각 강대국 노릇을 할 것이며, 세계에 질서가 있고 없고는 주로 이들 사이의 관계에 크게 의존할 가능성이 크다. 이 지역 세력들간의 관계가 어떻게 질서를 달성할 수 있을 것인가의 문제는 무정부 사회에서 질서를 획득하는 전통적 장치들에 대한 논의로 되돌아가게 되는데, 이에 대해서는 제 2부에서 살펴본 바 있다.

코타리는 세계정치기구를 지역적 수준에서만 논의하는 것이 아니라 범세계적 수준에서도 논의하고 있다. 특히 그는 경제사회이사회를 유엔의 주요 기구로 할 것, 각국의 입법부로 구성되는 세계의회의 창설, 전문기구들의 강화를 요청하며, 심지어는 '세계조직체(*world body*)의 군사력 보유까지 요청한다('세계조직체'가 무엇인지에 대한 설명은 없다).[9] 이러한 제안은 두 말할 것도 없이 유토피아적 구상이다. 현재 세계에 존재하는 정치세력들로부터 그와 같은 범지구적 질서 틀이 어떻게 창출될 수 있는지에 대한 설명이 없기 때문이다. 그는 강대국의 협조에 바탕을 두고 평화와 안전보장을 추구하는 '세력균형' 접근법을 거부한다. 그러한 접근법은 위험하고 불안정하며, 대다수의 인간을 의존상태에 놓이게 한다는 것이다. 그러나 그가 제안

9) *Ibid.*, p. 141.

하는 지역연방들의 세계는 권력집중체들이 서로 충돌하는 세계가 될 것이며, 최소한의 세계질서라도 유지하기 위해서는 이러한 현실을 감안한 범지구적 협력 틀이 마련되어야 한다.

둘째, 그가 제안한 지역연방에도 몇 가지 문제가 있다. 우선 세계정치의 어떤 요소로 그가 생각하는 지역연방이 창출되는지에 대한 설명이 없다. 지역연방 내부의 통합과정에 관해서도 거의 설명이 없다. 한 지역이 외부세력의 영향력을 받지 않는 격리된 상태에 있을 경우, 역내 소국들은 역내 강대국의 횡포를 당할 가능성이 있는데, 코타리는 이러한 점을 제대로 고려하지 않고 있다. 파키스탄·네팔·스리랑카·방글라데시가 인도에 할당된 남아시아 지역에 들어가지 않으려는 이유가 바로 거기에 있다. 파푸아뉴기니·피지·뉴질랜드·기타 태평양 섬나라들이 코타리 박사가 호주에 할당한 지역연방에 들어가지 않으려고 하는 것도 같은 이유에서다.

코타리 박사가 구상한 지역들 중 다수 지역에서, 소국들의 가장 큰 우환거리는 역외에 있는 강대국이 아니라 역내에 있는 이웃 강대국이다. 지금까지는 역내의 강대국이 이웃 소국을 지배하지 못하도록 역외 강대국이 견제했는데, 이러한 견제가 사라질 것이기 때문이다. 이러한 관점에서 보면, 예컨대 인도가 인도대륙과 인도양에서 강대국들을 배제하려 하는 것은 마치 미국이 먼로주의에 의해 남북 아메리카에서 유럽 열강들을 배제하려 했던 것과 같은 일이다. 이것이 동전의 앞면이라면, 뒷면의 속셈은 인도가 지역 내의 우월적 지위를 이용하여 역내 문제들을 자기 뜻대로 하려는 것이다. 코타리 박사가 제안한 각 지역들 내에 강력한 공동체의식이 생겨서 역내 문제들이 국가 대 국가의 문제가 아니라 그 지역 전체의 문제로 인식되는 상황이 된다면, 소국들의 우환거리는 원칙적으로 극복될 수 있다. 그러나 코타리 박사는 이 문제에 대해서는 언급이 없다.

셋째, 코타리 박사는 인류 전체의 미래를 위한 발걸음을 제시하려는 것인지, 인도와 제3세계가 나아갈 정책방향을 제시하려는 것인지 불분명한 태도를 취한다. 그의 책을 보면, 표면적으로는 모든 인류의 미래를 다루고, 사용하는 용어들도 인류 공통의 문제에 대한 공통의 해결책에 관한 것이다. 그러나 그가 제시한 처방들은 오로지 인도와 여타 제3세계 국가들의 관심사에 한정되며, 오직 그들만을 청중으로 여긴다. 그는 이렇게 쓰고 있다. “지역적 결속의 강화는 세계 전체보다는 가난하고 분열된 세계의 2/3에게 더욱 절실한 문제이다. 나머지 1/3은 잘 조직되어 있으며, 세력 충돌과 역사적 반목이 있다 하더라도 언제라도 경제적·정치적으로 동원가능한 상태이다.”[10]

미래의 세계질서에 관한 처방을 제시할 때 누구를 청중으로 할 것인가는 어려운 문제다. 대부분의 경우 표면적으로는 모든 사람들을 청중으로 삼지만, 암묵적으로는 특정 대상을 염두에 둔다. 인류 그 자체는 정치적 대리자 또는 행위주체가 아니다. 그러므로 미래에 대한 처방이 정치적으로 힘 있는 특정집단을 청중으로 삼는 것은 불가피한 일이다. 이러한 사정을 고려한다면, 코타리 박사가 구체적인 공통이익과 행동능력을 가진 국가집단을 청중으로 삼은 것은 장점이라고 할 수 있다. 그의 논의는 합의의 범위가 점점 좁아지고 있는 시대에 보편적인 문제에 대한 보편적인 해결책을 제시하는 것이 얼마나 어려운 일인가를 여실히 보여준다.

10) *Ibid.*, p. 156.

4. 혁명 : 마르크스주의적 모델

국가체제의 개혁에 이르는 또 하나의 길은 보편적 프롤레타리아 혁명에 의한 것이다. 이 혁명의 목적은 국가 내부에 그리고 국가들 사이에 인간에 의한 인간의 착취를 종식시키는 것이다. 마르크스와 엥겔스는 보편적인 혁명이 궁극적으로는 국가의 소멸에 이를 것이라고 주장했다. 국가가 소멸하면 곧 국가체제도 소멸할 것이다. 따라서 마르크스와 엥겔스는 국가체제의 개혁보다는 오히려 국가체제의 극복을 목표로 삼았다고 해석할 수 있다(제 10장 참조). 그러나 오늘날의 다양한 마르크스주의적 · 네오마르크스주의적 혁명노선들은 기본적으로 국내적 정의실현을 위한 피억압계급의 봉기와, 국가들 사이의 정의실현을 위한 피억압국가의 봉기를 목표로 한다. 국가 또는 민족 그 자체의 폐기에 대한 요구는 보이지 않는다. 다만 먼 미래에 대한 전망의 형태로 있을 뿐이다. 이 짧은 글에서 마르크스주의 사상체계 전체를 다 살필 수는 없다. 그러나 국가체제의 개혁과 관련이 있는 부분은 살펴볼 필요가 있다.

대표적인 예로 마르크스주의적 혁명주의의 중국적 변형을 살펴보자. 중국적 변형의 특징은 질서 — 기존질서의 보존이라는 의미에서 — 보다 정당한 변경을 더 중요하게 여긴다는 점이다. 중국공산당 제 10차 전국대표대회[11] 보고서에서 저우언라이〔周恩來〕는 이렇게 말

11) 〔역주〕 중국공산당 전국대표대회는 우리의 정당 전당대회에 해당하지만 사실상 국가의 최고 의결기구라고 할 수 있다. 1921년 7월 상하이〔上海〕에서 마오쩌둥〔毛澤東〕 등 13명의 대표가 참석한 가운데 제 1차 전국대표대회가 개최된 이후 부정기적으로 열렸으나 1977년 이후 5년에 한 번씩 개최되어 2007년 10월 제 17차 전대가 개최되었다.

했다.

> 현금의 국제정세는 대규모의 세계적인 무질서가 특징이다. '산비가 오려는지 누각에 바람이 가득하다'(山雨欲來風滿樓).[12] 이 말은 레닌이 분석한 세계의 기본모순이 오늘날 어떻게 나타나는지를 잘 보여준다. 긴장완화는 일시적이고 피상적인 현상일 뿐 대규모의 무질서가 계속될 것이다. 이러한 무질서는 인민들에게는 경사(慶事)다. 그들은 국제정세를 유리하게, 제국주의와 현대 수정주의와 모든 반동파에게는 불리하게 이끌 수 있기 때문이다.[13]

기존질서의 보존보다 정당한 변경을 우선시하는 것은 1960년대 중국 정치논쟁의 주제였다. 이러한 주장은 흐루시초프,[14] 티토,[15] 톨

---

12) 〔역주〕 당나라 시인 허혼(許渾)의 시 〈함양성동루〉(咸陽城東樓)의 한 구절이다. 시의 전문은 다음과 같다.

一上高樓萬里愁 높은 누대에 올라보니 시름 절로 나는데
蒹葭楊柳似汀洲 갈대며 버들이며 물가에 우거졌네.
溪雲初起日沉閣 시냇가 구름 일 제 해는 누각에 잠기고
山雨欲來風滿樓 산비가 오려는지 누각에 바람이 가득하네.
鳥下綠蕪秦苑夕 푸른 들에 새 내려앉으니 진원(秦苑)의 저녁
蟬鳴黃葉漢宮秋 누른 잎에 매미 우니 한궁(漢宮)의 가을.
行人莫問當年事 오가는 사람들이여 올해 일을 묻지 마시라.
故國東來渭水流 고국 찾아 동쪽으로 오니 위수(渭水)가 흐르네.

13) "Report to the Tenth National Congress of the Communist Party of China, 24 August 1973," *Asia Research Bulletin*, vol. 3, no. 4 (Sep. 1973), p. 2116.

14) 〔역주〕 Khrushchev, Nikita Sergeyevich (1894~1971) : 소련공산당 당서기(1953) · 수상(1958). 스탈린주의를 비판하였고 대외적으로는 미국을 비롯한 서방국가와의 공존을 모색했다. 1964년 10월 중앙위원회의 결정으로 실각되었다.

15) 〔역주〕 Tito, Josip Broz (1892~1980) : 유고슬라비아의 정치가. 공산당

리아티,[16]· 토레즈,[17] 기타 '수정주의자들'(*revisionists*)을 겨냥한 것으로서, 중국은 이들이 세계의 기본'모순'을 제대로 인식하지 못하고 있다고 비판했다.[18] 세계의 기본모순이란 사회주의 진영과 제국주의 진영 간의 모순, 프롤레타리아 계급과 부르주아 계급 간의 모순, 다양한 독점자본들간의 모순, 그리고 현 단계의 주요 모순인 피억압 민족과 제국주의 간의 모순을 말한다. 중국은 '흐루시초프 수정주의자들'이 이러한 모순을 은폐하고 타협을 시도하고 있으며, 혁명과 계급투쟁을 태만히 한다고 비판했다. 특히 그들은 아시아·아프리카·남미의 피억압 민족과 제국주의자 간의 모순이 가장 주요한 모순이라는 점을 부정하고 있다고 비판했다.[19]

1963년 〈인민일보〉(人民日報)는 다음과 같이 선언했다. "아시아·아프리카·남미에서 일고 있는 인민혁명의 폭풍은 세계의 모든 정치세력에 대하여 명확한 태도를 취할 것을 요구한다. 이 힘찬 폭풍은

크로아티아 지방위원과 당 서기장을 지냈고 민족해방운동에 앞장서서 인민해방군 총사령관, 해방전국위원회 의장이 되었다. 해방 후, 수상과 국방장관을 거쳐 초대 대통령으로 선출되었다.

16) 〔역주〕 Togliatti, Palmiro(1893~1964): 그람시와 함께 활약한 이탈리아 공산당·국제공산주의 운동의 지도자.

17) 〔역주〕 Thorez, Maurice(1900~1964): 프랑스의 정치가. 공산당 당서기 및 서기장을 지내면서 인민전선의 결성에 힘썼다. 제 2차 세계대전 후 국무장관, 부수상을 지냈다.

18) 이에 대한 중국인들의 논쟁은 다음을 참조하라. *The collection of Chinese statements in Whence the Differences*(New Era, no date); G. F. Hudson, R. Lowenthal and R. MacFarquhar(eds.). "The Sino-Soviet Dispute," *China Quarterly*(1961); W. E. Griffith, *The Sino-Soviet Rift* (London: Alien & Unwin, 1964).

19) "The Khrushchev Revisionists' Fear of Contradictions," *Red Flag*(31 July 1965), pp. 34~41 참조.

제국주의자와 식민주의자를 떨게 하고, 세계의 혁명적 인민들은 기쁘게 만든다. 제국주의자와 식민주의자는 이렇게 말한다. '무섭다. 무서워.' 혁명적 인민들은 이렇게 말한다. '좋다. 좋아.' 제국주의자와 식민주의자는 말한다. '있을 수 없는 반란이다.' 혁명적 인민들은 말한다. '이 혁명은 인민의 권리이며 거스를 수 없는 역사적 흐름이다.'"[20] 중국은 소련의 수정주의자들이 혁명의 구호를 외치고 있지만 사실상 제국주의자들의 편에 속해 있다고 비난했다. 중국에 따르면, 그들은 식민주의가 최종단계에 접어들었다고 말하지만, 식민주의를 대신하여 신식민주의가 나타났다는 사실을 모르고 있다. "앞문으로 이리가 나갔지만, 뒷문으로 호랑이가 들어왔다."[21] 그들은 민족해방의 '새로운 단계'를 말하면서 경제적 과업을 핵심으로 삼고 있지만, 이것은 제국주의에 대한 투쟁에서 정치투쟁의 우선성을 부정하는 것이다. 제국주의자들이 무력으로 억압할 경우 이 정치투쟁은 무장투쟁이 된다. 수정주의자들은 신생독립국에 대한 경제적 원조의 중요성을 말하고 있지만, 민족의 독립과 해방된 인민들의 사회적 진보는 무엇보다도 그들 자신의 혁명적 투쟁에 달려 있다는 사실을 모르고 있다. 그들은 원조문제에서 미국과 협력하고, 신생국에 대한 지원을 늘리기 위해 군축을 생각하며, 식민주의의 폐기를 위해 유엔의 역할 증대를 고려하는데, 이것은 투쟁하지 않아도 제국주의자들이 피억압민족들에게 자유를 줄 것이라는 천진난만한 생각을 하기 때문

---

20) Apologists of Neo Colonialism. Comment on the Open Letter of the Central Committee of the C.P.S.U. by the Editorial Departments of Renmin Ribao and Red Flag (Peking: Foreign Languages Press), pp. 1~2.

21) *Ibid.*, p. 4.
〔역주〕 중국 속담에 "앞문의 호랑이를 막으니 뒷문의 이리가 나온다"(前門据虎後門進狼)는 말이 있다. 재난을 피하자 또 다른 재난이 닥쳐온다는 뜻으로 쓰인다. 줄여서 전호후랑(前虎後狼)이라고도 한다.

이라는 것이다.

중국의 주장에 따르면, 서로 다른 사회체제간에도 평화적 공존이 있을 수 있다. 그러나 피억압 계급 및 민족과 억압자 사이에는 평화적 공존이 있을 수 없다. 수정주의자들은 '핵무기는 계급원칙을 모른다'고 하면서, '양대 군사진영'간의 전쟁위험을 피하기 위해 군축을 모색할 필요가 있다고 주장한다. 그러나 전쟁은 다른 수단에 의한 정치의 연장이며, 전쟁 중에는 정당한 전쟁도 있다. 핵무기가 마르크스·레닌주의 전쟁관을 바꿔놓을 수는 없다. 마르크스·레닌주의 전쟁관은 부르주아 평화주의 또는 감상적 전쟁관이 아니다. 제국주의가 존속하는 한 전쟁은 불가피하고, 군축은 있을 수 없다. 핵전쟁은 모든 인류에게 대재앙이 될 것이다. 그러나 이것을 두려워할 필요는 없으며, 미국 제국주의자들에게 '항복'할 필요도 없다. 흐루시초프는 1962년 쿠바에 미사일을 경솔하게 설치했다가 철거했는데, 이것은 항복주의의 표본이다. '아침에 모험을 했다가 저녁에 항복한 것'이다. 핵무기가 인간의 운명을 결정하는 것이 아니다. 역사는 핵무기에 의한 인류의 파괴가 아니라 인류에 의한 핵무기의 파괴를 가져올 것이다.[22)]

프롤레타리아 혁명 구상은 중국의 마르크스주의자 등의 주장에서 보는 바와 같이, 지금까지 살펴본 국가체제의 개혁논의에서 다루지 않았던 목표들을 인식한다는 장점이 있다. 즉, 다수 국가의 정치구조의 근본적 변혁을 통해 경제적·사회적 분야에서 인간적 정의를 달성해야 하고, 국제관계의 정치구조의 근본적 변혁을 통해 국제적 또는 국가간 경제적·사회적 정의를 달성해야 한다는 것이다. 부유한 강

---

22) 이런 관점들을 다음과 같은 글에 구체적으로 나와 있다. *Two Different Lines on the Questions of War and Peace*(Peking: Foreign Languages Press, 1963); *On Khrushchev's Phoney Communism and Its Historical Lessons for the World*(Peking: Foreign Languages Press, 1964).

대국이 가난한 약소국을 지배하고, 약소국은 강대국에 의존하는 오늘날의 상황에서 구조적 변화를 얻어낼 수 있는 길이 혁명과 대결밖에 없는 것은 아니지만, 다른 대안들을 검토하는 것은 이 책의 목적을 넘어선다.[23)]

마르크스주의적 혁명적 처방이 이 책 앞부분에서 말한 국제질서의 개념에 본질적으로 적대적인 것은 아니다. 정당한 변경의 명분 아래 현존하는 세계의 정치적·경제적 구조가 위협을 받고, 변화가 추진되는 과정에서 질서(사회생활의 기본적인 목표들을 지탱하는 활동양식이라는 뜻에서)가 교란되는 것은 사실이다. 그러나 곧 새로운 정치적·경제적 구조가 수립되면 질서는 회복된다. 혁명의 목적은 낡은 가치를 지탱하는 질서를 새로운 가치를 지탱하는 질서로 바꾸는 것이다. 혁명적 처방은 본질적으로 낡은 가치에 적대적인 것이지 질서 그 자체의 성질에 적대적인 것은 아니다.

또한 앞에서 우리는 오늘날의 국제질서는 국가들의 사회의 강력한 합의를 바탕으로 구축되어야 한다고 말한 바 있는데, 이것은 제3세계 국가들을 위한 자원과 권력의 근본적인 재분배 없이는 달성하기 어렵다. 대다수의 국가가 제3세계에 속하는 약소국이며, 세계 인구의 대다수가 그곳에서 살고 있다. 혁명 모델은 그러한 재분배를 향한 하나의 가능한 경로가 될 수 있다.

그러나 마르크스주의적 혁명 모델은 지금 우리가 다루는 문제, 즉 독립적인 정치공동체간에 질서가 어떻게 유지 및 강화될 수 있는지에 대해서는 설명이 없다. 단지 자본주의가 폐기되고 착취계급이 사라지고 나면 질서가 생긴다고 말하고 있을 뿐이다. 그러나 국제질서의

---

23) 구조적 변화를 위한 대안적 전략은 Johan Galtung, "A Structural Theory of Imperialism," *Journal of Peace Research*, no. 2(1971), pp. 106~109에 자세히 나와 있다.

문제가 발생하는 이 세계에는 자본주의국가가 존재한다. 또한 사회주의국가들의 상호관계도 과거의 비사회주의국가들이 충돌하던 것과 동일한 방식으로 충돌을 일으키고 있다. 프롤레타리아 혁명이 아무리 바람직한 것이라 하더라도 그 혁명으로 국가체제—독립적인 정치공동체들이 권력을 행사하면서 상충하는 목표들을 추구하는—를 없앨 수는 없다. 그러므로 국제질서의 유지문제는 보편적 프롤레타리아 혁명이 일어난 후에도 지금과 똑같이 생겨날 것이다. 현재 상태만 놓고 보더라도 사회주의국가들 사이에 발생하는 문제는 자본주의국가들 상호간에, 그리고 자본주의국가와 사회주의국가 간에 발생하는 문제들과 다를 바가 없다. 혁명 모델은 이러한 국가간 질서문제에 대해서는 아무런 대답이 없다. 이것이 문제가 될 수 있다는 인식 자체가 없는 것이다. 혁명 모델이 국제사회에서 정당한 변경을 달성하는 길이든 아니든, 이 책이 지금까지 길게 다루어온 질서유지와 관련된 여러 가지 문제들은 여전히 해결되어야 할 과제라는 사실에는 변함이 없다.

5. 국제사회의 전망

지금까지의 논의를 통해 얻을 수 있는 잠정적인 결론은 다음과 같다. 국가체제가 세계질서를 유지할 수 있는 유효한 수단이 되기 위해서는 첫째, 국제사회적 요소가 보존 및 강화되어야 한다. 이것은 무엇보다도 공통이익과 공통가치에 관한 합의의 유지 및 확장에 달려 있다. 지금까지 이러한 합의는 오히려 축소되었는데, 이것이 선행되어야 공통의 규칙과 제도가 존속할 수 있다.

우선 강대국간에 공통이익에 관한 인식이 형성되어 최소한의 세계질서를 위해, 특히 핵전쟁의 회피를 위해 서로 협력할 수 있어야 한다. 그러나 강대국들 사이에서만 이루어진 합의는 오래 지속되지 않는다. 세계의 다수 국가와 다수 인구를 대표하는 아시아·아프리카·남미의 가난한 약소국들의 요구도 반드시 고려되어야 한다(물론 이들이 다 약소국이거나 가난한 나라들은 아니다).

이들의 정당한 변경에 대한 요구는 세계의 부, 자원, 기타 생활의 안락을 근본적으로 재분배하지 않고서는 해결을 기대하기 어렵다. 또한 '못 가진' 나라들의 요구의 배후에는 군사력을 포함한 권력의 근본적 재분배에 대한 요구도 포함된다는 사실을 인식해야 한다. 권력의 범세계적 집중화를 향한 발걸음도 그러한 재분배 조치가 있은 다음에야 가능할 것이다. 그 전에 이루기는 불가능할 것 같다. 이러한 재분배를 촉진하는 하나의 대안으로서 코타리 박사가 제안한 지역기구들의 강화도 생각해 볼 수 있다.

일부 국가의 경우 혁명만이 국가 내부의 정당한 변경을 확보할 수 있는 유일한 수단일 수 있다. 또한 혁명은 약소국들의 정치적 자원의 동원과 단결을 가져올 수도 있고, 이로써 국제적 재분배 과정이 촉진될 수도 있다. 그러나 혁명이 독립국들간의 질서유지라는 고전적인 문제를 자동적으로 해결해주는 것은 아니다.

마지막으로, 국제사회의 앞날은 현재 국제사회의 작동을 가능하게 하는 세계시민문화의 앞날과 밀접하게 연결되어 있다. 역사상 존재한 모든 국제사회들의 바탕에 공통의 문화가 깔려 있었음은 제 1장에서 지적한 바 있다. 즉, 공통의 지적 요소와 가치관이 존재했다. 공통의 언어, 공통의 철학적·인식론적 관점, 공통의 문학적·예술적 전통과 같은 공통의 지적 요소는 국제사회를 구성하는 국가들간의 의사소통을 촉진하였다. 공통의 종교 또는 공통의 도덕규범과 같은 공통의 가치관은 공통이익에 대한 인식을 낳았고, 공통의 의무감에 의한 단결을 가져왔다.

국제사회와 관련하여 그러한 공통문화의 역할을 논의할 때에는 제 7장에서 언급한 바 있는 외교문화와 국제정치문화를 구별할 필요가 있다. 외교문화는 각국의 공식 대표들이 공유하는 사상과 가치관을 말하고, 국제정치문화는 국가체제에 대한 태도를 결정하는 각국의 지적·도덕적 문화를 말한다. 18세기 및 19세기의 유럽 국제사회의 밑바탕에는 분명히 공통의 외교문화와 국제정치문화가 깔려 있었다. 그러나 오늘날의 세계 국제사회에는 그러한 기초를 찾아볼 수 없다.

지금의 세계 국제사회에 적어도 외교문화 또는 엘리트 문화는 있다고 할 수 있다. 이것은 공통의 언어(주로 영어), 세계에 대한 과학적 이해의 공유, 경제에 대한 공통의 개념과 기법(이것은 오늘날 모든 정부가 경제발전을 추구하고, 테크놀로지의 발전을 도모하면서 공유하게 된 것이다) 등 현대적인 지적 문화로 이루어져 있다. 그러나 이러한 공통의 지적 문화는 오직 엘리트 수준에서만 존재할 뿐, 많은 사회에서 그 기반은 매우 취약하며, 오늘날 존재하는 공통의 외교문화도 국가체제의 작동을 돕는 국제정치문화의 강력한 영향을 받고 있는 것도 아니다. 게다가 외교문화 그 자체도 공통의 지적 문화 이외에 공통의 도덕적 문화 또는 공통의 가치관을 가지고 있는지 의심스러운 상황이다.

국제사회의 미래는 무엇보다도 세계시민문화의 유지 및 확대에 의해 결정될 것으로 보인다. 세계시민문화는 모든 국가의 엘리트와 사회 일반이 공유하는 사고방식과 가치관을 말한다. 오늘날의 국제사회는 과거에 비해 지리적으로 넓어졌고, 또한 문화적으로 이질적 성격이 강하기 때문에 그러한 세계시민문화가 형성되지 않는 한 존속하기 어렵다. 그렇다고 해서 세계시민문화가 문화적 자기중심주의를 가라앉히고 세계 전체를 지배하게 될 것이라는 뜻은 아니다. 또 그렇게 되는 것이 바람직하다는 말도 아니다. 또한 오늘날의 국제사회가 그러하듯이, 오늘날 싹트고 있는 세계시민문화도 서구의 지배적 문화를 반영하고 있다는 사실과, 이것이 또한 국제사회의 성격을 결정한다는 사실을 인식해야 한다. 그러므로 국제사회도, 또한 국제사회의 바탕을 이루는 세계시민문화도 비서구적 요소를 흡수할 필요가 있다. 그럴 때에만 세계시민문화는 진정으로 보편성을 획득할 수 있으며, 보편적 국제사회를 위한 기초를 제공할 수 있을 것이다.

제14장

결론

이 책의 첫머리에서 밝힌 것처럼, 이 연구의 목적은 세계정치에서 질서를 유지하는 문제에 대한 '해결책'을 제시하는 것도 아니요, '나아갈 길'을 보여주는 정책안을 모색하는 것도 아니다. 그러나 독자들은 내 논의에 분명한 지향점과 일정한 권고가 함축되어 있음을 알 수 있을 것이며, 또한 확실히 그렇게 읽을 수 있다. 여기에서는 내 논의의 지향점이 무엇인지, 왜 그것을 처방전이나 권고로 생각해서는 안 되는지에 대해 간략히 서술하고자 한다.

내 논의는 국가체제에 대한 암묵적 방어이다. 특히 국가체제 안에 들어 있는 이른바 국제사회적 요소에 대한 암묵적 방어이다. 제1부에서는 국제사회라는 관념이 있기에 세계정치에서 질서의 개념이 의미를 가질 수 있다는 것과, 세계정치에 질서가 존재한다는 것을 밝혔으며, 그 질서가 어떻게 유지되는지 설명하였다. 제2부에서는 현대 국가체제에 질서가 어떻게 부여되고 있는지에 대해, 국가들의 사회가 가진 전통적인 규칙과 제도들의 지속적인 활력의 관점에서 설명하였다. 제3부에서는 국가체제에 대한 다양한 종류의 대안들이 원칙적으로 존재할 수 있지만, 국가체제가 쇠퇴하고 있다거나, 인간의 기본적 목표와 관련하여 기능부전 상태에 있다고 여길 만한 확실한 증거는 없다는 점을 밝혔다. 국가체제에 내포된 국제사회적 요소가 내가 제시한 방법대로 유지 및 강화되는 한, 국가체제는 계속될 것이다. 오늘날 국제사회는 쇠퇴하고 있다. 세계정치질서에 대해서도 그러한 전망이 있을 수 있지만, 이러한 전망은 질서의 쇠퇴를 가속화하기 위해서가 아니라 저지하기 위해 제시되는 것이다.

그러나 그렇다고 해서 현재의 국가들의 사회와 그 규칙 및 제도들이 승인을 받은 것이라고 생각해서는 안 된다. 이러한 생각은 이 논의 전체에 걸쳐 강조한 다른 요소들을 간과하는 것이다. 첫째, 국제사회는 세계정치에서 하나의 요소에 불과하다는 것이다. 세계정치 무대에는 그러한 요소 외에 전쟁과 갈등이라는 요소도 있고, 인류공동체라는 요소도 있다. 따라서 이른바 국제사회의 규칙과 제도들의 작동을 고찰할 때에도 국제사회와의 관계는 물론, 나머지 두 요소와의 관계도 반드시 함께 고려해야 한다.

둘째, 세계질서 또는 전 인류의 위대한 사회의 질서는, 국제질서 또는 국가간 질서보다 더 광범위할 뿐만 아니라, 더 근본적이고 원초적인 질서이며, 도덕적으로도 더 우월한 질서라는 것이다. 그러므로 국가체제는 항상 세계질서라는 목표와 관련하여 평가해야 한다. 제3부에서 나는 국가체제가 쇠퇴하고 있다거나 또는 세계질서라는 목표에 도움이 되지 않는다는 주장이 설득력이 없다는 결론을 내렸는데, 이 결론은 계속 재평가할 필요가 있다.

셋째, 세계정치에서 질서는 정의—국제적 정의, 인간적 정의, 범지구적 정의—라는 목표와 서로 갈등하며, 어떤 의미에서는 질서가 정의에 우선하지만, 그렇다고 해서 모든 경우에 질서가 정의에 우선하는 목표는 아니라는 것이다. 이 책에서 시도한 바와 같은, 세계정치에서의 질서에 대한 연구는 정의에 대한 연구에 의해 보완될 필요가 있다. 이 책에서는 인간적 목표에 대한 검토를 제대로 하지 않았기 때문에, 이러한 불완전한 연구에 기초하여 권고안을 만드는 것은 온당한 일이 아니다.

현대의 세계정치 연구에서 '해결책'이나 '실천적 충고'가 될 수 있는 결론을 모색하는 것은 일종의 타락이다. 제대로 된 연구는 지적인 활동이지 실천적인 것이 아니다. 실천적인 제안들이 나오는 이유는 탄탄한 기초가 있어서가 아니라, 그러한 제안들에 대한 수요가 있고, 그 수요를 만족시키는 것이 제안자에게 이익이 되기 때문이다. 세계정치의 미래가 어떻게 될 것인지, 그리고 우리가 어떻게 행동해야 하는지 알고 싶은 큰 욕망이 있는 것은 사실이다. 그러나 그 두 가지 문제에 대해 우리가 할 수 있는 일은 어둠 속을 더듬어가는 것뿐이다. 우리가 어둠 속에 있다는 것을 인정하는 것이 빛이 보인다고 거짓말을 하는 것보다는 낫다.

헤들리 불(Hedley Bull, 1932~1985)의 《무정부 사회》는 국제관계 이론분야에서 이른바 '영국학파'(*English School*)의 학설을 대표하는 책이다. '무정부'라는 말은 글자 그대로 '정부가 존재하지 않음'을 가리키는 말이지만, 흔히 '혼란과 무질서'를 연상시키기 때문에 '무정부 사회'라는 책 제목은 오해를 낳기 쉽다. 불이 말하는 '무정부 사회'의 무게중심은 '무정부'보다는 '사회' 쪽에 있다. 복수의 주권국가로 이루어진 현금의 국제관계는 세계정부와 같은 최고 권위체가 없다는 점에서는 '무정부적'(*anarchical*) 성격을 지니고 있지만, "공통의 목표에 대한 인식"과 "공통의 규칙과 제도들"이 있기 때문에 '사회'(*society*)를 이루고 있다(혹은 이룰 수 있다)는 것이 그의 주된 논지이다.

복수의 주권국가로 이루어진 근대 국제체제는 흔히 '베스트팔렌(또는 웨스트팔리아) 체제'라고 불린다. 유럽의 경우, 1648년 '베스트팔렌조약'이 체결된 후에 비로소 근대적 의미의 독립적인 주권국가들이 등장했기 때문이다. 그 이후 지금까지 국제관계는 적지 않은 변화를 겪었다. 1815년 나폴레옹이 몰락한 후, 유럽에서는 강대국들의 협조체제(유럽 협조체제)가 등장하였고, 서유럽 국가들의 제국주의적 팽창에 의해 비유럽 지역의 국가들도 유럽의 주권국가체제에 편입되기 시작했다. 제1차 세계대전 후에는 국제연맹을 중심으로 집단안보를 기하려는 베르사유체제가 등장하였다. 제2차 세계대전 후에는 유엔이 탄생하여 새로운 형태의 집단안보를 추구했다. 그러나 전후 국제관계에 더 큰 영향을 미친 것은 유엔의 등장과 활동이 아니라 미소 간의 냉전적인 대립이었다. 따라서 제2차 세계대전 후부터 지금까지의 국제질서는 양극체제 냉전(1945~1955), 다극체제 냉전(1956~1970), 냉전 해빙(1971~1979), 제2의 냉전(1980~1989), 탈냉전(1990~2000) 등 주로 '냉전' 개념을 중심으로 전개되었다고 볼 수 있다.[1] 2001년 9·11 테러 이후 미국이 '대 테러전쟁'을 전개하면서부터는 '탈탈냉전'이라는 용어가 자주 사용되고 있다.[2]

불의 책이 출간된 후, 대체로 10년 단위로 국제관계의 지형이 변화를 보였고, 이러한 변화에 따라 국제관계를 설명하는 이론도 신현실주의, 신자유주의적 제도주의, 구성주의 등으로 다양화되었다. 그러나 이러한 이론들의 뿌리는 불이 (마틴 와이트의 논의를 인용하여) 보여주는 홉스적 현실주의, 칸트적 보편주의, 그로티우스적 국제주의에서 찾을 수 있다.

《무정부 사회》는 3부로 구성되어 있는데, 제1부는 "세계정치에서 질서의 성질", 제2부는 "현대 국제체제에서의 질서", 제3부는 "세계질서로 가는 대안적 경로들"이다. 각 부의 주요 내용을 간략히 소개하면 다음과 같다.

---

1) 유현석, 《국제정세의 이해》(한울, 2009), 35~57쪽 참조.

2) Thomas L. Friedman, "The Post-Post-Cold War," *The New York Times*, May 10, 2006.

제 1부에서는 연구의 목표가 '국제질서'에 있다는 점을 밝힌 다음, 분석의 대상을 분명히 하기 위해 '복수의 (주권) 국가로 이루어진 체제' (*system of states*) 와 '복수의 (주권) 국가로 이루어진 사회' (*society of states*) 를 개념적으로 구분한다. '국가체제' (또는 국제체제) 는 "복수의 국가 사이에 충분한 접촉이 있을 때 그리고 전체의 한 부분으로서 어느 정도 서로의 결정에 영향을 미칠 때 형성된다". 한편 '복수의 국가로 이루어진 사회' (또는 국제사회) 는 "어떤 공통의 이해관계와 가치를 인식하는 국가들이 상호관계에서 일정한 공통의 규칙에 의해 구속되고 있음을 인지하고, 공통의 제도를 공유할 때 성립한다." 이러한 구분을 한 의도는 《무정부 사회》라는 책 제목에서 이미 알 수 있다. 주권국가들은 공통의 정부 아래 있지 않다는 점에서 '무정부 상태'에 있는 것은 사실이지만, 주권국가들은 정부가 없어도 '사회'를 구성할 수 있으며, 이것이 바로 국가의 독특한 성질이라는 것이다. 그러나 다음과 같은 단서를 붙이고 있다. "국제사회는 근대 국제정치에 작동하는 기본적 요소들 중 하나에 불과하며, 항상 전쟁상태라는 요소 및 초국적 연대와 갈등이라는 요소와 경쟁한다. 그러므로 국제사회라는 요소가 지배적인 것처럼 국제적 사건들을 해석하는 것은 잘못이다."

제 2부에서는 현대 국제체제에서 '질서'가 어떤 형태로 존재하고, 유지되는지를 살피고 있다. 앞에서 불은 '사회'의 형성조건으로 "공통의 규칙과 제도"를 들었는데, 근대 국제체제에서는 "세력균형 · 국제법 · 외교 · 전쟁 · 강대국에 의한 관리"가 바로 그러한 "공통의 규칙과 제도"의 역할을 하고 있고, 따라서 그 체제를 '사회'로 볼 수 있다는 것이다. 이러한 주장 자체는 새로울 것이 없지만, 불이 '제도'라고 보는 세력균형 · 국제법 · 외교 · 전쟁 · 강대국 협조체제 각각에 대한 분석은 매우

정밀하고 명쾌하다.

(1) 세력균형: 불은 먼저 일반적 세력균형과 지역적 세력균형, 지배적 균형과 복수의 종속적 균형 등 세력균형을 유형화하고, 각 유형의 개념을 명료히 한 다음, 역사적으로 "세력균형은 국제질서의 바탕이 되는 제도들이 잘 작동할 수 있는 조건들을 제공하였다"고 분석한다. 이어서 오늘날의 세력균형은 주권국가체제를 유지하는 데 기여하고 있으며, 18세기와 19세기에 유럽에 존재했던 세력균형과 비교해 보면, 상대적으로 '공통의 문화'를 가지고 있지 않다는 점이 다를 뿐이라고 주장한다.

(2) 국제법: 불의 주장에 따르면, "국가들이 국제법을 따르는 것은 부분적으로는 관습이나 관성의 힘에 의한 것이다. 국가는 말하자면 이미 존재하는 틀 내에서 움직이도록 설계되어 있다". "국제법은 전 세계적 규모의 국제체제 내에 있는 모든 국가가 공식적으로 승인하고 있으며, 주권국가로 이루어진 사회라는 관념을 세계정치의 행동원리로 확인하고, 기본적인 공존의 규칙을 선언하며, 그 규칙 및 기타 규칙의 준수를 촉진함으로써 여전히 그 전통적 기능을 수행하고 있다." 국제법에 관한 이러한 주장은 국제관계가 행위주체들의 인식에 의해 '구성된다'(*construct*)고 주장하는 '구성주의'의 주장과 유사하다.

(3) 외교: 외교제도도 국제질서의 유지에 기여한다. 정치지도자간의 의사소통을 가능하게 하고, 교섭을 통한 합의를 가능하게 하며, 외국에 관한 정보수집을 가능하게 하고, 마찰(*friction*)을 최소화하기 때문이다. 오늘날 직업 외교관의 역할이 감소하거나, 성질이 변한 것은 사실이다. 그러나 불에 따르면, "전통적인 외교방식은 현재 세계 모든 나라가 공유하고 있으며, 일부 쇠퇴의 기미가 있다 하더라도 여전히 잘 기능하

고 있다".

(4) 전쟁: 불은 전쟁도 국가들의 사회가 가진 하나의 제도라고 보고 있다. "공통의 목표를 증진하기 위해 일정한 방식으로 이루어지는 하나의 행동양식이라는 점에서 그렇게 말할 수 있다. 과거에도 그랬고, 현재도 그렇다"는 것이다. 이 점에 대해서는 동의하기 어려울 수도 있다. 불이 주장한 것처럼, 사회의 기본적인, 주요한 목표가 "생명 가치, 신의 가치, 재산 가치"를 지키는 것이라면, 전쟁은 그 자체가 이러한 가치를 파괴하는 것이기 때문에, 전쟁이 '사회'의 유지에 기여하는 제도라는 주장은 납득하기 어렵다. 그러나 불은 '전쟁' 또는 '전쟁의 위협'이 '세력균형'을 가져오고, '세력균형'이 국제사회를 '사회'로 만든다는 뜻에서 그렇게 주장하고 있다.

(5) 강대국에 의한 관리: 불에 따르면, 강대국은 국제질서에 반하기보다는 오히려 그에 부합하는 정책을 추진함으로써 국제질서의 증진에 기여한다. 강대국의 국제질서에 대한 기여는 두 가지 길을 통해 이루어진다. 즉, 강대국 상호관계를 관리함으로써, 그리고 그들의 우세한 힘을 이용하여 국제사회 전체의 문제들에 대해 지도권을 발휘함으로써 국제질서에 기여한다. 강대국들의 상호관계의 관리가 국제질서에 이익이 되는 이유는 ① 일반적 세력균형을 유지하고, ② 그들 상호간의 위기를 회피 및 관리하며, ③ 상호간의 전쟁을 제한 및 억제하려고 노력하기 때문이다. 그들이 국제사회의 나머지 부분에 대해 우세한 힘을 이용하는 방법은 ④ 역내에서 우세한 힘을 일방적으로 행사하고, ⑤ 상호 세력권을 존중하며, ⑥ 이른바 강대국의 협조(*concert*) 또는 공동통치(*condominium*)의 형태로 공동행동을 취하는 것이다. 이 부분의 논의에는 '현실주의자'의 고민이 드러나 있다. 불에 따르면 "국제사회는 국가간의 서

열을 배격하고, 평등의 기초 위에 성립해 있다". 그러므로 "강대국의 특별한 권리와 의무를 노골적으로 드러내는 것은 국제질서에 도움이 되기보다는 오히려 적대를 조장할 위험이 있다". 그럼에도 불구하고 강대국이 패권적 권리, 세력권 권리를 사실상 행사하는 현실은 부정할 수 없다는 것이다. 크래스너(Stephen D. Krasner)를 비롯한 신현실주의자들의 이른바 '패권안정론'(*Hegemonic Stability Theory*)은 이러한 현실을 바탕으로 하고 있다.[3)]

현재의 국제질서는 국가들의 체제유지와 평화의 보존을 목표로 하고 있다. 다시 말해 현재 존재하는 주권국가들의 독립성을 유지하며, 국가들 상호간의 평화를 보장하여 각 사회가 가지고 있는 공통의 목표, 즉 폭력의 제한, 약속의 이행, 소유권의 안정 등이 확보될 수 있도록 하는 것이다. 불에 따르면, 그러나 이것이 인류의 궁극적 목표가 될 수는 없다. 인류 전체의 사회적 삶의 목표를 추구할 수 있는 더욱 고차적인 질서가 필요하다. 이것이 바로 그가 말하는 '세계질서'(*world order*)이다. 인류의 장구한 역사에 비추어 보면 주권국가체제는 오히려 예외적인 정치조직이다. 그러므로 국가간의 질서보다 더 근본적이고 원초적인 질서가 결코 불가능한 것이 아니다. 세계질서는 국제질서에 비해 도덕적으로 우위에 있다. 국제질서가 지닌 가치는 인류사회 전체의 질서를 추구하는 데 유용한 도구가 될 수 있다는 점에 있다. 불이 제 3부에서 "세계질서로 가는 대안적 경로들"에 대해 자세히 논의하는 이유가 바로 여

3) Michael C. Webb and Stephen D. Krasner, "Hegemonic Stability Theory: An Empirical Assessment," *Review of International Studies* (1989) 15, 183~198.

기에 있다.

제 3부에서 불은 '세계질서'의 이상과 국제관계의 현실을 놓고 가능한 모든 '조합'을 검토하고 있다. 대안은 크게 두 종류로 나뉜다. 한 종류는 국가체제 그 자체의 폐기라기보다는 성질의 변화라고 할 수 있는 대안들이고, 또 한 종류는 국가체제를 '넘어선' 대안들이다. 전자에 속하는 것으로는 ① 비무장 세계, ② 국가들의 연대, ③ 다수의 핵보유국으로 이루어진 세계, ④ 이데올로기적 동질성을 가진 체제 등을 들고 있으며, 후자에 속하는 것으로는 ① 체제이지만 사회는 아닌 형태, ② 주권국가들은 존재하지만 체제를 형성하지는 않는 형태, ③ 세계정부, ④ 신중세주의 등을 들고 있다. 이처럼 불은 국제사회에서 국가 이외의 다른 조직형태의 가능성을 열어 놓고 있지만 그래도 여전히 주권국가체제를 주어진 출발점으로 삼아 세계정치질서를 추구해야 한다고 주장한다.

이와 같이, 국제관계는 '무정부적' 성격을 지니고 있고, 세력균형이 평화보장의 중요한 '제도'라고 보는 점에서 불은 현실주의(*realism*)의 전통에 서 있다고 할 수 있다. 그러나 동시에 국가간 이해관계의 조화가 가능한 '사회'를 형성하고 있다고 보는 점에서 이상주의(*idealism*)의 요소도 내포하고 있다. 또한 규칙과 제도들의 중요성을 인정하고 있다는 점에서는 제도주의(*institutionalism*)와 유사하고, 문화·인식·정체성 등의 인지적 요인들을 중요하게 고려하고 있다는 점에서는 구성주의(*constructivism*)와 비슷하다. 지금의 시점에서 보면, 이러한 '종합적' 관점은 새로울 것도 없고, 보기에 따라서는 모호하기까지 하다. 스탠리 호프만이 지적한 것처럼, "마키아벨리적 또는 홉스적 견해를 가진 사람들이 보기에는 '그로티우스적'이고, 칸트적 또는 세계시민주의적 견해를 가진 사람들이 보기에는 국가중심적이다". 그럼에도 불구하고 이 분야의 교과서로 널리 사용되는 이유는 국제정치를 분석하는 다양한 관점과 개념적 도구들을 일목요연하게 소개하고, 국제관계에 관한 근대의 이론들을 역사적 사실들과 함께 체계적으로 정리하여 보여주고 있기 때문이다.

찾아보기

(용 어)

ㄱ ~ ㄴ

ㄷ ～ ㄹ

찾아보기

(인 명)

헤들리 불(Hedley Bull, 1932~1985)

1932년 6월 10일 호주 시드니에서 태어나 1985년 5월 18일 영국 옥스퍼드에서 사망했다. 호주국립대학, 런던정치경제대학(LSE) 교수를 거쳐 1977년부터 1985년 암으로 사망할 때까지 옥스퍼드대학 국제관계학 교수를 역임했다. 호주 시드니대학에서 역사와 철학을 전공했으며, 이때 철학자 앤더슨(John Anderson)을 만나 큰 영향을 받았다. 1953년 영국으로 유학하여 옥스퍼드대학에서 정치학을 전공했다. 1965년 영국 외무부 군비통제국 국장에 임명되어 2년간 재직하였고, 1967년에 호주국립대학 국제관계학 교수가 되었다.

대표적인 저서로는《무정부사회》(1977)를 비롯하여《군비경쟁의 통제: 미사일시대의 군축과 군비통제》(1965),《전략연구와 그 비판자들》(1967),《국제관계에서의 정의》(1984, 강의록),《세계정치에서의 개입》(1984),《제3제국의 도전》(1986, 강의록) 등이 있다.

진석용(秦錫用)

서울대 정치학과를 졸업하고 같은 대학 정치학과 대학원에서 석사·박사 학위를 받았으며, 일본 구마모토학원대학 교환교수와 미국 오하이오주립대학 객원교수를 지냈다. 한국 정치학회 이사를 역임하고 현재 대전대 정치언론홍보학과 교수로 재직중이다.

저서로는《마르크시즘 100년: 사상과 흐름》(공저, 1984),《칼 마르크스의 사상》(1992),《한국정치·사회개혁의 이념적 기초》(공저, 1998),《국민과 함께하는 개헌이야기》(공저, 2010) 등이 있고, 역서로는《서구민주주의의 두 얼굴》(공역, 1983),《신기관》(2001),《서양정치철학사 III》(공역, 2007),《리바이어던》1·2(2008) 등이 있으며, 주요 논문으로는 "토머스 홉스의 정치사상"(1993), "Reflections on Contemporary Democracy: The Principle of the Majority Rule and the Tyranny of the Majority"(1999), "홉스의 '시민철학'의 과학적 기초"(2007), "양심적 병역거부의 현황과 법리"(2008) 등이 있다.